STAR WARS™

MUNDOS Y ESCENARIOS

STAR WARS™

MUNDOS Y ESCENARIOS

TEXTOS

KRISTIN LUND (EPISODIO I), SIMON BEECROFT (EPISODIO II), KERRIE DOUGHERTY (EPISODIO III), JAMES LUCENO (EPISODIOS IV–VI), JASON FRY (EPISODIOS VII–VIII, *HAN SOLO: UNA HISTORIA DE STAR WARS*) Y EMILY SHKOUKANI (EPISODIO IX, *ANDOR, ROGUE ONE: UNA HISTORIA DE STAR WARS, EL MANDALORIANO*

ASESORÍA

CURTIS SAXTON

ILUSTRACIONES

RICHARD CHASEMORE, HANS JENSSEN, KEMP REMILLARD, MAXIM DEGTYAREV, SOFIAN MOUMENE Y JOHN R. MULLANEY

ILUSTRACIONES ADICIONALES

ROBERT E. BARNES, RICHARD BONSON, GREG KNIGHT, CHRISTIAN PICCOLO, CHRIS TREVAS, ALEX IVANOV, MASAHIKO TANO, ROGER HUTCHINS, BILL LE FEVER Y JON HALL

PRÓLOGO

DOUG CHIANG

PRÓLOGO

Desde que tenía ocho años me ha fascinado crear mundos fantásticos y comprender cómo funcionan. Mis primeros dibujos estaban llenos de diagramas de estructuras y construcciones de naves espaciales. Todas ellas con interiores, pues para mí no era suficiente solo la apariencia exterior; lo que había dentro tenía que tener sentido. Nunca imaginé que esta fascinación por los detalles me llevaría a una larga carrera en diseño cinematográfico, en donde podría crear y dar forma a los mundos y escenarios de *Star Wars*. Esa carrera abarca ya más de 25 años.

Crecí a las afueras de Míchigan, en un barrio residencial de nuevo cuño rodeado de hectáreas de bosques vírgenes. Esos bosques se convirtieron en un patio de juegos que disparó mi imaginación. Pasé fines de semana enteros explorándolos. Un árbol caído se convertía en una antigua ciudad; veía en las capas de madera putrefacta edificios alienígenas. Durante los meses de invierno exploraba las quebradas heladas que había tras nuestra casa. Las capas de grueso hielo, miradas de cerca, moldeaban complejas formas que semejaban una metrópolis cristalina en miniatura. Luego, en casa, dibujaba las cosas que había visto y las embellecía aún más, creando historias y buscando exóticas razones para que tuvieran esas formas.

Cuando no estaba fuera, pasaba horas ante una enciclopedia, maravillado ante sus diagramas de las pirámides. O perdido en ilustraciones de la NASA de estaciones espaciales y futuras bases lunares. Uno de mis recuerdos más preciados de la época es la construcción de una maqueta de un submarino cortado transversalmente. A menudo me preguntaba dónde estarían los baños en un submarino, o los catres de la tripulación.

Aquel verano comenzaron a levantar varias casas al otro lado de la calle. A lo largo de varios meses pude ver cómo se excavaban cimientos y cómo se construían los muros con encofrados. Ante mis ojos, a cámara lenta, crecían las distintas partes de una casa. Era mi primera experiencia con cortes transversales en la vida real, y transformó la manera en que enfocaba mis dibujos. Me di cuenta de que el interior era tan interesante como el exterior, y quizá incluso más importante.

Veinticinco años más tarde me hallé trabajando en las nuevas películas de *Star Wars* con George Lucas. Mi fascinación infantil por averiguar cómo funcionaban las cosas iba a dar sus frutos. Aquel primer año en el Rancho Skywalker fue el más importante para mí. Dado que no sabía cómo se usarían en la película los entornos y lugares que estaba diseñando, los imaginé lo más reales y verosímiles posible, como lugares que funcionaban por dentro y por fuera. Aquel año de exploración me dio la oportunidad de diseñar localizaciones al completo, que no creé como escenarios de una película, sino que quería que tuvieran una lógica para que se vieran como se vieron.

Una de las claves para diseñar con éxito entornos cinematográficos de esta manera es tomar una localización real y cambiar un 20 % de ella para crear algo nuevo. Este enfoque del diseño cinematográfico convierte lo común en extraordinario, sin perder el anclaje a la realidad. La carrera de vainas fue un ejemplo perfecto. George quería un terreno reconocible pero distinto cada vez. Para ello mezclamos y condensamos localizaciones reales y exageramos la escala para añadir ese 20 % extra que lo hiciera único. Se hicieron mapas topográficos para que George estableciera el recorrido y se configuraron cañones y mesetas que constituyeran hitos reconocibles. Con este mapa, cronometramos la carrera para ver cuántas vueltas se podían completar en ocho minutos a velocidades de más de 900 kilómetros por hora. Esto determinó la longitud del recorrido. Luego añadimos obstáculos en las secciones más tranquilas, mientras que otras se simplificaron en aras de una mayor claridad visual.

Otras veces recreamos detalladas maquetas de cartón para trabajar en un entorno. Para el hangar de cazas de Naboo, las maquetas nos permitieron averiguar cómo conectar el hangar con la sala del generador, lo cual demostró ser vital cuando George escenificó la lucha culminante entre Darth Maul y Qui-Gon Jinn. Para *Star Wars: El despertar de la Fuerza* hicimos maquetas de cartón muy pormenorizadas de la base Starkiller, de la base de la Resistencia y del AT-AT que sirve de hogar a Rey.

Star Wars: Mundos y escenarios revela, gracias a las notables ilustraciones de Hans Jenssen, Richard Chasemore y Kemp Remillard, los escenarios y localizaciones con un nivel de detalle incluso mayor al de dichas maquetas, que el público, lamentablemente, rara vez puede ver.

En el libro, los lugares cobran vida con una minuciosidad impresionante. Los artistas no solo han sido fieles a los diseños de las películas, sino que los han expandido, a menudo mejorando los diseños y resolviendo discontinuidades y errores de los que no nos habíamos percatado. Hans, Richard y Kemp han tomado fragmentos de escenarios para convertirlos en lugares reales. Estas increíbles ilustraciones son precisas, al menos tanto como pueden serlo en «una galaxia muy, muy lejana». Al ver su obra me maravillo ante su ingenio y sus soluciones. Podemos ver dónde duerme Watto o qué hay en la base rebelde de Yavin. Evidentemente, tenía que haber un centro de comunicaciones en la parte superior del hangar de Naboo que le diera su característica forma de cúpula.

Star Wars: Mundos y escenarios es la compilación definitiva de las localizaciones de *Star Wars*. Me encanta. Pese a estar familiarizado con muchas de ellas, aún disfruto zambulléndome en su interior. Perdiéndome en estas páginas durante horas, vuelvo a ser aquel niño de ocho años que exploraba los bosques detrás de su casa.

D.CHIANG

Doug Chiang

Vicepresidente sénior y director ejecutivo de diseño de Lucasfilm

CONTENIDO

INTRODUCCIÓN

LA SAGA *STAR WARS* es la historia de los Skywalker, una familia cuyos miembros tienen el destino de la galaxia en sus manos y cuyo destino se juega en un contexto de agitación política, revuelta y rebelión. Las viejas instituciones se desmoronan y surgen nuevas y duras tiranías mientras Anakin Skywalker, un joven poderoso en la Fuerza, busca su destino como el Elegido de la Orden Jedi, tan solo para sucumbir al lado oscuro y convertirse en un instrumento del mal. Sus hijos, Luke y Leia, nacidos de su amor por Padmé Amidala, deben salvar a su padre y a la galaxia de la oscuridad del Imperio para restaurar el equilibrio en la Fuerza y la democracia en los sistemas estelares.

GOBIERNOS GALÁCTICOS

Con más de un millón de mundos habitados, la galaxia está dividida en diversas alianzas y bloques de poder, el más importante de los cuales es la República Galáctica. La República perdura durante milenios, pero acaba derrumbándose por la corrupción interna. Aprovechando este desorden, el canciller supremo Palpatine, en secreto un Lord Sith, se hace con los poderes de emergencia y transforma la República en el Imperio, con él como gobernante. El Imperio domina la galaxia durante más de dos décadas, suprimiendo toda disidencia y castigando sin piedad el desorden. Finalmente, el régimen cae ante una rebelión decidida y una Nueva República se alza para heredar la galaxia. Pero los descendientes del Imperio no perdonan lo que consideran una traición, y más allá de las fronteras de la Nueva República traman incesantemente su regreso al poder. Autodenominados la Primera Orden, su ataque sorpresa, cuando llega, es abrumador. La Nueva República es diezmada de un solo golpe, y los combatientes de la Resistencia de la general Leia Organa, ampliamente superados en número, deben mantener la posición. Al descubrir que su verdadero enemigo no es otro que el renacido emperador Palpatine, los pueblos libres de la galaxia se unen para enfrentarse a él, y vencen a sus fuerzas en una batalla culminante en Exegol.

LAS GUERRAS CLON
El brutal conflicto que se conoce como las Guerras Clon estalla tras una convulsión política en el Senado Galáctico. Una Alianza Separatista de sistemas estelares descontentos intenta separarse de la República, lo que desencadena una vasta y mortífera guerra que se prolonga durante tres años. En su fase final, la Orden Jedi es falsamente acusada de traición y aniquilada, los líderes separatistas son destruidos y la República se transforma en el malvado Imperio galáctico.

LA GUERRA CIVIL GALÁCTICA
Tras años de tiránico gobierno imperial, las chispas de rebelión dispersas por la galaxia se unen en una revuelta a gran escala. Denominada Alianza para Restaurar la República, pero más conocida como Alianza Rebelde, este grupo de luchadores por la libertad libra batallas desesperadas contra el poderoso ejército imperial. La primera gran victoria de la Alianza es la destrucción de la Estrella de la Muerte, el arma más poderosa del Imperio. Tras años de lucha, los rebeldes se enfrentan al emperador en Endor, destruyen la recién construida segunda Estrella de la Muerte y matan aparentemente a Palpatine.

EL AUGE DE LA PRIMERA ORDEN
Durante un tiempo reina la paz. La Nueva República intenta reconstruir una galaxia herida y traumatizada. Pero el mal nunca se vence fácilmente, y en las Regiones Desconocidas surgen de nuevo fuerzas oscuras, decididas a destruir aquello por lo que había luchado la Rebelión. Guiada en secreto por el emperador resucitado, la Primera Orden pasa décadas reuniendo sus fuerzas. Aquellos que señalan esta amenaza son tachados de ilusos o belicistas, y se ven movidos a crear una nueva fuerza dispuesta a hacer lo que la República no hace, conocida como la Resistencia. La guerra subsiguiente es breve, ya que la Nueva República cae enseguida y la Resistencia es casi aniquilada. El emperador casi reconquista la galaxia, y solo obtiene la victoria por un estrechísimo margen.

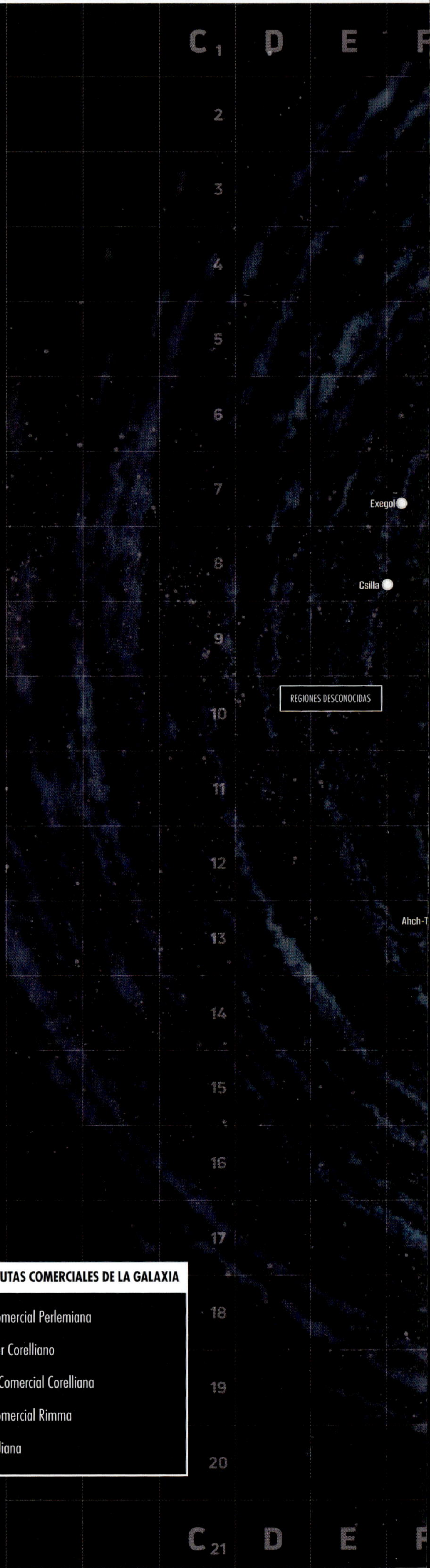

PRINCIPALES RUTAS COMERCIALES DE LA GALAXIA

1. Ruta Comercial Perlemiana
2. Corredor Corelliano
3. Espina Comercial Corelliana
4. Ruta Comercial Rimma
5. Vía Hydiana

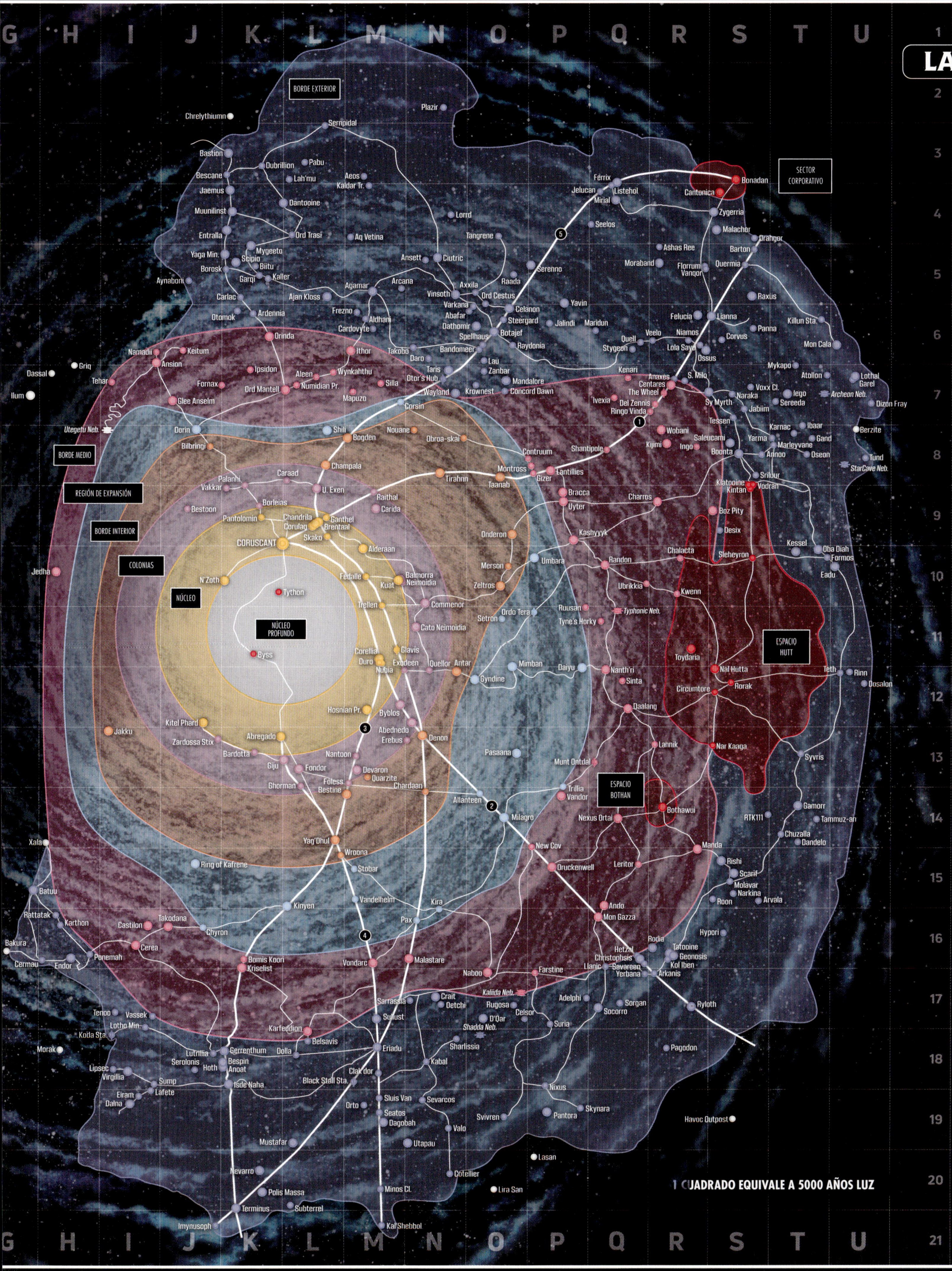
G H I J K L M N O P Q R S T U
1
2
3
4
5
6
7
8
9
10
11
12
13
14
15
16
17
18
19
20
21
BORDE EXTERIOR
SECTOR CORPORATIVO
BORDE MEDIO
REGIÓN DE EXPANSIÓN
BORDE INTERIOR
COLONIAS
NÚCLEO
NÚCLEO PROFUNDO
ESPACIO HUTT
ESPACIO BOTHAN
Chrelythiumn
Plazir
Sernpidal
Bastion
Bescane
Jaemus
Muunilinst
Entralla
Yaga Min.
Borosk
Aynabon
Carlac
Otomok
Dubrillion
Pabu
Lah'mu
Aeos
Kaldar Tr.
Dantooine
Ord Trasi
Aq Vetina
Mygeeto
Scipio
Biitu
Garqi
Kaller
Ardennia
Ajan Kloss
Agamar
Arcana
Frezno
Aldhani
Cardovyte
Ansett
Ciutric
Lorrd
Tangrene
Vinsoth
Axxila
Raada
Varkana
Ord Cestus
Abafar
Dathomir
Spellhaus
Celanon
Steergard
Botajef
Jalindi
Maridun
Yavin
Raydonia
Bandomeer
Takobo
Daro
Serenno
Féfrix
Jelucan
Listehol
Mirial
Seelos
Bonadan
Cantonica
Zygerria
Malachor
Drahgor
Ashas Ree
Barton
Moraband
Florrum
Vanqor
Quermia
Raxus
Felucia
Lianna
Panna
Killun Sta.
Veelo
Niamos
Corvus
Quell
Stygeon
Lola Sayu
Ossus
Mon Cala
Mykapo
Atollon
Lothal
Garel
Kenari
Anaxes
Centares
The Wheel
S. Milo
Voxx Cl.
Naraka
Iego
Sereeda
Archeon Neb.
Dizon Fray
Ivexia
Del Zennis
Ringo Vinda
Sy Myrth
Jabiim
Tessen
Karnac
Ibaar
Berzite
Wobani
Yarma
Gand
Kijimi
Ingo
Saleucami
Marleyvane
Boonta
Ansion
Oseon
Tund
StarCave Neb.
Srilour
Klatooine
Kintan
Vodran
Boz Pity
Desix
Kessel
Oba Diah
Formos
Eadu
Orinda
Keitum
Namadii
Griq
Dassal
Tehar
Ilum
Ipsidon
Aleen
Wynkahthu
Ithor
Fornax
Ord Mantell
Numidian Pr
Mapuzo
Silla
Glee Anselm
Taris
Otor's Hub
Lau
Zanbar
Wayland
Krownest
Mandalore
Concord Dawn
Corsin
Utegetu Neb.
Dorin
Shili
Bogden
Nouane
Obroa-skai
Bilbringi
Champala
Contruum
Shantipole
Tirahnn
Montross
Gizer
Lantillies
Taanab
Bracca
Uyter
Charros
Palanhi
Vakkar
Caraad
U. Exen
Raithal
Carida
Bestoon
Borleias
Pantolomin
Chandrila
Corulag
Ganthel
Brentaal
Skako
CORUSCANT
Alderaan
Onderon
Kashyyyk
Chalacta
Sleheyron
Jedha
N'Zoth
Fedalle
Balmorra
Neimoidia
Kuat
Merson
Umbara
Randon
Zeltros
Ubrikkia
Kwenn
Tython
Trellen
Commenor
Ord Tera
Ruusan
Typhonic Neb.
Setron
Tyne's Horky
Cato Neimoidia
Byss
Corellia
Duro
Nubia
Glavis
Exodeen
Quellor
Antar
Mimban
Daiyu
Gyndine
Nanth'ri
Sinta
Toydaria
Nal Hutta
Teth
Rinn
Dosalon
Circumtore
Rorak
Daalang
Jakku
Kitel Phard
Zardossa Stix
Hosnian Pr.
Byblos
Abednedo
Erebus
Abregado
Denon
Bardotta
Nantoon
Pasaana
Lannik
Nar Kaaga
Syvris
Giju
Fondor
Devaron
Quarzite
Munt Ontdal
Ghorman
Foless
Bestine
Chardaan
Allanteen
Trillia
Vandor
Bothawui
Gamorr
RTK111
Tammuz-an
Milagro
Nexus Ortai
Xala
Yag'Dhul
Wroona
New Cov
Leritor
Manda
Chuzalla
Dandelo
Ring of Kafrene
Stobar
Druckenwell
Rishi
Scarif
Molavar
Narkina
Arvala
Batuu
Roon
Kinyen
Vandelhelm
Kira
Ando
Mon Gazza
Rattatak
Karthon
Castilon
Takodana
Pax
Chyron
Hypori
Rodia
Bakura
Cerea
Hetzal
Christophsis
Llanic
Tatooine
Geonosis
Kol Iben
Arkanis
Savareen
Yerbana
Cermau
Endor
Ponemah
Bomis Koori
Krisielist
Vondarc
Malastare
Naboo
Farstine
Kaliida Neb.
Sarrassia
Crait
Detchi
Rugosa
Adelphi
Sorgan
Socorro
Ryloth
Tenoo
Vassek
Lotho Min.
Koda Sta.
Sullust
Karfeddion
D'Qar
Celsor
Shadda Neb.
Suria
Belsavis
Morak
Lutrillia
Serolonis
Gerrenthum
Dolla
Eriadu
Sharlissia
Pagodon
Bespin
Hoth
Anoat
Kabal
Lipsec
Virgillia
Clak'dor
Sump
Lafete
Isde Naha
Black Stall Sta.
Nixus
Eiram
Dalna
Sluis Van
Sevarcos
Orto
Skynara
Seatos
Dagobah
Pantora
Svivren
Havoc Outpost
Valo
Mustafar
Utapau
Lasan
Nevarro
Cotellier
Polis Massa
Minos Cl.
Lira San
Terminus
Subterrel
Imynusoph
Kal'Shebbol
1 CUADRADO EQUIVALE A 5000 AÑOS LUZ

LA GALAXIA (CONTINUACIÓN)

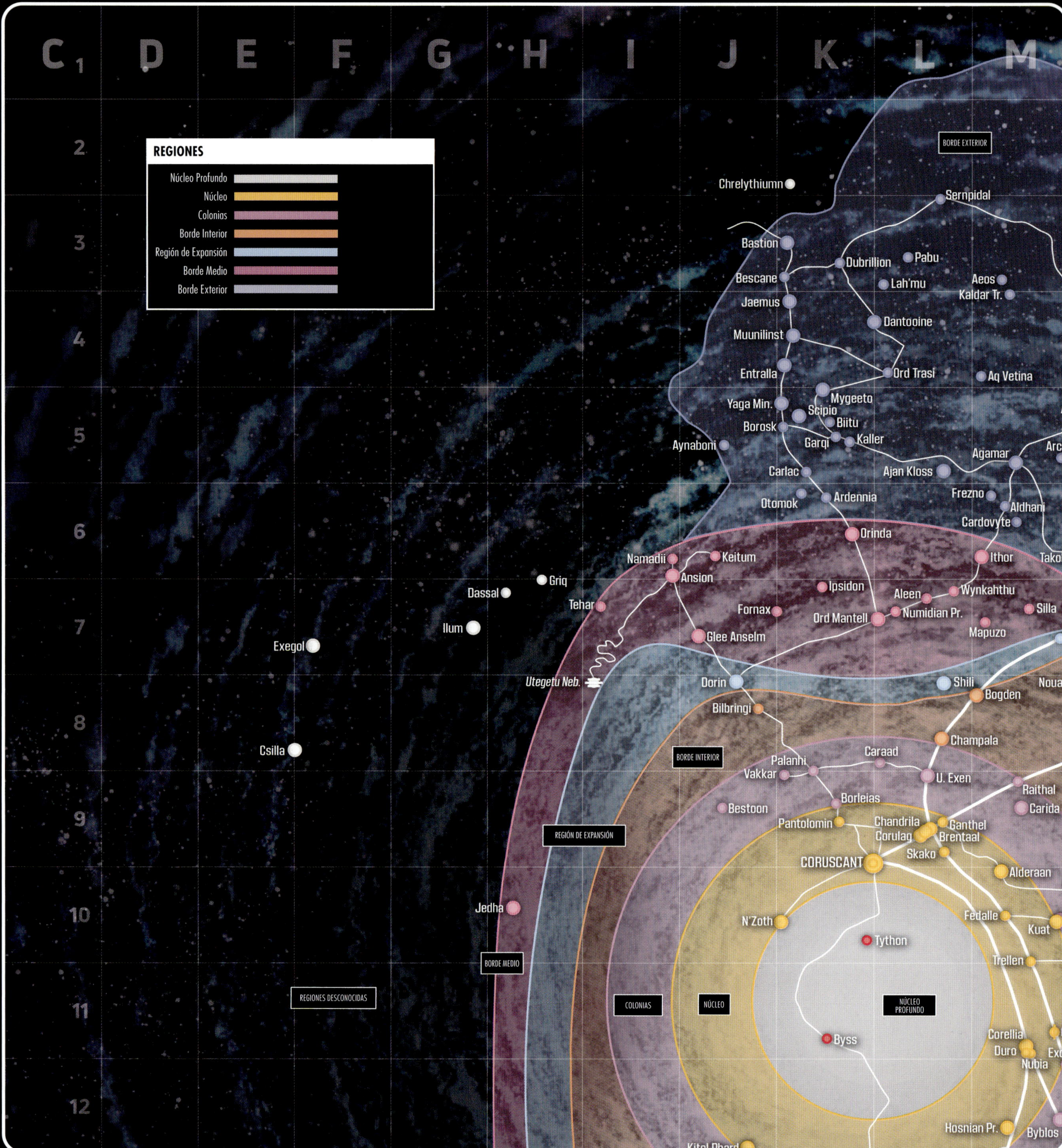

1 CUADRADO EQUIVALE A 5000 AÑOS LUZ

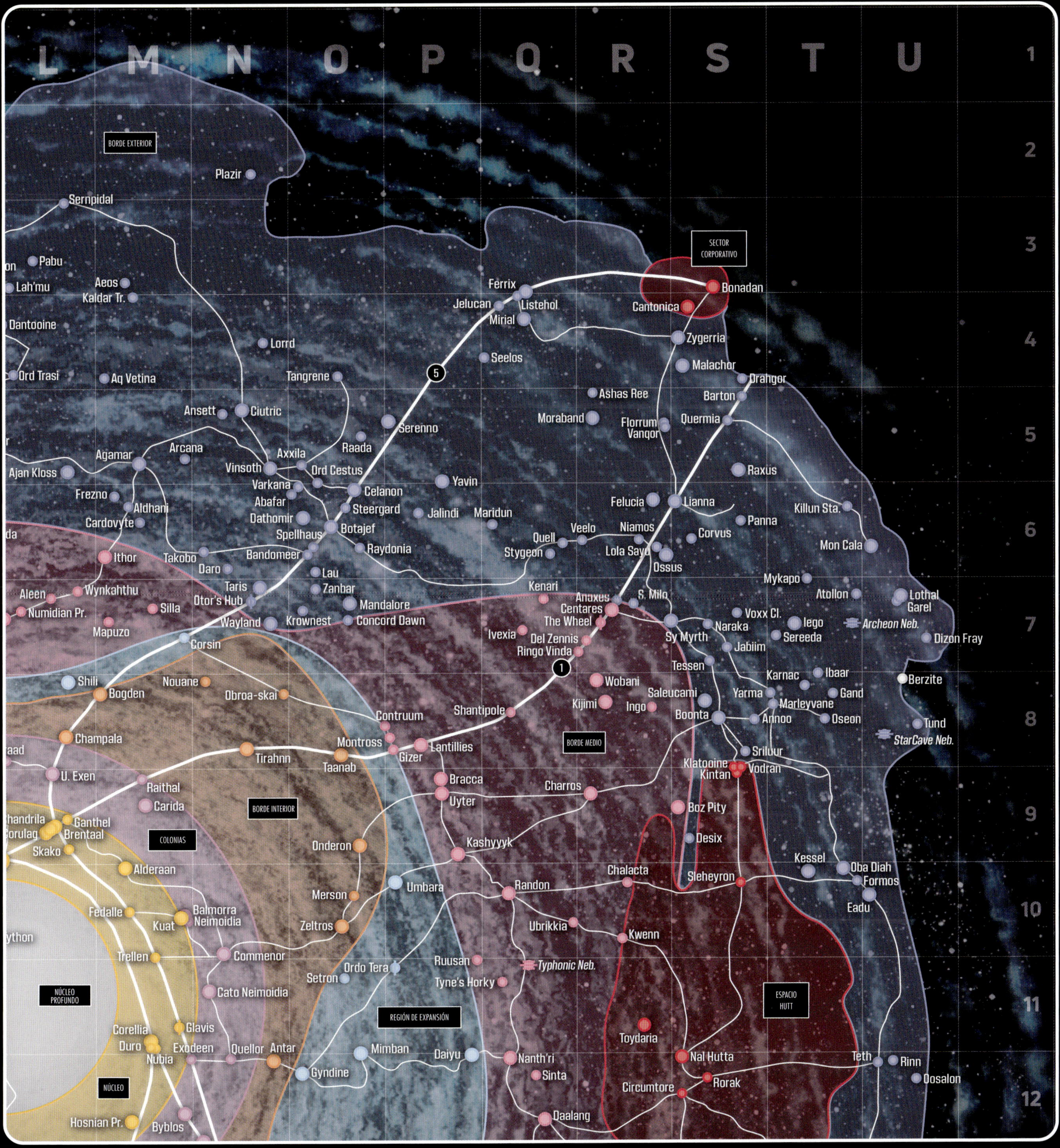
L M N O P Q R S T U
1 2 3 4 5 6 7 8 9 10 11 12
BORDE EXTERIOR
SECTOR CORPORATIVO
BORDE MEDIO
BORDE INTERIOR
COLONIAS
NÚCLEO PROFUNDO
NÚCLEO
REGIÓN DE EXPANSIÓN
ESPACIO HUTT
Plazir
Sernpidal
Pabu
Lah'mu
Aeos
Kaldar Tr.
Dantooine
Lorrd
Ord Trasi
Aq Vetina
Tangrene
Ansett
Ciutric
Serenno
Raada
Arcana
Agamar
Axxila
Vinsoth
Ord Cestus
Ajan Kloss
Varkana
Celanon
Frezno
Abafar
Aldhani
Steergard
Cardovyte
Dathomir
Spellhaus
Botajef
Raydonia
Ithor
Takobo
Bandomeer
Daro
Lau
Zanbar
Aleen
Wynkahthu
Taris
Otor's Hub
Mandalore
Numidian Pr.
Silla
Mapuzo
Wayland
Krownest
Concord Dawn
Corsin
Shili
Bogden
Nouane
Obroa-skai
Champala
Contruum
Montross
Tirahnn
Taanab
Gizer
Lantillies
U. Exen
Raithal
Carida
Ganthel
Brentaal
Skako
Alderaan
Onderon
Umbara
Merson
Balmorra
Neimoidia
Fedalle
Kuat
Zeltros
Trellen
Commenor
Cato Neimoidia
Setron
Ordo Tera
Corellia
Glavis
Duro
Exodeen
Quellor
Antar
Nubia
Mimban
Daiyu
Gyndine
Hosnian Pr.
Byblos
Ferrix
Jelucan
Listehol
Mirial
Bonadan
Cantonica
Zygerria
Seelos
Malachor
Drahgor
Ashas Ree
Barton
Moraband
Florrum
Vanqor
Quermia
Yavin
Raxus
Jalindi
Maridun
Felucia
Lianna
Killun Sta.
Panna
Veelo
Niamos
Quell
Corvus
Stygeon
Lola Sayu
Ossus
Mon Cala
Mykapo
Kenari
Anaxes
S. Milo
Atollon
Lothal
Garel
Centares
Voxx Cl.
The Wheel
Naraka
Iego
Archeon Neb.
Ivexia
Del Zennis
Sy Myrth
Sereeda
Dizon Fray
Ringo Vinda
Jabiim
Tessen
Karnac
Ibaar
Wobani
Berzite
Saleucami
Yarma
Gand
Kijimi
Ingo
Marleyvane
Shantipole
Boonta
Annoo
Oseon
Tund
StarCave Neb.
Sriluur
Klatooine
Vodran
Kintan
Bracca
Charros
Uyter
Boz Pity
Desix
Kashyyyk
Kessel
Oba Diah
Chalacta
Sleheyron
Formos
Randon
Eadu
Ubrikkia
Kwenn
Ruusan
Typhonic Neb.
Tyne's Horky
Toydaria
Nanth'ri
Nal Hutta
Teth
Rinn
Sinta
Rorak
Dosalon
Circumtore
Daalang
1
5

LA GALAXIA (CONTINUACIÓN)

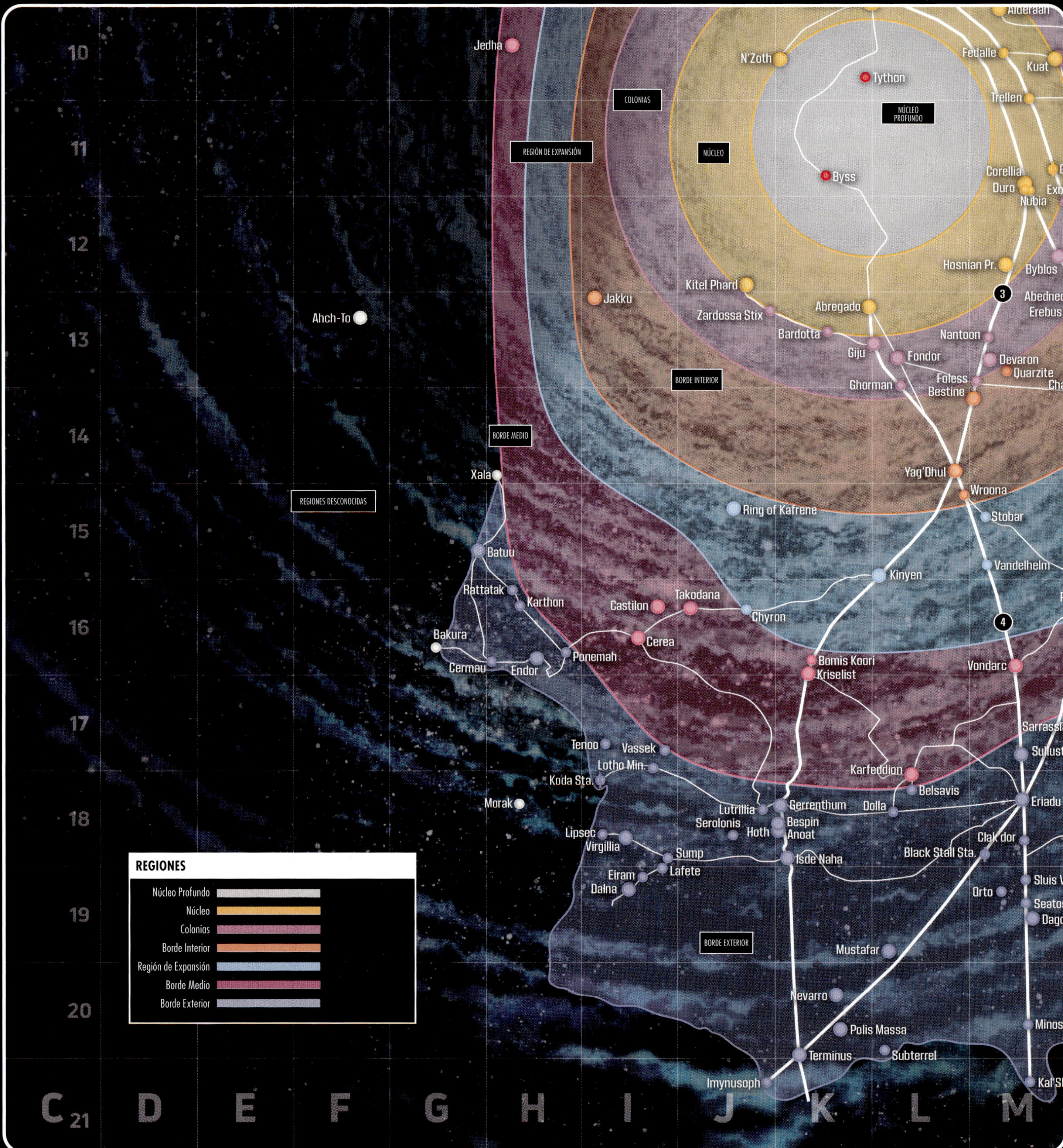

1 CUADRADO EQUIVALE A 5000 AÑOS LUZ

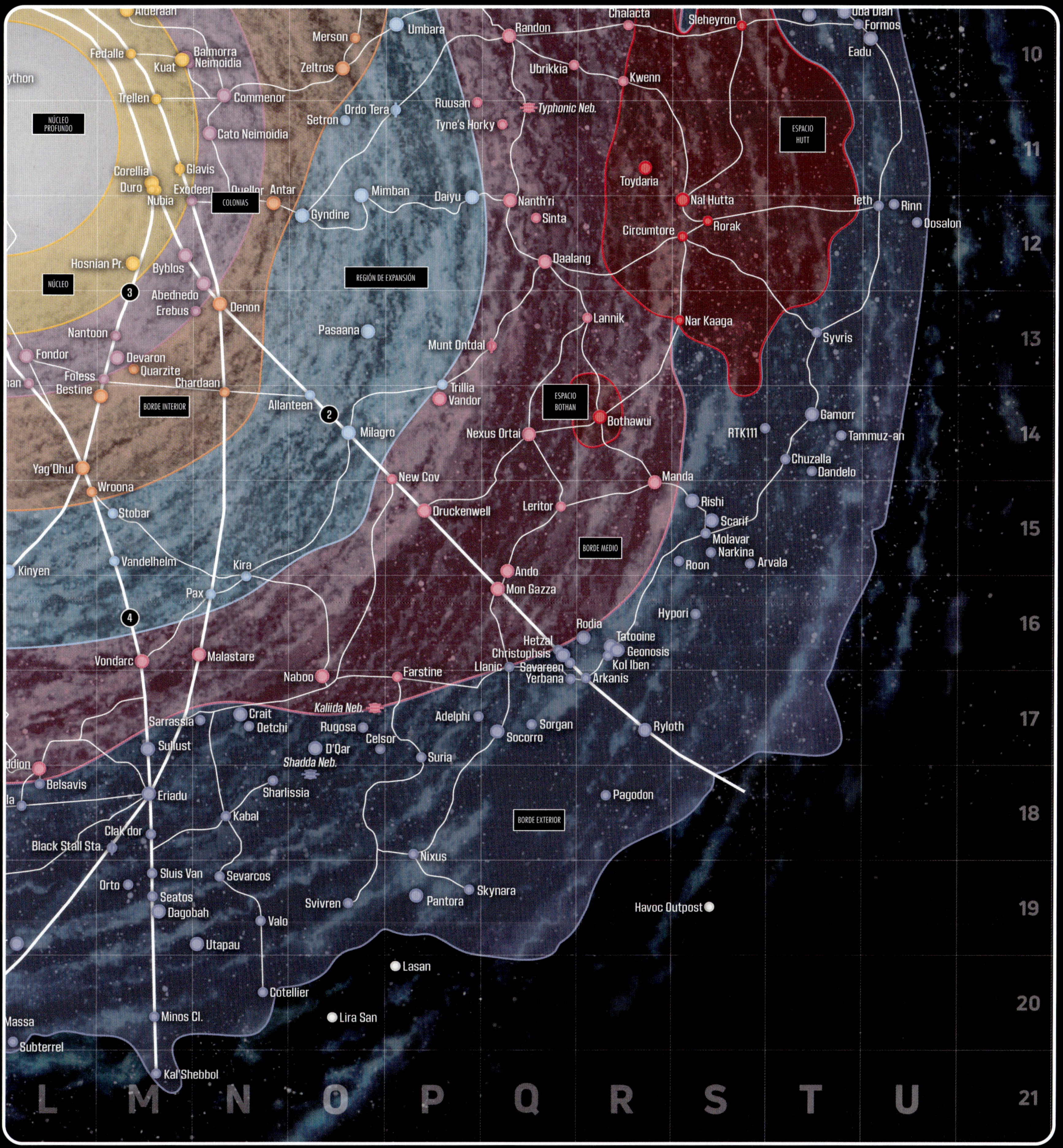

NÚCLEO PROFUNDO
NÚCLEO
COLONIAS
BORDE INTERIOR
REGIÓN DE EXPANSIÓN
BORDE MEDIO
BORDE EXTERIOR
ESPACIO HUTT
ESPACIO BOTHAN
Alderaan
Fedalle
Balmorra
Neimoidia
Kuat
Trellen
Commenor
Cato Neimoidia
Corellia
Glavis
Duro
Nubia
Exodeen
Antar
Merson
Umbara
Zeltros
Setron
Ordo Tera
Ruusan
Tyne's Horky
Randon
Ubrikkia
Typhonic Neb.
Chalacta
Sleheyron
Kwenn
Formos
Eadu
Toydaria
Nal Hutta
Rorak
Circumtore
Teth
Rinn
Oosalon
Mimban
Gyndine
Daiyu
Nanth'ri
Sinta
Daalang
Hosnian Pr.
Byblos
Abednedo
Erebus
Denon
Pasaana
Lannik
Nar Kaaga
Syvris
Nantoon
Fondor
Devaron
Quarzite
Foless
Bestine
Chardaan
Allanteen
Munt Ontdal
Trillia
Vandor
Milagro
Nexus Ortai
Bothawui
Gamorr
RTK111
Tammuz-an
Chuzalla
Dandelo
Yag'Dhul
Wroona
Stobar
New Cov
Druckenwell
Leritor
Manda
Rishi
Scarif
Molavar
Narkina
Roon
Arvala
Vandelhelm
Kinyen
Kira
Pax
Ando
Mon Gazza
Hypori
Rodia
Tatooine
Geonosis
Kol Iben
Hetzal
Christophsis
Savareen
Yerbana
Arkanis
Llanic
Vondarc
Malastare
Naboo
Farstine
Crait
Oetchi
Kaliida Neb.
Sarrassia
Rugosa
Adelphi
Sorgan
Socorro
Ryloth
Sullust
D'Qar
Celsor
Suria
Shadda Neb.
Belsavis
Eriadu
Sharlissia
Pagodon
Kabal
Clak'dor
Black Stall Sta.
Nixus
Sluis Van
Sevarcos
Orto
Seatos
Dagobah
Skynara
Pantora
Svivren
Havoc Outpost
Valo
Utapau
Lasan
Cotellier
Minos Cl.
Lira San
Massa
Subterrel
Kal'Shebbol
L M N O P Q R S T U
10 11 12 13 14 15 16 17 18 19 20 21

LOS PLANETAS

LA GALAXIA EN LA QUE la República y sus sucesores ejercen su dominio rebosa vida. Hay cientos de millones de mundos que albergan seres inteligentes e incontables millones más en los que se han extinguido o nunca han existido. Una variedad casi desconcertante de entornos planetarios (desde yermos helados a desiertos abrasadores, desde mundos pantanosos y boscosos a infiernos volcánicos y paraísos verdes, desde océanos a ciudades) forman el telón de fondo de la saga de los Skywalker y de la batalla por el control de la galaxia. Esta lucha por la paz y la justicia pone algunos de estos mundos en primer plano debido a los acontecimientos que allí suceden o a los héroes y villanos que aparecen en ellos.

«Si hay un centro brillante en el universo, tú estás en el planeta más alejado de él.»

LUKE SKYWALKER

NABOO

Considerado una joya del Borde Medio, Naboo es un centro comercial y nexo cultural para una franja de sistemas estelares en los sectores circundantes. Es el hogar tanto de los anfibios indígenas gungans como de los descendientes humanos de los colonos de los Mundos del Núcleo, una situación incómoda que ha provocado siglos de resentimiento y conflictos ocasionales.

Región galáctica: Borde Medio

Diámetro: 12 120 km

Terreno predominante: montañas, llanuras, pantanos

Cantidad de lunas: 3

Duración del año: 312 días

Población: 4500 millones

Cuadrícula: O-17

TATOOINE

Situado en el Borde Exterior, Tatooine suele ser ridiculizado por sus jóvenes habitantes como un mundo desértico sin esperanza. Pero la realidad es más interesante: su ubicación en una de las principales rutas del Borde Exterior, cerca del Corredor Corelliano, la ha convertido en un puerto tanto para el comercio legal como para transacciones más dudosas.

Región galáctica: Borde Exterior

Diámetro: 10 465 km

Terreno predominante: desierto

Cantidad de lunas: 3

Duración del año: 304 días

Población: 200 000

Cuadrícula: R-16

CORUSCANT

Coruscant, capital de múltiples civilizaciones galácticas a lo largo de la historia de la galaxia, es una brillante ecumenópolis en el corazón del Núcleo. La antigua ciudad-mundo se ha convertido en un poderoso símbolo: para algunos, una promesa del potencial y el entusiasmo de la galaxia; para otros, una acusación de su rapaz avaricia y de su escandalosa desigualdad. En Coruscant, la riqueza aumenta con la altitud: los niveles más bajos están abandonados a la oscuridad y habitados solo por perdidos y desesperados; por encima se encuentran los infraniveles sin ley, donde los sabios son cautelosos; a continuación vienen innumerables bloques habitados por trabajadores de clase media; y finalmente se hallan las altas torres que son los santuarios de la élite galáctica.

Región galáctica: Mundos del Núcleo

Diámetro: 12 240 km

Terreno predominante: urbano

Cantidad de lunas: 4

Duración del año: 365 días

Población: más de 1 billón

Cuadrícula: L-9

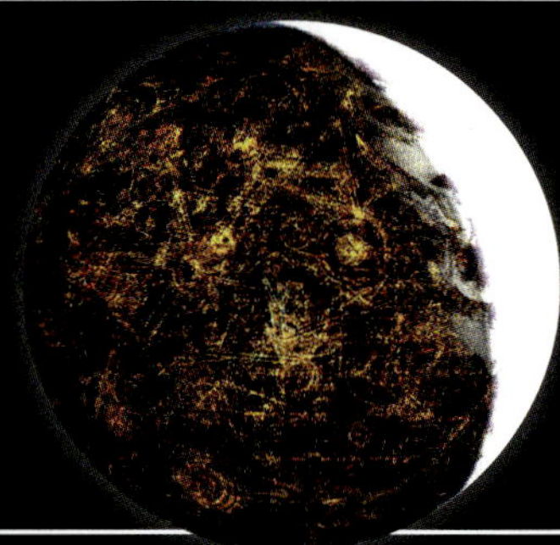

KAMINO

Este mundo acuático azotado por las tormentas gira en torno a una vieja estrella y se rezaga en las afueras de la galaxia satélite conocida como el Laberinto de Rishi. Los kaminoanos son conocidos por su habilidad como clonadores y su estudiada renuencia a hacer preguntas a los clientes ricos que hacen el difícil viaje para llegar a su planeta y buscar sus servicios.

Región galáctica: zona extragaláctica

Diámetro: 19 270 km

Terreno predominante: océano

Cantidad de lunas: 3

Duración del año: 463 días

Población: 1000 millones (ninguna en la era imperial)

Cuadrícula: n/d

GEONOSIS

Vecino de Tatooine en el Borde Exterior, Geonosis es un mundo cuyos espectaculares anillos contrastan con su dura superficie, batida por lluvias de meteoritos y tormentas de radiación. La vida se desarrolla bajo tierra; la especie con más éxito son los insectoides geonosianos, bípedos que se agrupan en colonias colmena excavadas en agujas rocosas. Estos seres alados nacen en un rígido sistema de castas que engloba desde zánganos hasta reinas que gobiernan desde catacumbas. El orden y la obediencia han convertido a los geonosianos en magníficos ingenieros y operarios, que producen ejércitos de droides hechos a su imagen y semejanza, así como armas secretas de gran poder.

Región galáctica: Borde Exterior

Diámetro: 11 370 km

Terreno predominante: cañones, desiertos

Cantidad de lunas: 15

Duración del año: 256 días

Población: 1000 millones (ninguna en la era imperial)

Cuadrícula: R-16

UTAPAU

La superficie de Utapau está azotada por vientos abrasadores que han obligado a sus habitantes a adentrarse en pozos que descienden kilómetros hasta un océano subterráneo que se extiende por todo el globo. Las ciudades verticales construidas dentro de estos pozos son el hogar tanto de los utai, que evolucionaron bajo tierra, como de sus parientes lejanos, los altos y angulosos pau'anos, que antaño vivieron en la superficie.

Región galáctica: Borde Exterior

Diámetro: 12 900 km

Terreno predominante: llanuras, sumideros

Cantidad de lunas: 9

Duración del año: 351 días

Población: 95 millones

Cuadrícula: N-19

KASHYYYK

Kashyyyk es un verde centro comercial del Borde Medio cubierto por poderosos árboles wroshyr. Sus nativos wookiees tienen una profunda conexión con su planeta, y viven en armonía con las pacíficas formas de vida que habitan en los árboles, así como con los terrores semilegendarios de sus profundidades sin luz.

Región galáctica: Borde Medio

Diámetro: 12 765 km

Terreno predominante: bosques, mares

Cantidad de lunas: 3

Duración del año: 381 días

Población: 56 millones

Cuadrícula: P-9

MUSTAFAR

Diminuto mundo volcánico, Mustafar es una bola sobrecalentada de basalto negro y magma incandescente que brota de su inestable interior. Estas condiciones infernales son el producto de la tensión gravitatoria entre dos gigantes gaseosos vecinos, que genera fuerzas de marea que amenazan con despedazar Mustafar. La vida inteligente ha evolucionado aquí en forma de dos especies insectoides estrechamente emparentadas. Las leyendas mustafarianas cuentan que este era un mundo jardín antes de ser arruinado por las energías del lado oscuro.

Región galáctica: Borde Exterior

Diámetro: 4200 km

Terreno predominante: montañas, volcanes

Cantidad de lunas: 1

Duración del año: 412 días

Población: 20 000

Cuadrícula: L-19

CORELLIA

Corellia es uno de los mundos fundadores de la República, y sus intrépidos exploradores, sus astutos comerciantes y contrabandistas y sus audaces pilotos han configurado la historia galáctica; dos de las rutas comerciales más importantes de la galaxia llevan el nombre corelliano. Aunque las contribuciones de Corellia a la civilización galáctica son legendarias, los días de gloria del planeta quedaron atrás; en los últimos siglos de la República, la mayoría de los corellianos con medios para hacerlo intentaron escapar de su mundo natal. Corellia sigue siendo una potencia industrial, y sus astilleros producen vehículos inigualables, pero se ha convertido en un planeta sombrío y contaminado. Ciudad Coronet, su capital, es un conjunto de favelas superpobladas atrapadas en un ciclo de pobreza, violencia y desesperación.

Región galáctica: Mundos del Núcleo

Diámetro: 11 000 km

Terreno predominante: terrestre

Cantidad de lunas: 3

Duración del año: 329 días

Población: 3000 millones

Cuadrícula: M-11

VANDOR

Vandor, gélido y montañoso, es un mundo escasamente poblado y alejado de las principales rutas comerciales de la galaxia, que destaca sobre todo por sus manadas de peludos kod'yoks. Puestos de avanzada dispersos, como el Fuerte Ypso, atienden a rancheros, desolladores, granjeros y aventureros. El Imperio establece guarniciones en Vandor: extrae iridio, se abastece de carne y pieles de kod'yok y transporta mercancías a través de rutas que serpentean por los pasos de montaña de Vandor.

Región galáctica: Borde Medio

Diámetro: 12 500 km

Terreno predominante: terrestre

Cantidad de lunas: 2

Duración del año: 435 días

Población: 25 000

Cuadrícula: P-14

KESSEL

Kessel es un planeta de contrastes. Su familia real vive rodeada de lujos en el cálido hemisferio sur del planeta, sin preocuparse por el hemisferio norte, dominado por explotaciones mineras controladas por bandas criminales. Las contaminadas minas se han hecho tristemente famosas en la galaxia, trabajadas por desesperados empleados a sueldo, prisioneros y esclavos. Kessel produce tanto coaxium como especia, que tiene usos medicinales pero se vende sobre todo como un potente narcótico. El Imperio ignora los enormes beneficios ilegales generados mientras controla lo que sale de las minas y suministra trabajadores para sustituir a los que mueren o enloquecen. Durante la era imperial, los pykes controlan las minas; tras la caída del Imperio, los sindicatos rivales libran una sangrienta guerra por el control de Kessel.

Región galáctica: Borde Exterior

Diámetro: 7200 km

Terreno predominante: terrestre

Cantidad de lunas: 3

Duración del año: 322 días

Población: 10 000

Cuadrícula: T-10

FERRIX

El sistema Morlana se encuentra en la intersección de varias rutas hiperespaciales y cuenta con varios mundos habitados. Morlana Uno es un lúgubre planeta industrial cuyos habitantes viven al dictado de sus amos corporativos, pero el vecino Ferrix tiene una sociedad vibrante que destaca por sus industriosos y oportunistas desguazadores de naves que se ganan la vida extrayendo componentes útiles de naves y equipos desechados. Esta economía del reciclaje es el corazón de una red de industrias y comunidades, que van desde los astilleros y clubes sociales de la ciudad de Ferrix hasta las fincas y granjas de las llanuras. Aunque no son intrínsecamente rebeldes, los ferrixianos son duros e independientes, se enorgullecen de sus tradiciones y se resisten a que les digan lo que pueden y no pueden hacer.

Región galáctica: Borde Exterior

Diámetro: 7914 km

Terreno predominante: terrestre

Cantidad de lunas: 1

Duración del año: 462 días

Población: 1,5 millones

Cuadrícula: Q-4

NARKINA 5

Las canteras industriales de la luna oceánica Narkina 5 atraen la atención del Imperio y se transforman en prisiones donde los reclusos se afanan en las salas de trabajo bajo la vigilancia de los guardias imperiales y al servicio de despiadadas tasas de producción. Los componentes acabados se envían a mundos cercanos del Borde Exterior, como Rothana y Scarif, para alimentar la maquinaria de guerra imperial. Es un axioma de la economía galáctica que los droides son mano de obra más barata que los seres orgánicos, pero el Imperio ha cambiado la ecuación tratando a sus prisioneros como desechables. Los reclusos de Narkina 5 ven cómo el tiempo de encarcelamiento que les queda se reduce día tras día, sin saber que nunca serán liberados. Allí, todas las condenas son de por vida.

Región galáctica: Borde Exterior

Diámetro: 988 km

Terreno predominante: terrestre

Cantidad de lunas: n/d

Duración del año: 223 días

Población: información restringida

Cuadrícula: S-15

JEDHA

Jedha, una luna arenosa, está íntimamente ligada a la historia de la Orden Jedi y de otras tradiciones de la Fuerza. Durante milenios, los seguidores de estas antiguas creencias han buscado respuestas en su Ciudad Sagrada, lo que ha convertido la luna en un destino para peregrinos. En los últimos siglos de la República, la popularidad de la luna disminuye y se convierte en un remanso al que solo se puede llegar por rutas hiperespaciales tortuosas y poco fiables. Las peregrinaciones pasan de ser difíciles a peligrosas después de que el Imperio ocupe Jedha, despojándola de los depósitos de kyber y tomando medidas contra las antiguas tradiciones de la Fuerza y cualquier muestra de espiritualidad relacionada con ellas. Esta represión alcanza su clímax cuando el Imperio prueba la Estrella de la Muerte en Jedha, devastando la luna.

Región galáctica: Borde Medio

Diámetro: 11 263 km

Terreno predominante: desierto

Cantidad de lunas: n/d

Duración del año: 420 días

Población: 11,3 millones

Cuadrícula: H-10

SCARIF

Un mundo tranquilo salpicado de islas tropicales, Scarif se encuentra en las profundidades del Borde Exterior, demasiado lejos del Núcleo como para que su riqueza de minerales densos pueda transportarse a astilleros como Kuat o Corellia. El Imperio ha utilizado la lejanía de Scarif a su favor, convirtiendo el planeta en una incubadora para la investigación militar a espaldas del Senado. La fortaleza conocida como la Ciudadela esconde muchos secretos imperiales, incluidos los planos de la Estrella de la Muerte.

Región galáctica: Borde Exterior

Diámetro: 9112 km

Terreno predominante: océano

Cantidad de lunas: 0

Duración del año: 287 días

Población: 475 000

Cuadrícula: S-15

LOS PLANETAS (CONTINUACIÓN)

YAVIN 4

Yavin 4 es la mayor de las docenas de lunas que orbitan alrededor del gigante gaseoso Yavin. Es un mundo de color verde esmeralda, en cuyas tierras abundan los árboles massassi de corteza púrpura, llamados así por la antigua civilización que habitó esta luna hace eones y dejó tras de sí imponentes monumentos de piedra. Cuando Yavin se convierte de repente en un punto de inflexión en la historia galáctica, pocos han oído hablar de él.

Región galáctica: Borde Exterior

Diámetro: 10 200 km

Terreno predominante: selva

Número de lunas: n/d

Duración del año: 4818 días (planeta)

Población: insignificante (granjas dispersas)

Cuadrícula: P-6

HOTH

Aislada y helada, la desolada superficie de Hoth está dominada por enormes glaciares plagados de cavernas y perforados por géiseres cristalinos. Sin embargo, a pesar de su brutal clima y de los frecuentes impactos de meteoritos, Hoth no carece de vida: manadas de tauntauns deambulan por sus heladas llanuras, cazados por corpulentos wampas de pelaje blanco. Hoth se encuentra cerca de la Espina Comercial Corelliana, pero rara vez es visitado porque los peligros para la navegación dificultan su acceso. Como consecuencia, es un refugio tentador para piratas, contrabandistas, refugiados y rebeldes del Borde Exterior.

Región galáctica: Borde Exterior

Diámetro: 7200 km

Terreno predominante: llanuras heladas, montañas

Cantidad de lunas: 3

Duración del año: 549 días

Población: ninguna (no hay asentamientos permanentes)

Cuadrícula: K-18

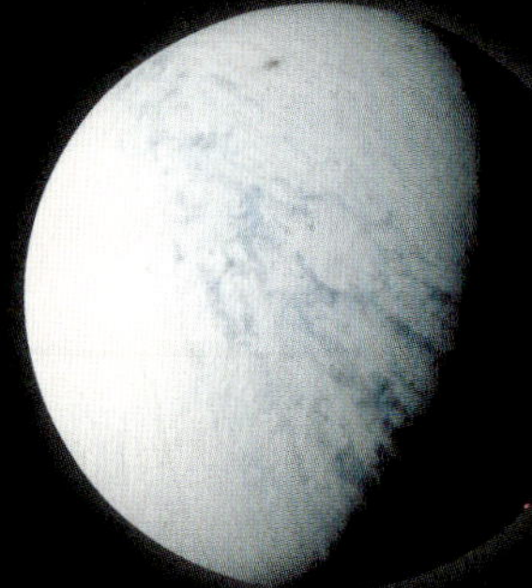

DAGOBAH

Este mundo pantanoso envuelto en la niebla y salpicado de lagos y lagunas es un hervidero de vida, rebosante de flora y fauna exóticas. Nexo para el poder de la Fuerza viviente, es considerado como uno de los lugares más puros de la galaxia. Pocos consiguen encontrarlo, pues no aparece en la mayoría de las cartas estelares ni en los ordenadores de navegación de las naves. Sus energías de la Fuerza y su oscuridad lo convierten en un lugar ideal para el exilio de Yoda tras la casi destrucción de la Orden Jedi.

Región galáctica: Borde Exterior

Diámetro: 14 410 km

Terreno predominante: pantanos, ciénagas

Cantidad de lunas: 0

Duración del año: 341 días

Población: ninguna

Cuadrícula: M-19

BESPIN

Separado de sus dos hermanos gigantes gaseosos por los asteroides del Anillo de Velser, Bespin es una fuente primaria de gas tibanna natural, preciada sustancia que amplifica la producción de energía al exponerse a la luz cohesiva. Bespin no tiene masas de tierra, pero su atmósfera superior alberga una fina envoltura de aire respirable, la Zona de Vida, dentro de la cual flotan ciudades orbitales e instalaciones de extracción de gas, con lugares como la Ciudad de las Nubes que se nutren del turismo galáctico y la recolección de tibanna.

Región galáctica: Borde Exterior

Diámetro: 118 000 km

Terreno predominante: gas

Cantidad de lunas: 2

Duración del año: 5110 días

Población: 6 millones (en las instalaciones mineras flotantes)

Cuadrícula: K-18

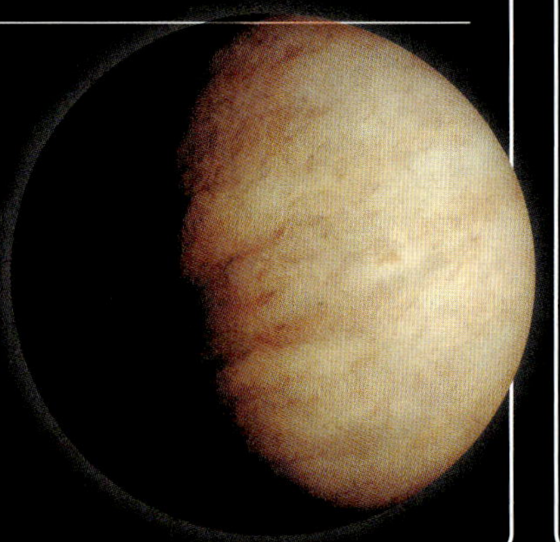

LUNA BOSCOSA

El sistema Endor se encuentra en el límite del espacio conocido, dominado por un gigante gaseoso con nueve lunas. El mayor de sus satélites, la Luna Boscosa, es un mundo templado rebosante de vida, incluidos los ewoks y duloks que viven en el bosque, los yuzzums de largas patas y los legendarios gorax.

Región galáctica: Borde Exterior

Diámetro: 4900 km

Terreno predominante: bosques, sabanas, montañas

Cantidad de lunas: n/d

Duración del año: 402 días (el planeta)

Población: más de 30 millones

Cuadrícula: H-16

NEVARRO

Nevarro, un mundo volcánico situado en un ramal de la Vía Hydiana, está cubierto por una mezcla de campos de lava y terreno más hospitalario. El planeta es poco apreciado durante la era imperial, pero luego adquiere reputación como refugio de contrabandistas, cazarrecompensas y piratas, además de ser el hogar de gente corriente que busca una vida pacífica. Tras una breve ocupación por fuerzas leales a los remanentes imperiales de Moff Gideon, Nevarro entra en una nueva era bajo el liderazgo del magistrado Greef Karga, que piensa que la proximidad del planeta a las principales rutas podría convertirlo en un puerto comercial independiente de la Nueva República. Los ataques piratas ponen en peligro este plan; cuando una banda de mandalorianos repele a los piratas, Karga les ofrece concesiones de tierras con la esperanza de apuntalar la seguridad de Nevarro.

Región galáctica: territorios del Borde Exterior

Diámetro: 8006 km

Terreno predominante: terrestre

Cantidad de lunas: 2

Duración del año: 345 días

Población: 4 millones

Cuadrícula: K-20

JAKKU

Jakku fue una vez un mundo verde, pero alguna calamidad lo convirtió en un árido globo de tierras yermas y dunas movedizas. Situado en las Fronteras Occidentales de la galaxia, Jakku estuvo prácticamente deshabitado durante la guerra entre el Imperio y la Alianza Rebelde; pocos sabían que alojaba una base de investigación imperial secreta usada como punto de partida para explorar las Regiones Desconocidas. Un año después de la destrucción de la segunda Estrella de la Muerte en Endor, un destacamento imperial se enfrenta a una flota de la Nueva República sobre Jakku, y los restos de la batalla se estrellan contra el planeta. Las fuerzas imperiales supervivientes desaparecen en lo desconocido.

Región galáctica: Borde Interior

Diámetro: 6400 km

Terreno predominante: desierto

Cantidad de lunas: 2

Duración del año: 352 días

Población: desconocida (menos de 25 000)

Cuadrícula: I-13

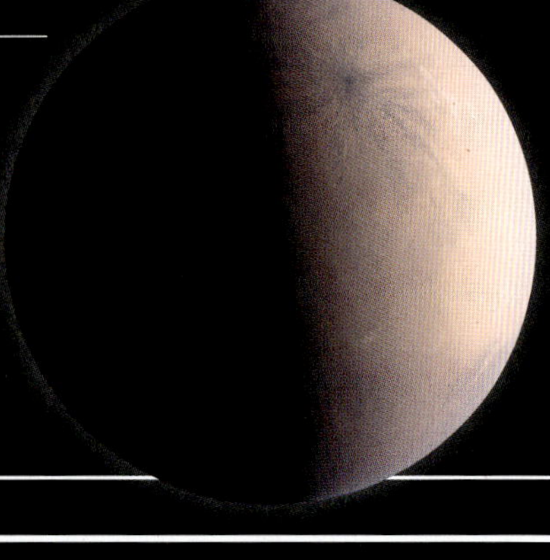

TAKODANA

Situado en la frontera del Borde Medio, este mundo boscoso ha sido durante mucho tiempo una encrucijada para audaces exploradores que viajaban más allá de la frontera, y una base para buscadores de tesoros y prospectores, así como para piratas que se aprovechan de ellos. Durante siglos, Maz Kanata ha regentado un bar y albergue en un antiguo castillo a orillas de un lago, recopilando las historias de los viajeros y obteniendo beneficios de aquellos que cruzan sus puertas.

Región galáctica: Borde Medio

Diámetro: 12 100 km

Terreno predominante: bosques, llanuras, mares

Cantidad de lunas: 0

Duración del año: 215 días

Población: menos de 1 millón

Cuadrícula: J-16

D´QAR

D´Qar, un exuberante planeta selvático situado en el Borde Exterior, es descubierto por exploradores de la Alianza en los últimos días de la Guerra Civil y alberga brevemente un puesto de avanzada rebelde. Pero la guerra continúa y D'Qar cae en el olvido, lo que lo convierte en el lugar perfecto cuando, años más tarde, Leia Organa rompe con la Nueva República y busca un cuartel general secreto para su movimiento de resistencia. Desde D'Qar, Leia vigila a la Primera Orden mediante audaces pilotos de combate, una red de droides espías y políticos y oficiales simpatizantes dentro de la Nueva República.

Región galáctica: Borde Exterior

Diámetro: 10 400 km

Terreno predominante: selvas, llanuras

Cantidad de lunas: 2

Duración del año: 415 días

Población: ninguna (no hay asentamientos permanentes)

Cuadrícula: O-17

ILUM / BASE STARKILLER

Oculto en las Regiones Desconocidas, Ilum es un pequeño mundo helado sagrado para la Orden Jedi y lugar del rito de iniciación conocido como la Asamblea, en el que los jovencitos encuentran cristales kyber para sus espadas de luz. Tras la caída de los Jedi, el Imperio se hace con Ilum y extrae sus cristales kyber para crear matrices de enfoque para los superláseres de las Estrellas de la Muerte. Cuando la Primera Orden huye a las Regiones Desconocidas, completa la profanación de Ilum transformándola en la base Starkiller, una plataforma armamentística móvil de terrorífico poder destructivo.

Región galáctica: Regiones Desconocidas

Diámetro: 660 km

Terreno predominante: bosques, nieve, montañas

Cantidad de lunas: 2 (más tarde 0)

Duración del año: 301 días (original)

Población: originalmente 5200, luego desconocida (datos clasificados)

Cuadrícula: G-7 (ubicación original)

AHCH-TO

En las profundidades de las Regiones Desconocidas se halla el solitario Ahch-To, cuyos agitados mares rodean islas dispersas, una de ellas el emplazamiento del primer Templo Jedi. Luke Skywalker y Lor San Tekka encuentran Ahch-To tras años de búsqueda, y Luke espera que sus secretos le ayuden a restaurar la Orden Jedi. En lugar de eso, se convierte en su lugar de exilio, donde el maestro Jedi se aísla de la Fuerza y vive como un ermitaño.

Región galáctica: Regiones Desconocidas

Diámetro: 7212 km

Terreno predominante: océano

Cantidad de lunas: 1

Duración del año: 304 días

Población: desconocida

Cuadrícula: F-13

CANTONICA

El mundo desértico de Cantonica, situado en el distante Sector Corporativo, es un puerto clandestino para delincuentes de poca monta hasta que intereses adinerados transforman una ciudad polvorienta en Canto Bight, una reluciente ciudad casino a orillas de un mar artificial. Este nuevo patio de recreo para los superricos de la galaxia sirve de refugio de la Guerra Civil y de las crecientes tensiones entre la Nueva República y la Primera Orden. Aquí, los magnates de las megacorporaciones, los traficantes de armas y los vástagos de las casas nobles se reúnen en torno a mesas de juego y beben vinos añejos de mundos muertos hace mucho tiempo. Inmersos en el lujo, apenas piensan en las luchas de la galaxia, más allá de echar un vistazo ocasional a una tableta de datos para recalcular su patrimonio neto.

Región galáctica: Sector Corporativo

Diámetro: 11 440 km

Terreno predominante: desierto

Cantidad de lunas: 2

Duración del año: 206 días

Población: 850 000

Cuadrícula: S-4

CRAIT

La pálida superficie de Crait ha engañado a muchos exploradores que contemplaban el planeta desde la órbita: la extensión blanca que se extiende bajo ellos no es hielo ni nieve, sino llanuras salinas interrumpidas por estepas de halita. La rodocrosita roja cristalina que yace bajo la corteza salada atrajo al planeta a un consorcio minero. Décadas después, los mineros ya no están, pero sus instalaciones abandonadas se fortifican para ser utilizadas como posible base rebelde durante la lucha contra el Imperio, y Leia Organa mantiene Crait en reserva como refugio para la Resistencia. Este es el escenario de la última batalla del grupo después de que las fuerzas de la Primera Orden les persigan desde D'Qar, batalla en la que una proyección de Luke Skywalker se enfrenta a toda la Primera Orden.

Región galáctica: Borde Exterior

Diámetro: 7400 km

Terreno predominante: terrestre

Cantidad de lunas: 0

Duración del año: 525 días

Población: ninguna

Cuadrícula: N-17

EXEGOL

En las profundidades de las Regiones Desconocidas se halla Exegol, un tenebroso planeta solo conocido por los estudiosos de la era oscura en la que los Sith gobernaban la galaxia. Velado por nubes de gas y polvo carmesí, es un mundo seco surcado por relámpagos y perforado por profundas fisuras. Tras la derrota de los Sith hace mucho tiempo, sus mundos fortaleza fueron abandonados y vetados, visitados solo por peregrinos y buscadores de tradiciones oscuras. Pero Exegol escapó a esta purga, y los fieles del Sith Eterno convirtieron un bastión de este planeta en un epicentro del lado oscuro. Tras muchas generaciones, su solitaria vigilia se ve recompensada: Darth Sidious hace de Exegol su reducto y construye en secreto una flota que sirva como instrumento de su venganza y asegure el triunfo de su Orden Final.

Región galáctica: Regiones Desconocidas

Diámetro: 13 649 km

Terreno predominante: yermo

Cantidad de lunas: 0

Duración del año: 210 días

Población: desconocida

Cuadrícula: F-7

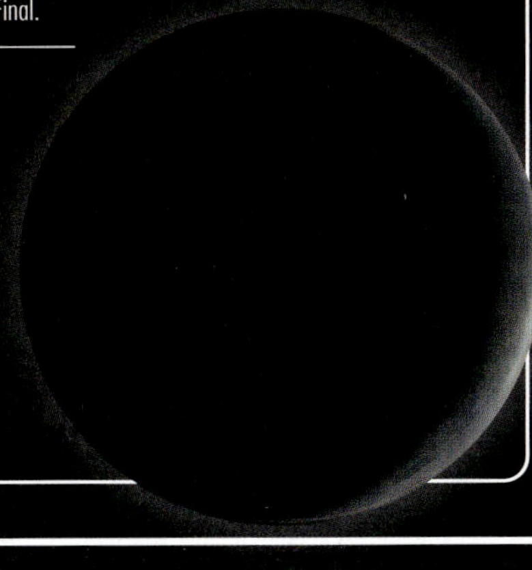

KEF BIR

Una de las nueve lunas del gigante gaseoso Endor, IX3244-C –conocida como Kef Bir en ewokés– es la primera opción del Imperio como lugar para construir la segunda Estrella de la Muerte, pero es rechazada en favor de la cercana Luna Boscosa. Tras la destrucción de la estación de combate, un trozo de su casco se hunde en los océanos de Kef Bir, donde las olas lo tragan lentamente. Una banda de desertores de la Primera Orden vive en la Luna Oceánica, cuidando orbaks y asaltando los restos en esquifes marinos.

Región galáctica: Borde Exterior

Diámetro: 3725 km

Terreno predominante: océano

Cantidad de lunas: n/d

Duración del año: 402 días

Población: 40

Cuadrícula: H-16

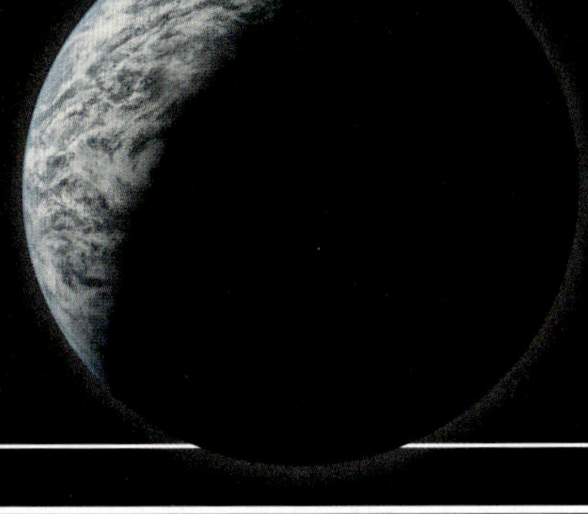

LA ERA DE LA REPÚBLICA

Bajo la autoridad de la República Galáctica y sus valientes defensores, los caballeros Jedi, la galaxia existe en gran medida en armonía, pero la oscuridad se cierne en lugares desconocidos. Incluso durante la era de la Alta República, cuando la galaxia se encuentra en su momento más próspero, la maldad rivaliza con la paz. Los Nihil causan estragos en las estrellas antes de que los Jedi y la República controlen la situación. Muchos años después, un puñado de planetas periféricos se separan de la República Galáctica y forman su propia unión: la Confederación de Sistemas Independientes (los separatistas), que creen que la República da prioridad a los sistemas más cercanos al Núcleo, descuidando el resto. Las tensiones entre ambos se intensifican hasta que estalla una batalla en Geonosis, librada por el recién creado ejército clon de la República y el ejército droide de los separatistas. El estallido de las Guerras Clon, que se extienden desde el Núcleo hasta el Borde Exterior, sume a la galaxia en un caos nunca visto en un milenio.

A medida que las dos facciones luchan por afianzarse en la galaxia, la captura de lugares estratégicos se convierte en una prioridad, como Christophsis por sus recursos y Umbara por su proximidad a las rutas de suministro. Mientras se libra esta guerra, el verdadero enemigo de la galaxia se esconde en Coruscant, la capital de la República. Allí, el canciller supremo Palpatine se ha alzado con el poder bajo el disfraz de la democracia. En realidad, es el Lord Sith Darth Sidious, descendiente de un linaje oscuro, que maneja los hilos no solo de la República, sino también de los separatistas. Su objetivo es simple: el poder ilimitado. Cuando los Jedi finalmente descubren la verdad y van a detener al Sith, son señalados como traidores a la galaxia mientras Palpatine continúa su treta como un político aparentemente inocente. El prodigioso Jedi Anakin Skywalker cae en el lado oscuro, convirtiéndose en el aprendiz de Sidious, Darth Vader. Y a través de las estrellas, los valientes caballeros de la Orden sucumben a la Gran Purga Jedi, en la que casi todos ellos son ejecutados sin piedad. Cuando el crepúsculo de la República llega a su fin, la galaxia se reorganiza en un Imperio con Palpatine como líder. Mientras tanto, en un planetoide llamado Polis Massa, nacen dos gemelos y, con ellos, la esperanza.

NABOO

NABOO ES UN MUNDO EXTRAÑO, GEOGRÁFICAMENTE ÚNICO, situado junto a una de las más importantes rutas de comercio cerca del Borde Exterior. La serena superficie de este planeta de extensas colinas y mares ondulantes es engañosa: debajo hay un mundo submarino sombrío, de intrincados túneles y cavernas, habitado por criaturas gigantes y feroces. Este gran laberinto recorre todo el planeta, más rocoso y denso en los estratos inferiores. Su corazón hierve y burbujea en erupciones de exótica energía de plasma. A lo largo de los milenios estas erupciones han formado cavernas y túneles y han influido en los rasgos de la superficie, como las montañas. Las dos principales civilizaciones del planeta, los naboo y los gungan, dependen de esta energía de plasma, si bien la acumulan y emplean de diferentes maneras.

La residencia real de Naboo, el palacio de Theed, está situada en la cima de un enorme acantilado con vistas panorámicas del campo que la rodea.

LOS SECRETOS DE OTOH GUNGA

Cuando los anfibios gungan se vieron forzados a retirarse bajo el agua durante una feroz lucha por el territorio, miles de años atrás, dieron con un secreto que les permitió quedarse a vivir allí para siempre. Hallaron en aguas profundas una extraña forma de vida, el locap, que se introduce en la roca porosa y extrae plasma de ella. Los gungan descubrieron que podían extraer el plasma de la planta con bongos (sumergibles gungan) cosechadores, dotados de un sifón en la proa. Esta fuente natural de energía, el plasma, es utilizada por los gungan para diversos propósitos, entre ellos la creación de sus increíbles ciudades-burbuja. La tecnología del plasma permite generar potentes campos hidrostáticos en torno a armazones básicos que mantienen fuera el agua pero permiten pasar a los individuos.

UNA CIUDAD REFINADA

La lanzadera del canciller supremo Palpatine flota sobre las cúpulas de los edificios de Theed, su ciudad natal y capital de Naboo. Desde esta privilegiada atalaya Palpatine admira el bello estilo de la ciudad, fruto de un intenso trabajo de reconstrucción tras los disturbios de un pasado remoto. La refinada cultura de Theed ha producido muchos políticos capaces y admirados, entre ellos el mismo Palpatine, que aprendió mucho sobre el funcionamiento del gobierno y las sutilezas del poder en sus primeros años aquí. La fama pacífica y tolerante de Naboo en medio del vacío moral del borde de la galaxia dio credibilidad política a Palpatine desde muy joven. Sus habitantes se sienten a salvo en una galaxia gobernada por este voluntarioso individuo, aunque se haya vuelto inescrutable y distante.

LUGARES DE NABOO

EL VARIADO TERRENO DE NABOO está lleno de exuberante vida vegetal y animal. Se trate de las ricas y verdes llanuras, de las ciénagas plagadas de insectos o de las oscuras profundidades del océano, rico en peces, Naboo ofrece una gran cantidad de tesoros a sus habitantes, que viven en armonía con el planeta. Cronistas gungan y naboo han propuesto la teoría de que la misteriosa civilización, desaparecida ya hace muchos años y cuyas ruinas salpican el campo, no respetó ese equilibrio y fue destruida por su propia codicia.

Otoh Gunga, la capital gungan, está escondida en el interior de las ciénagas de Naboo, en las profundidades del lago Paonga.

VÍAS SUBACUÁTICAS

Bajo la superficie de Naboo, un inmenso laberinto de pasajes y cuevas, creado por los movimientos de la inestable energía de plasma del interior, proporciona a los gungan rutas de transporte por todo el planeta. Se necesita, sin embargo, una enorme destreza para navegar por estas vías, pues en ellas habitan criaturas feroces. Un solo giro equivocado puede significar una muerte segura. A pesar de los riesgos, las flotas de submarinos comerciales de los gungan navegan constantemente por esos caminos; el transporte sobre la superficie con fambaas o kaadus es más lento y más arduo para esta especie anfibia.

LUGAR SAGRADO

Oculto en las ciénagas a los pies de las montañas Gallo, para los gungan el lugar sagrado es un refugio y un santuario en tiempos difíciles. Diseminadas alrededor hay estatuas gigantescas y un enorme templo en ruinas, reliquias de unos habitantes de una especie que se extinguió hace mucho tiempo. Los gungan consideran a esos seres sus antepasados en el planeta. Pero los arqueólogos debaten en cuanto a la motivación de estas ruinas: ¿son los gigantes representaciones de aquella especie o inmensos iconos dedicados a sus dioses?

El denso follaje aísla el lugar del mundo exterior

Templo en ruinas

Enmarañadas raíces de árboles cambylictus

RÍO SOLLEU

Si bien la cultura de los naboo y la de los gungan difieren en muchos aspectos, ambas comparten una estrecha relación con el agua. La capital naboo, Theed, es prácticamente una ciudad flotante sobre los márgenes del gran Solleu, un río que alimentan tributarios que fluyen por el interior del planeta. A diferencia de los gungan, que son anfibios, los naboo consideran que las cualidades meditativas y restauradoras del agua que fluye se aprecian mejor desde tierra firme.

TEMPLO FUNERARIO

El Templo Funerario de Theed se encuentra en un lugar tranquilo al borde de la ciudad. Su diseño abierto y sus muchas ventanas enmarcan una plataforma de piedra magníficamente labrada. Muy cerca está la Torre Livet, en cuyo interior se halla la llama eterna, que con su luz perpetua recuerda a los naboo su propia mortalidad y el deber de vivir una vida armoniosa. Las costumbres funerarias naboo ordenan que el cuerpo del fallecido se incinere como mucho dos días tras su muerte. Creen que así la fuerza vital del muerto vuelve al planeta. Una vez recogidas las cenizas, se llevan hasta el puente que hay entre el templo y la Torre Livet y se echan al río Solleu antes de que este caiga por el acantilado.

SALA DE LA TORRETA

Como miembros activos de la República Galáctica, los naboo suelen recibir a dignatarios de otros mundos en lujosos apartamentos situados dentro del palacio de Theed. Cuando el Gran Consejo Jedi llega para el funeral de Qui-Gon Jinn, sus miembros ocupan una sala de la torreta en la que, en privado, lloran a su compañero y celebran su vida. Esta sala está anexa a un pequeño templo en el que los monarcas naboo homenajean a los grandes gobernantes del pasado. El templo y la sala fueron erigidos por el primer gobernante del Tiempo de la Gran Paz, el rey Jafan, que restableció la paz en Naboo. Es aquí donde Yoda advierte a Obi-Wan Kenobi sobre los graves peligros que entraña la formación de Anakin Skywalker como Jedi.

PUESTOS DE LOS CENTINELAS GUNGAN

Las enormes cabezas de piedra que se yerguen en los márgenes de la ciénaga Lianorm, a los pies de las montañas Gallo, sirven como atalayas a los centinelas gungan. Estos vigilan las Grandes Llanuras Verdes con miralejos (electrobinoculares gungan). Antes de la batalla de Naboo, un centinela espía al jefe de las fuerzas de seguridad de Naboo, el capitán Panaka, y a un grupo de voluntarios que cruzan las llanuras desde Theed.

OTOH GUNGA

ANCLADA A UN ACANTILADO SUBACUÁTICO en el profundo lago Paonga, Otoh Gunga alberga casi un millón de habitantes. Como en todas las ciudades subacuáticas gungan, su distrito central es una densa aglomeración de burbujas que forman elegantes plazas urbanas, ruidosos bares, burbujas sagradas ovaladas y un Barrio Antiguo con frágiles burbujas que ya apenas brillan. En la periferia están las Aldeas de Otoh, donde viven y trabajan la mayoría de los gungan. En áreas más alejadas hay agrupamientos satélite, algunos de ellos expulsados de otras ciudades y que intentan adherirse a Otoh Gunga.

Artistas-científicos cultivan orgánicamente los bongos en un complejo de burbujas externo. El desarrollo de nuevas fórmulas de cultivo aporta gran fama y el funcionamiento orgánico del bongo es un curso muy popular en los viveros de cerebritos (universidades) gungan.

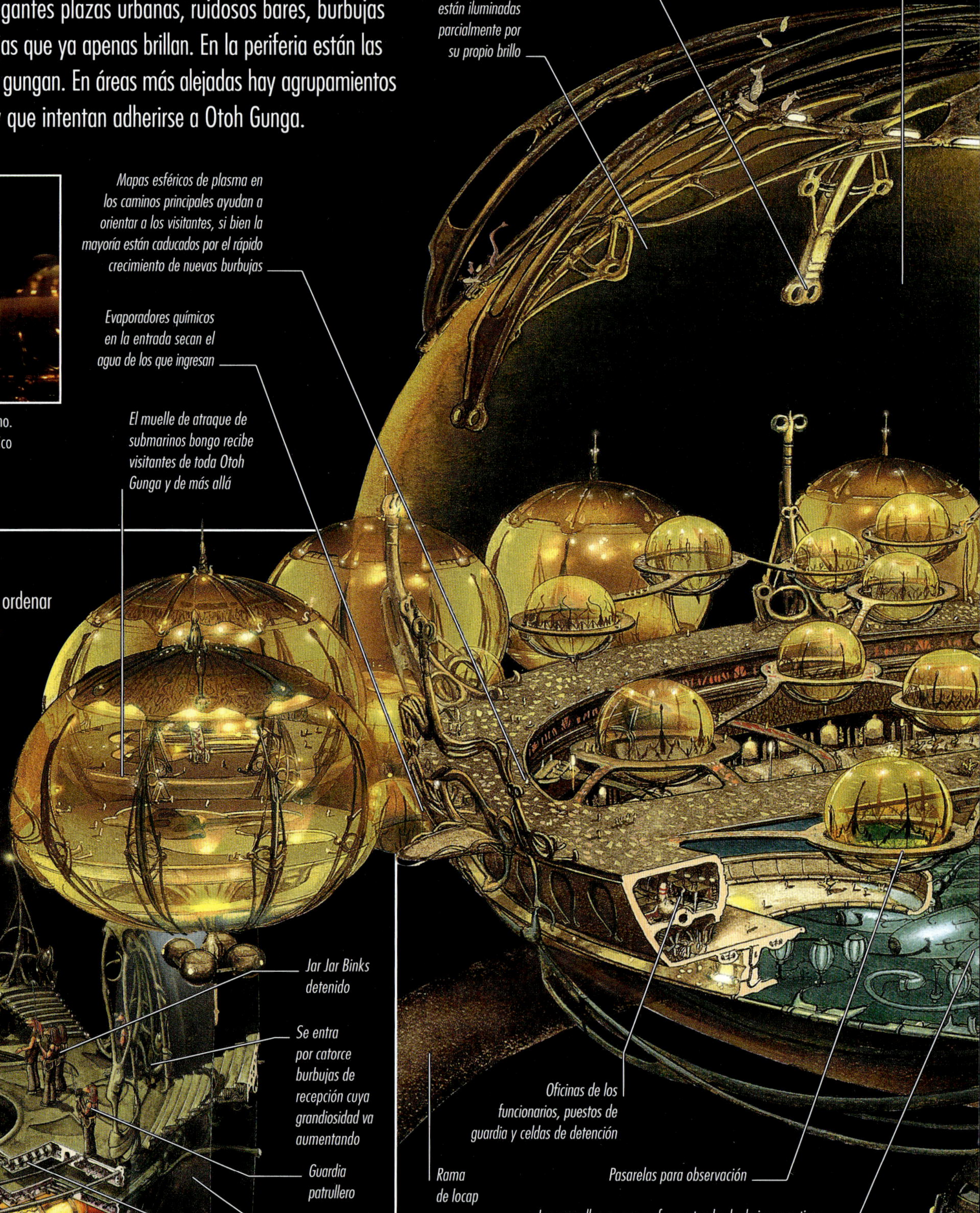

SALA DEL CONSEJO

Una de las primeras acciones como gobernador del jefe Nass fue ordenar la construcción de una sala de juntas con elegantes complejos de oficinas. A muchas aún no se les ha asignado una función.

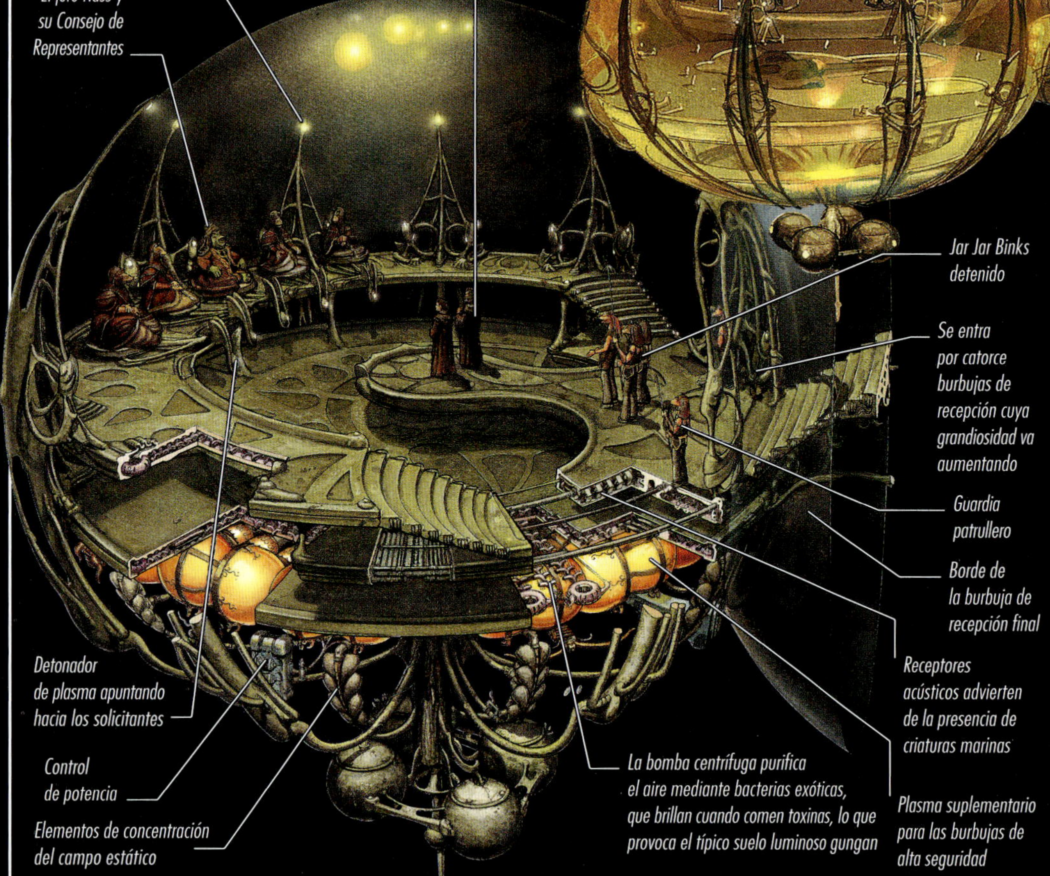

CULTIVO DE LOCAP

Las plantas de locap crecen muy despacio y viven siglos. Sus raíces perforan la roca porosa y extraen plasma, que se estabiliza por los procesos digestivos. Esta forma segura de plasma se almacena en capullos situados en el extremo de los tallos. Los gungan recogen este plasma con submarinos cosechadores. Es un trabajo peligroso, pues los capullos tienen lóbulos circulares con dientes como espinas que se cierran de golpe cuando sienten alguna presión.

GRAN ESPACIO URBANO

El insaciable apetito de burbujas del jefe Nass se debe a su deseo de dejar su marca en Otoh Gunga. Las técnicas de construcción orgánica hacen que puedan construirse enormes complejos de burbujas en muy poco tiempo. Su última creación, el Gran Espacio Urbano, es muy popular entre los visitantes de todo Otoh Gunga y de otras ciudades cercanas.

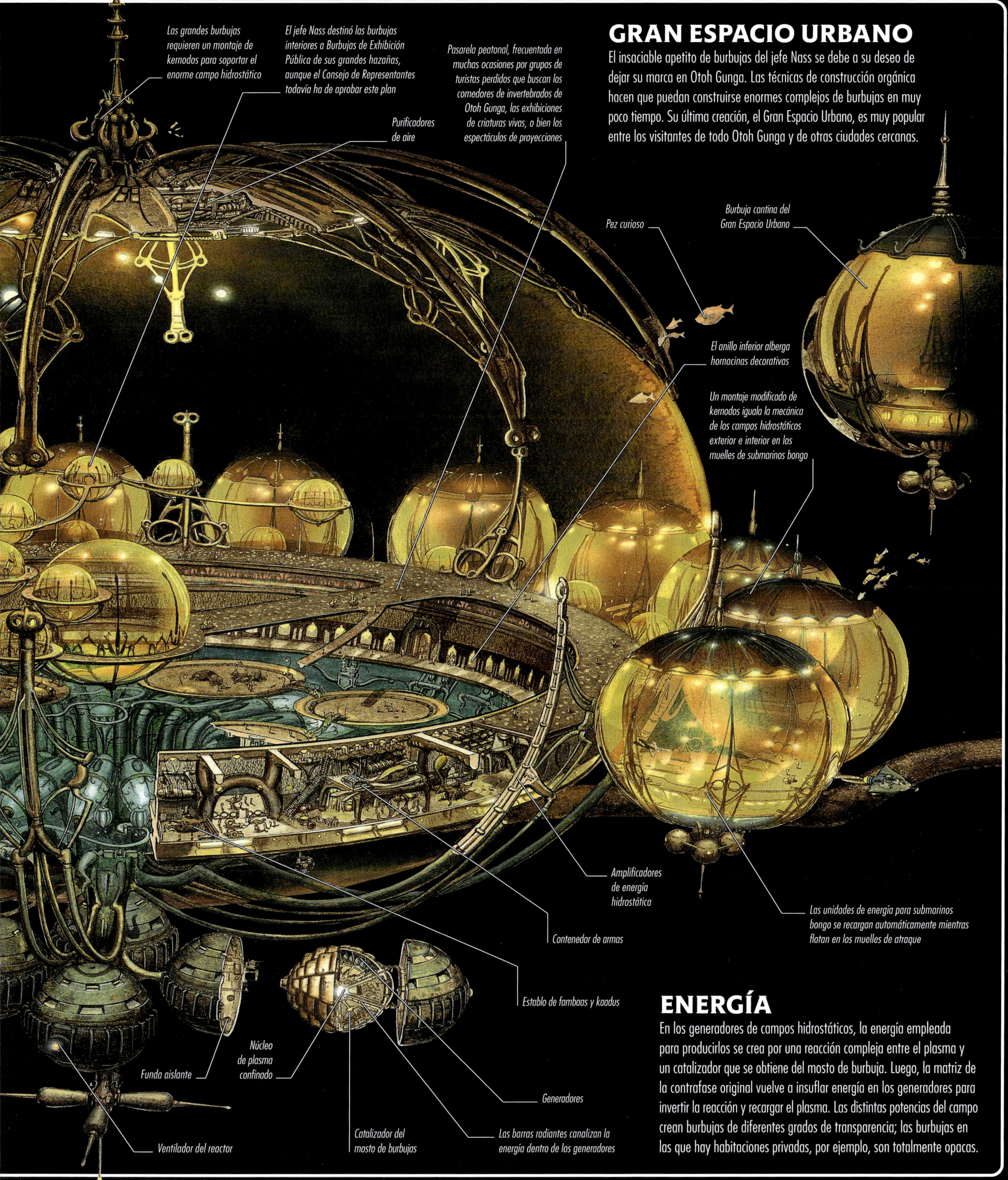

ENERGÍA

En los generadores de campos hidrostáticos, la energía empleada para producirlos se crea por una reacción compleja entre el plasma y un catalizador que se obtiene del mosto de burbuja. Luego, la matriz de la contrafase original vuelve a insuflar energía en los generadores para invertir la reacción y recargar el plasma. Las distintas potencias del campo crean burbujas de diferentes grados de transparencia; las burbujas en las que hay habitaciones privadas, por ejemplo, son totalmente opacas.

NAVE DE CONTROL DE DROIDES

La señal para que comience la activación del ejército de droides se da por medio de los controles manuales del piloto.

ESTAS NAVES DE LA FEDERACIÓN DE COMERCIO de clase Lucrehulk están dotadas de enormes transmisores que les permiten controlar a fuerzas de invasión droides desde la órbita. Uno de estos inmensos cargueros reconvertidos, el *Vuutun Palaa*, es la pieza central de la flotilla neimoidiana enviada para bloquear el planeta Naboo. Los funcionarios de la federación permanecen confinados a bordo de esta nave durante meses, lo que provoca crispación. Los neimoidianos, cada vez más paranoicos, rara vez se alejan del puente de mando por miedo a que algún colega consiga alguna ventaja en su ausencia o conspire contra ellos.

El ordenador transmite órdenes al ejército de droides

En el puesto de navegación, el piloto controla los sistemas mediante gafas de datos y paneles de instrumentos manuales

PUENTE DE MANDO

Dominado por el puesto de navegación, con el piloto en un trono, el puente de mando es un sitio bien protegido en una torre situada en el corazón de la nave. En el nivel inferior hay droides piloto ante ordenadores de navegación. En este ambiente cerrado, los funcionarios de la Federación de Comercio buscan a menudo la relativa intimidad de rincones oscuros para conspirar unos contra otros, oficialmente sin que les oigan (aunque en realidad llaman la atención y las sospechas, lo que les encanta). Hablan con sus socios comerciales por medio de una pantalla situada en un puerto en uno de los lados del puente.

Los Jedi salen de un túnel de ventilación

EJÉRCITO SECRETO

Por lo general cargadas a tope, las enormes bodegas de la nave de control se han vaciado para permitir el transporte y la movilización de un ejército invasor en total secreto. A los funcionarios de aduanas de la República Galáctica que recientemente se han aventurado a entrar en la nave se les convenció de que los componentes sospechosos que habían visto no tenían utilidad militar, sino que eran modernos y caros montacargas. Sin embargo, los Jedi que salen de un túnel de ventilación no albergan ninguna duda sobre lo que están viendo.

SALA DE REUNIONES

La esfera central de la nave de control contiene 50 salas de reuniones. Estas salas, empleadas para fines comerciales, están especialmente pensadas para que los clientes queden en desventaja. Las adaptaciones comprenden emisores de gas y sillas para «disminuir la concentración», que, operadas por control remoto, impiden a los clientes pensar con claridad.

CONTROL DEL TRÁFICO AÉREO

El tráfico de entrada y salida de la nave se controla desde puestos de supervisión de los hangares. A pesar de sus lentos tiempos de reacción, los droides supervisan muchas operaciones de la nave. El reemplazo de empleados pagados y de caros droides de protocolo por droides de barato mantenimiento esclavizados compensa en parte los enormes costes de reunir un ejército droide.

BLINDADOS

Mientras los Jedi combaten a los droidekas, el virrey neimoidiano y sus ayudantes se refugian en el puente, tras puertas blindadas triples. En la sociedad neimoidiana, obsesionada por el estatus, hasta las puertas indican categoría social, y las del puente son muy elaboradas, para recordar a los empleados de la nave la superioridad de sus ocupantes. Aun así, no son impenetrables, como muestra Qui-Gon Jinn al atravesarlas con su espada de luz.

HANGAR DE THEED

SITUADO SOBRE EL BORDE del acantilado en el distrito central de la ciudad, este bello hangar es una base aérea militar protegida para la flota de naves de guerra N-1 y la nave estelar de la reina Amidala. El generador, situado en las inmediaciones, proporciona energía de plasma a la nave espacial atracada en el hangar por medio de conductos subterráneos. Equipado con control del tráfico aéreo, puestos de ordenadores tácticos y un túnel subterráneo secreto que lo comunica con el palacio, el hangar desempeña un papel crucial en la batalla de Naboo y será el punto de encuentro del levantamiento final.

Al no prever resistencia por parte de los pacíficos naboo (ni de dos experimentados Jedi), los droides de combate dejan la nave estelar real intacta y lista para volar.

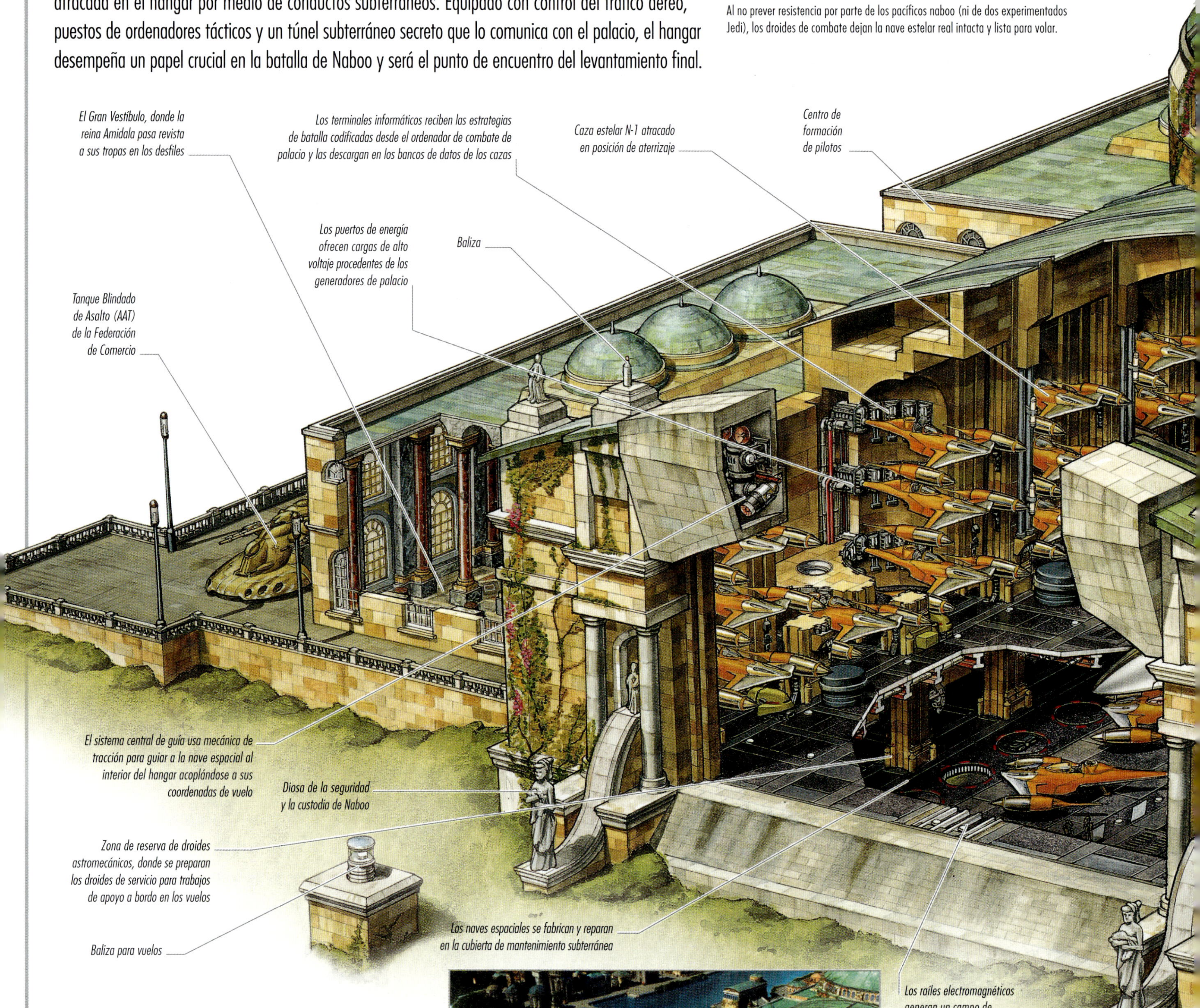

SISTEMAS DE GUÍA

Los pilotos voluntarios de las Reales Fuerzas de Seguridad de Naboo están formados en el uso de ordenadores de vuelo y en el control del tráfico para atracar sus naves en el hangar. Pero a algunos pilotos veteranos les gusta impresionar a los novatos diciéndoles que pueden calibrar su entrada observando cómo el viento afecta a la cascada.

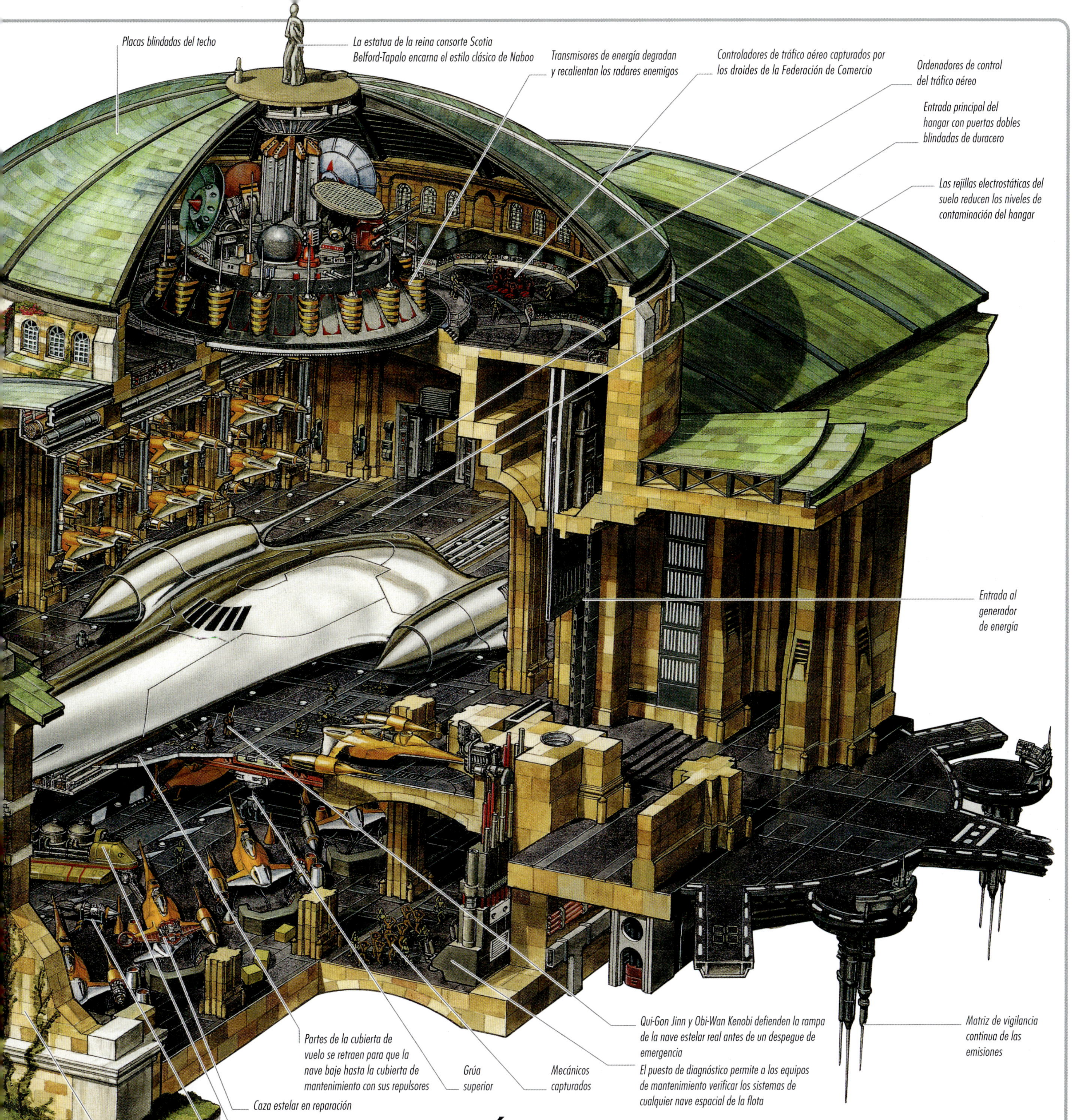

DETECCIÓN DE LA FUERZA INVASORA

Los sensores de Naboo detectaron al instante la llegada de las naves de la Federación de Comercio, que ni se molestaron en usar sus sistemas de antidetección. Habiendo experimentado solo simulaciones, los operadores de radar del Cuerpo de Combate Espacial quedaron abrumados por las fuerzas de la Federación de Comercio y la velocidad a la que avanzaban. Los pilotos permanecieron tranquilos, esperando la orden de ataque de su reina. Sin embargo, incluso cuando los tanques rodaban por la avenida principal de Theed, la reina Amidala creía que era posible negociar. Cuando se envió a los droides de combate a capturar a los pilotos, Amidala ordenó a su pueblo que no se resistiese… de momento.

TATOOINE

TATOOINE, UN ENORME GLOBO AMARILLO abrasado por el calor de sus soles gemelos, da fe de la tenacidad de la vida. Sus formas de vida indígenas, desde los dewbacks, los eopies y los dragones krayt hasta los jawas y los tusken, deben encontrar la manera de sobrevivir en las duras extensiones desérticas. También los inmigrantes han hallado una dura forma de subsistir: los primeros colonos fueron trabajadores pobres de corporaciones mineras convencidas de que Tatooine era rico en metales y minerales. No lo era, y cuando la minería fracasó, trabajadores y equipos quedaron abandonados. Sus descendientes y otros que llegaron después han sobrevivido gracias a la hidroponia y el comercio. Situado en un cruce de las rutas comerciales del Borde Exterior, Tatooine es parada frecuente de los contrabandistas que transportan mercancías desde o hacia el Espacio Hutt, así como de bandidos, mercenarios y fugitivos. Gran parte de su economía está controlada por los cárteles Hutt, y las leyes de la República son solo un rumor.

CIUDAD Y CAMPO

Los escasos asentamientos de Tatooine están separados entre sí por vastas extensiones de desierto. Los paupérrimos niveles de vida y las duras condiciones hacen que estos se distingan muy poco entre sí. Sin embargo, la situación de Mos Espa, cerca de la famosa pista para carreras de vainas de Tatooine, le confiere algo especial. Junto con los pilotos espaciales de siempre, sus cafés y cantinas bullen con equipos de carreras, aficionados y jugadores profesionales. Por el contrario, el Tatooine rural es un mundo solitario de granjas hidropónicas. Para recoger las ínfimas cantidades de agua de la atmósfera, utilizan sencillos evaporadores que se venden como electrodomésticos para irrigar las plantaciones subterráneas.

Tatooine está tan fuertemente iluminada por sus soles gemelos que desde cierta distancia parece ser una estrella más. El planeta es inhabitable, excepto por una zona fresca muy pequeña en el hemisferio norte.

LOS SECRETOS DE LAS PIEDRAS

Caracterizada por gigantescas y pesadas rocas que se yerguen inquietantes en la arena, la Meseta de las Setas es uno de los lugares más asombrosos del desierto de Tatooine. Muchos observadores han notado las facciones humanoides de algunas rocas: ¿extraños accidentes causados por la erosión del viento, o bien objetos rituales tallados por manos alienígenas? Nadie lo sabe. Algunos creen que la respuesta la tienen los tusken, quienes, se sabe, evitan la meseta como si estuviera maldita. Los habitantes actuales de Tatooine son menos supersticiosos: el célebre circuito de carreras de vainas de Mos Espa pasa directamente entre las piedras.

Las actividades de los colonos de Tatooine afectan a las costumbres de caza de los tusken. Esto ha dado lugar a intensos periodos de violencia, en que los temibles tusken atacan a otras especies con incursiones fortuitas o apostando tiradores con rifles bláster robados.

MOS ESPA

MOS ESPA ES UNA CIUDAD SIN LEY y uno de los mayores espaciopuertos de Tatooine. Poderosos gánsteres han gobernado la ciudad durante generaciones, llevándose los beneficios de áreas como el Distrito Obrero y la zona alta, y dejando a los pobres que se ganen la vida rebuscando entre la basura, robando o apostando. Los ricos desprecian abiertamente la ley galáctica al poseer seres esclavizados, que viven en alojamientos baratos construidos por antiguas corporaciones mineras para sus trabajadores. Las autoridades rara vez visitan estos recintos, lo que permite a los esclavos proporcionar un refugio –por un precio– a los forajidos.

Aunque la comida siempre está poco hecha y es correosa, a menudo Sebulba acude a Akim's Munch, un café callejero en el que sus partidarios pueden verlo y saludarlo. Sin embargo, al cascarrabias dug también le encanta encontrarse con rivales y enemigos.

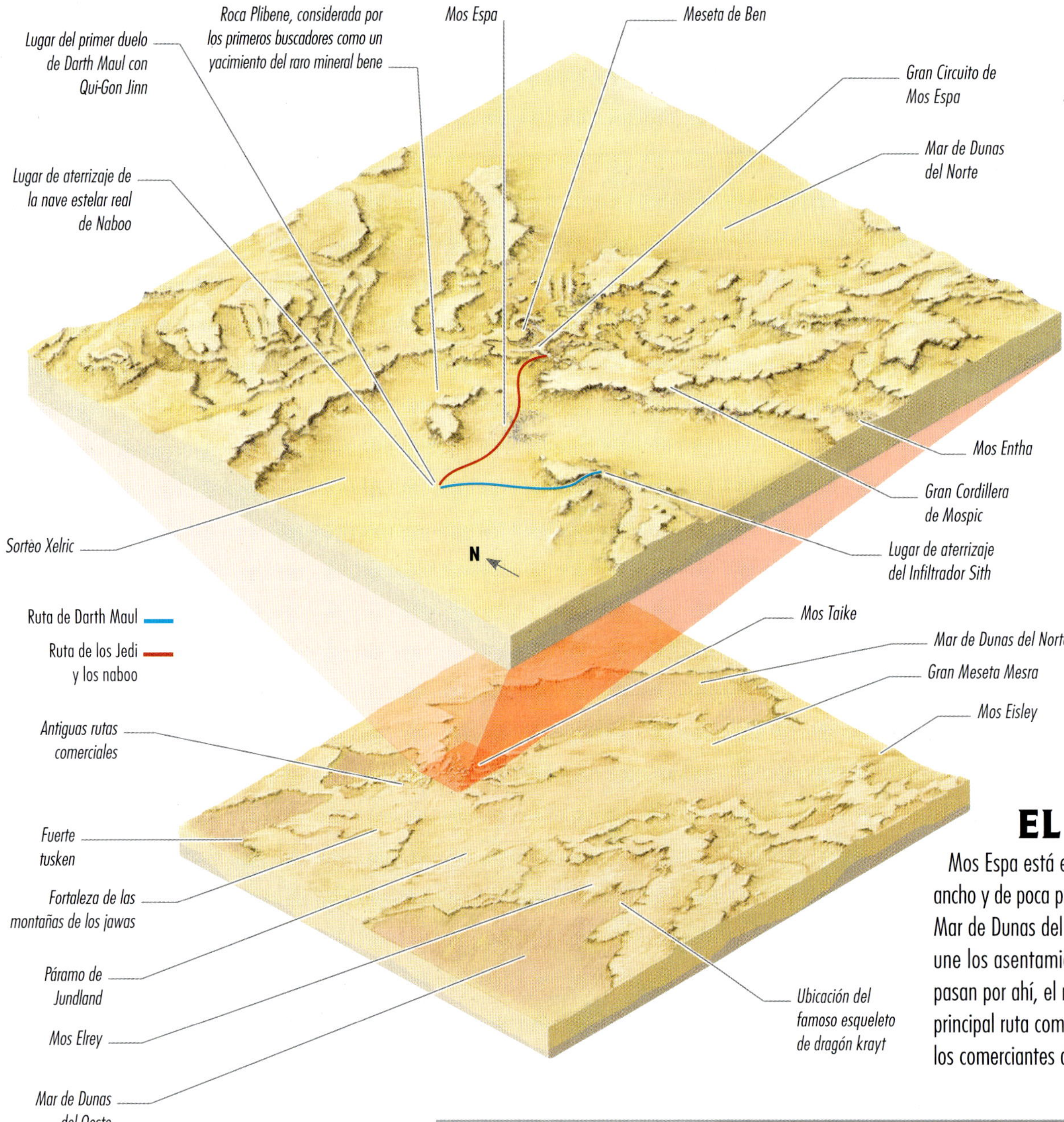

EL ASENTAMIENTO

Mos Espa está estratégicamente situada en el barranco de Xelric, un cañón ancho y de poca profundidad que divide la Gran Cordillera de Mospic al borde del Mar de Dunas del Norte. El barranco de Xelric es una antigua ruta comercial que une los asentamientos del norte con los del sur. Como todos los comerciantes pasan por ahí, el mercado creció rápidamente. Los asentamientos alejados de la principal ruta comercial tienden a estar fuera de la ley y a ser más hostiles con los comerciantes de cualquier especie.

CHABOLAS

Anakin Skywalker trabaja en su vaina de carreras en el barrio de los esclavos, con la seguridad de que Watto nunca se aventura por ahí. Como dueño de esclavos, se espera que Watto mantenga las chabolas. Pero rara vez se hacen reparaciones hasta que las viviendas empiezan a derrumbarse, y entonces son arregladas por droides que el toydariano considera prescindibles.

CIRCUITO DE MOS ESPA

Muchos habitantes del Borde Exterior asocian Mos Espa con sus famosas carreras de vainas, que se realizan en el circuito del desierto, a las afueras de la ciudad. La emoción de las carreras puede ser adictiva y los seguidores novatos de este deporte descubren pronto que las apuestas al estilo de Tatooine son caras.

LABERINTO URBANO

El mercado de Mos Espa está lleno de vendedores de piezas de recambio, usadas o robadas. Al no existir un código de construcción, se construyen nuevas calles y edificios cuando es necesario. Los visitantes corren el riesgo de perder el camino y sus objetos de valor.

GÁNSTERES GOBERNANTES

El ayuntamiento de Mos Espa es un majestuoso edificio diseñado por el célebre arquitecto Tynnan Pisc Dowdrena. Pero el sentimiento de orgullo y deber cívicos que sugiere su arquitectura no va más allá de su exterior: los alcaldes de Mos Espa no trabajan para los oprimidos de la ciudad, sino para los gánsteres, que son sus verdaderos gobernantes, actuando como mediadores en las disputas menores de los bajos fondos, organizando las tareas de limpieza tras las tormentas de arena y los brotes de violencia entre las bandas, y manteniendo a raya a los forasteros e investigando si hay que comprarlos o hacerlos desaparecer.

MALA REPUTACIÓN

Mos Espa cuenta con muchas atracciones para turistas de bolsillos holgados y pocos escrúpulos: los jugadores buscan carreras, peleas y casinos, y luego se codean con buscavidas en clubes nocturnos y cantinas. Los recién llegados aterrizan en el extenso espaciopuerto de Mos Espa, situado en una meseta sobre el cráter que alberga el centro de la ciudad. Aquí pronto se ven chantajeados por «servicios de seguridad»: los forasteros que se niegan a contratar a uno o varios guardianes para vigilar su nave casi seguro que volverán y encontrarán que faltan piezas, si es que la nave sigue allí.

LA CHATARRERÍA

LA CHATARRERÍA DE WATTO DESTACA INCLUSO en medio de la extraña mezcla de edificios de Mos Espa. En principio fue una cúpula sencilla y baja, a la que el comerciante, ávido de dinero, le añadió la parte superior acampanada tras un lucrativo trato con un rico jefe de clan Hutt. Este remate, que recuerda a los sucios nidos de Toydaria (hogar natal de Watto), atrae clientes y proporciona a Watto un refugio seguro.

HISTORIA DE ÉXITO

La tienda de recambios de Watto es una de las más exitosas en Mos Espa. Su secreto es sencillo: precios inflados, artículos robados, trabajo esclavo y ninguna pregunta. Watto pasa poco tiempo tras el mostrador y deja a los droides la mayor parte del trabajo.

LOS TROFEOS

Una pared del refugio de Watto está dedicada a su preciada colección de recuerdos de las carreras de vainas. Algunos son regalos de corredores famosos y sus equipos. Otros fueron hurtados a museos o comprados por los agentes de Watto en los mercados ilegales que se montan inmediatamente después de carreras con choques espectaculares.

REFRIGERACIÓN

La estructura exterior de adobe de la chatarrería cubre paredes dobles de duracero entre las que circula una capa de refrigerante. Microelementos incrustados en la rejilla de energía expulsan el aire caliente por ranuras en las faldas y la parte superior.

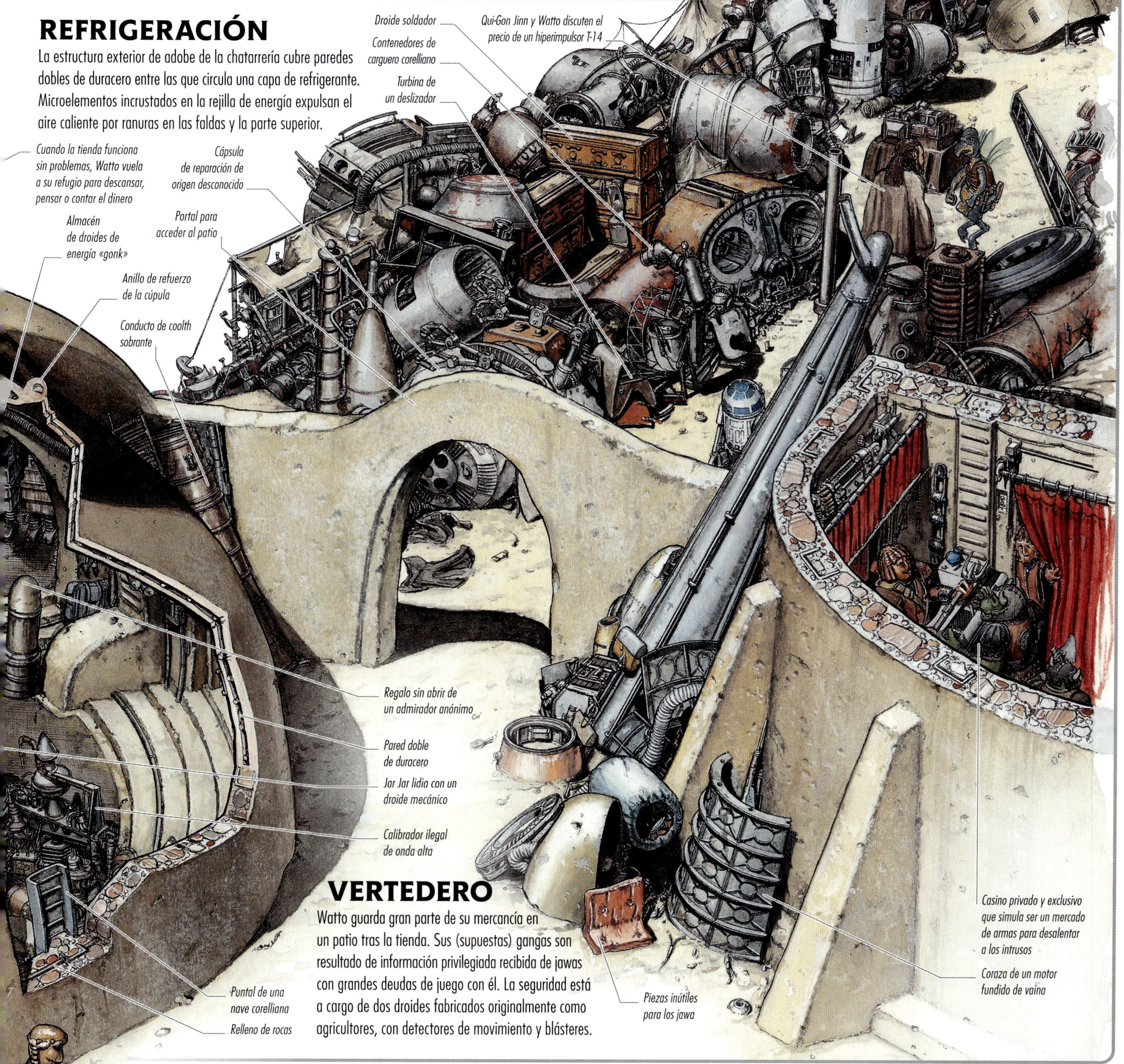

VERTEDERO

Watto guarda gran parte de su mercancía en un patio tras la tienda. Sus (supuestas) gangas son resultado de información privilegiada recibida de jawas con grandes deudas de juego con él. La seguridad está a cargo de dos droides fabricados originalmente como agricultores, con detectores de movimiento y blásteres.

EL TALLER DE ANAKIN

Cuando no está reparando droides para Watto, Anakin pasa su precioso tiempo libre jugando con chatarra e inventando. Debido a su tamaño, trabaja fuera en los motores de su vaina. Al caer la noche, Shmi lo llama y entra a trabajar en su taller en el droide de protocolo que construye para su madre.

ENERGÍA DE LA BASURA

Las casas de los trabajadores se refrescan y calientan con arcaicos generadores bioconversores de energía. Estas máquinas reciben compostaje líquido (desperdicios animales y municipales) por tuberías subterráneas. Ese líquido se convierte en gas natural. El generador de los Skywalker, de gran tamaño, sirve a otras cuatro chozas.

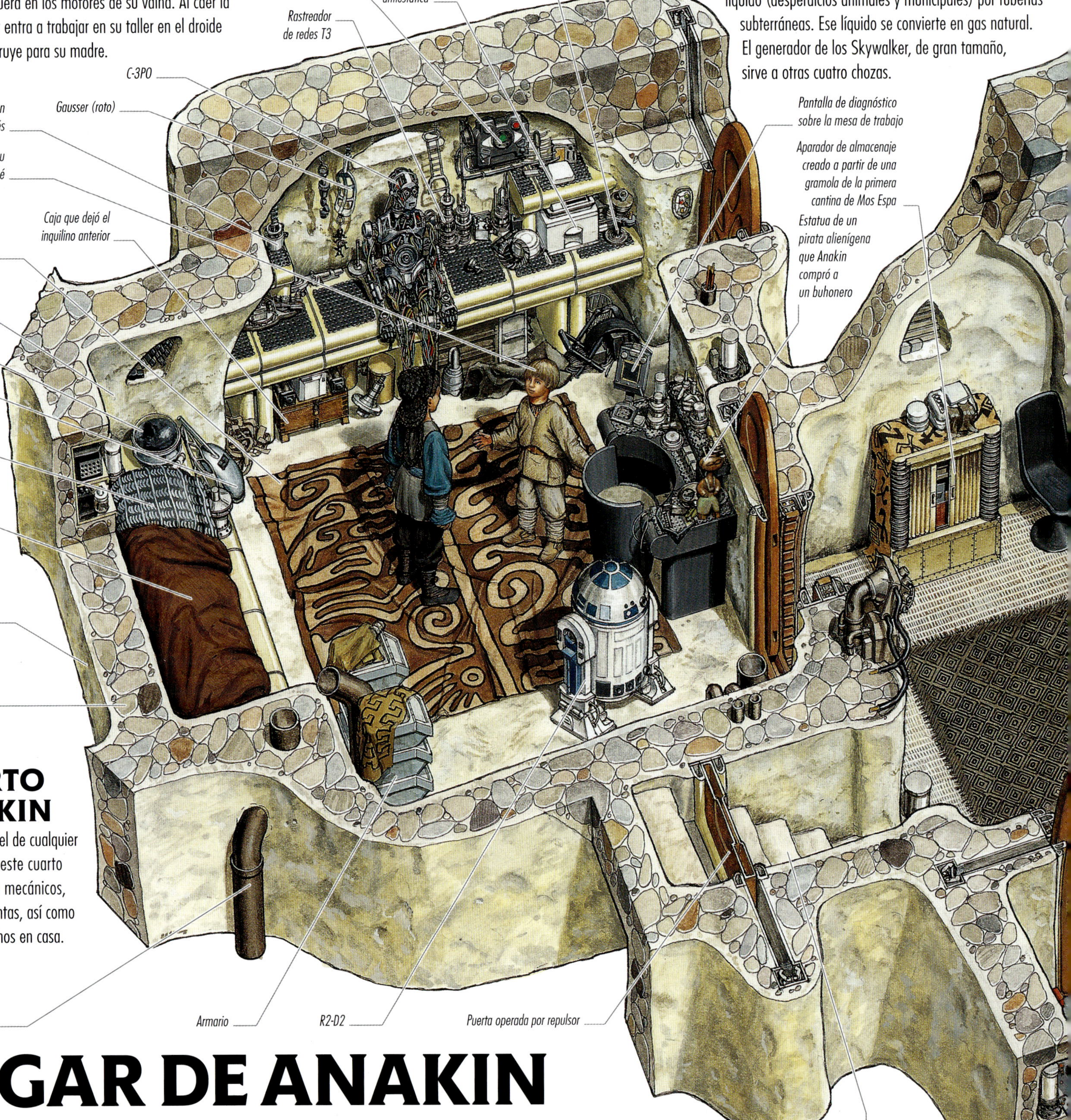

EL CUARTO DE ANAKIN

Lleno de cosas, como el de cualquier chico de nueve años, este cuarto alberga sus proyectos mecánicos, recambios y herramientas, así como juguetes y juegos hechos en casa.

HOGAR DE ANAKIN

ANAKIN Y SHMI SKYWALKER comparten una choza en el Barrio de los Esclavos, a las afueras de Mos Espa. Han tenido la suerte de conseguir una vivienda solo para ellos desde que Watto los obtuvo como deuda de juego de la temible Gardulla la Hutt. Cuando pertenecían a Gardulla compartían alojamiento con otros seis. Su buena suerte no se debe a la generosidad de Watto: muy a su pesar les permite vivir solos hasta que pueda permitirse más trabajadores esclavizados, amenaza que utiliza contra los Skywalker cada vez que se enfada con ellos.

Las chozas están colocadas una encima de la otra para ahorrar espacio.

VIVIENDAS HUMILDES

Las chozas las construyeron las empresas mineras que se asentaron antaño en Tatooine. Como deseaban para sus trabajadores viviendas baratas y temporales, amontonaron habitáculos de adobe bajos y sin ventanas. La única forma de acceder a los niveles superiores es por una escalera exterior de peldaños irregulares.

CIRCUITO DE MOS ESPA

EL CIRCUITO DE MOS ESPA, que acoge la muy esperada Clásica de Boonta Eve y muchas otras carreras, discurre alrededor de un monte alto y de cima plana llamado Meseta de Ben. Sus laderas, abruptas y escarpadas, impiden a los corredores tramposos apartarse del recorrido oficial. Sin embargo, los pilotos siguen buscando atajos en el desierto; ni ellos ni los aficionados se ponen de acuerdo en qué recorrido garantiza una victoria espectacular.

2 Ben Quadinaros es uno de los pilotos que se calan en la línea de salida. En general los retiran rápidamente para evitar un choque con los que llegan tras la primera vuelta, pero en el caso de Ben, su vaina explota antes de que los droides del equipo lleguen hasta él.

EL CAÑÓN DEL MENDIGO

Los días sin carreras, los jóvenes de Tatooine se cuelan en el sector conocido como Cañón del Mendigo. En los sinuosos canales de este río seco aceleran sus deslizadores terrestres y sus veloces saltacielos hasta el límite, soñando con ser algún día los héroes de sus ciudades natales.

3 En la Meseta de las Setas se necesita concentración total: las sombras y la terrible luz solar confunden la percepción de los pilotos. Los sueños de victoria de Mawhonic se truncan al fijarse más en sus rivales que en el recorrido durante la primera vuelta.

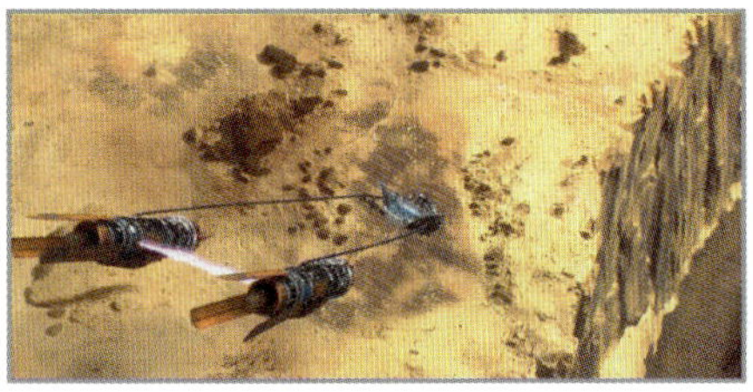

4 Ningún piloto ha logrado subir la empinada cuesta de una rampa de servicio, mantener el control de la máquina tras sobrepasar la altitud máxima del repulsor y descender ileso al circuito. Anakin Skywalker hace historia en las carreras al conseguirlo.

5 Las carreras son una gran oportunidad para los jawas de recoger restos. Estos nativos de Tatooine trabajan en equipo para cubrir la mayor área posible y compiten con los droides de recogida P-100 por partes de motores allá donde ha habido un accidente.

6 Sebulba cree que la larga y achatada Llanura Desértica es un alivio comparada con los sectores más exigentes del circuito. Es aquí donde las mentes viles intentan sus trucos sucios… y es aquí donde Sebulba abate a Mars Guo en la segunda vuelta.

7 En la primera vuelta, Ratts Tyerell choca contra una estalactita en las cuevas de Laguna. De haber sobrevivido, no habría recibido ayuda de los equipos de rescate, pues estos evitan las cuevas, temerosos del dragón krayt que las habita.

La Llanura de Hutt es el lecho del prehistórico lago Anre, que antes corría hasta el Mar de Dunas por tributarios subterráneos

Los pilotos deben girar sus vehículos de lado para pasar por el Pomo del Diablo

Los pilotos deben mantenerse por fuera de la gran roca mientras giran el recodo de Bindy: no merece la pena arriesgarse con las rocas serradas del lado interior

1 Cuando los pilotos se alinean en la parrilla de salida, la multitud estalla en un grito ensordecedor. Es la última oportunidad para los miles de jugadores de calibrar a los pilotos y sus naves antes de hacer las apuestas definitivas.

CLÁSICA DE BOONTA EVE – RESULTADOS

	Piloto	Resultado
1	**ANAKIN SKYWALKER** (TATOOINE)	Tiempo: 15.42:655 (velocidad media: 858 km/h)
2	**GASGANO** (TROIKEN)	Tiempo: 15.48:557 (velocidad media: 850 km/h)
3	**ALDAR BEEDO** (PLOO II)	Tiempo: 15.52:108 (velocidad media: 845 km/h)
4	**EBE ENDOCOTT** (TRIFFIS)	Tiempo: 16.04:994 (velocidad media: 827 km/h)
5	**ELAN MAK** (PLOO IV)	Tiempo: 16.10:737 (velocidad media: 819 km/h)
6	**BOLES ROOR** (SNEEVE)	Tiempo: 16.42:473 (velocidad media: 781 km/h)
X	**BEN QUADINAROS** (SISTEMA TOONG)	Fallo del motor al comienzo
X	**MAWHONIC** (HOK)	Vuelta 1: Accidentado en la Meseta de las Setas
X	**RATTS TYERELL** (ALEEN)	Vuelta 1: Atasco del acelerador en las cuevas de Laguna
X	**ODY MANDRELL** (TATOOINE)	Vuelta 2: Incendio del motor en el circuito tras parada en boxes
X	**CLEGG HOLDFAST** (NUEVO PLYMPTO)	Vuelta 2: Accidentado en El Desfiladero (posible sabotaje)
X	**NEVA KEE** (XAGOBAH)	Vuelta 2: Abandona el circuito en la Llanura de Hutt (desaparecido)
X	**MARS GUO** (PHU)	Vuelta 2: Accidentado en la Llanura Desértica (posible sabotaje)
X	**TEEMTO PAGALIES** (MOONUS MANDEL)	Vuelta 2: Vaporizado en el Giro de la Duna del Cañón
X	**WAN SANDAGE** (ORD RADAMA)	Vuelta 3: Colisión con un reptador de las arenas fuera de la ruta
X	**DUD BOLT** (VULPTER)	Vuelta 3: Colisión con Ark Roose en La Espiral
X	**ARK «BUMPY» ROOSE** (SUMP)	Vuelta 3: Colisión con Dud Bolt en La Espiral
X	**SEBULBA** (MALASTARE)	Vuelta 3: Accidentado en la Llanura de Hutt

11 El sector final del circuito, la Llanura de Hutt, excita los peores instintos de los pilotos. Acelerar al máximo es su última oportunidad de luchar por un puesto antes de la línea de llegada. Esta vez, no obstante, es Sebulba quien se queda fuera de la carrera.

10 En la vuelta final, el malvado Sebulba trata de sacar del circuito a Anakin usando para ello la fuerza y el tamaño de su enorme vaina. Esa es una táctica que ya ha empleado antes, para regocijo de la multitud.

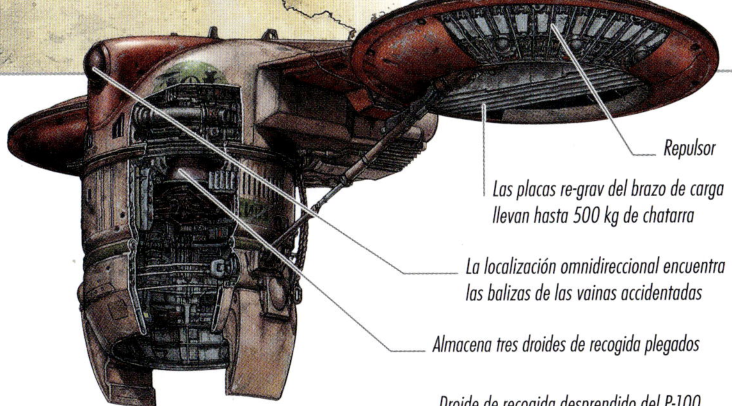

LIMPIEZA

Antes de que se asiente el polvo en torno a una vaina accidentada, los droides de recogida P-100 se llevan las piezas valiosas. Los pilotos tienen dos horas para reclamar sus vainas siniestradas antes de que se subasten o vendan, generalmente a los jawas.

8 En la segunda vuelta, unos tusken disparan a Teemto Pagalies desde los acantilados sobre el Giro de la Duna del Cañón. Las quejas de los pilotos a los organizadores de la carrera no dan resultado: estos ataques se han convertido en otra atracción popular.

9 En la tercera vuelta, los motores de Anakin se recalientan a la altura de la Rampa de Jett, peligroso sector del circuito. El público llega a las manos por qué estrategia seguir: serpentear entre los arcos o «enhebrar la aguja» (pasar directamente a través de ellos).

EL ESTADIO

LAS INMENSAS TRIBUNAS del estadio de Mos Espa están situadas en un anfiteatro natural al borde del Mar de Dunas del Norte. Construidos en piedra arenisca y ditanio sobre puntales de duracero, los asientos del recinto albergan a más de 100 000 aficionados, aunque los días grandes, como la Clásica de Boonta Eve, acuden muchos más. En tanto las entradas más caras se venden sin control a forasteros ricos, los habituales de Tatooine llegan al estadio en deslizadores y se cuelan en las tribunas menos vigiladas.

En un breve discurso, Jabba el Hutt da la bienvenida a todos a la Clásica de Boonta Eve y da el pistoletazo de salida a la carrera.

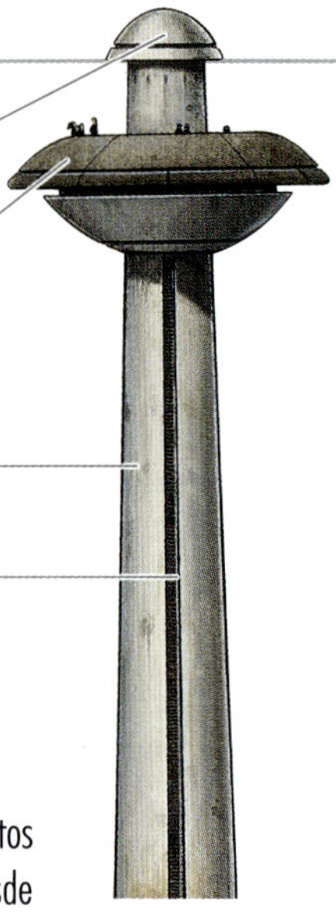

TORRES CON VISTAS

La familia y los amigos de algunos pilotos privilegiados contemplan la carrera desde torres panorámicas. Tras algunos incidentes en que familiares histéricos de los corredores se arrojaron desde lo alto, ya sea por la emoción de la carrera o por el dolor de perder a alguien amado, se pusieron sistemas de tracción de baja energía alrededor del perímetro.

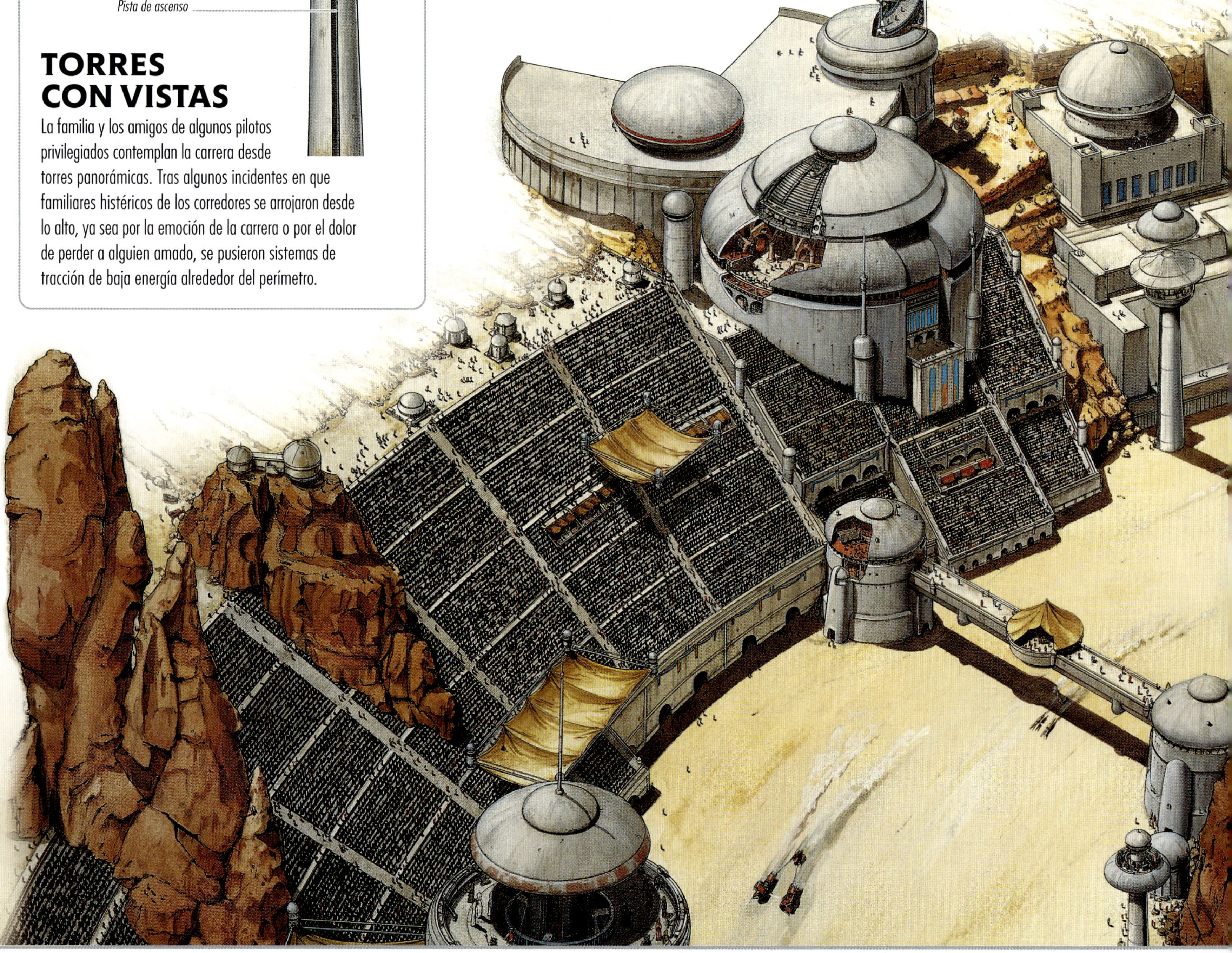

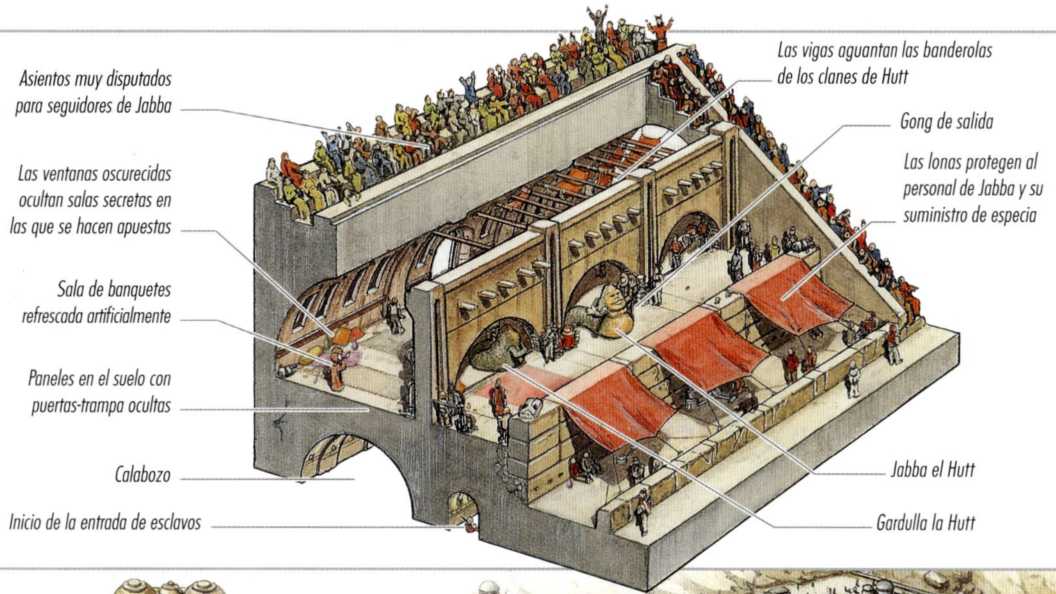

EL PALCO REAL

Rodeado de ayudantes, guardaespaldas, aduladores y parásitos, el gánster Jabba el Hutt preside la Clásica de Boonta Eve desde los mejores asientos del estadio. Las carreras han resultado ser un negocio muy lucrativo para Jabba: financió la construcción de las tribunas y saca enormes beneficios del control de las apuestas. Pero aparte de su pasión por el juego y el crimen, a Jabba le aburren las carreras: sus depravados sentidos no disfrutan con el ruido atronador de los vehículos a grandes velocidades.

LA CIMA SAGRADA

Hace siglos, el peñasco que se yergue en medio del circuito de Mos Espa era un santuario para las tribus de moradores de las arenas, los tusken. En cuevas excavadas en la roca, realizaban sacrificios y rituales para propiciar buenas temporadas de caza. Los líderes espirituales narraban relatos sagrados a las siguientes generaciones en salas para sagas. Expulsados hace mucho tiempo de su roca sagrada por los aturdidores motores de las vainas de carreras y los turistas, los tusken disparan a las vainas durante las competiciones para vengar a sus antepasados.

EL ESTADIO (CONTINUACIÓN)

LUGAR DE NEGOCIOS

Una vez en el estadio, administradores armados del Hutt «alientan» al público a visitar los vestíbulos de negocios. Aquí pueden apostar, visitar exposiciones, comprar recuerdos y probar vainas hechas a escala. Muchos potenciales pilotos de vainas tienen aquí su primera experiencia deportiva… a veces arrollando paradas y exposiciones.

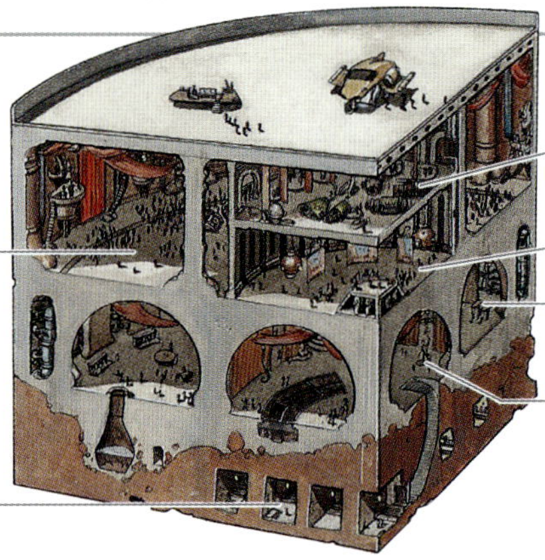

DE CULTO LOCAL A GRAN ESPECTÁCULO

Mucho antes de que se construyese el estadio, los buscadores de emociones de Tatooine celebraban aquí carreras gratuitas para todos y sin reglas. Primero, de carros tirados por animales; luego, de deslizadores hanno (precursores de los actuales), y, finalmente, de vainas. La era de las modernas carreras de vainas la inició en Malastare un temerario corredor alienígena llamado Gustab Wenbus, que participó en una vaina prototipo superrápida y casi sin probar, diseñada para él por un mecánico ilegal llamado Phoebos. Conforme se popularizó el uso de estas arriesgadas vainas, las carreras atrajeron rápidamente a aficionados de todas partes.

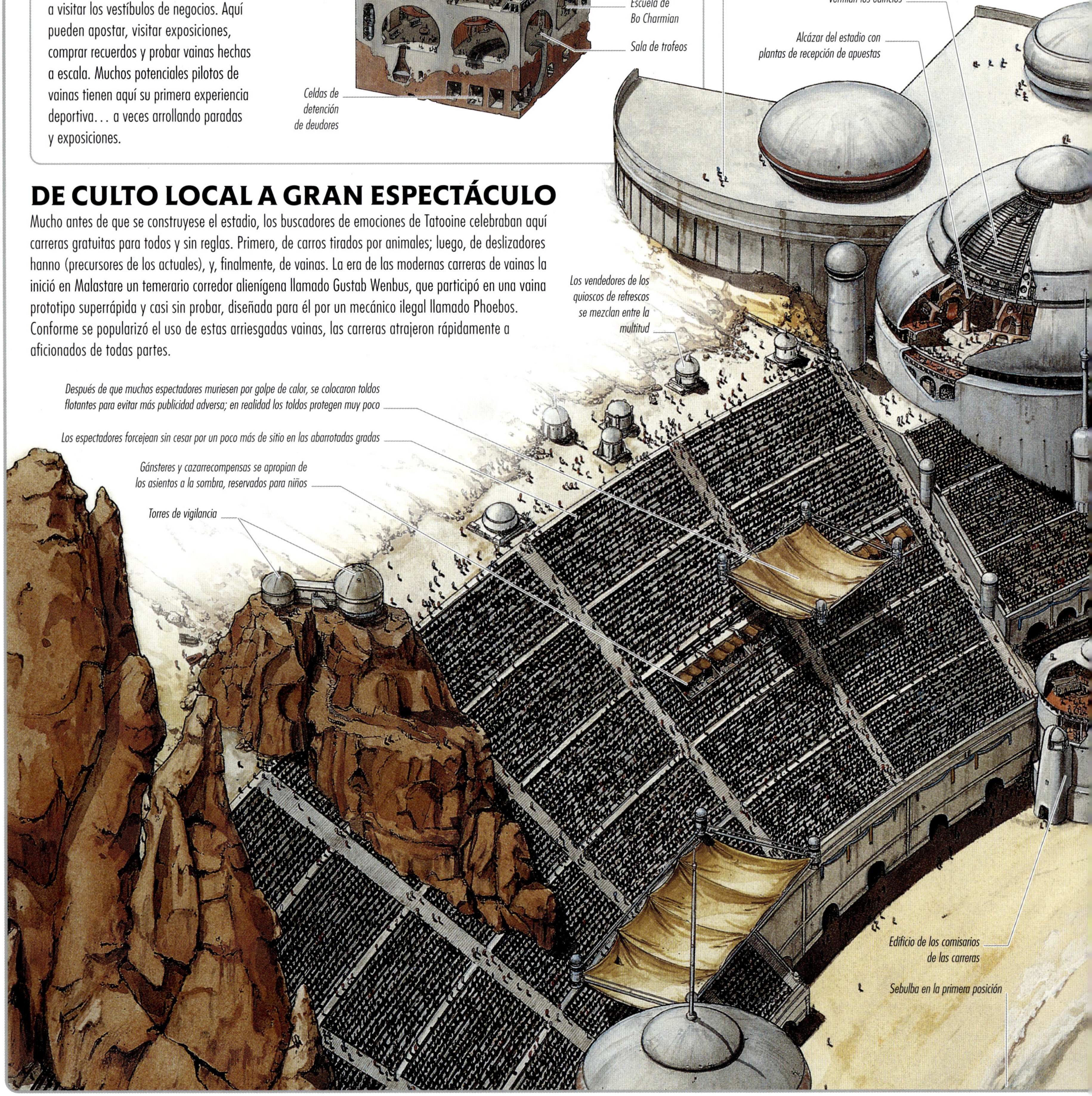

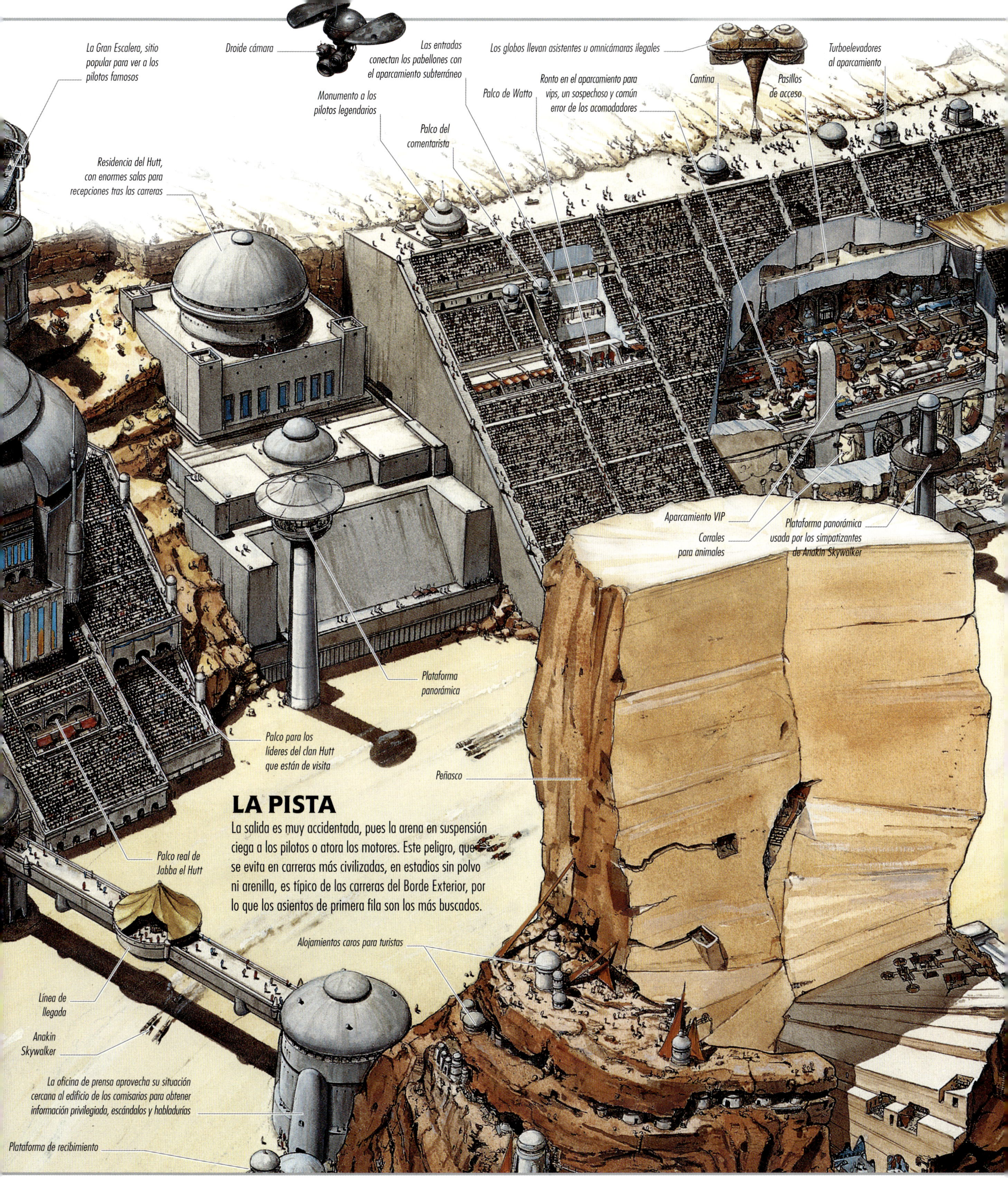

LA PISTA

La salida es muy accidentada, pues la arena en suspensión ciega a los pilotos o atora los motores. Este peligro, que se evita en carreras más civilizadas, en estadios sin polvo ni arenilla, es típico de las carreras del Borde Exterior, por lo que los asientos de primera fila son los más buscados.

EL ESTADIO (CONTINUACIÓN)

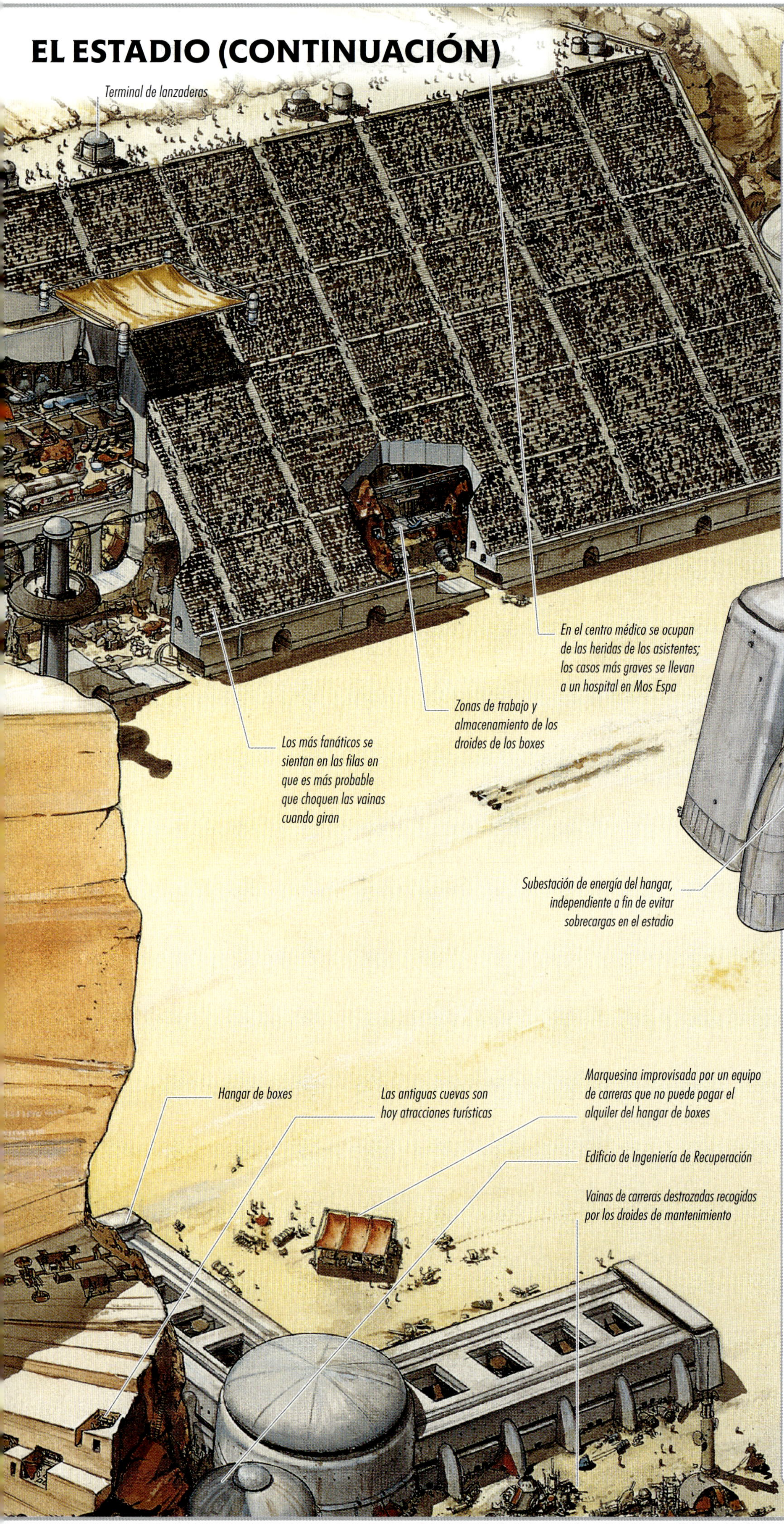

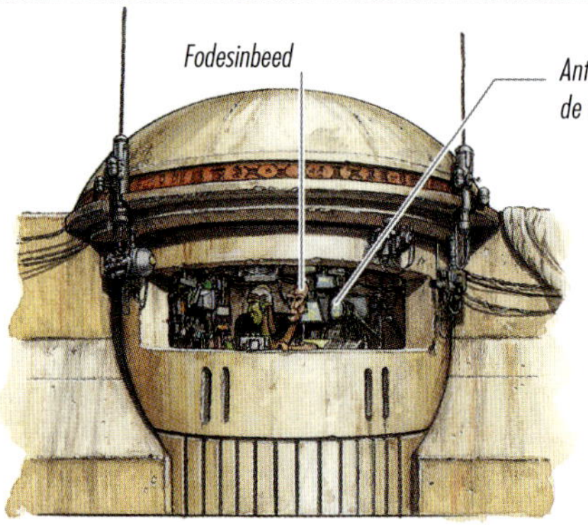

EL COMENTARISTA

El troig de dos cabezas Fodesinbeed comenta la carrera en idioma huttés y básico. El célebre presentador solo aparece en las carreras de vainas más prestigiosas a cambio de honorarios excesivos.

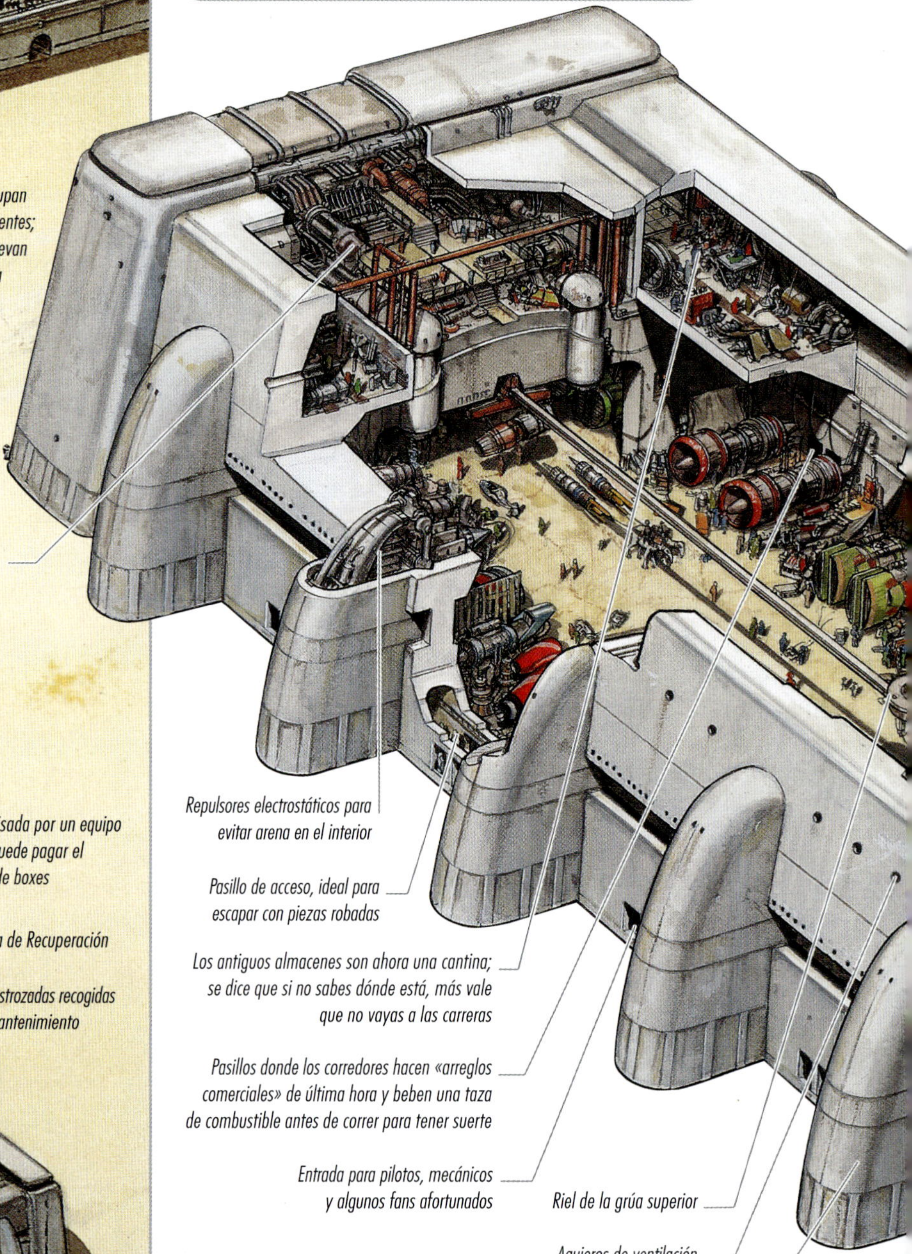

LA SEGURIDAD EN EL HANGAR

El hangar de boxes se construyó como una serie de compartimentos que daban servicio a una única vaina cada uno. Conforme aumentaba la popularidad de este deporte, se eliminó la división entre compartimentos para albergar el número creciente de vainas en cada carrera. Hoy, la multitud de máquinas y personas en el hangar da muchas oportunidades para sabotajes y robos. En los días anteriores a una carrera los mecánicos duermen en el nivel superior para estar cerca de sus máquinas, y algunos corredores emplean espías disfrazados de mecánicos para vigilarlas.

EL HANGAR DE BOXES

El día de la carrera el hangar de boxes está abarrotado de vainas y equipos, así como de fans que han conseguido conocer a sus héroes. Los corredores «A» del circuito se reúnen en el brazo izquierdo del edificio en forma de L, junto a la parrilla de salida, y los corredores «B», en el otro brazo, esperan la oportunidad de reemplazar a un corredor accidentado y obtener la gloria.

Los pilotos que paran en los boxes cerca de la salida para reparar o repostar se arriesgan a que la actividad de los droides les cause más problemas.

CORUSCANT

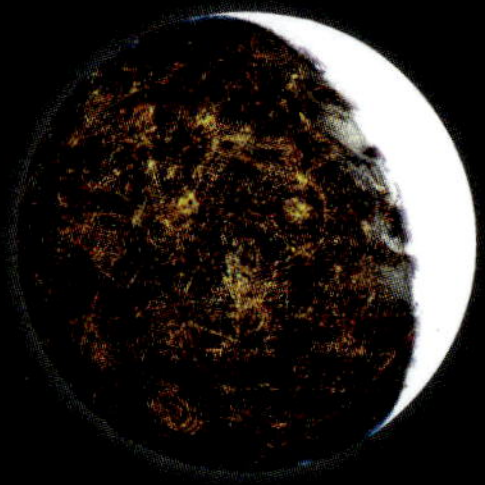

CORUSCANT, CAPITAL DE LA REPÚBLICA, sede del Gobierno y de la poderosa Orden Jedi, es el planeta más importante de la galaxia. Uno de los mundos del Núcleo que se unieron durante el nacimiento de la República, Coruscant se adelantó a sus primeros rivales como motor económico y cultural de la comunidad interplanetaria que se expandía por sendas hiperespaciales recientemente exploradas. Conforme estas sendas se convertían en transitadas rutas comerciales y los exploradores inspeccionaban planetas cada vez más alejados, muchas especies alienígenas emprendían el viaje a Coruscant, con lo que su población se multiplicó. Aunque no está ubicado en el centro geográfico de la galaxia, su estatus como centro de la República determinó que le dieran las coordenadas 0-0-0 en los mapas de navegación. Muchos nacidos en mundos del Borde Exterior sueñan con llegar al brillante corazón de la galaxia y demostrar aquí su valía, pues quien gobierna Coruscant es quien controla la galaxia.

PERFIL DE LA CIUDAD

La deslumbrante silueta de Coruscant es el evidente símbolo del poder y autoridad que concentra la ciudad. Muchos rascacielos alcanzan los 6000 metros de altura, con esbeltas agujas de transpariacero junto a viejas estructuras de duracreto. Abrirse camino para aterrizar a través de estos altísimos edificios no es tarea fácil. Los pilotos turísticos exigen aumentos de salario por llevar a los alucinados alienígenas en imponentes cruceros por la superficie del planeta. El tráfico aéreo de Coruscant es constante y denso: grandes naves de pasajeros navegan junto a vehículos de conducción autónoma y taxis aéreos con altas tarifas que serpentean por las aerovías llevando pasajeros directamente a su destino.

EL TEMPLO JEDI

Bajo las torres del Templo Jedi, la superficie de Coruscant es una densa extensión cortada por calles profundas como cañones. Al templo mismo se llega por un paseo largo y ancho que proporciona una transición simbólica y física desde el tumulto urbano hacia la tranquilidad Jedi. El sereno exterior del templo oculta un interior más pragmático, con cientos de habitaciones donde los Jedi se entrenan, practican, meditan y discuten los problemas de la República.

SENADO GALÁCTICO

El Senado Galáctico se alza en el corazón del superpoblado Distrito Federal de Coruscant. Aquí, miles de senadores elegidos representan a sus mundos en una sala amplia como un estadio. Las estatuas que adornan la entrada representan a los fundadores de la República del mundo del Núcleo. A medida que el Senado crecía con representantes de una asombrosa variedad de vida inteligente, se planteaba la idea de que las estatuas humanoides de los mundos del Núcleo ya no eran características de la República actual, con una gran pluralidad de especies.

DISTRITO FEDERAL

EN CORUSCANT VIVEN MÁS DE UN BILLÓN de individuos de diversas especies, lo que la convierte en la megametrópolis más poblada y diversa de la galaxia. La mayoría de sus habitantes aspira a trabajar para el Gobierno galáctico, radicado en el Distrito Federal. Sin embargo, para muchos la vida aquí se reduce a una habitación en un distrito bajo, con luz y aire artificiales, especies desconocidas como vecinos y un empleo de introductor de datos en una suboficina gubernamental. En este frenético y artificial mundo pocos se centran en nada que no sea sus propias ambiciones. Las instituciones oficiales están en declive por la corrupción, el nepotismo y la negligencia, que hacen tambalear los ideales de la República.

Desde el espacio, el brillo de Coruscant queda algo velado por las nubes que lo cubren. Los patrones climáticos se ven afectados por edificios que atraviesan la troposfera y se extienden por la superficie. En las construcciones más altas, enormes diferencias en temperatura y presión del aire entre la parte inferior y la superior causan microclimas inusuales e impredecibles.

APARTAMENTOS DEL SENADO

El senador Palpatine reside en el prestigioso Distrito Federal. Habitado por ciudadanos increíblemente ricos (algunos de ellos famosos) que exigen y obtienen total intimidad, el edificio República 500 ofrece turboelevadores privados y seguridad armada clandestina. Su diseño piramidal incluye 53 muelles aéreos y puede albergar incluso los aerotaxis más grandes, así como naves de particulares.

PLATAFORMAS DE ATERRIZAJE

Se pueden reservar plataformas para repulsores privados para los miles de representantes sectoriales, ayudantes y dignatarios visitantes que llegan o se van de Coruscant cada día. Los demás visitantes deben usar las plataformas de aterrizaje municipales, de muchos kilómetros de ancho y habitualmente abarrotadas. Los vehículos suelen soportar varias horas de fila hasta conseguir un sitio para aterrizar.

CIUDAD DE MUCHOS NIVELES

Los rascacielos cubren toda la superficie del planeta, empequeñeciendo sus rasgos naturales, como montañas y mares (ahora secos), que yacen en algún lugar de las profundidades. La única excepción es el pico de Umate, la montaña coruscanti más alta, que es visible en el centro de la Plaza de los Monumentos en el nivel 5127. Los niveles más bajos de la ciudad se han abandonado a temibles chatarreros.

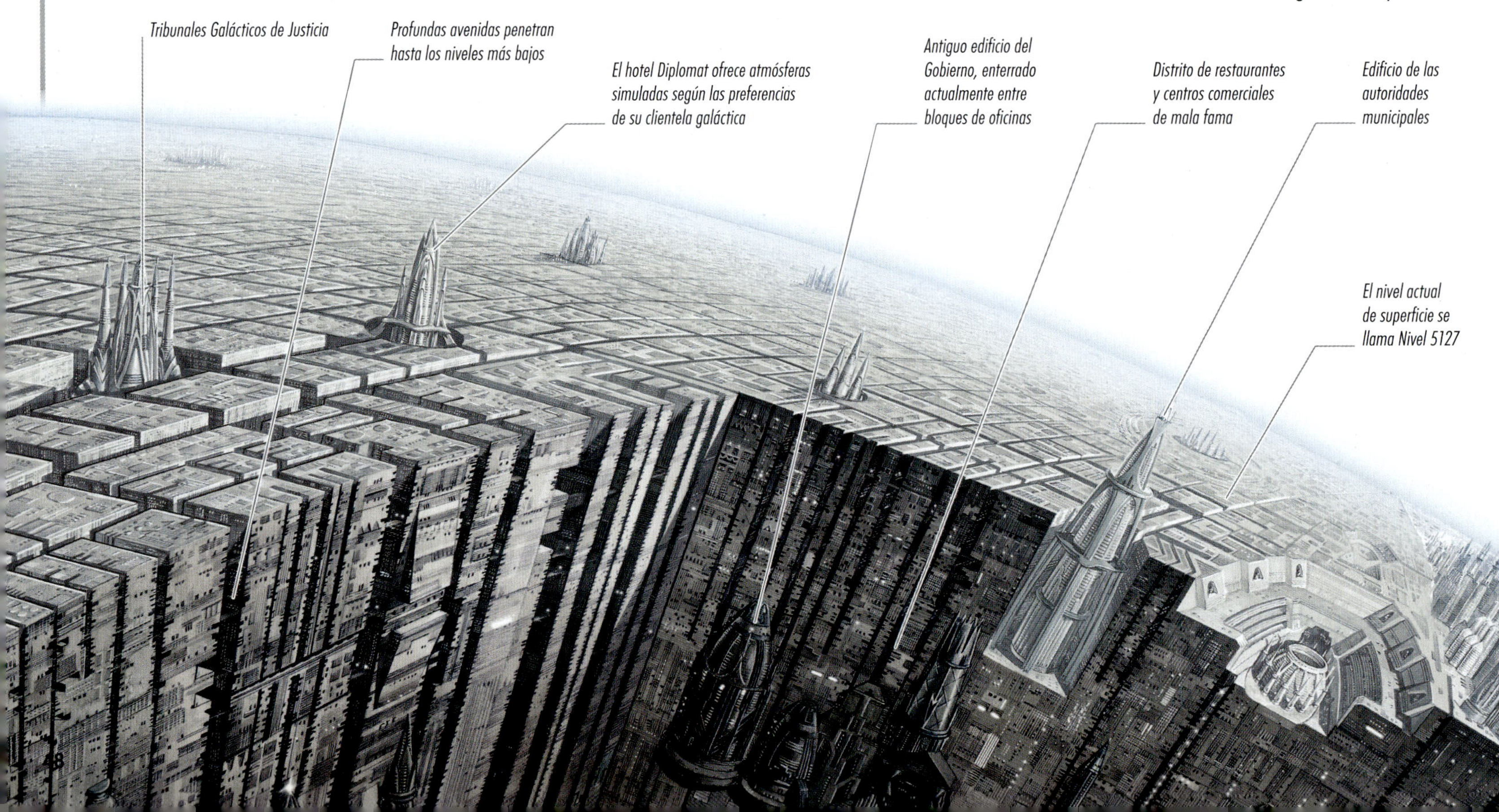

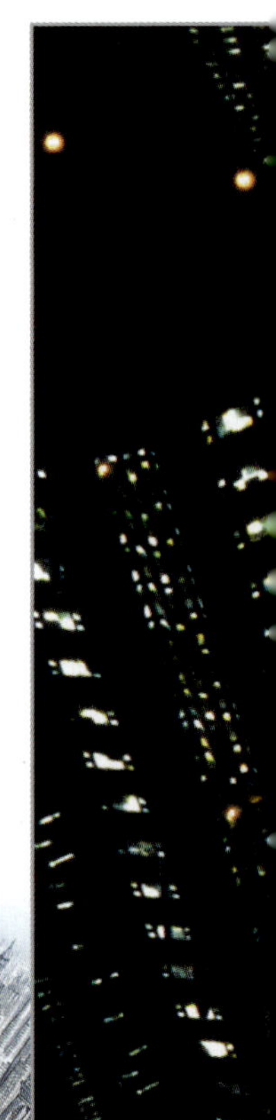

ATMÓSFERAS

En los niveles más altos de Coruscant los ciudadanos más ricos respiran su gas preferido en forma altamente purificada. Se escanean diariamente los edificios en busca de impurezas, y equipos de droides de control de calidad se ocupan de los problemas. En el sucio inframundo de túneles y pasillos que hay en la base de los inmensos edificios, los habitantes luchan por subsistir en combinaciones de gases apenas respirables. Muchos visitantes habituales traen su propia provisión de gas, que les alcanza para toda su estancia.

APARTAMENTOS DE PALPATINE

Cuando la reina Amidala viaja a Coruscant, el senador Palpatine insiste en que ella y su séquito ocupen los apartamentos de su propio edificio. Las dependencias están bellamente decoradas con los colores preferidos de Palpatine y dotadas de dispositivos antiespionaje para la total seguridad de su real huésped. Los guardias armados que vigilan la puerta tienen instrucciones de informar a Palpatine del más mínimo movimiento de la reina.

ENCUENTROS CLANDESTINOS

La arquitectura del Distrito Federal es ideal para las ambiguas maquinaciones de su clase política. Escondidos en las sombras y en sinuosos pasillos de las megaestructuras hay innumerables terrazas, cuartos secretos y edificios abandonados, muchos de ellos usados por organizaciones clandestinas. En el anonimato de este gran laberinto, Darth Maul se encuentra con su mentor, Darth Sidious, en una terraza donde pasan inadvertidos a la bulliciosa metrópolis que los rodea.

EL SENADO

EL EDIFICIO DEL SENADO GALÁCTICO sustituye una cámara de debates más pequeña e íntima que se instituyó en los primeros tiempos de la República. El enorme exterior con cúpula de la estructura actual tiene dos kilómetros de diámetro y es reflejo del éxito de una República en expansión. Por dentro, la Gran Sala Circular alberga plataformas para más de mil senadores que representan a los mundos miembros. La dinámica interna del edificio está diseñada para favorecer la eficiencia y la velocidad en la toma de decisiones. Pero la enrevesada red de turboelevadores privados y los santuarios secretos internos invitan a su mal uso, ya que facilitan el cierre de tratos bajo mano y evitan la rendición pública de cuentas.

Sin luz ni aire naturales, la atmósfera e iluminación de la Gran Sala se regulan para disminuir en los senadores el sentido del paso del tiempo. La intención es impedir que las discusiones importantes se interrumpan por la llegada de la noche.

EL PODIO DEL CANCILLER

El podio de 30 metros de altura del canciller supremo, en el corazón de la Gran Sala del Senado, simboliza la autoridad y, cada vez más, la vulnerabilidad. El podio se retrae y entra en la oficina del canciller, situada bajo la sala. Aquí se preparan Valorum y su personal antes de que los suban a los acalorados debates de arriba.

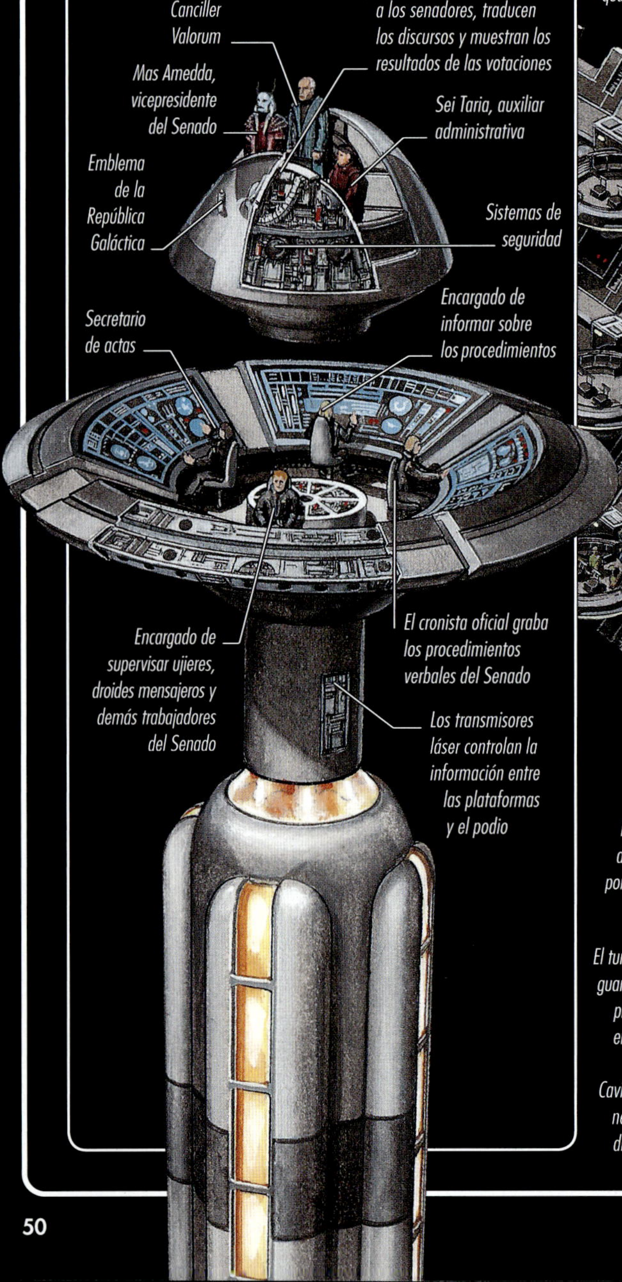

ASUNTO SENATORIAL

El Senado es el responsable de legislar, regular el comercio, mediar en disputas y firmar tratados. La toma de decisiones se ve cada vez más afectada por poderosos intereses como los de la Federación de Comercio.

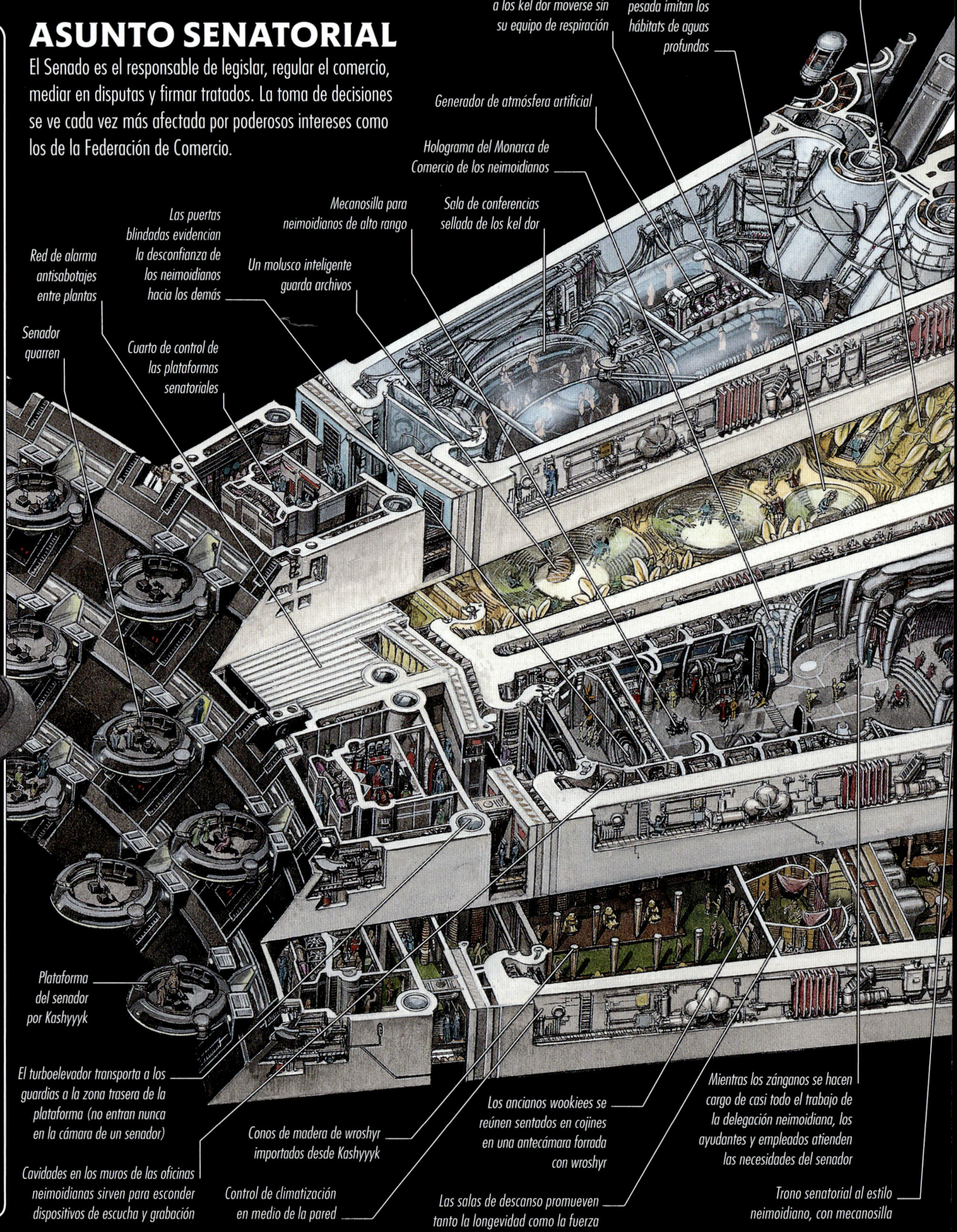

OFICINAS PERSONALIZADAS

Detrás de cada plataforma senatorial, casi un kilómetro de oficinas alberga a los cientos de trabajadores que apoyan a cada senador. La mayoría de esos despachos están personalizados y reflejan la cultura natal del senador, además de cubrir sus necesidades físicas. Los más cercanos a la plataforma son de uso exclusivo del senador y sus asistentes de mayor rango e incluyen salas de conferencias y zonas de relax. Más allá de las oficinas interiores hay un salón público en el que se reúnen los negociadores, y un segundo conjunto de oficinas donde se hace gran parte del trabajo más arduo.

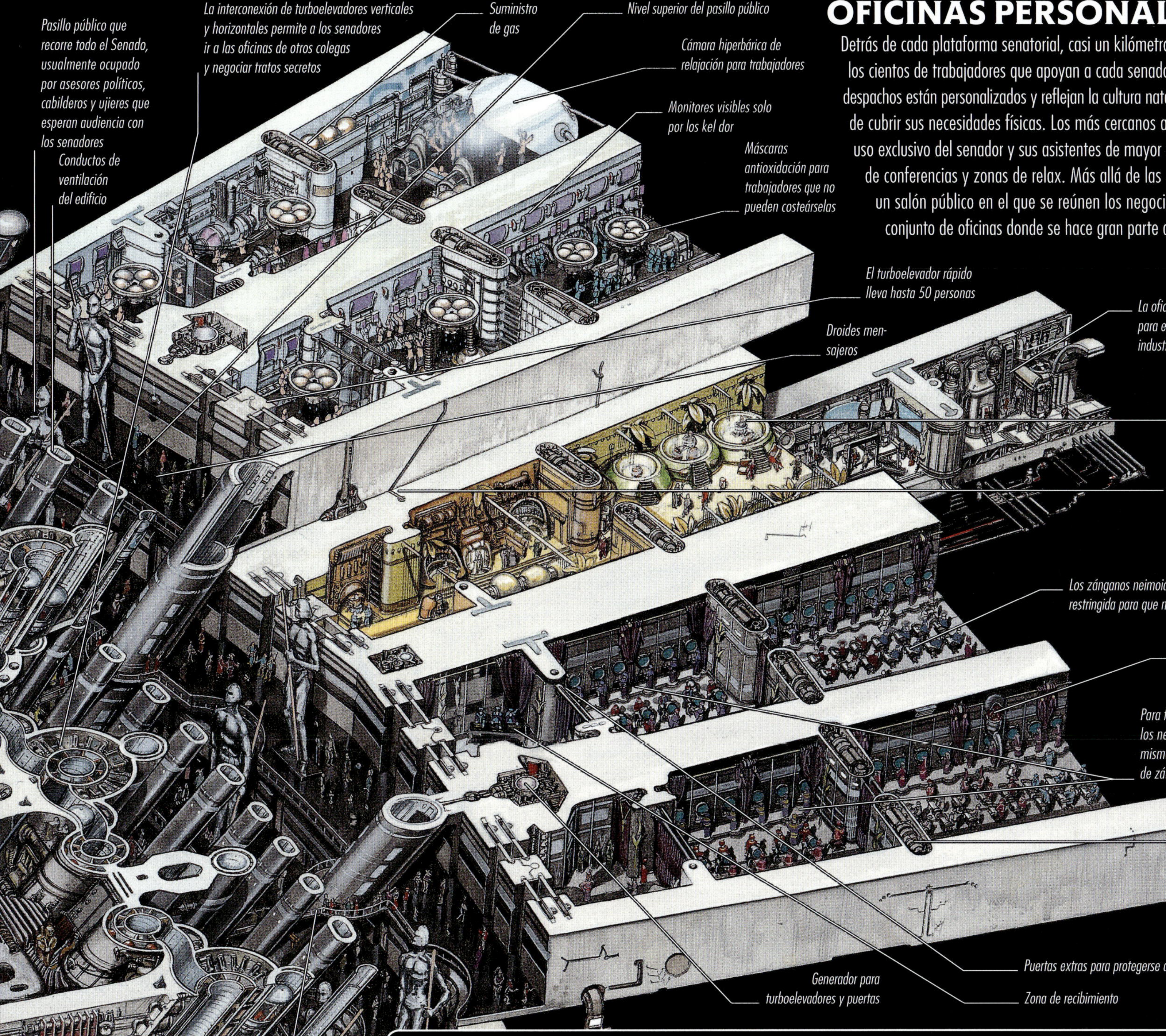

PLATAFORMAS

Cada senador puede desprender manualmente su plataforma del enganche. Tras recibir luz verde para dirigirse al Senado, navega hacia el podio del canciller supremo y usa el piloto automático para mantener la posición. Algunos senadores creen que los sistemas automáticos favorecen a ciertas delegaciones a alcanzar más rápido sus plataformas.

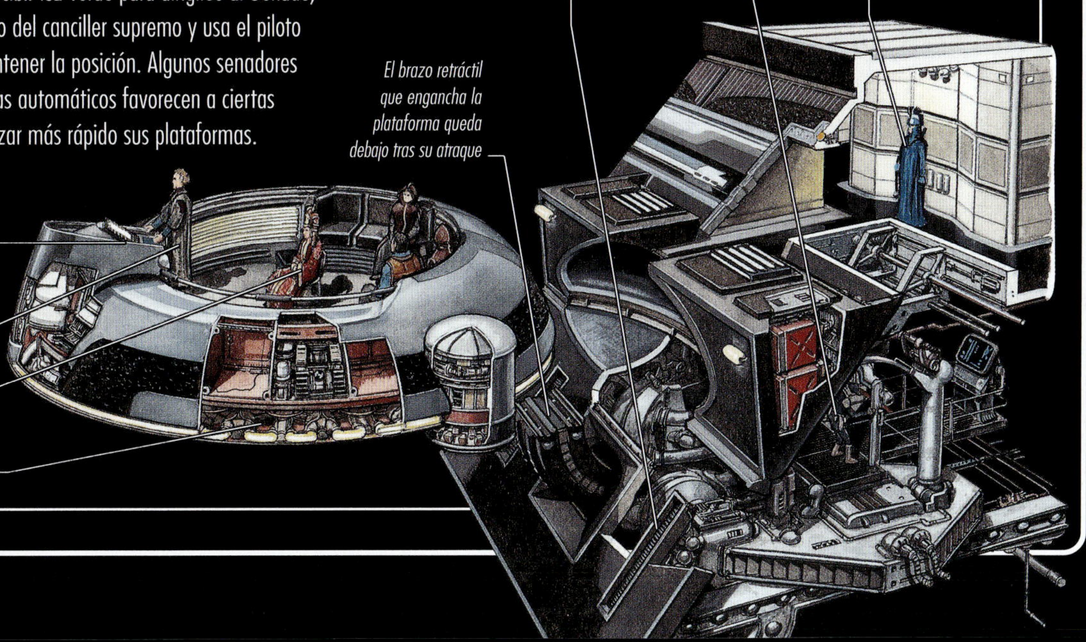

TEMPLO JEDI

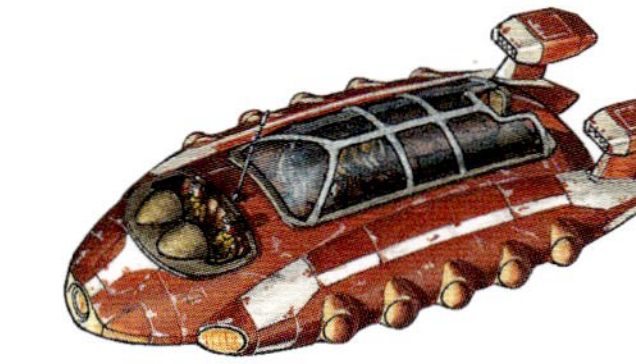

DOMINANDO UN SECTOR BAJO del Distrito Federal, con un kilómetro de altura, el Templo Jedi es el centro de la vida Jedi, allá donde se entrenan y viven sus caballeros. Hace siglos, era más común que los templos estuvieran ocupados por toda la galaxia, pero el de Coruscant siempre ha sido el centro principal de la Orden Jedi y el lugar donde el Alto Consejo delibera y, a veces, incluso prueba a los jóvenes. Potentes antenas de recepción/emisión, que utilizan una amplia gama de sistemas de transmisión, brotan de lo alto de las cinco torres. La formidable red de comunicaciones mantiene el contacto con los Jedi en misiones lejanas cuando no se utilizan los templos remotos.

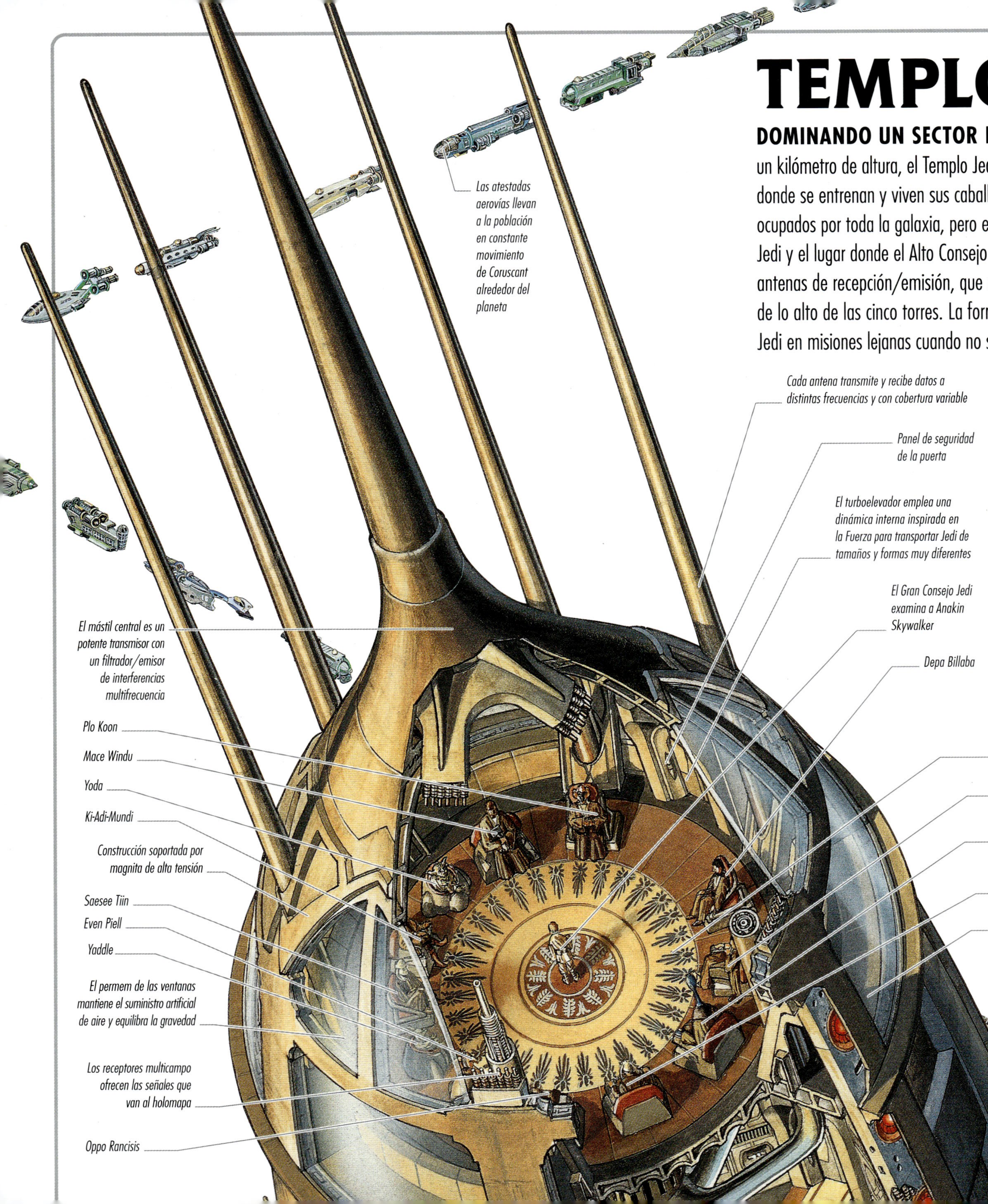

BALCONES

Rodeando la sala de holomapas del Gran Consejo, una gran terraza con tres balcones ofrece espacio para la contemplación y el pensamiento. Antes de una misión, los Jedi de alto rango reciben instrucciones en la sala de holomapas y se les alienta a ir a la terraza para centrarse en la Fuerza antes de partir. También la frecuentan los Jedi que esperan audiencia con el Gran Consejo.

SALAS DE HOLOMAPAS

El sistema piramidal de holomapas resulta crucial para organizar las actividades de los Jedi en toda la galaxia. En el nivel más bajo, doce equipos vigilan al detalle zonas galácticas específicas. Los posibles problemas se trasladan a holomapas a mayor escala para que sean considerados por los Jedi más veteranos. Así, solo los temas más serios llegan al Gran Consejo Jedi y se marcan en su holomapa galáctico.

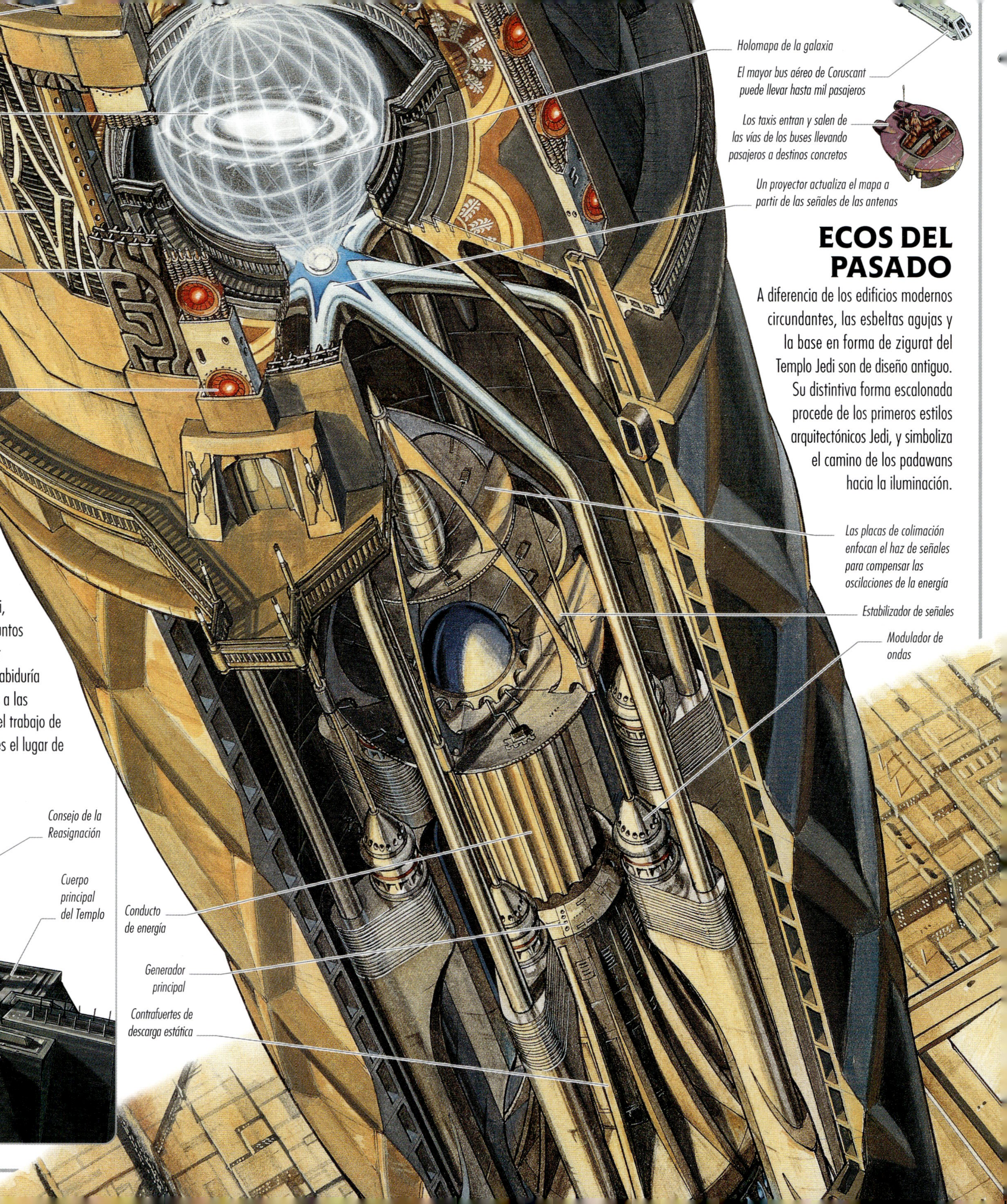

ECOS DEL PASADO

A diferencia de los edificios modernos circundantes, las esbeltas agujas y la base en forma de zigurat del Templo Jedi son de diseño antiguo. Su distintiva forma escalonada procede de los primeros estilos arquitectónicos Jedi, y simboliza el camino de los padawans hacia la iluminación.

LOS CONSEJOS JEDI

Alrededor de la Torre del Templo, en el centro del edificio, hay cuatro torres menores, cada una con una cámara del consejo en la parte superior. El Alto Consejo supervisa los asuntos de la Orden Jedi, pero con el tiempo se han ido formando consejos auxiliares para asuntos específicos. Una configuración reciente incluía el Consejo del Primer Conocimiento, que asesora sobre asuntos que requieren la antigua sabiduría Jedi; el Consejo de la Reconciliación, que busca soluciones pacíficas a las disputas planetarias; y el Consejo de la Reasignación, que organiza el trabajo de los aprendices no elegidos para ser padawans. La Torre del Templo es el lugar de contemplación más sagrado de la Orden.

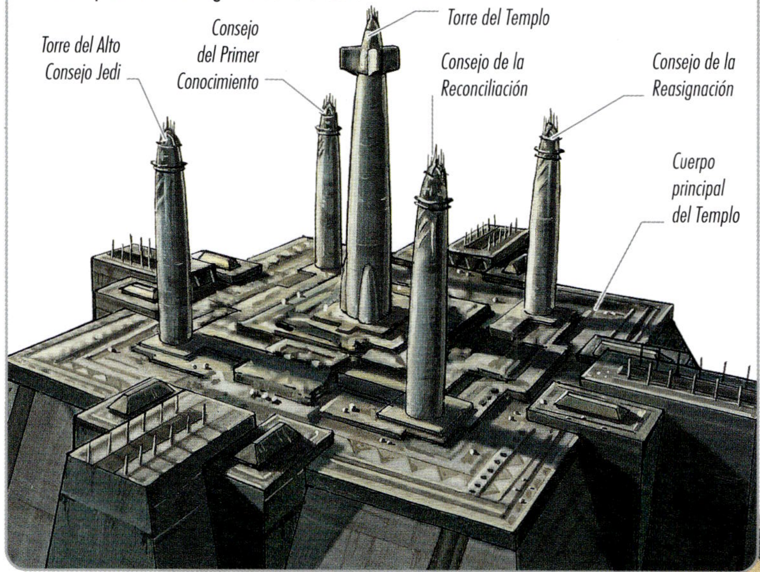

LA INVASIÓN DE NABOO

MIENTRAS LA FEDERACIÓN DE COMERCIO BLOQUEA NABOO con una flota de cargueros de guerra, sus líderes ultiman los planes de invasión con su oscuro mentor Sith. Los neimoidianos no comparten el interés de Darth Sidious en este planeta pequeño y relativamente insignificante. Sin embargo, están seguros de que la victoria será fácil... y beneficiosa. Por órdenes de Sidious, el ejército invasor tiene dos objetivos principales: cortar la comunicación de Naboo con el Senado y capturar a la reina Amidala y obligarla a firmar un tratado de capitulación. Las esbeltas naves de desembarco aterrizan sobre el planeta, evitando alertar a la población quedándose en zonas remotas. Al amparo de la noche, el ejército se mueve y ocupa posiciones estratégicas. A la mañana siguiente, los ciudadanos de Theed se ven sorprendidos por un ataque devastador e inesperado.

DESEMBARCO

Formaciones de inmensas naves de desembarco C-9979 bajan como buitres desde la atmósfera de Naboo. Un grupo de élite aterriza en el norte del planeta, donde está Theed y las demás grandes ciudades; otros grupos se ocupan de las localidades del sur y el este. Cada nave de carga lleva legiones de tropas de droides, 11 MTT (Transportes Multitropa) y 114 AAT (Tanques Blindados de Asalto). Los primeros en desplegarse son los droides en STAP (Plataformas Aéreas Monoplaza) armadas, que hacen labores de exploración y buscan cualquier señal de resistencia... Incluyendo a dos Jedi que han evitado la captura.

LOS NEIMOIDIANOS

Solo cuando Theed está bajo el control de los droides de combate, los invasores muestran la cara. Nute Gunray y su agregado Rune Haako adoptan pose de conquistadores mientras caminan desde su lanzadera hasta el palacio de Theed para supervisar la detención de la reina Amidala y su gobierno. Siendo por naturaleza cautos y perezosos, los neimoidianos rara vez salen de sus naves, y dejan a los droides hablar con los clientes. Pero en estas circunstancias están ansiosos por visitar el palacio: les han dicho que sus estancias principales están llenas de tesoros de valor incalculable.

LA CAÍDA DE THEED

Con los ciudadanos hacinados en campos de detención y las calles cerradas, Theed se convierte en una ciudad fantasma donde los únicos ruidos que se oyen son el rugir de los tanques y el desfilar de tropas. En apenas unas horas, la larga era de paz y serenidad de la ciudad ha terminado. Los droides escoltan a la reina Amidala y a su corte hacia un campo lejos del palacio. Aun en su hora más oscura, la reina se niega a desesperar, pero sabe que necesitará ayuda extraordinaria de algún sitio para salvar su amado planeta.

EL AVANCE DEL MAL

La fuerza invasora que avanza sobre Theed a la brillante luz de la mañana de Naboo se compone de 33 transportes grandes, cada uno con 112 droides de combate, y 342 tanques, así como de droides piloto e infantería. Cada vehículo y cada droide de combate están preprogramados con un plano de la ciudad e instrucciones concretas sobre los objetivos clave.

DEFENDER NABOO

CUANDO LA FEDERACIÓN DE COMERCIO INVADE NABOO espera poca resistencia de sus pacíficos habitantes. Pero subestiman el valor y la decisión de sus especies principales, los naboo y los gungan, que, superando su habitual antipatía mutua, forjan una extraña alianza para afrontar la emergencia. La principal ventaja de los aliados es su conocimiento del terreno. Los gungan reúnen un inmenso ejército en los pantanos para intentar que las fuerzas droides abandonen Theed, mientras los naboo emplean pasajes ocultos para infiltrarse en el palacio y en el hangar, lo que les permite atacar desde diversos frentes.

Mientras los habitantes de Naboo se esfuerzan por rescatar a su planeta de las garras de la Federación de Comercio, Qui-Gon Jinn y Obi-Wan Kenobi combaten contra un guerrero Sith que parece tener sus propios planes.

UN LUGAR SIMBÓLICO

Los líderes naboo y gungan planean su estrategia en la frontera entre las tierras de ambos. Consideradas durante mucho tiempo tierra de nadie y refugio de marginados como Jar Jar Binks, en el futuro próximo las orillas del pantano serán el sitio de celebración de la Liberación de Naboo.

EN BUSCA DE LOS GUNGAN

A través de densas ciénagas y por caminos casi impenetrables que solo conocen los gungan, Jar Jar Binks guía a los naboo y a los Jedi al lugar sagrado de los gungan. Cuando se acercan a su entrada oculta, Jar Jar no está muy seguro de cuál es el protocolo que permite la entrada en una zona tan restringida, y emplea una llamada gungan para convocar a los exploradores a su presencia. El recorrido se prolonga bajo una espesa y antigua arboleda hasta llegar a un claro lleno de refugiados gungan. Estos se reúnen en su lugar sagrado en momentos de ansiedad y de posible peligro. Estas evacuaciones resultan ser una práctica valiosa cuando ocurre una emergencia real.

OPERACIONES SECRETAS

Siguiendo instrucciones del capitán Panaka, el movimiento clandestino de resistencia de Theed se infiltra en el hangar como avanzada de su liberación. Los oficiales y guardias han comprobado que los droides de combate no han inutilizado sus cazas, y también que han devuelto el acceso al sistema informático del hangar para programar las coordenadas de los vuelos de combate.

EN TIERRA

Los naboo están encerrados en masa en campos de detención, pero llegar a los gungan es más difícil. Cuando los droides de combate arriban a Otoh Gunga y demás ciudades subacuáticas, las hallan prácticamente evacuadas. Convergiendo en los pantanos, los gungan reúnen un ejército lo bastante grande para combatir a las tropas de la Federación sobre las Grandes Llanuras Verdes, lo que permite a los soldados de Panaka ganar tiempo.

COMBATE EN EL ESPACIO

El Escuadrón Bravo de pilotos de Naboo, comandado por Ric Olié, recibe el encargo abrumador de destruir el transmisor de la nave de control droide que orbita Naboo. Todo su fuego combinado apenas atraviesa los escudos deflectores de la nave, pero un giro temerario causa una brecha de una fracción de segundo y la nave de Anakin penetra en el brazo derecho del hangar hasta el corazón del enemigo.

1 En las primeras etapas del combate, el escudo de energía es vital para proteger al ejército gungan. Un cordón de generadores bien colocados, transportados por lagartos de los pantanos, los fambaas, proporciona protección a un ejército que abarca un kilómetro.

2 Dentro del escudo de energía, los soldados gungan no pueden sino esperar y confiar en que su protección aguante el incesante asalto. Cuando finaliza el castigo con láseres, los gungan sienten alivio y creen que han ganado la batalla.

GENERADOR DE ESCUDOS

Antiguamente, los gungan usaban la tecnología de generadores de escudos para defenderse contra las enormes criaturas de los pantanos y los monstruos marinos. Hoy se conserva como símbolo de su orgullo militar. El campo de energía se produce cuando un emisor, transportado por un fambaa, dispara un chorro de plasma contra un proyector, sobre otro fambaa.

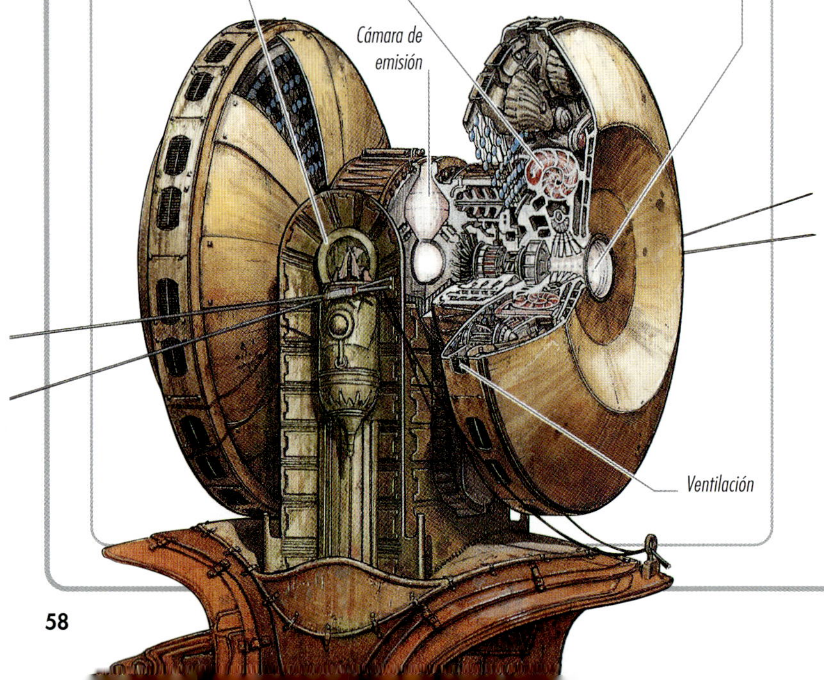

3 Privados de una victoria fácil sobre los gungan, los tanques de la Federación retroceden. Hay un momento de silencio sobrecogedor cuando los MTT (grandes transportes) avanzan y comienzan a descargar fila tras fila de mortíferos droides de combate.

EN LAS LLANURAS

LA CONFRONTACIÓN ENTRE los gungan y los droides de la Federación de Comercio tiene lugar a 40 kilómetros de Theed, en las Grandes Llanuras. La mañana de la batalla, los gungan se reúnen en el refugio de los pantanos. Poco después, los neimoidianos conocen estos preparativos por rumores diseminados por el capitán Panaka. La estrategia gungan es forzar al ejército de droides a salir de Theed y enfrentarse a ellos en su propio terreno –un sitio lo bastante cerca de los pantanos para poder retirarse rápido si fuera necesario–. El plan funciona y a mediodía dos inmensos ejércitos se enfrentan en un valle poco profundo entre las crestas de pequeñas colinas…

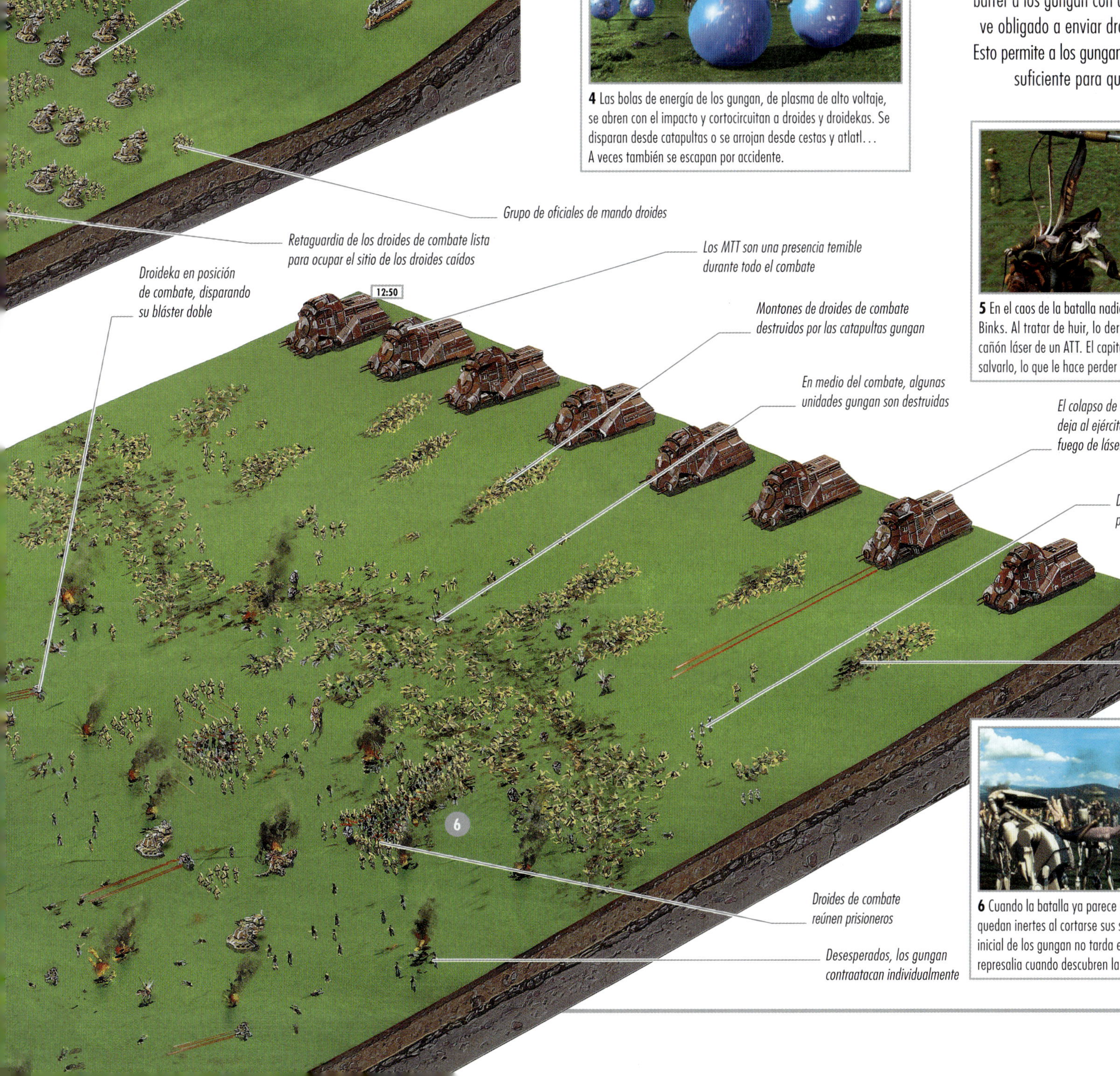

4 Las bolas de energía de los gungan, de plasma de alto voltaje, se abren con el impacto y cortocircuitan a droides y droidekas. Se disparan desde catapultas o se arrojan desde cestas y atlatl… A veces también se escapan por accidente.

LA ESTRATEGIA DE LOS GUNGAN

Al ver que el poder militar de la Federación es muy superior, los gungan deciden proteger su ejército dentro de un enorme escudo de energía. La superficie de energía líquida rechaza los rayos de láser y los objetos grandes de movimientos lentos como los tanques. Al no poder barrer a los gungan con artillería pesada, el enemigo se ve obligado a enviar droides de combate individuales. Esto permite a los gungan distraer a los droides el tiempo suficiente para que los naboo capturen al virrey.

5 En el caos de la batalla nadie está más confundido que Jar Jar Binks. Al tratar de huir, lo derriban de su kaadu y cae sobre el cañón láser de un ATT. El capitán Tarpals se pone a su lado para salvarlo, lo que le hace perder un tiempo valioso.

6 Cuando la batalla ya parece perdida, de repente todos los droides quedan inertes al cortarse sus señales de control. La incredulidad inicial de los gungan no tarda en dar lugar al júbilo y a una amable represalia cuando descubren la diversión de «tumbar al droide».

EN EL GENERADOR

DE LÍNEAS INTERIORES ESBELTAS Y AUSTERAS, el inmenso generador de energía de Theed contrasta con la estética elegante y elaborada de la ciudad. En realidad, esta original obra de ingeniería ha llegado a ser una atracción popular en Theed. Su gigantesca maquinaria funciona día y noche para extraer y estabilizar el plasma natural de las profundidades del planeta. El pueblo de Naboo depende de esta energía, que usa para comerciar y para alimentar sus ciudades, naves espaciales e incluso las luces del vestido que la reina Amidala luce en la sala del trono. Durante la batalla de Naboo, el generador es escenario de un combate decisivo entre Darth Maul y los Jedi Qui-Gon Jinn y Obi-Wan Kenobi.

Mientras Obi-Wan se sujeta a una baliza de seguridad del túnel central del generador, Darth Maul ataca con su espada de luz.

ROMPER CON EL PASADO

Durante siglos, pequeñas minas exteriores suministraban energía a Theed. No obstante, indicios de una inmensa fuente de plasma bajo el acantilado de la ciudad llevaron a construir el nuevo generador. Su eficaz maquinaria extrae mucho más de lo que la ciudad precisa.

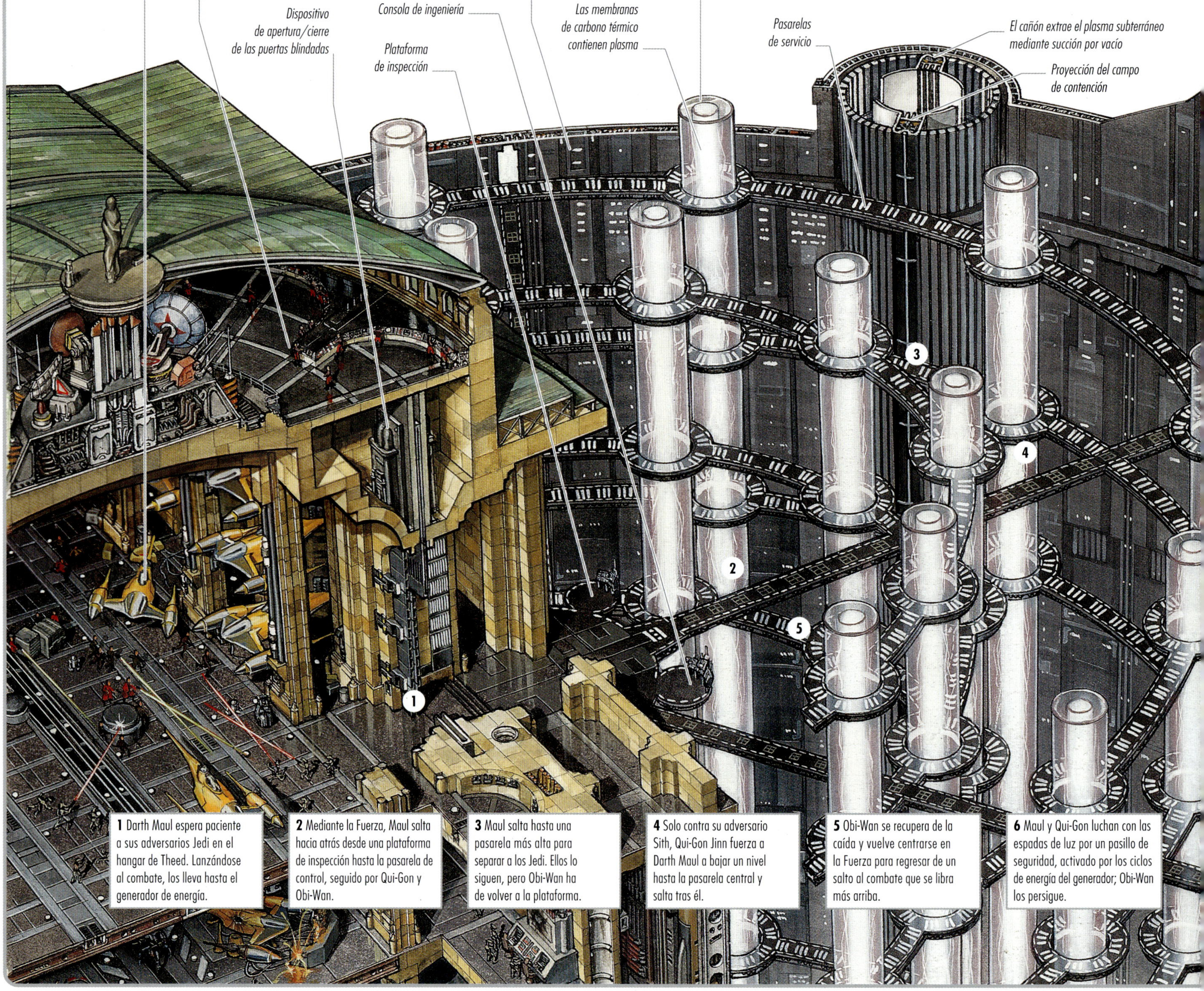

1 Darth Maul espera paciente a sus adversarios Jedi en el hangar de Theed. Lanzándose al combate, los lleva hasta el generador de energía.

2 Mediante la Fuerza, Maul salta hacia atrás desde una plataforma de inspección hasta la pasarela de control, seguido por Qui-Gon y Obi-Wan.

3 Maul salta hasta una pasarela más alta para separar a los Jedi. Ellos lo siguen, pero Obi-Wan ha de volver a la plataforma.

4 Solo contra su adversario Sith, Qui-Gon Jinn fuerza a Darth Maul a bajar un nivel hasta la pasarela central y salta tras él.

5 Obi-Wan se recupera de la caída y vuelve centrarse en la Fuerza para regresar de un salto al combate que se libra más arriba.

6 Maul y Qui-Gon luchan con las espadas de luz por un pasillo de seguridad, activado por los ciclos de energía del generador; Obi-Wan los persigue.

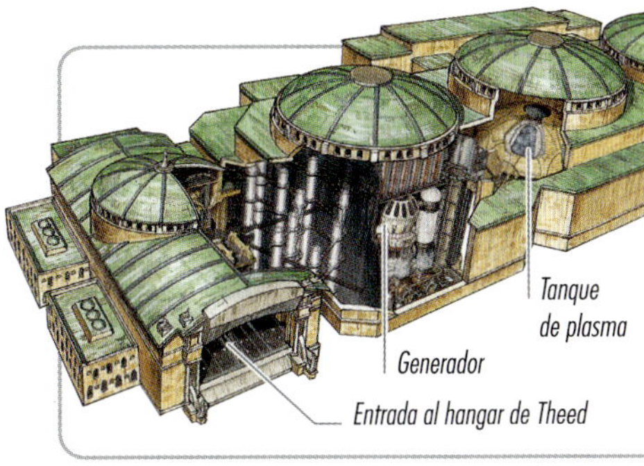

FUERZA MILITAR

Estratégicamente situado en el complejo del hangar principal de Theed, el generador de energía proporciona el plasma necesario para el vuelo y las armas de la nave estelar de la reina y la flota de cazas estelares N-1. Funciona gracias a trabajadores entrenados de la Unidad de Ingeniería de Energía de Plasma de las Reales Fuerzas de Seguridad de Naboo.

APOYO SENATORIAL

El senador Palpatine presidió la ceremonia de inauguración del generador de energía, y todos comprobaron su interés en el diseño de esta construcción. Después se organizaron visitas para que los ciudadanos de Theed vieran el monumental tamaño de los tubos para plasma.

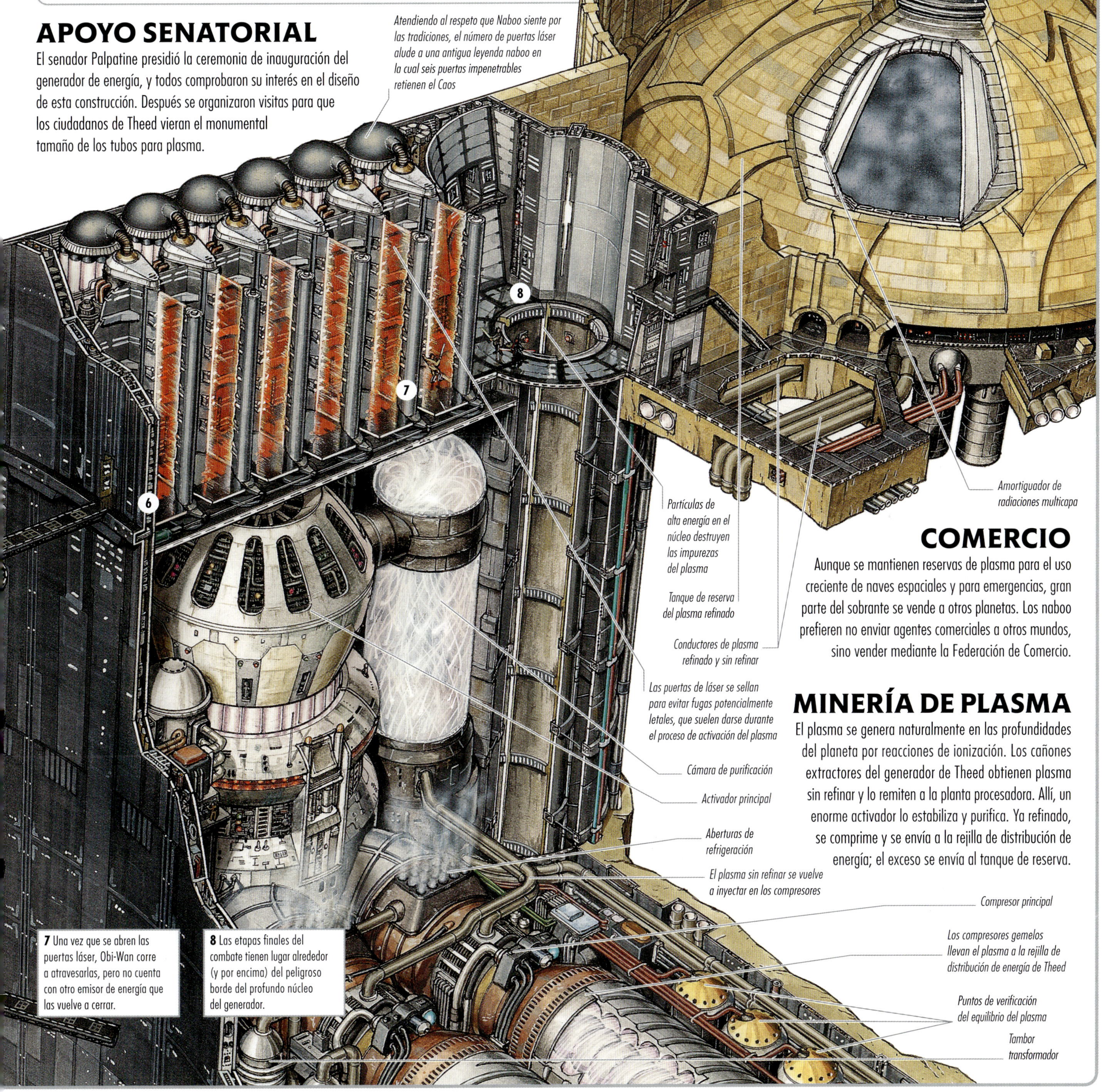

COMERCIO

Aunque se mantienen reservas de plasma para el uso creciente de naves espaciales y para emergencias, gran parte del sobrante se vende a otros planetas. Los naboo prefieren no enviar agentes comerciales a otros mundos, sino vender mediante la Federación de Comercio.

MINERÍA DE PLASMA

El plasma se genera naturalmente en las profundidades del planeta por reacciones de ionización. Los cañones extractores del generador de Theed obtienen plasma sin refinar y lo remiten a la planta procesadora. Allí, un enorme activador lo estabiliza y purifica. Ya refinado, se comprime y se envía a la rejilla de distribución de energía; el exceso se envía al tanque de reserva.

7 Una vez que se abren las puertas láser, Obi-Wan corre a atravesarlas, pero no cuenta con otro emisor de energía que las vuelve a cerrar.

8 Las etapas finales del combate tienen lugar alrededor (y por encima) del peligroso borde del profundo núcleo del generador.

THEED

CON ESCUADRONES DE DROIDES de combate patrullando las calles, tanques vigilando las rutas de acceso y los gobernantes de la Federación de Comercio en el palacio, Theed es una ciudad ocupada. Sin embargo, gracias a la rápida capitulación de sus pobladores, los edificios y monumentos han quedado prácticamente intactos (los daños estructurales son resultado de tanques que avanzaban por calles estrechas). Con las entradas y salidas bloqueadas, los defensores de Naboo no tienen más opción que usar una peligrosa red de pasajes subterráneos para infiltrarse en la ciudad.

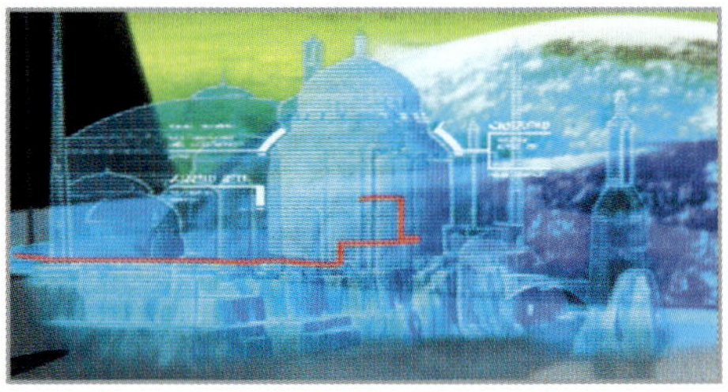

1 Los defensores de Naboo emplean proyecciones holográficas para localizar las entradas secretas a la ciudad y el palacio. Estos mapas clasificados se guardan en los ordenadores de la nave estelar real. Los defensores surgen de los túneles cerca del hangar.

2 Al mando del capitán Panaka, soldados de Naboo en un deslizador Gian disparan a los tanques de la Federación de Comercio que guardan la entrada al hangar de Theed. Esta valiente acción desvía la atención de los droides sobre la entrada.

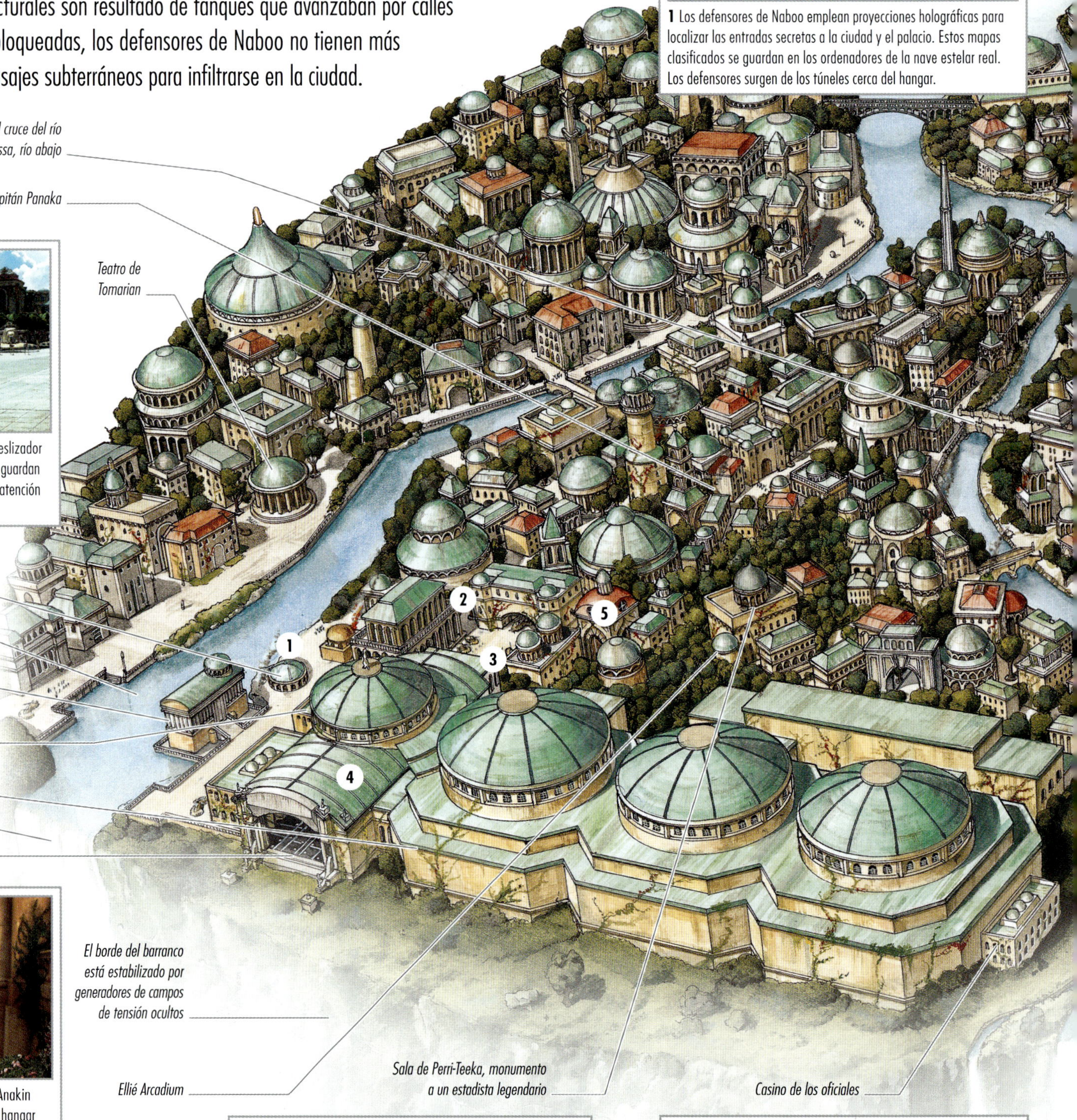

3 Aprovechando la distracción creada por Panaka, los Jedi, Anakin Skywalker, Padmé Amidala y R2-D2 salen de la esquina del hangar donde se habían ocultado y se escurren a través de la entrada. Panaka y sus soldados se deshacen de los droides y se unen a ellos.

LOS TÚNELES

Como los gungan, hace mucho tiempo que los naboo se sirven de la porosidad del planeta. Las vías subterráneas naturales que hay bajo Theed se aseguraron, prolongaron y cartografiaron, pero ahora están olvidadas. Como jefe de seguridad, el capitán Quarsh Panaka ha inspeccionado recientemente estas rutas secretas que entran y salen de la ciudad, pero ignoraba lo útiles que serían cuando la ciudad fuera ocupada.

4 Como se necesita a la gran mayoría de los droides en la batalla contra los gungan, el hangar no está bien vigilado. Sin embargo, las señales de droides heridos alertan al oficial al mando sobre la brecha de seguridad y rápidamente se envían droidekas.

5 Pequeños grupos de droides de combate guardan los edificios clave de Theed. Sin embargo, cuando los defensores de Naboo atraviesan la ciudad hacia el palacio, aprovechan el laberinto de pasajes ocultos y pasarelas aéreas.

LA FUNDACIÓN DE THEED

Theed fue fundada 800 años antes de la batalla de Naboo por colonos que huían de la revolución en su propio planeta. La situaron al borde de un acantilado para protegerla de ataques y llegaron a ser prósperos agricultores comerciales. Su éxito creó una clase ociosa que encauzó sus energías hacia la educación y las bellas artes.

10 Después de capturar al virrey y a su agregado, los naboo no abrigan ideas de venganza: confían en los poderes del Senado para obligarlos a explicarse… a pesar de la experiencia que tiene su reina con la debilidad senatorial.

9 Usando su entrenamiento como guardaespaldas, Sabé responde a la petición de ayuda de Amidala. Vestida como la reina, Sabé arriesga su vida engañando al virrey de la Federación de Comercio, lo que hace alejarse a los droides de combate.

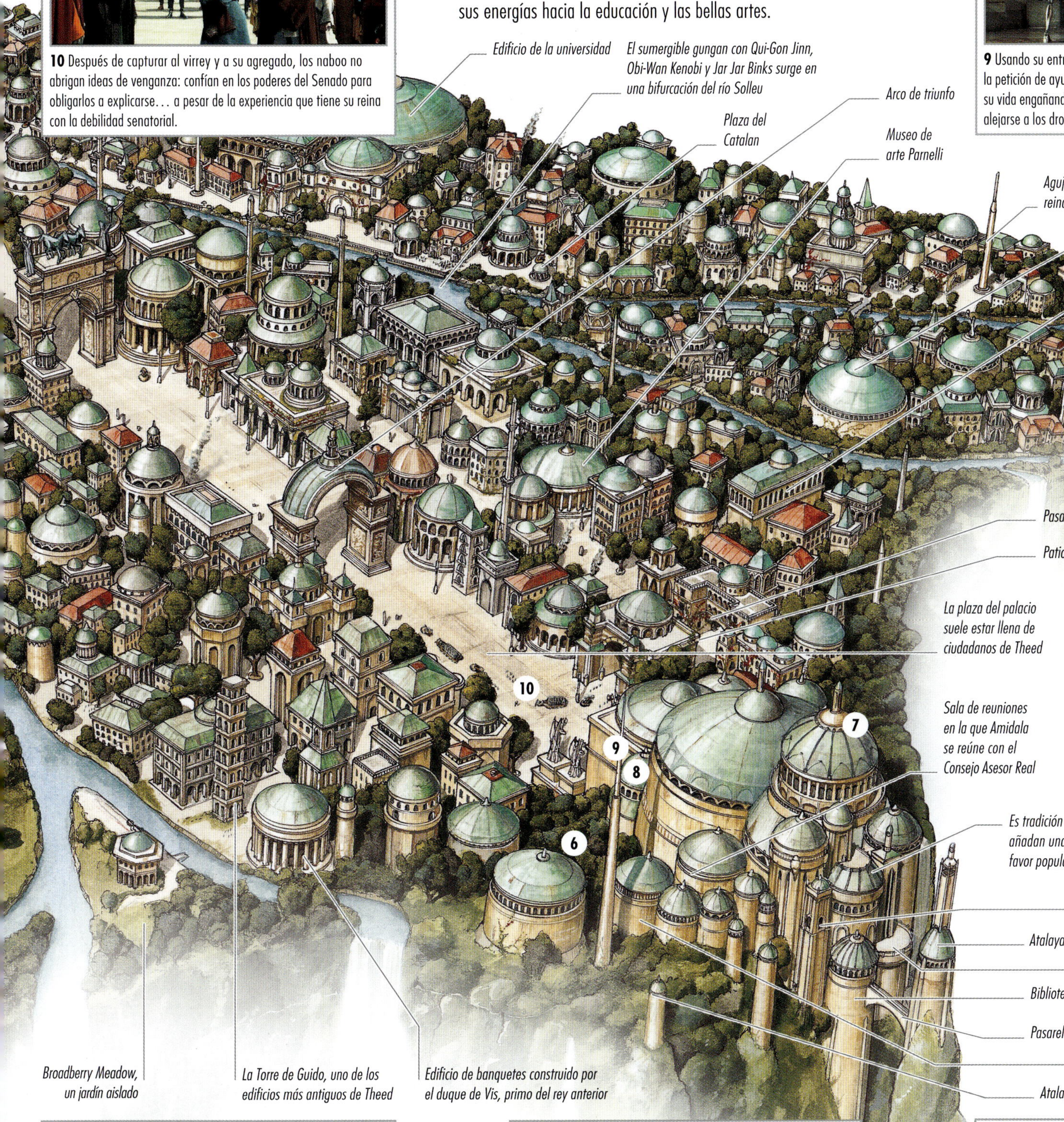

CAMPOS

El ejército de droides de combate reúne a los ciudadanos de Theed para llevarlos a campos de prisioneros en las llanuras fuera de la ciudad. Los amables ciudadanos de Theed soportan mal la indignidad de estos campos, improvisados y sucios.

6 Gracias a una ruta poco conocida, las tropas naboo se abren camino hasta la sala de ceremonias. En tiempos más tranquilos, Amidala paseaba por estos corredores amplios y grandiosos con sus damas de compañía o sus asesores políticos.

7 Mientras las damas de compañía y el grueso de los soldados mantienen a raya a los droides en las salas, el capitán Panaka, Amidala y un puñado de soldados huyen por una ventana. Para llegar al siguiente nivel utilizan el garfio de ascenso de sus armas.

8 A pocos pasos del Salón del Trono, Amidala y Panaka son emboscados por droides de combate y droidekas contra los cuales no se arriesgan a disparar. Amidala apenas tiene tiempo de enviar su situación a sus damas de compañía.

CORUSCANT EN CRISIS

VISTO DESDE LAS NUBES, Coruscant parece tranquilo y sereno, sobresale solo la parte superior de sus edificios más altos. Desde abajo, el planeta capital de la galaxia es una metrópolis densamente poblada y dispuesta en niveles. Sus aerovías están constantemente llenas de tráfico, desde pequeños deslizadores personales hasta buses aéreos y grandes cargueros. La mayor parte de estas vías son autonavegadas y cada vehículo viaja por una ruta preprogramada para minimizar el riesgo de colisiones. El tráfico más rápido utiliza las vías más altas dado que recorre grandes distancias. Más abajo, el tráfico se mueve de manera más desordenada, rivalizando por la prioridad con gabarras basureras, camiones deslizadores y pequeños vehículos privados. Los vehículos pueden cambiar de carril aéreo en los gigantescos intercambiadores en espiral, donde ascienden, descienden o cambian de dirección.

CRECIMIENTO URBANO

El Senado Galáctico se levanta en el corazón del Distrito Federal. En los diez años transcurridos desde la crisis de Naboo, la zona ha cambiado y está casi irreconocible. Nuevos edificios y plantas alojan los miles de departamentos y comisiones adicionales que se han formado con el pretexto de estabilizar la República. Además, los perezosos senadores, deseosos de minimizar sus viajes al Senado, han aplicado todas las formas de persuasión para que sus oficinas y alojamientos se construyan lo más cerca posible de la cámara.

DISTRITOS DE OCIO

Los extensos distritos de ocio de Coruscant son tan atractivos como inquietantes para las hordas de clientes de los clubes nocturnos, garitos de juego, bares y palacios del hedonismo. Por lo general son seguros, aunque un tanto sórdidos, llenos de luces brillantes y estrafalaria clientela. Aquellos de gustos más atrevidos pueden acudir a los infraniveles de la ciudad, donde todo vicio es satisfecho siempre que se tenga crédito y conexiones. Visitar esos oscuros y peligrosos sitios puede ser, no obstante, un viaje solo de ida para el ingenuo buscador de placeres.

NIVELES SUPERIORES

Tiendas y restaurantes exclusivos trabajan para los ricos ciudadanos que viven en los niveles más altos de Coruscant. Las pequeñas cantinas sirven al personal de apoyo y a los equipos de mantenimiento en estas espaciosas alturas. Muchas de las cantinas pirata operan sin licencia y están dotadas de repulsores para poder escapar fácilmente en caso de que algún funcionario se acerque a husmear. Situado en Coco Town, Dex's Diner es una de esas instalaciones móviles. En Coco Town (por «comercio colectivo»), inmigrantes de varias especies han levantado negocios de fabricación cooperativos.

LOS TALLERES

La metrópolis planetaria de Coruscant se divide en miles de regiones, que a su vez se subdividen en sectores numerados. Aunque los planos oficiales usan esa clasificación, la población utiliza los nombres coloquiales de los distritos. Hay un gran sector conocido como los Talleres: una zona de fábricas en la que durante cientos de años estándar se produjo en masa, y a gran velocidad, piezas de vehículos espaciales, droides de construcción y materiales con los que hacer casi cualquier cosa. Hoy, casi todas estas manufacturas se han trasladado a otros planetas y la zona ha caído en el abandono. Los habitantes de Coruscant no se acercan a los Talleres, que tiene fama de albergar las más siniestras actividades criminales… lo que lo hace el lugar ideal para un encuentro clandestino entre dos sombríos líderes Sith.

PERSECUCIÓN

TRAS UN ATENTADO FALLIDO contra Padmé Amidala a su llegada a Coruscant, se le asignan dos guardaespaldas Jedi que la protegen mientras duerme en su apartamento. Un droide modificado ASN-121, a la vez asesino y guardián, supera los escudos de la ventana en otro intento de asesinarla, pero esta vez los Jedi van tras él. Como sabe que el droide está programado para volver al lugar del que partió, Obi-Wan Kenobi rompe la ventana y se aferra a él cuando se dispone a huir. Mientras tanto, Anakin Skywalker puentea un deslizador aéreo en un aparcamiento cercano. En la persecución que sigue, los dos Jedi pasan de una aerovía a otra persiguiendo a la cazarrecompensas Zam Wesell, quien evita los atascos y los intercambios de vías zambulléndose en las aerovías más bajas, donde el tráfico es menos abundante pero más desordenado.

1 Anakin localiza el único deslizador descapotable que hay en un aparcamiento, y que resulta ser el más rápido. Posteriormente, el deslizador se recupera y se devuelve a su plaza de *parking*. La investigación oficial de su «robo» queda anulada y deja a su dueño, el senador Simon Greyshade, sin posibilidad de denunciar.

2 A merced de las estratagemas defensivas del droide, Kenobi pasa rozando las paredes de los edificios o se interpone en el camino de otros deslizadores. Logra escapar a una colisión con la estrella de holodramas Seboca, de Malastare, que se encuentra entreteniendo a una senadora de Aleen, Bogg Tyrell.

3 Kenobi se esfuerza por no perder al droide asesino, que va a toda velocidad y le dispara descargas eléctricas a sus manos desprotegidas. Varias aerovías por debajo, Anakin pilota el deslizador utilizando la Fuerza para buscar a su maestro y con la esperanza de que el droide lo lleve hasta el asesino.

CLAVE DE LAS RUTAS

Droide asesino	Caída de Obi-Wan
Deslizador de Anakin	Deslizador de Zam
Bala del rifle de Zam	Salto de Anakin

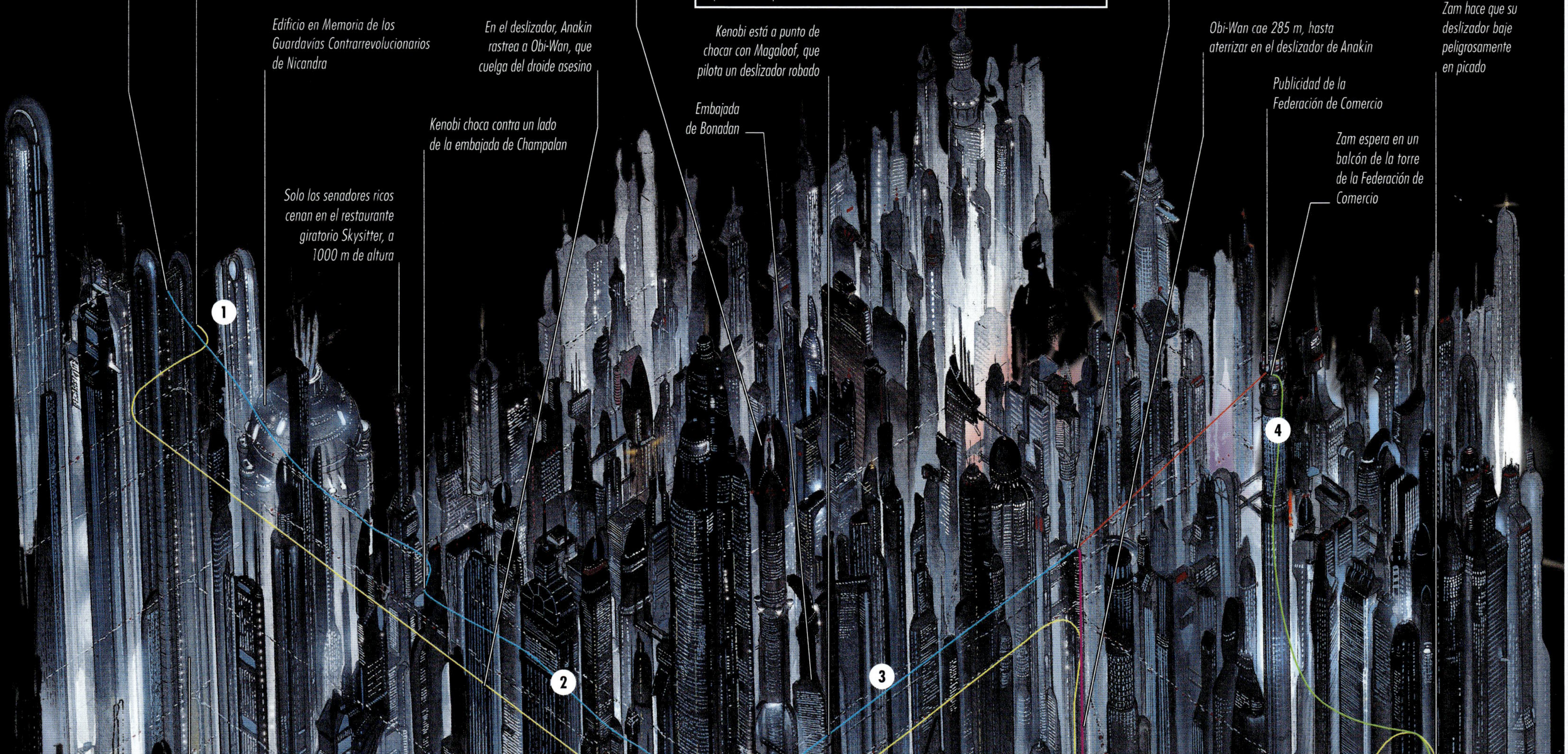

ESCUDOS

Muchas estructuras de Coruscant cuentan con escudos para protegerlas de vehículos desviados o fuera de control. El droide asesino de Zam «quema» el escudo de la ventana de Padmé con un disruptor de corto alcance y entra en su apartamento.

RED DE SUMINISTRO

Los rascacielos de Coruscant reciben partidas de alimentos y otros sólidos vitales de enormes y lentos vehículos que viajan por una red de tubos de suministro en los niveles bajos de la ciudad. Con este sistema también se eliminan los residuos, y todo lo que no pueda reciclarse se lanza al espacio.

4 Cuando la cazarrecompensas Zam Wesell se da cuenta de que un intruso está colgado de su droide, busca su rifle. Con Obi-Wan en la mira, dispara al droide en vez de al Jedi: sabe que un Jedi que muere por una caída deja menos pistas que uno con un proyectil en el cuerpo.

5 Cuando su transporte queda hecho trizas, Kenobi cae cientos de metros antes de que la oportuna aparición de Anakin en su deslizador evite su muerte. Con Anakin en el asiento del piloto, Kenobi no tiene más remedio que controlar su frustración ante este intercambio de papeles entre maestro y padawan.

6 En un intento por perder a sus perseguidores, Zam se lanza en picado, poniendo al límite la capacidad de los elementos equilibradores de su repulsor. Cae desde las elevadas agujas de la ciudad alta hasta un barrio más antiguo en los niveles bajos, viaje que la lleva desde una clase social a otra en segundos.

7 Mientras los Jedi siguen a Zam hacia un transporte azul gigante, las luces de las estrechas vías en el fondo de la metrópolis refulgen. Aquí se cruzan tres vías principales, que rodean una acumulación de edificios públicos conocida como Corusca Circus, que durante siglos ha crecido sin orden ni concierto.

HASTA EL FINAL

La persecución continúa en los niveles inferiores de Coruscant. Son los territorios que las clases altas casi nunca ven: plantas industriales que suministran combustible y energía a la ciudad y zonas de almacenes donde se preparan para su redistribución planetaria productos esenciales traídos de otros mundos. Los Jedi persiguen a Zam Wesell por el aire durante más de 100 kilómetros, hasta que Anakin Skywalker la obliga a un aterrizaje de emergencia en un atestado distrito de ocio.

9 La cazarrecompensas Wesell dispara con un bláster a los acoplamientos de una refinería de energía, lo que provoca descargas entre los salientes. Como los Jedi no tienen tiempo de esquivarlas, se ven envueltos en dolorosos relámpagos. El potente choque puede provocar un ataque cardíaco a quien no esté entrenado en la Fuerza.

10 Zam pasa una baliza de HoloNet News, que ofrece *flashes* informativos claramente iluminados de los sucesos de la galaxia en varios idiomas comunes. En Coruscant, como en muchos otros planetas urbanizados, estas balizas pueden verse en todas las aerovías más transitadas.

8 Zam, en su vehículo cerrado, lleva a sus perseguidores por las chimeneas en llamas de una planta de reciclaje, pues sabe que en su vehículo descapotable se exponen a un gran peligro. Las chimeneas queman residuos de gases tóxicos y los convierten en gases menos dañinos (dióxido de carbono y vapor de agua).

EL MAPA DE CORUSCANT

Coruscant se divide en sectores con coordenadas oficiales y nombres no oficiales. Por ejemplo, el sector H-46 es más comúnmente conocido como barrio de Sah'c (apellido de una familia que posee gran parte de él). Los sectores, a su vez, se subdividen en zonas, como la zona senatorial, la financiera y la industrial, a través de las cuales Skywalker y Obi-Wan Kenobi persiguen a la frustrada asesina de Padmé Amidala.

TÚNELES

Ciertos vecindarios de Coruscant solo son accesibles por túneles aéreos como el que transita Zam. Algunos túneles son atajos a través de estructuras construidas por entes administrativos poderosos pero descuidados, que acaban bloqueando las aerovías. Otros permiten que el tráfico civil atraviese espacios aéreos privados, como zonas de alta seguridad bancaria o gubernamentales.

11 Zam entra en un túnel aéreo que la lleva a la Fundación Huosnoughow, poderoso grupo financiero muy ligado a una miríada de oficinas con presupuestos del Senado. Zam vuela a 400 km/h en una zona cuyo máximo es de 200 km/h, confiada en sus soberbias habilidades como piloto para sacar ventaja a sus perseguidores.

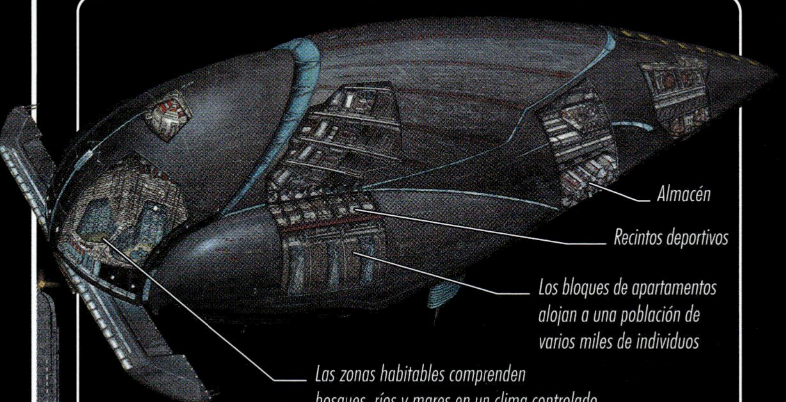

LA NAVE FANTASMA

La nave de transporte *Ultimo Vista*, de clase Giga, con la que casi chocan Anakin y Obi-Wan, es uno de los espectáculos más extraños de Coruscant. Fue creada décadas atrás como crucero de ocio y ahora es un mundo aparte en el que residen a tiempo completo sus ancianos pasajeros. Casi totalmente autosuficiente, esta lenta nave circula permanentemente por Coruscant siguiendo su ruta original a ninguna parte.

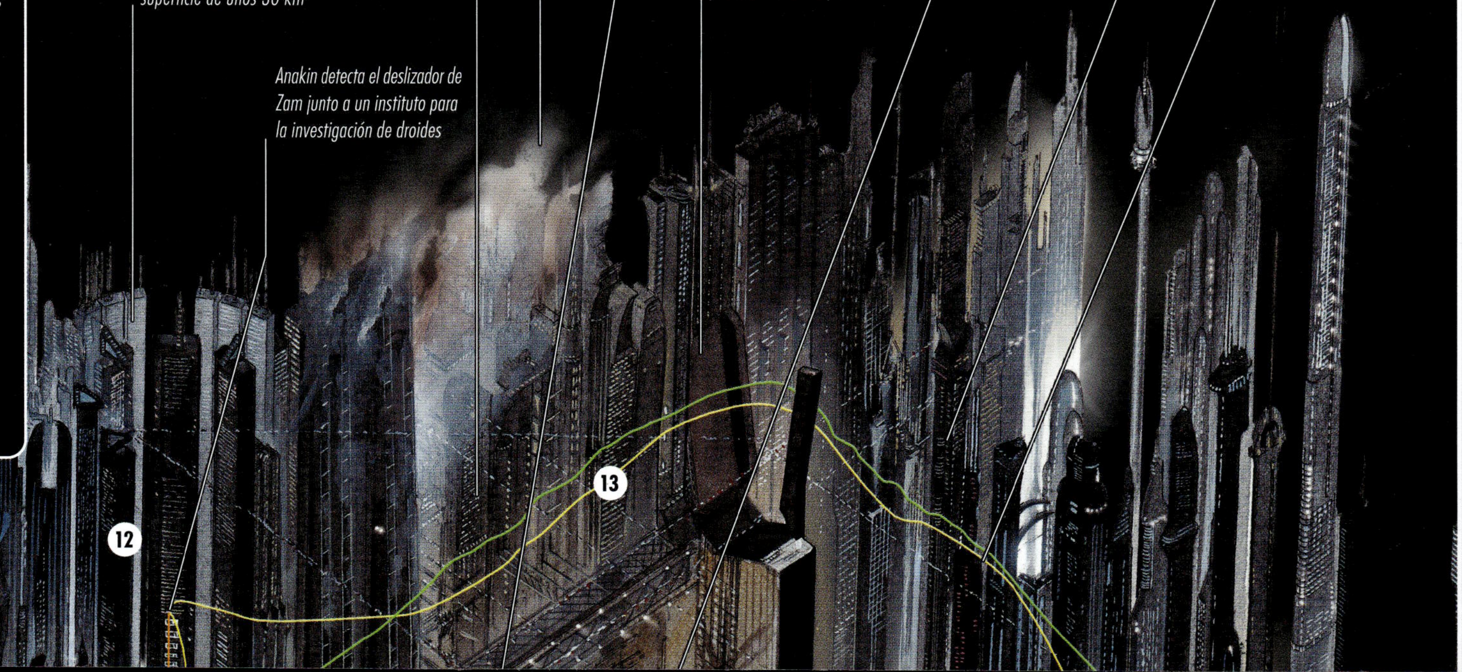

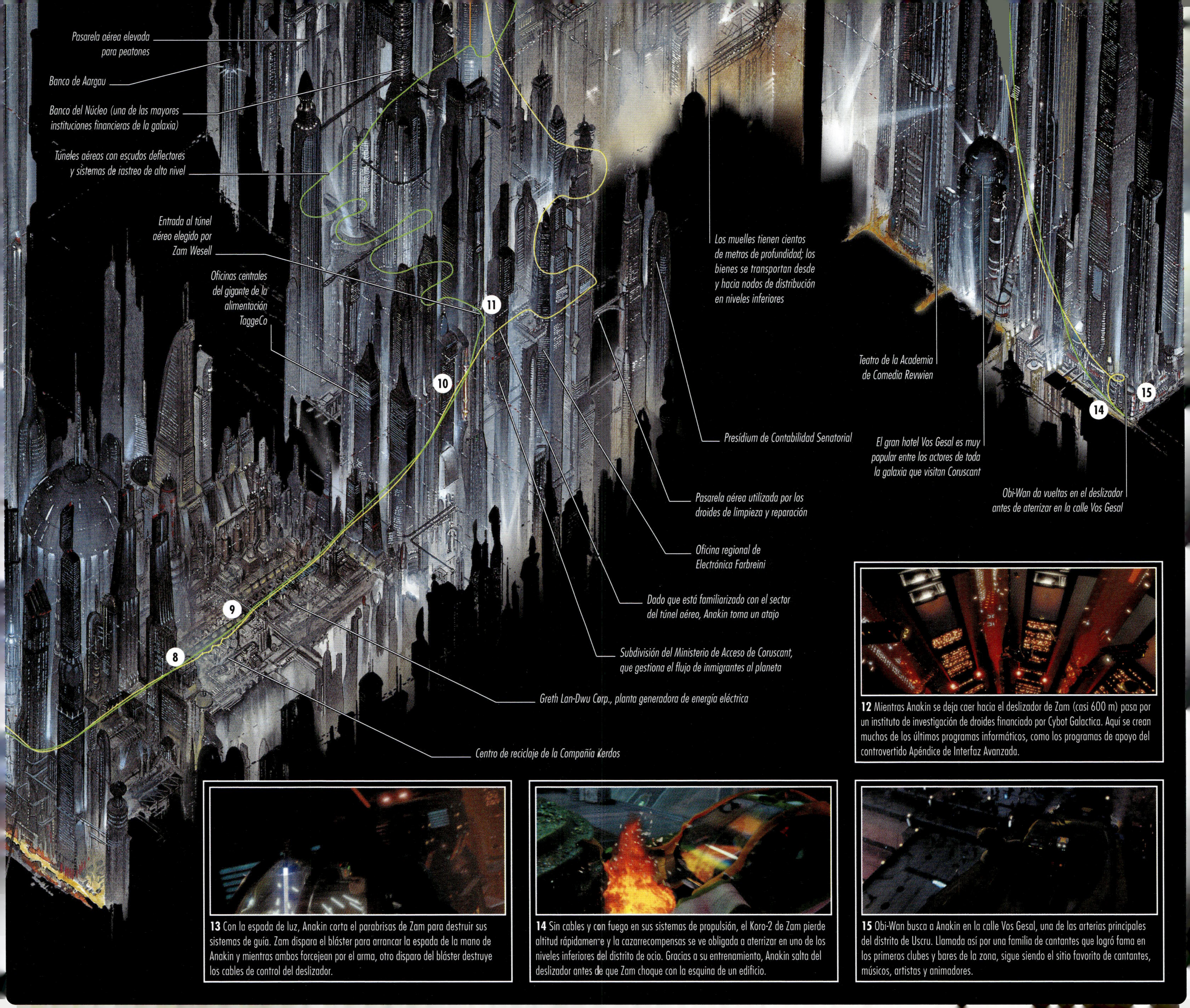

12 Mientras Anakin se deja caer hacia el deslizador de Zam (casi 600 m) pasa por un instituto de investigación de droides financiado por Cybot Galactica. Aquí se crean muchos de los últimos programas informáticos, como los programas de apoyo del controvertido Apéndice de Interfaz Avanzada.

13 Con la espada de luz, Anakin corta el parabrisas de Zam para destruir sus sistemas de guía. Zam dispara el bláster para arrancar la espada de la mano de Anakin y mientras ambos forcejean por el arma, otro disparo del bláster destruye los cables de control del deslizador.

14 Sin cables y con fuego en sus sistemas de propulsión, el Koro-2 de Zam pierde altitud rápidamente y la cazarrecompensas se ve obligada a aterrizar en uno de los niveles inferiores del distrito de ocio. Gracias a su entrenamiento, Anakin salta del deslizador antes de que Zam choque con la esquina de un edificio.

15 Obi-Wan busca a Anakin en la calle Vos Gesal, una de las arterias principales del distrito de Uscru. Llamada así por una familia de cantantes que logró fama en los primeros clubes y bares de la zona, sigue siendo el sitio favorito de cantantes, músicos, artistas y animadores.

OUTLANDER

EL CLUB OUTLANDER está en el distrito de ocio de Uscru, en Coruscant. El local es un laberinto de bares y salas de juego en las que se codean juerguistas locales, personajes del submundo y forasteros asombrados mientras apuestan todo lo que poseen en acontecimientos deportivos y juegos de azar. Abierto noche y día, hay jugadores empedernidos que pasan varios días seguidos en él. Cuando Zam se cuela, pretende despistar a los Jedi en este edificio abarrotado de gente y débilmente iluminado… O acabar con ellos.

Algunos deportes que se ven en el Outlander son oficialmente ilegales en la República, como las carreras de vainas (transmitidas desde el planeta helado Ando Prime). Otros se toleran con reservas, como el balón-nuna (un violento juego de pelota para droides trucados) y las carreras de odupiendos.

EL JUEGO ILEGAL

Emplazado en una de las zonas menos desarrolladas del distrito de ocio, que las fuerzas del orden rara vez patrullan, el club no oculta su política de aceptar apuestas sobre casi cualquier tipo de juego de la galaxia: incluso los famosos Juegos Galácticos, cuyas apuestas son totalmente ilegales.

ORIGEN ELITISTA

Tiempo atrás, el Outlander fue un establecimiento pequeño y selecto que servía a conocedores del Outlander, complicado juego que se jugaba en una holomesa giratoria. Bajo la dirección de los viles hermanos Baath, el club pronto se expandió para incorporar las últimas tendencias en juegos y convertirse en un famoso lugar de reunión de los delincuentes de Coruscant.

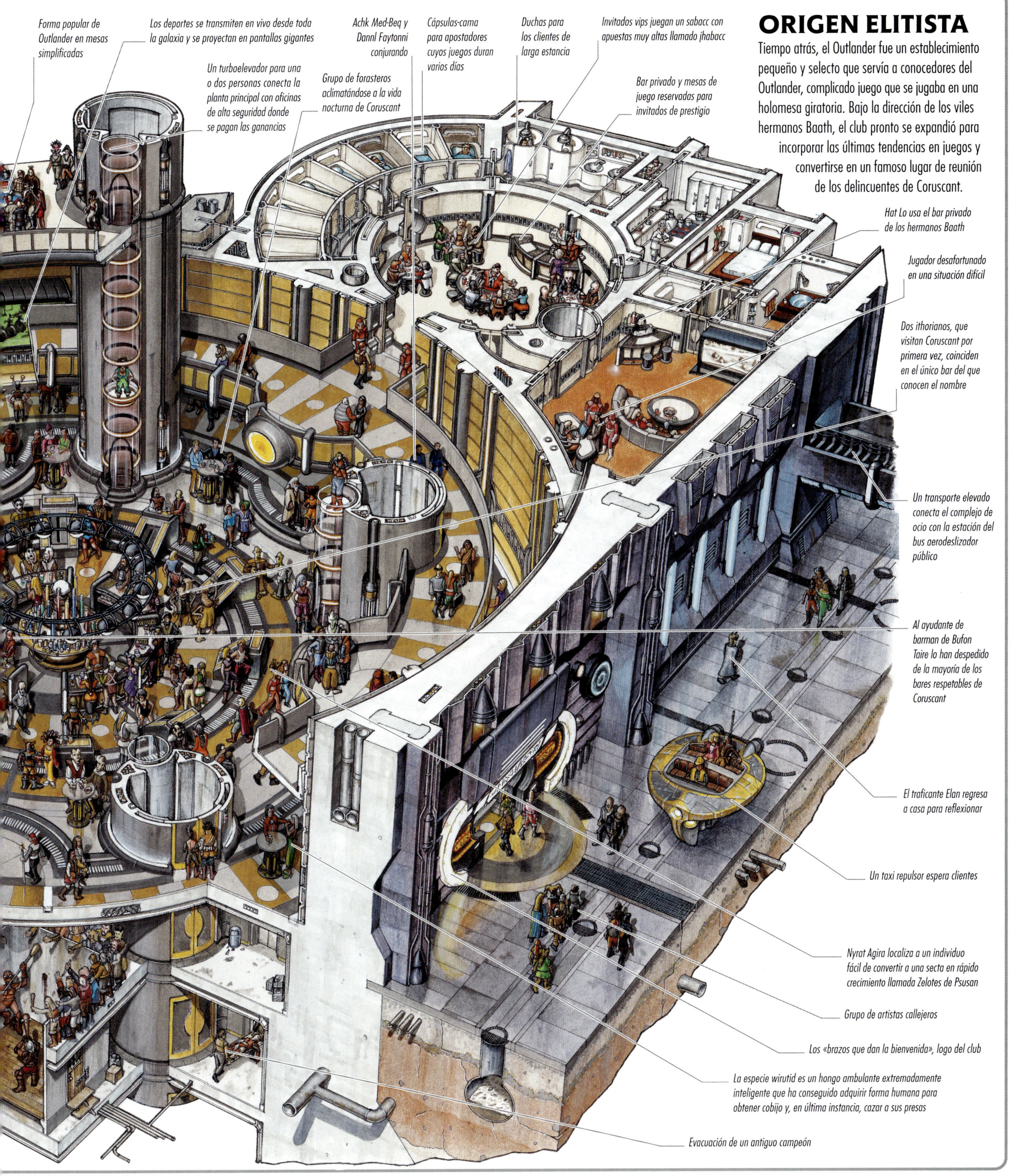

ACTIVIDAD EN EL TEMPLO JEDI

DURANTE LOS ÚLTIMOS CIEN AÑOS, la actividad Jedi en la galaxia se ha centrado en el Templo Jedi de Coruscant, con santuarios Jedi menores, bibliotecas y puestos avanzados repartidos por toda la República. No hace mucho, durante la Alta República, algunos Jedi estudiaban incluso a bordo de naves y estaciones espaciales, como el saltador estelar y el Faro Starlight. El Templo de Coruscant alberga a unos 10 000 Jedi en los últimos años de la República, y les proporciona todos los medios necesarios para prosperar, desde los más jóvenes hasta los grandes maestros.

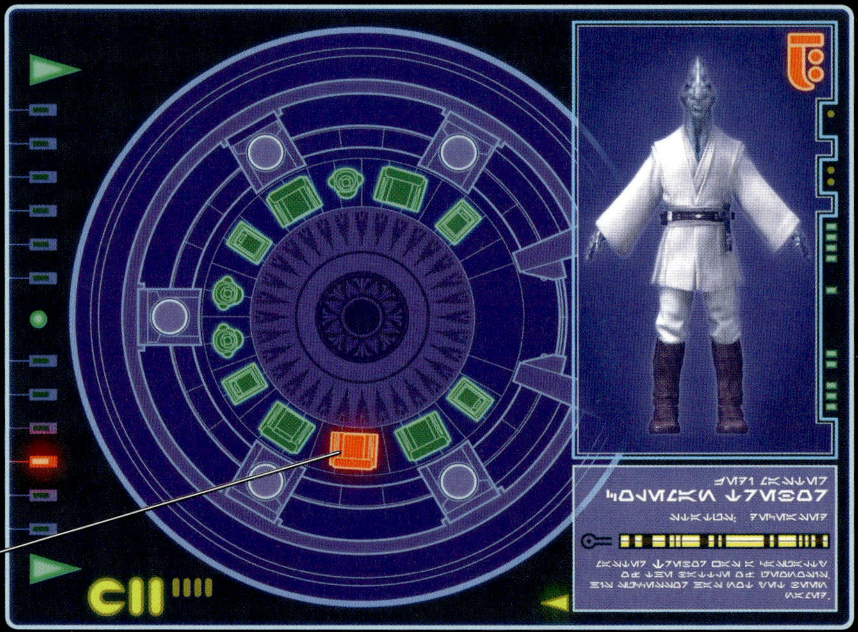

Asiento de Coleman Trebor

BANCO DE DATOS

Los bancos de datos del Templo muestran la última distribución del Alto Consejo Jedi, con información actualizada sobre el paradero y el estado de sus doce miembros. A esta información solo pueden acceder los Jedi con permisos especiales. Coleman Trebor, uno de los últimos nombramientos del Consejo, muere en la primera batalla de Geonosis, que marca el inicio de las Guerras Clon.

EL HANGAR DEL TEMPLO

Los Jedi tienen que partir hacia cualquier punto de la galaxia, sin previo aviso, para ayudar en una crisis u otro problema inminente. Los hangares del Templo albergan una flota de cazas estelares Delta-7 con versiones adaptadas para Jedi no humanoides y algunas lanzaderas para misiones menos peligrosas. Las naves despegan desde una plataforma extensible.

El sistema de alineación del Templo está operativo

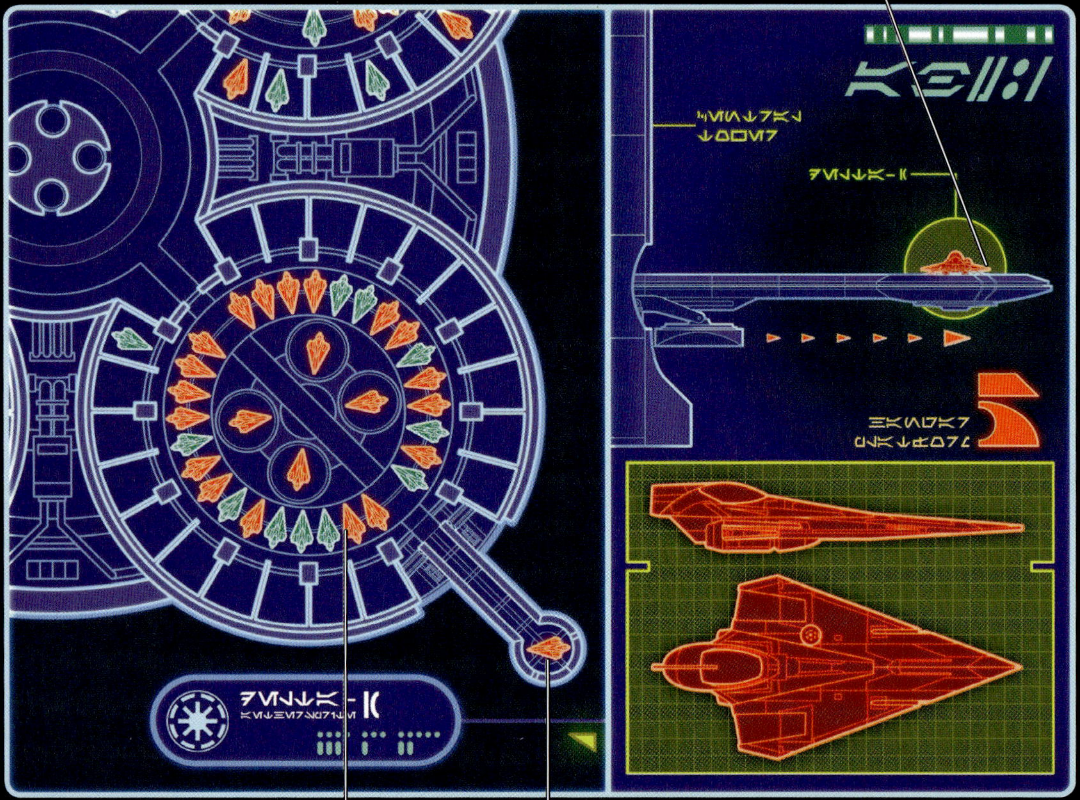

Los cazas en rojo son para uso de determinados Jedi; los presentados en verde, para uso general

Plataforma de lanzamiento en uso

MEDITACIÓN Y EDUCACIÓN

El Templo Jedi domina el paisaje varios kilómetros a la redonda y sus nobles agujas parecen querer perforar el cielo. El Templo es el corazón de la antigua Orden Jedi; sus muchas y amplias cámaras y pasarelas (incluida la Sala de las Mil Fuentes) facilitan la íntima contemplación de la Fuerza. Maestros Jedi de alto rango, como el virtuoso de la esgrima Soara Antana, imparten preciadas clases a los padawans en salones y cuartos de instrucción especializados, si bien gran parte del entrenamiento tiene lugar en los alojamientos normales del recinto interior.

SALAS DE ANÁLISIS

Los espacios para análisis están bajo la jurisdicción general de los Archivos del Templo y su bibliotecaria jefa, Jocasta Nu. Los Jedi los usan para muchas tareas, como localizar el origen de objetos extraños, orgánicos o inorgánicos. Los droides de análisis SP4 y JN-66, que trabajan en las instalaciones, tienen acceso a los sistemas informáticos de los Archivos Jedi para comparar las señales de identificación. Sus lectores multiespectro y sus brazos multisensibles detectan hasta las más ligeras huellas de olores. En la sala herméticamente sellada no pueden entrar humanos ni otros seres orgánicos, para que ninguna contaminación cause lecturas falsas en el tremendamente sensible equipo.

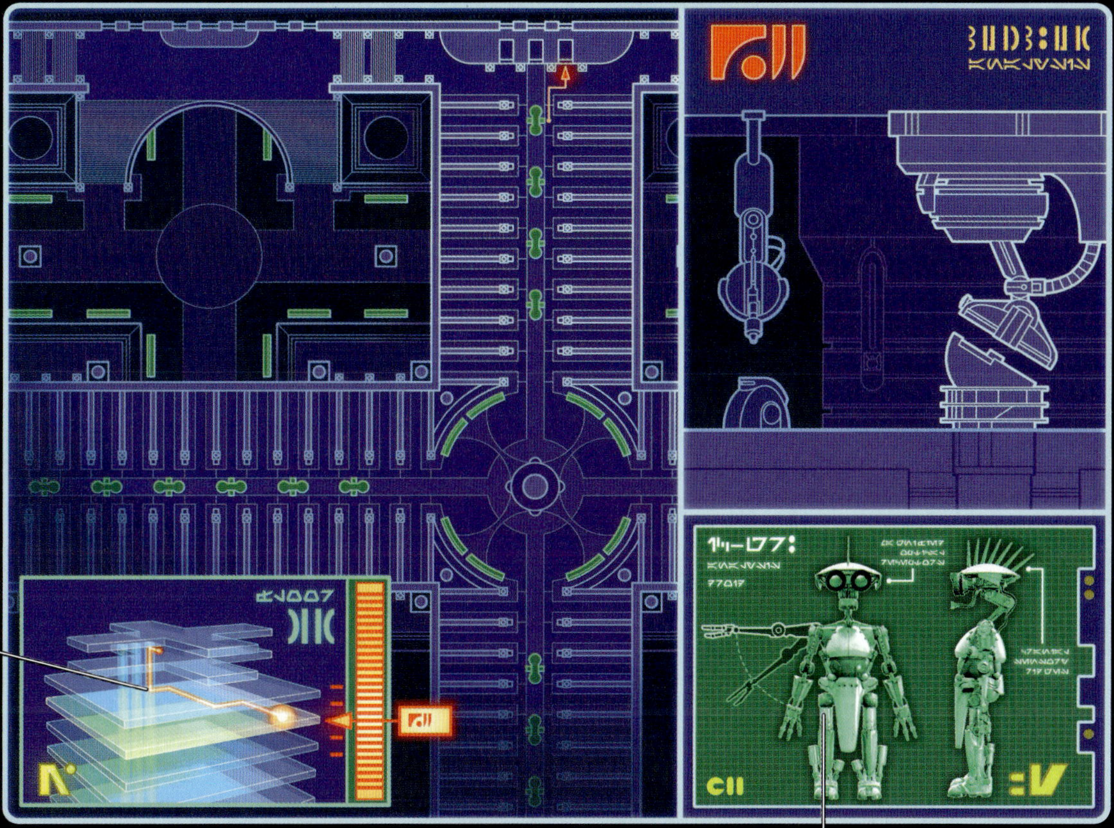

La pantalla de datos del Templo muestra el camino desde los Archivos hasta las salas de análisis

Especificaciones del droide de análisis SP-4

La torre del espaciopuerto permite que las naves espaciales más grandes atraquen en el complejo del Templo Jedi

El extenso recinto del Templo contiene edificios agregados tras la construcción inicial

Aguja central del Tempo Jedi

RETIRO EN NABOO

NABOO HA PASADO POR UN PERIODO de ajuste desde su invasión por la Federación de Comercio. Nuevas edificaciones en la capital, Theed, han reparado los daños causados por la fuerza invasora y la reina Jamillia ha aceptado la necesidad de una mayor seguridad para su pueblo. Un nuevo y bien equipado espaciopuerto simboliza su apertura. Cuando Anakin Skywalker acompaña a Padmé Amidala a Naboo como guardaespaldas, visita la región más remota del planeta, el País del Lago.

Como muchas salas de la casa grande, la rotonda en la que cenan Padmé y Anakin tiene detalles vinculados a su antiguo y célebre residente, Omar Berenko. En esta Habitación de las Brumas Matutinas Berenko escribió algunas de sus obras más famosas, como el visionario e inquietante poema épico *Defensa de Naboo.*

VARYKINO

El País del Lago está totalmente aislado de las rutas de agua y cavernas subterráneas de Naboo, por lo que sus lagos están a salvo de monstruos marinos. Su escasa población consiste principalmente en agricultores y artesanos, famosos por sus objetos de cristal, que hechizan de un modo casi místico. Padmé y Anakin se alojan en Varykino, una mansión en la isla más distante del lago. Siglos atrás estuvo ocupada por el poeta trágico Omar Berenko, quien vivía con una poco convencional comunidad de excéntricos naboo y gungan. Varykino es ahora propiedad de la familia Naberrie, que se considera guardiana de la belleza iy las tradiciones de la villa.

OASIS

El País del Lago posee algunas de las riberas más idílicas de Naboo, con grandes caídas de agua y manadas de shaak que pastan pacíficamente. Los ríos inundan de manera periódica esta fértil tierra, que durante el verano permanece agradablemente seca. El Colectivo Pastoral mantiene las praderas comunales. En primavera se celebra aquí el festival de la Feliz Llegada en el que, durante varios días, las praderas se llenan de coloridos desfiles y música.

CEREMONIA CLANDESTINA

Tras la primera batalla de Geonosis, Anakin escolta a la senadora Amidala de vuelta a Naboo, donde la pareja se casa en secreto, ya que es un acto prohibido para un Jedi. El sencillo ritual, celebrado por un hombre santo de la región, tiene lugar en una umbrosa terraza de Varykino. Ni la novia ni el novio lo saben, pero en ese mismo lugar el controvertido poeta Berenko fue secuestrado por unos desconocidos y nunca se lo volvió a ver.

ESPLENDOR PÚBLICO

Anakin y Padmé llegan en bus aéreo público al nuevo patio del palacio de Theed. Construido sobre una parte de la ciudad gravemente dañada por los tanques de la Federación de Comercio diez años antes, el nuevo recinto fue concebido con objeto de fomentar y alentar la ilustración y el librepensamiento. Los habitantes de Theed pasean por los hermosos senderos del patio y se sientan a la sombra de su columnata circular, en la cual un friso holográfico representa a grandes filósofos y artistas del planeta. Pero Naboo no está totalmente libre de problemas: en los últimos meses, trabajadores inmigrantes han protestado por sus condiciones laborales, manifestaciones que la policía de Theed disolvió. Los asesores de seguridad no han informado a los líderes de Naboo de estos acontecimientos, para preservar (al menos de momento) la apariencia utópica de la que tanto se enorgullece el planeta.

KAMINO

KAMINO ES UN MUNDO REMOTO E INHÓSPITO cubierto por un océano sin principio ni final. Ubicado en una galaxia enana satélite más allá del Borde Exterior, este planeta recibe muy poco tráfico y solo comercia lo necesario para atender las necesidades básicas de sus habitantes, los anfibios kaminoanos. Esta raza ultrainteligente se ha dedicado a la especializada y valiosa industria de la clonación de humanos, alienígenas y otras criaturas, y suministra a su selecta clientela trabajadores, guardias de seguridad y toda una gama de pedidos poco usuales. Los kaminoanos viven en ciudades sobre pilotes por toda la superficie del planeta, la mayoría de las cuales se dedican a la clonación. Reciben visitantes muy raramente: la lejanía del planeta y su larga estación de lluvias desalientan a todos salvo al ocasional enviado de alguna entidad que desea comprar clones.

LA CAPITAL

Cuando Obi-Wan Kenobi entra en el espacio aéreo de Kamino, lo guían a la capital del planeta, Ciudad Tipoca, donde se aprestan los primeros envíos del ejército clon de la República. Las enormes cúpulas albergan el complejo militar más grande y prestigioso de Kamino, aunque en otros sitios del planeta existen otras instalaciones de clonación. La fábrica de Tipoca se extiende a todas las cúpulas e incluye criaderos, cápsulas de crecimiento e instalaciones de aprendizaje y entrenamiento, así como dormitorios y comedores. Además de crear clones, los kaminoanos producen armas y misiles especializados y de alta tecnología para distintos clientes, como aparatos para interrogatorios y dardos-sable, sobre todo dirigidos a los cazarrecompensas profesionales y especialistas en seguridad. Los clonadores subcontratan la fabricación de las armas y los vehículos más grandes a proveedores de fuera del planeta, como Ingeniería Pesada Rothana.

Una red de tubos suboceánicos transporta pasajeros en vehículos esféricos. Este sistema poco conocido permite viajar discretamente por Ciudad Tipoca.

PLATAFORMAS DE ATERRIZAJE

El cazarrecompensas Jango Fett usa una de las plataformas de aterrizaje de Ciudad Tipoca para su nave de patrulla de clase Firespray. Pese al rigor de las condiciones climáticas de Kamino, las plataformas del planeta no se hallan cubiertas, pero se pueden accionar generadores de escudo en la parte inferior para proteger las naves de sobrecargas de energía en las tormentas eléctricas. Los postes sensores ofrecen vigilancia electrónica y alertan sobre cualquier intrusión accidental.

TRANSPORTE AIRE-MAR

Los anfibios kaminoanos suelen viajar entre ciudades en aiwhas clonados, animales que pueden volar y nadar. Durante gran parte del año el planeta recibe el azote de intensas tormentas eléctricas. En esos casos, los kaminoanos tienden a viajar en sus aiwhas bajo el agua para huir de las tempestades, y tan solo emergen cerca de su destino. Otro imperativo, menos usual, lleva a los kaminoanos bajo las olas: sus peregrinaciones a las ciudades sumergidas en el lecho marino, reliquias de la antigua civilización kaminoana terrestre que existió antes de que se inundase el planeta. Este tipo de viaje se realiza únicamente con el objetivo de honrar a los antepasados, y no por motivos científicos ni investigaciones arqueológicas, lo que los hace parecer poco coherentes con la racionalidad científica típica de los kaminoanos.

SECRETOS DE LOS CLONADORES

Durante siglos, los clonadores de Kamino han adaptado los seres vivos que crean a las especificaciones de sus clientes, remodelando cuerpos y cerebros de acuerdo con mapas genéticos alterados. Los clones creados a partir del material genético de Jango Fett envejecen a un ritmo acelerado y son resistentes y disciplinados, pero también menos independientes y volátiles que Fett. Además, a todos se les implantan chips inhibidores diseñados para garantizar que sigan las órdenes, una medida de contingencia que se mantiene en secreto para la Orden Jedi y los dirigentes de la República. No es el único secreto que guardan los kaminoanos: Nala Se, científica médica jefe, mantiene un laboratorio privado conectado a una plataforma de aterrizaje submarina mediante una red de tubos de transporte que no aparecen en los planos de Ciudad Tipoca. En él investiga en secreto clones mejorados y aberrantes, tanto para satisfacer su propia curiosidad científica como para explorar vías de investigación prometedoras que puedan resultar útiles en futuros proyectos de clonación.

CIUDAD TIPOCA

LA CAPITAL DE KAMINO se alza sobre feroces olas sostenida por enormes vigas ancladas al lecho marino, y sus techos en forma de cúpula la protegen de las fuertes y constantes lluvias. En realidad la ciudad es una red de estructuras sobre pilotes que se extiende 150 kilómetros en el ecuador del planeta. El centro de la ciudad abriga las extensas instalaciones para clonación y las oficinas administrativas del Consejo Regente. Como los millones de kaminoanos que viven en Tipoca se ocupan en la industria de la clonación o en asuntos gubernamentales (estrechamente relacionados), no existen espacios públicos en las cúpulas centrales. Son las ciudades satélite en torno a Tipoca las que alojan y ofrecen entretenimiento a estos trabajadores altamente especializados.

La plataforma de aterrizaje personal de Jango Fett indica la importancia del cazarrecompensas en el proyecto de clonación. Para proteger su nave de la climatología del lugar y facilitar su reparación, parte de la plataforma desciende hasta un hangar inferior, que se sella con puertas retráctiles.

CONSTRUIR CIUDADES

Los kaminoanos edifican sus ciudades con droides repulsores de construcción, usando materiales traídos por proveedores de otros planetas. Las tareas de construcción y reparación se hacen en el corto periodo seco de la estación lluviosa del planeta. Por toda la ciudad, sensores internos y externos miden la temperatura, humedad, velocidad del viento e intensidad de los relámpagos para que las cúpulas respondan a problemas como los niveles de ocupación y cambios de humor estacionales de sus habitantes.

TALANTE AUTÁRQUICO

La arquitectura de Kamino se ha definido siempre por sus cúpulas. Antes de que el planeta se inundase, los kaminoanos ya vivían en cúpulas de adobe en tierra firme. Al subir el nivel del mar, se trasladaron a tierras cada vez más altas, hasta verse obligados a levantar sus casas sobre pilotes. Hoy sus ciudades incluyen tecnología militar y sistemas de alta seguridad, lo que refleja la actitud kaminoana, autosuficiente y recelosa.

LA VIDA EN KAMINO

Los apartamentos de Kamino están austeramente equipados. Hay algunos muebles diseñados para bajar del cielorraso mediante varillas y conectarse a marcas electromagnéticas en el suelo. El apartamento de Jango Fett es modesto pero hay algunas concesiones al confort, como el reemplazo de superficies luminosas por muebles estables.

PATRULLAJE

Las naves de observación –que operan como laboratorios móviles de control de calidad– están tripuladas por científicos kaminoanos, que resuelven con rapidez los problemas y buscan cómo mejorar los procesos de clonación y entrenamiento. Las naves monoplaza Enforcer KE-8, equipadas con potentes manipuladores y dispositivos de electrochoque, patrullan el complejo para identificar y aislar los clones aberrantes. Los clones con capacidades excepcionales se envían a otras zonas para recibir formación especializada.

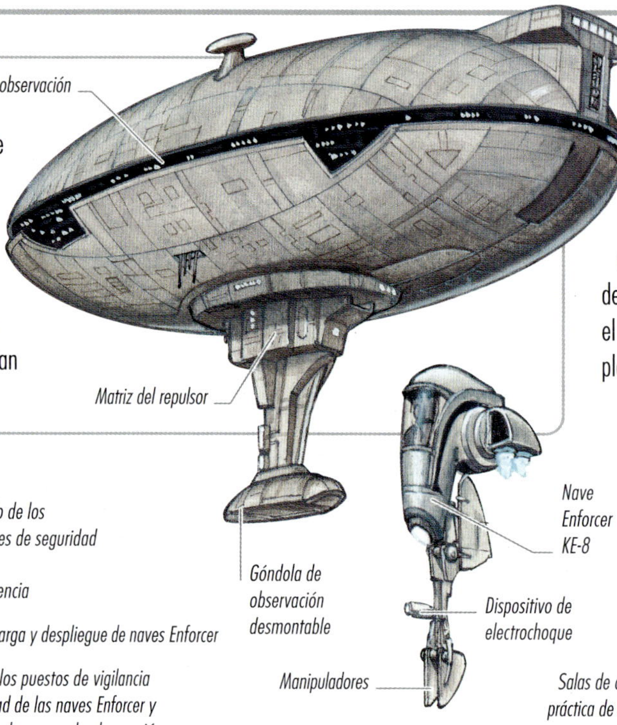

ACCESO

Los kaminoanos procuran mantener los ambientes de clonación ultralimpios y sin contaminar, por lo que los visitantes no pueden apartarse de las pasarelas selladas. Construidas en lo alto de la planta principal, ofrecen una vista del proceso de clonación a los visitantes. Sin embargo, el grueso de los clones recibe su educación bajo esta planta, en instalaciones abarrotadas.

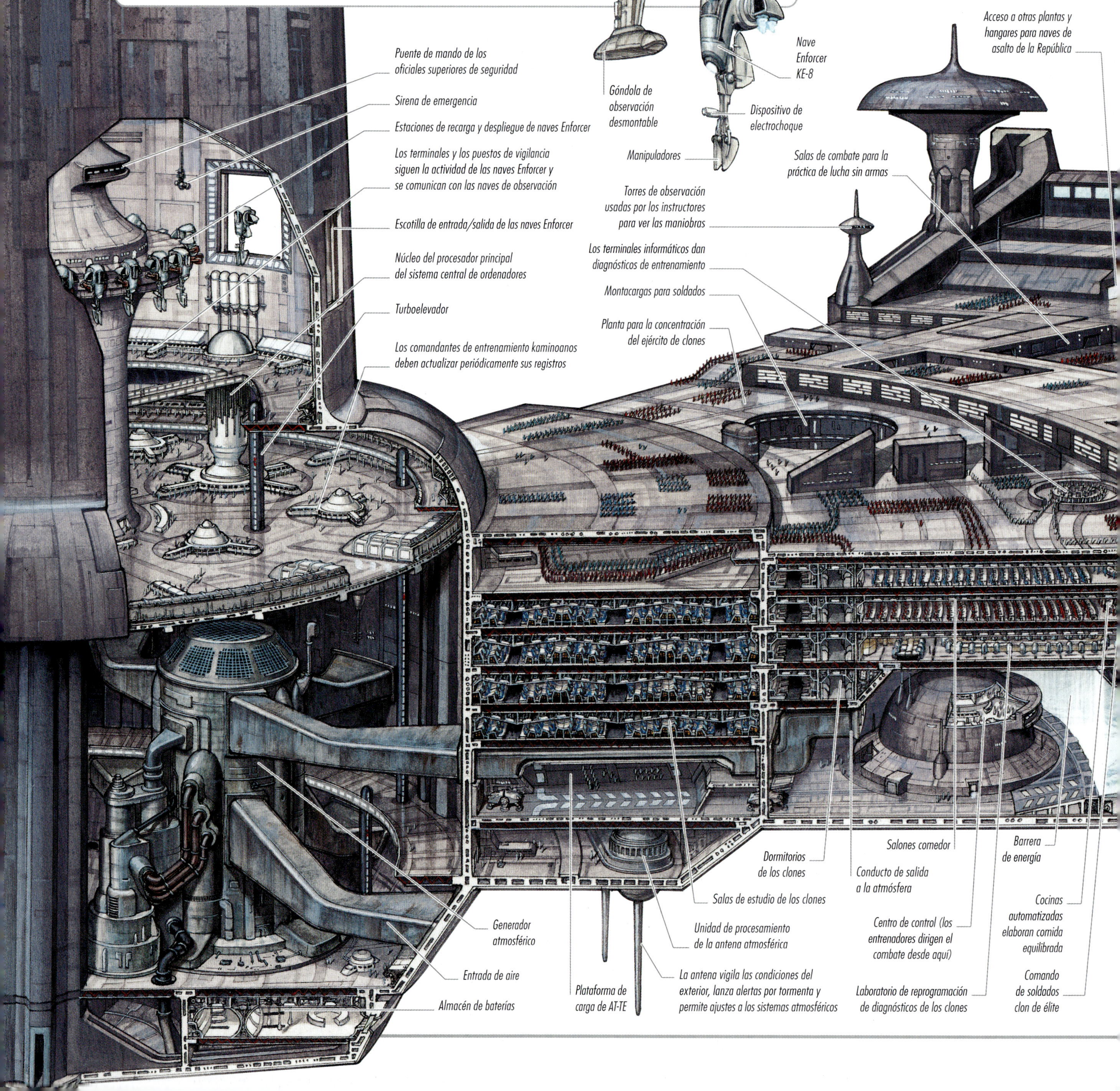

COMPLEJO MILITAR

EL COMPLEJO DE FORMACIÓN MILITAR CLON, que domina Ciudad Tipoca, es el mayor centro de entrenamiento de Kamino. Actualmente se dedica a cumplir su contrato con la República, el proyecto de clonación más grande jamás emprendido por el gobierno de Kamino. Cuando llega Obi-Wan Kenobi, Tipoca está lista para entregar 200 000 soldados clon, e instalaciones en todo el planeta están listas para crear millones más. Cuando el primer ministro Lama Su guía a Kenobi en la visita por la planta, no le cabe duda de que el Jedi quedará impresionado por estas operaciones perfectamente organizadas.

El primer lote de clones está listo, y millones más están en periodo de evaluación intensiva de su rendimiento. Se hace formar a las tropas en los campos de entrenamiento exteriores, que a veces no es posible usar durante la estación lluviosa debido a los trastornos eléctricos.

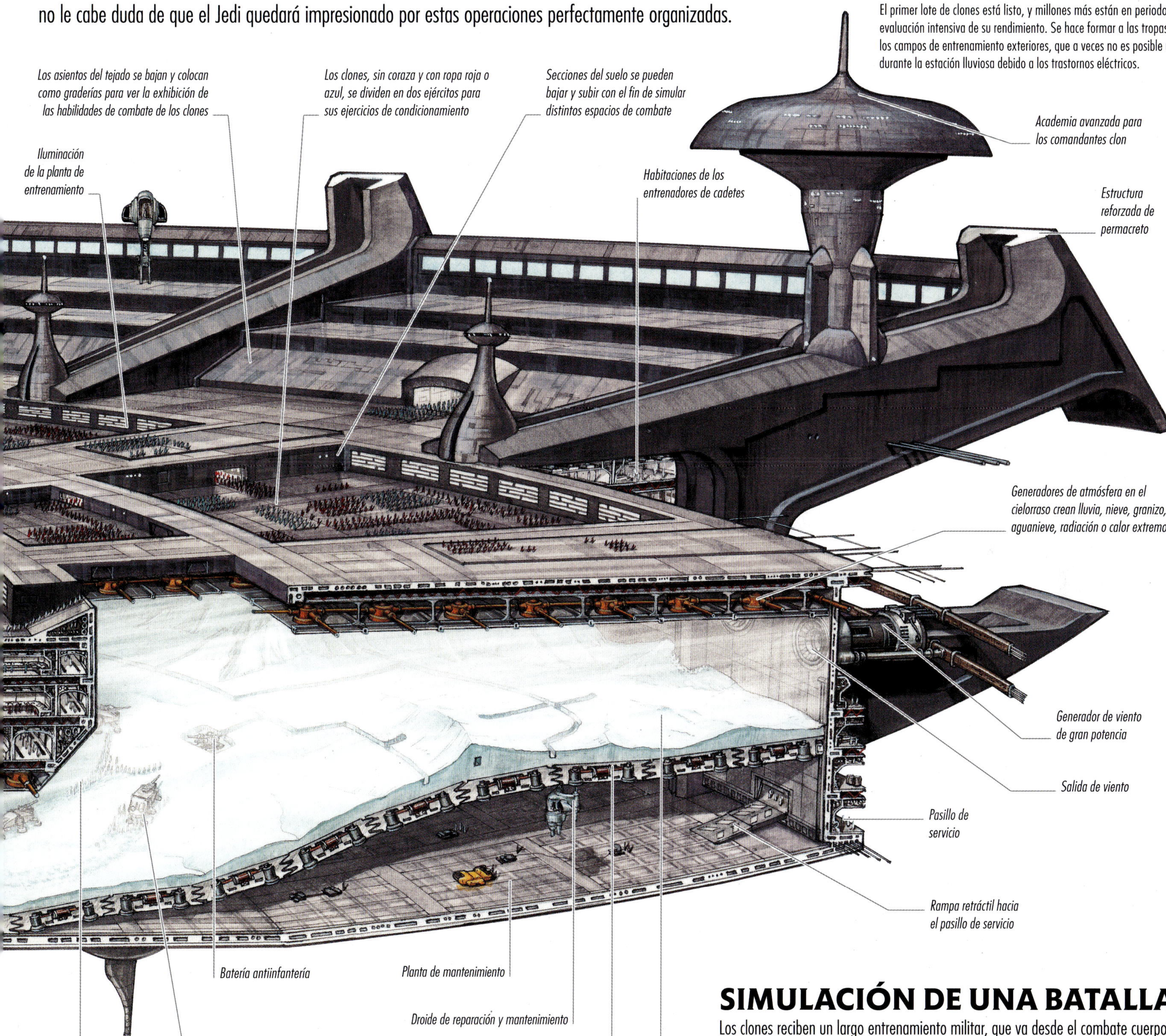

SIMULACIÓN DE UNA BATALLA

Los clones reciben un largo entrenamiento militar, que va desde el combate cuerpo a cuerpo en los pisos de formación superiores, hasta batallas en paisajes simulados en salones en la base de las cúpulas que miden kilómetros. Estos ambientes pueden ser desde terreno desierto hasta montañas cubiertas de nieve, y se logran con sistemas atmosféricos que crean el clima y las condiciones meteorológicas, así como con placas repulsoras que se pueden mover para crear distintas características geológicas.

RETORNO A TATOOINE

CUANDO ANAKIN SKYWALKER regresa a Tatooine, halla un mundo que no ha cambiado en diez años. En el salvaje Borde Exterior aún existe la esclavitud y el peligro sigue en el aire. Pero Tatooine funciona con una especie de orden primitivo: los droides taxi navegan por los espaciopuertos, donde los mercaderes venden sus géneros; las carreras de vainas y cantinas ofrecen entretenimiento y los mafiosos Hutt administran su dura justicia. Fuera, en las tierras baldías, los agricultores hidropónicos subsisten mientras inculcan en sus hijos su sentido de la comunidad y la moral. El lento movimiento de la política galáctica aún no ha afectado este mundo cerrado en sí mismo.

EL VIAJE DE ANAKIN

Los tusken secuestraron a Shmi Lars cuando pasaron cerca de su casa en sus viajes, que últimamente implicaban conflictos con los colonos. Anakin sale a buscarla en dirección al último lugar en que los tusken fueron vistos: el de la masacre de la cuadrilla de agricultores de Cliegg Lars. Recoge la pista gracias a los jawas y a otros pobladores aislados. Finalmente llega a un campamento situado en las tierras áridas.

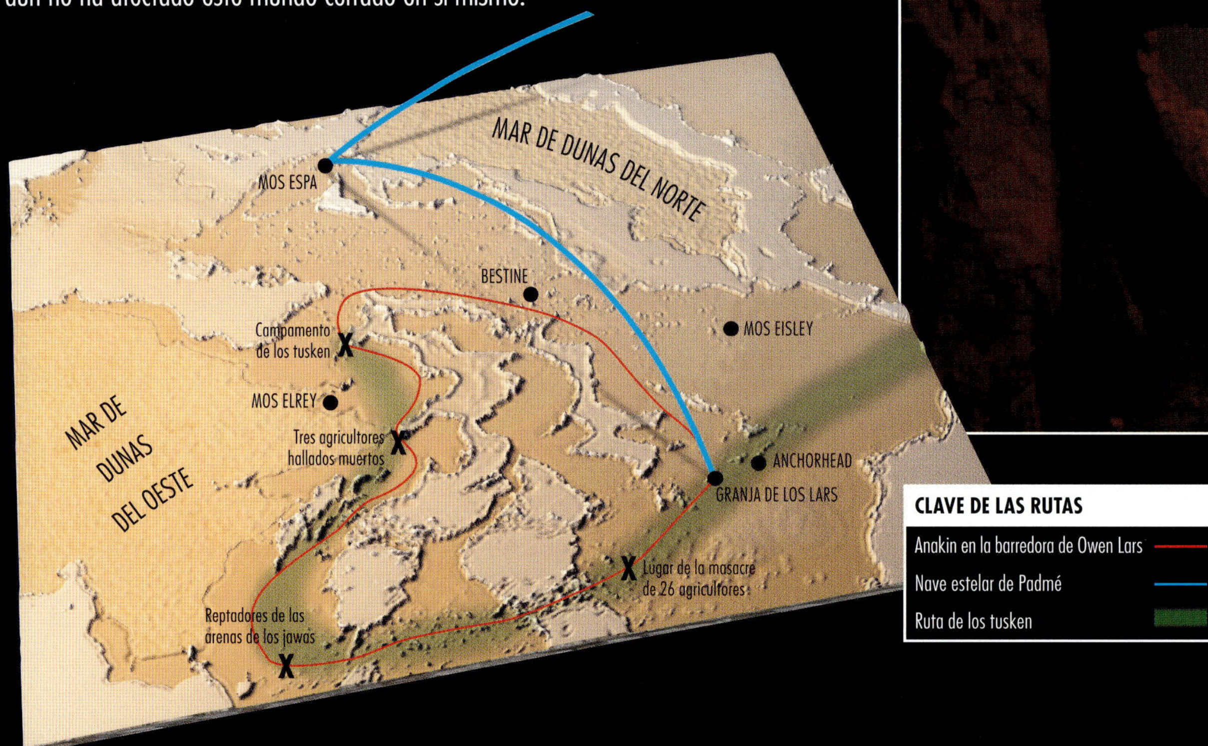

WATTO

Durante los diez años pasados desde que Anakin dijera adiós a su antiguo amo, Watto ha seguido fiel a su comercio de partes usadas en una callejuela de Mos Espa. Pese a haber comprado parte de los edificios adyacentes para ampliar su tienda, el futuro del negocio de Watto es incierto por sus grandes pérdidas en el juego. Tampoco tiene el personal necesario y él mismo debe realizar gran parte del trabajo. Malacostumbrado a las enormes capacidades de Anakin, Watto ya no encuentra siervos con los suficientes conocimientos técnicos. El chatarrero vive ahora acuciado por el miedo a ladrones y a clientes que no pagan.

REPTADORES JAWAS

A unos 150 kilómetros de la finca de los Lars, junto al Mar de Dunas del Oeste, justo detrás de los enormes cañones rocosos de los Eriales de Jundland, Anakin encuentra una flota de reptadores de las arenas de los jawas, que están trabajando con su fundición portátil bajo una tienda. Anakin pregunta por los nómadas tusken a estos diminutos chatarreros encapuchados. A cambio de algunos artículos de las alforjas de su moto (una multiherramienta y un escáner portátil), los jawas le señalan el este y le aconsejan que se mantenga en terreno elevado para tener mejor visión y poder descender sobre los tusken, que viajan y montan campamentos en los valles.

EL PUENTE B´THAZOSHE

Los Eriales de Jundland destacan por las extrañas formas de sus rocas, muchas de las cuales tienen un significado para las tribus de tusken que han vivido en esta zona durante miles de años. Anakin pasa por debajo el puente B'Thazoshe (que se podría traducir como «cuerno de bantha petrificado»), de 90 metros. Formado por antiguos canales de drenaje, es el puente natural más grande de Tatooine y los moradores de las arenas lo consideran un lugar sagrado. También marca la frontera del antiguo territorio de caza de los tusken. Es tradición de los moradores disparar algunas ráfagas de blásteres antes de pasar por él: dicen que si no se hace, la mala suerte acecha a la tribu.

CAMPAMENTO TUSKEN

Los asentamientos tusken están dispersos por los desiertos de Tatooine. Como especie nómada, los tusken poseen poco aparte de sus armas y reservas de alimentos, pero dan mucho valor a los botines de sus incursiones sobre jawas o humanos. Estas incursiones no son totalmente mercenarias, sino algo intrínseco a la cultura tusken, que exige que los hombres muestren sus capacidades para el combate para mantener su prestigio en la tribu. Suelen someter a duros rituales a quienes toman como prisioneros.

ENTIERRO

Cliegg entierra a su amada esposa, Shmi, junto a las tumbas de sus padres, Gredda y Lef, y de su hermano Edern, que murió a los catorce años al perder el control del deslizador V-35 de la familia. Para casi todos los granjeros, la muerte prematura de familiares y amigos es una experiencia habitual que se lleva con estoicismo. En estas comunidades aisladas, un entierro es un asunto privado. Los droides de servicio excavan fosas con sobrias lápidas. En una ceremonia sencilla, los familiares pronuncian unas conmovedoras y breves palabras de adiós mientras la ardiente arena recibe el cuerpo.

ESPACIOPUERTOS

DEBIDO AL FLUJO DE COMERCIO INTERGALÁCTICO existen espaciopuertos en la mayor parte de los mundos habitados, desde los boyantes y cosmopolitas megapuertos de Coruscant hasta las pequeñas plataformas de atraque en planetas exteriores como Tatooine. La mayoría son ruidosos y sucios, y están poblados por una gran comunidad de pilotos, mecánicos, inspectores, comerciantes de recambios y contrabandistas. Estos profesionales hablan en el complejo idioma de las naves espaciales galácticas, y los pilotos discuten sobre rutas espaciales poco conocidas y arriesgadas, así como sobre sus encuentros con piratas. Junto a los puertos trabajan los controladores de tráfico, que reciben peticiones de aterrizaje de las naves que llegan y asignan coordenadas de atraque para descender con seguridad.

PLATAFORMAS DE ATRAQUE DE TATOOINE

Mos Espa tiene decenas de plataformas de atraque pequeñas y medianas, equipadas para repostar y para reparaciones generales. Muchas de esas plataformas son alquiladas por pilotos que realizan desde transporte estándar de carga y de pasajeros hasta contrabando. Una multitud de mecánicos que ofrecen su trabajo, droides taxi, estafadores y cortesanas suele celebrar las llegadas.

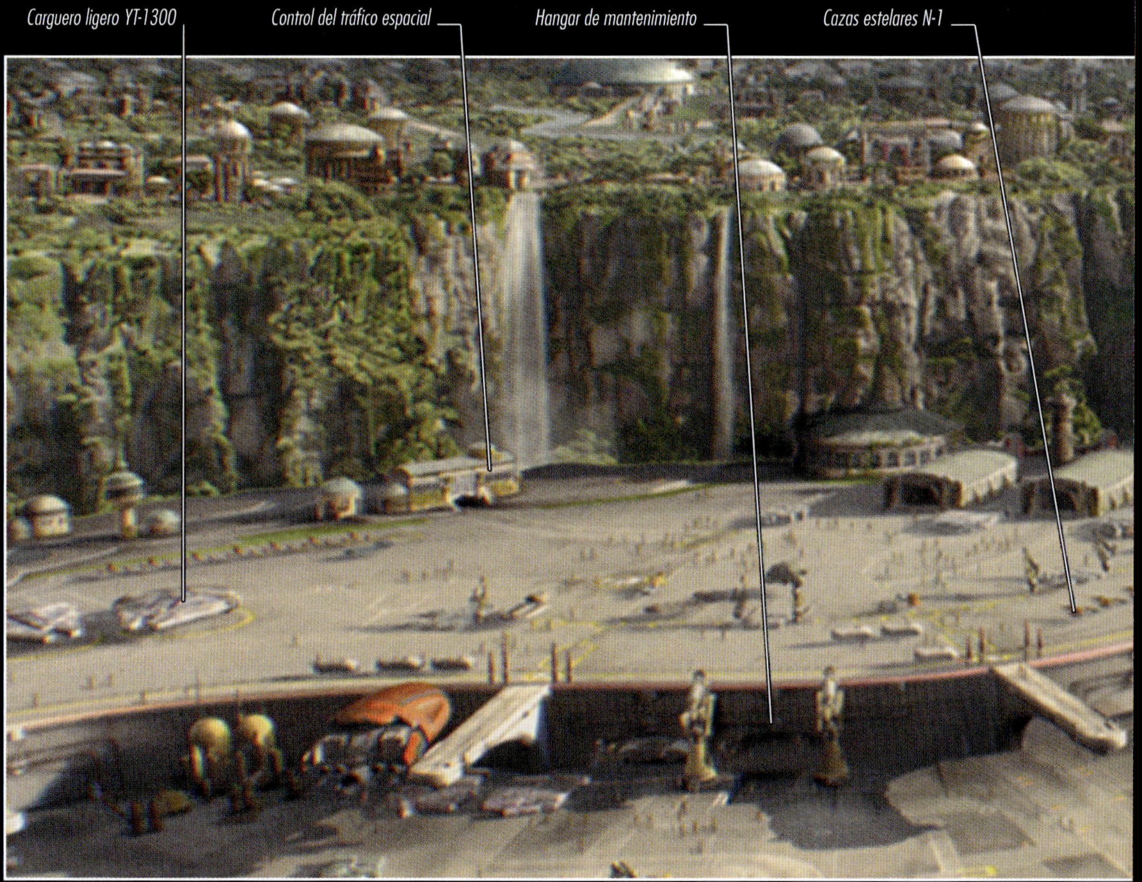

ESPACIOPUERTO DE THEED

El espaciopuerto de Theed, que ocupa el terreno que hay bajo los grandes acantilados, es una construcción sin precedentes en la tradicional cultura de Naboo. Su forma simple y funcional da fe de la celeridad y urgencia con que se construyó. El único guiño al estilo de Naboo es su plataforma de atraque, elegantemente curvada, que imita la forma natural de los acantilados. Construido con la reparación pagada por la República tras la invasión de la Federación de Comercio, el espaciopuerto aloja el creciente tráfico espacial, consecuencia de los esfuerzos de la senadora Amidala, y recibe inmigrantes que buscan trabajo en las minas de las ricas lunas del planeta.

ESPACIOPUERTO DE CORUSCANT

Cuando Anakin Skywalker escolta a la senadora Padmé Amidala a un planeta exterior, se le dice que el modo más discreto de salir es por un espaciopuerto de carga. Las enormes naves que atracan aquí son transportes que llevan mercancías de lujo desde Coruscant hacia todos los rincones de la galaxia y regresan con materias primas no disponibles en el planeta capital. Aunque no son naves de pasajeros, muchos emigrantes pobres logran que los lleven. Las áreas de pasajeros están dispuestas con componentes provisionales, y su aire y equipos de soporte vital no son muy fiables. Además de migrantes, el espaciopuerto está lleno de droides de carga y supervisores que se aseguran de que cada nave reciba su cuota de carga correcta.

ESPACIOPUERTO DE CORONET

El extenso espaciopuerto de Coronet sirve a la ciudad capital de Corellia, un bullicioso mundo del Núcleo famoso por la construcción de navíos. Los beneficios del poderío industrial de Corellia no parecen llegar a las masas de ciudadanos empobrecidos de Ciudad Coronet, por lo que la seguridad del espaciopuerto es muy estricta, y las autoridades locales procuran mantener a los oprimidos fuera de la vista de turistas, funcionarios del gobierno y magnates de megacorporaciones.

GEONOSIS

GEONOSIS, EL PLANETA ROJO del Borde Exterior, está rodeado de asteroides originados por la destrucción de una luna por un cometa de 2 kilómetros de diámetro. Su superficie está llena de cicatrices causadas por meteoritos y por puntuales tormentas de radiación que causaron extinciones masivas. Como consecuencia, los semiinsectoides geonosianos (las formas de vida más evolucionadas del planeta) se vieron forzados a vivir bajo tierra, donde moran en colmenas y fabrican droides de combate. El estéril exterior del planeta está dominado por enormes insectoides llamados merdeths y por animales como los salvajes massiffs.

EL HANGAR SECRETO

En su caza estelar Jedi Delta-7, Obi-Wan Kenobi sigue a Jango y Boba Fett, en su nave espacial *Esclavo I,* desde Kamino hasta Geonosis. Esta desciende hacia pequeñas escotillas situadas junto a las naves principales de la Federación de Comercio. Jango emplea un código de apertura para entrar en un hangar, en las plataformas subterráneas de carga de droides. Estos pequeños hangares abundan en el perímetro de los campos de carga de droides y están equipados con cazas geonosianos listos para disparar contra el ocasional merdeth u otro visitante indeseado. Los geonosianos vigilan especialmente cuando los clientes reciben sus droides.

NAVES NÚCLEO

Los geonosianos han comenzado a entregar los droides de combate a la Alianza Separatista, y la primera flota de naves de combate ha llegado a recoger las unidades. Las naves núcleo se separan de las naves de batalla de la Federación de Comercio, en órbita, y aterrizan en plataformas conectadas a los hangares de carga de la fábrica, allá donde las fisuras del suelo han permitido excavar. Bajan por etapas a las plataformas de atraque para facilitar el traslado de los droides a sectores de almacenamiento en varios niveles. Estas naves también se someten a mantenimiento y se proveen de piezas para los droides semiautónomos.

GALERÍAS DE LA COLMENA

El archiduque que gobierna la colonia-colmena Stalgasin, Poggle el Menor, lleva a sus clientes, los neimoidianos, por una de las galerías de la torre de entrada a la colmena hacia las salas de reunión previstas para los visitantes más apreciados. Las colmenas geonosianas se conectan entre sí por kilómetros de poblados túneles que se extienden bajo casi todo el planeta; cada colmena vigila sus propios túneles. Periódicamente se libran grandes guerras por el control de las colmenas principales que tienen lugar en toda la red de túneles. Pocos forasteros saben que Poggle y otros nobles geonosianos solo son sirvientes de reinas gobernantes que habitan muy por debajo de sus colonias o en reductos secretos desde donde envían emisarios con órdenes para sus subordinados.

LA TORRE DE ENTRADA

La torre de entrada a la fábrica que ve Obi-Wan en Geonosis es una impresionante muestra de la arquitectura en colmena geonosiana. Toda fábrica importante tiene una gran entrada como esta, por la que los geonosianos reciben a los clientes que les visitan. Las salas de reunión y del consejo están situadas en pasillos cercanos, por lo que los visitantes solo pueden echar una breve ojeada a la tumultuosa fábrica antes de firmar los importantes contratos. El paisaje geonosiano está salpicado de torres de piedra similares, erigidas con pasta de piedra reforzada por una estructura de acero laminado. La mayoría de las torres son ventilaciones de las pobladas colmenas de debajo, por cuyos respiraderos se expulsa el aire caliente. Las fábricas suelen estar justo bajo la superficie junto a las viviendas de los zánganos; bajo este nivel se hallan los espacios públicos y los nidos más opulentos, ocupados por la casta en el poder. Más abajo aún, hay enormes cavernas alimentadas por arroyos subterráneos donde se cultiva una seta comestible. La cámara de los huevos reales ocupa el nivel inferior, si bien la matriarca stalgasina, Karina la Grande, la abandonó para instalarse en un lugar más seguro.

LAS FÁBRICAS

LAS GIGANTESCAS FÁBRICAS de Geonosis producen droides, vehículos, armas y piezas militares en masa para un selecto grupo de oscuros clientes. Son sitios sucios, ruidosos y malolientes excavados en la roca del planeta y mantenidos por zánganos geonosianos sin alas en régimen de esclavitud. Los geonosianos ajustan continuamente sus procesos de fabricación para obtener la mayor eficiencia, siendo el inevitable precio la mutilación y el aplastamiento de los zánganos. Las mayores preocupaciones de las colmenas son la velocidad y la fiabilidad, en consonancia con los despiadados instintos comerciales de la Alianza Separatista. En este medio hostil, Anakin Skywalker y Padmé Amidala se encuentran luchando por su vida contra el inhumano poder de la maquinaria.

La fabricación de droides se halla prácticamente automatizada: una red de cintas transportadoras trabaja para transformar el metal fundido en un ejército de máquinas de guerra.

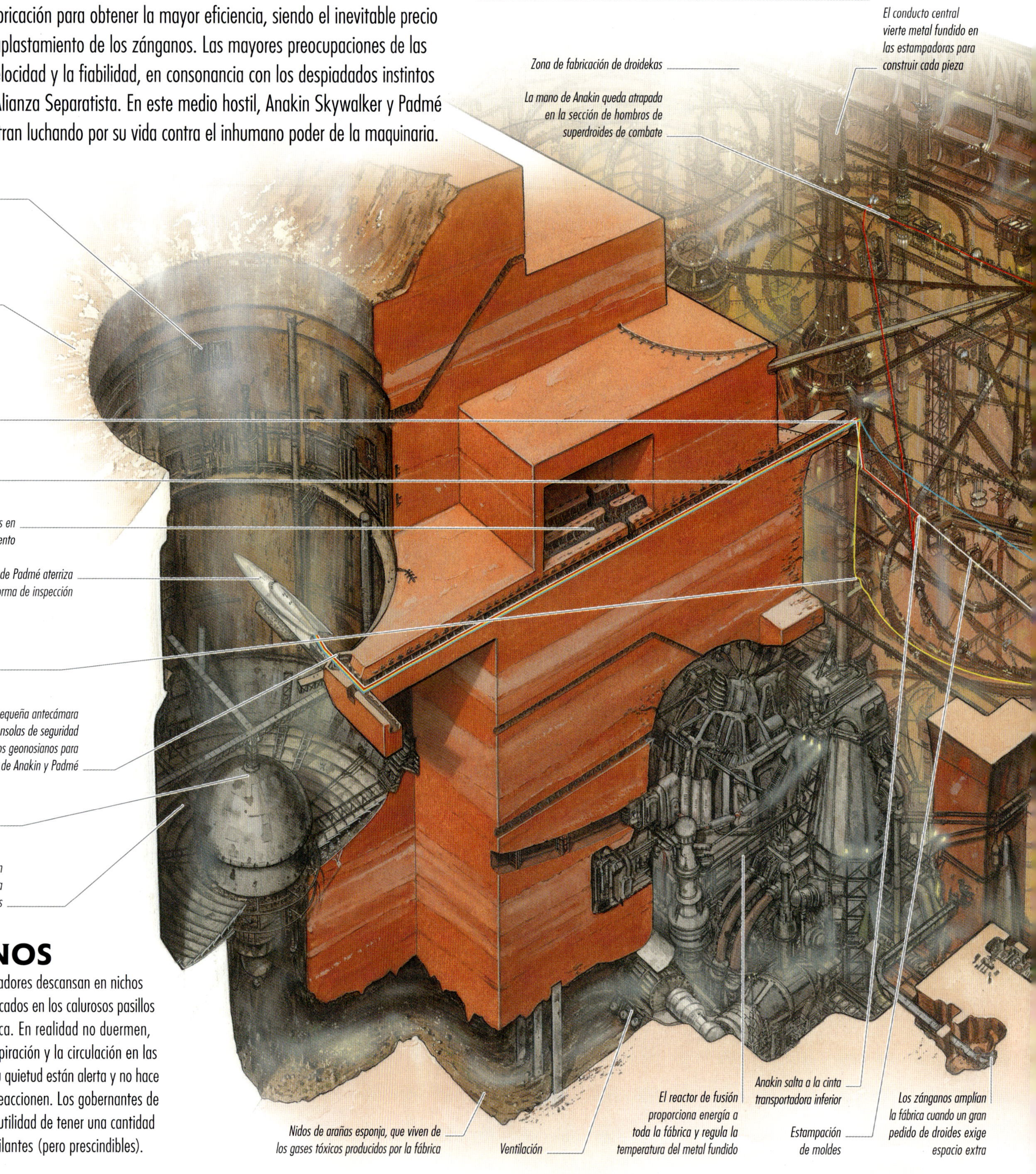

ZÁNGANOS

Entre turnos, los trabajadores descansan en nichos de almacenamiento ubicados en los calurosos pasillos del exterior de la fábrica. En realidad no duermen, tan solo reducen la respiración y la circulación en las extremidades. Pese a su quietud están alerta y no hace falta mucho para que reaccionen. Los gobernantes de Geonosis reconocen la utilidad de tener una cantidad tan enorme de ojos vigilantes (pero prescindibles).

LA FABRICACIÓN

Enormes equipos de zánganos geonosianos excavaron las fábricas a más de un kilómetro de profundidad. A fin de proveer la enorme cantidad de metal que hace falta, los geonosianos extraen roca rica en hierro del cinturón de asteroides que rodea el planeta. Luego la trituran, la funden con superláseres y la distribuyen en la fábrica para verterla en los moldes de las piezas de los droides.

INDUSTRIA SECRETA

La República vigila atentamente la fabricación de armas, y los inspectores del Senado pueden supervisar las fábricas para asegurarse de que sus actividades no sobrepasen los límites defensivos legales. Pero Geonosis está más allá de la autoridad de la República, y sus colmenas se han aprovechado del suministro de armas a la Federación de Comercio y otros clientes interesados en crear ejércitos sin preocuparse por la intromisión burocrática del gobierno.

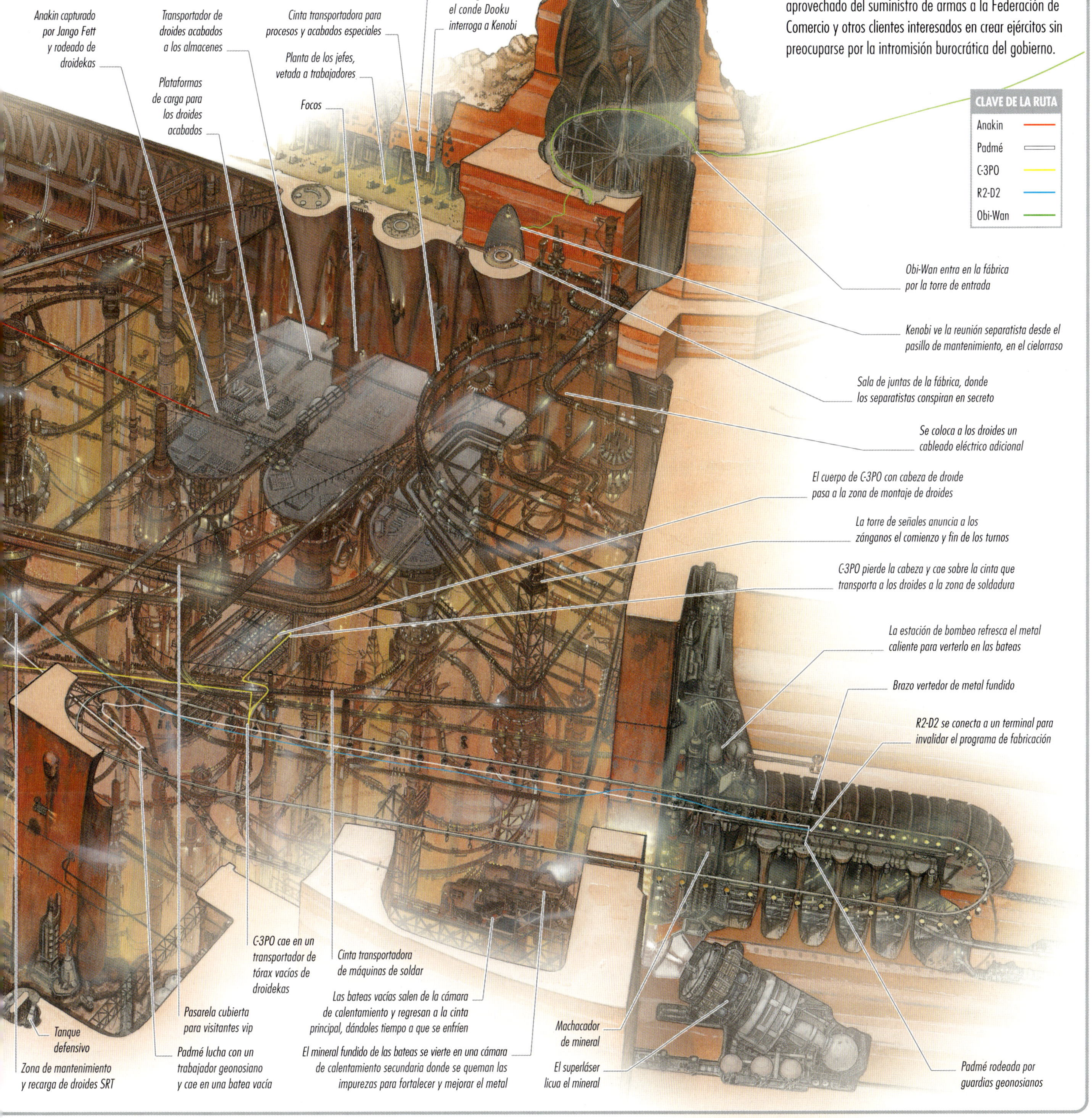

ENTRETENIMIENTO

PARA LOS GEONOSIANOS, que pasan casi toda su vida bajo tierra, una visita al estadio de ejecuciones es una ocasión festiva a la vez que dramática. La superficie del planeta está dominada por feroces insectos depredadores, y el riesgo de que el estadio resulte atacado es una emoción añadida. Mientras el archiduque observa altivamente, zánganos y aristócratas se golpean las patas delanteras de satisfacción por el programa: ejecuciones públicas, combates de prisioneros desarmados y batallas coreografiadas para lucir los talentos de los nuevos prototipos de droides o la nueva generación de soldados.

En el estadio de ejecuciones, la multitud está impaciente, anticipando las feroces acciones que tendrán lugar y el posible ataque de los depredadores. No sorprende que se disperse ante la inesperada llegada de 200 Jedi blandiendo espadas de luz.

ORÍGENES

El estadio es una formación geológica natural que los geonosianos han adaptado añadiéndole torres y túneles por dentro y por debajo. Su cruenta historia se remonta a los primeros señores de Geonosis. Se esperaba que estos legendarios gigantes demostrasen su capacidad para gobernar mediante brutales combates a muerte con sus rivales para entretenimiento del público.

REGALOS SALVAJES

Con frecuencia, los clientes que visitan Geonosis llevan animales salvajes como regalo. Los guardias y los picadores temen la llegada de criaturas no nativas porque su alimentación, humor y fuerza son impredecibles. A veces es imposible contener a las más agresivas.

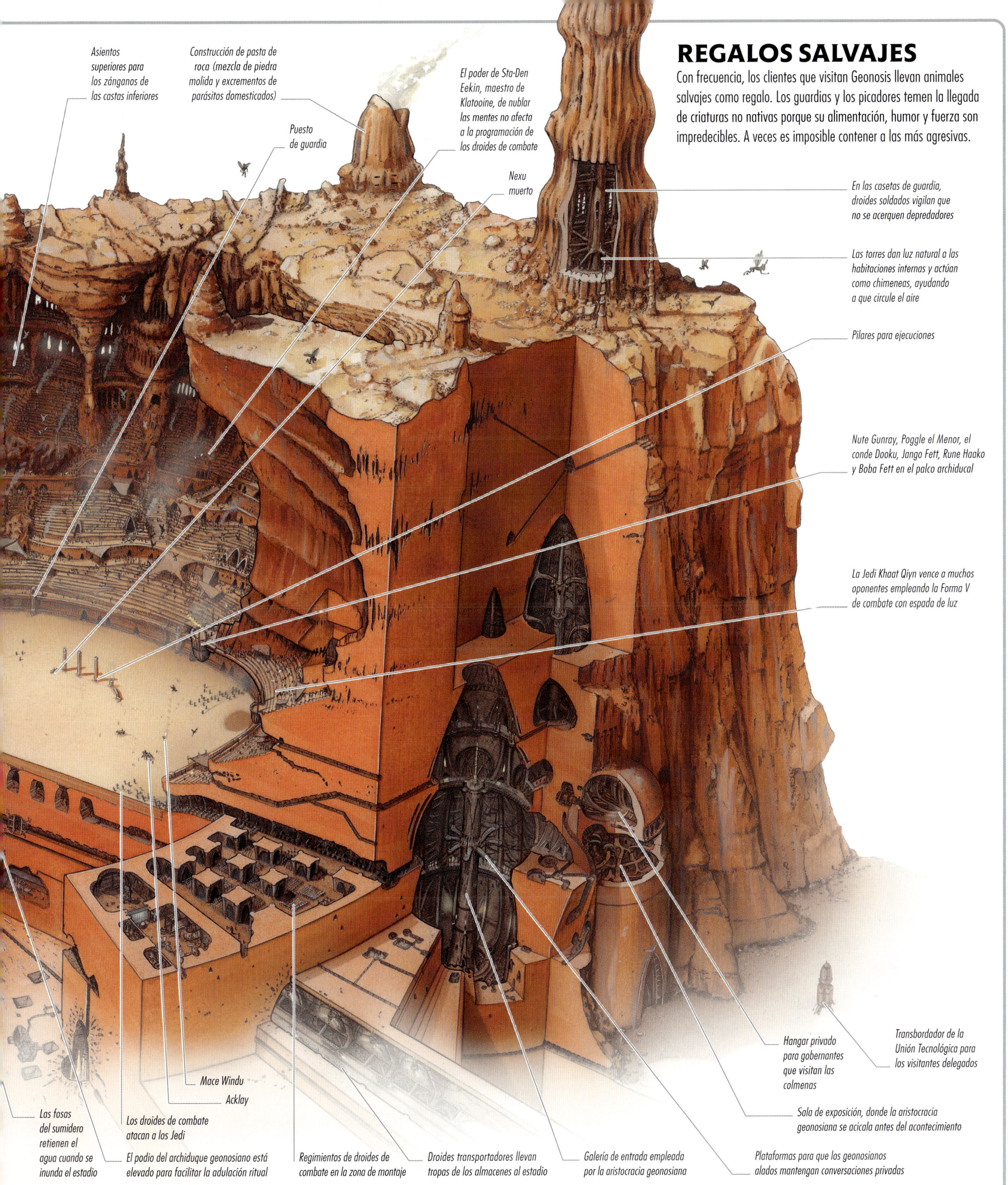

LOS REPUBLICANOS

ANTE LA REALIDAD TEMIBLE de un ejército separatista listo para un ataque total a la República Galáctica, el Senado no tiene más opción que responder con rapidez y decisión. El riesgo es enorme: la República debe desplegar un ejército que no ha reunido ni entrenado y cuya eficiencia en batalla no se ha probado aún. Sin embargo, el hábil mando del Consejo Jedi se asegura de que el audaz ataque preventivo contra las fuerzas separatistas sea eficaz, empleando todos sus vehículos para lograr, contra todo pronóstico, la supremacía en aire y tierra en el poco conocido terreno de Geonosis.

Con Jedi de alto rango como generales, más de 80 regimientos clon se despliegan en Geonosis. Con sistemas de imágenes en los visores de sus cascos, los clones ven entre el denso humo del campo de batalla, lo que les permite avanzar sobre los droides de combate de la Federación de Comercio.

SOLDADOS DE LA REPÚBLICA

La República despliega dos ejércitos en Geonosis, uno al mando de Yoda y otro al de Mace Windu, con otros caballeros Jedi veteranos a cargo de ocho batallones de 36 864 soldados cada uno. Las demás divisiones están lideradas por clones especialmente entrenados: los comandantes encabezan regimientos de 2304 soldados; los capitanes, compañías de 144; los tenientes, pelotones de 36, y los sargentos, escuadrones de nueve soldados. Otros rangos de clones especializados operan cañoneras, naves de desembarco, AT-TE y SPHA-T.

LAAT/C

Para transportar al combate maquinaria militar (como AT-TE, generadores portátiles, proyectores de escudos, puestos de observación, centros médicos móviles, provisiones y artillería fija), se utilizan los LAAT/c (Transporte de Asalto de Baja Altitud/transportador), que también garantizan que los SPHA-T pesados estén bien defendidos por AT-TE e infantería hasta una distancia de varios kilómetros. La carga se mantiene en su sitio mediante pinzas magnéticas, que pueden soltarse instantáneamente para una rápida descarga. La gran envergadura de los LAAT/c permite la máxima distribución de las aspas repulsoras cuando acarrean cargas pesadas.

SOLDADO **SARGENTO** **TENIENTE** **CAPITÁN** **COMANDANTE**
192 000 DESPLEGADOS

CAÑONERA LAAT/I
1600 DESPLEGADAS

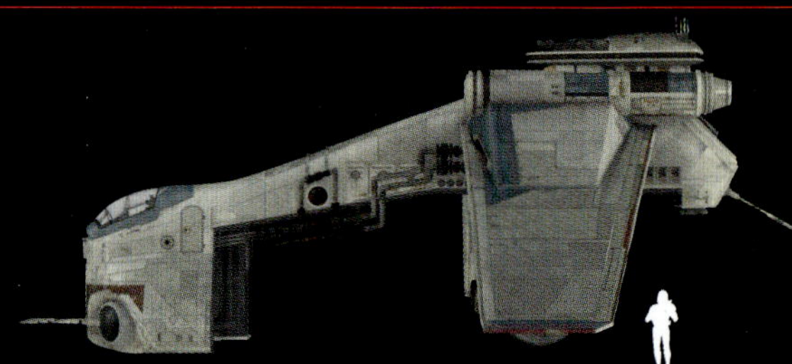

LAAT/C (TRANSPORTADOR DE AT-TE)
400 DESPLEGADOS

CAÑONERAS

Las rápidas y maniobrables cañoneras LAAT/i sobrevuelan el campo de batalla para llegar allí donde las necesitan. Disparan sobre los vehículos enemigos, descargan escuadrones de comandos en el frente y abren camino al avance de la infantería clon. Dichos comandos están entrenados para acciones de alto riesgo y llevan corazas más potentes con capacidad para armamento adicional. Pese a su poder, las cañoneras han resultado vulnerables a las baterías antiaéreas separatistas apostadas sobre el terreno escarpado.

GIGANTES MORTÍFEROS

Desplegados en escuadrones de a cuatro detrás de los AT-TE en avance, los SPHA-T combinan el fuego devastador de la artillería láser con la capacidad de entrar literalmente en combate con sus poderosas patas articuladas. Los SPHA-T se hallan en posiciones clave en varios frentes de combate y son especialmente eficaces en el campo de batalla que comanda Yoda. También forman una línea defensiva inexpugnable para la flota de naves de asalto que aterriza fuera del estadio.

NAVES DE ASALTO

Las naves de asalto de clase Acclamator aterrizan fuera del estadio, descargan vehículos y tropas y proporcionan a los SPHA-T un punto de reunión. Al principio, la infantería domina la llanura al fondo del cañón, donde sus armas de rayos son más eficaces, mientras la artillería separatista persistía en el terreno escarpado. Previamente, las naves de asalto habían atacado las fábricas geonosianas de cazas, dejando a los pilotos incapacitados para abrirse paso contra el bloqueo orbital de la República.

AT-TE

2160 DESPLEGADOS

SPHA-T

100 DESPLEGADOS

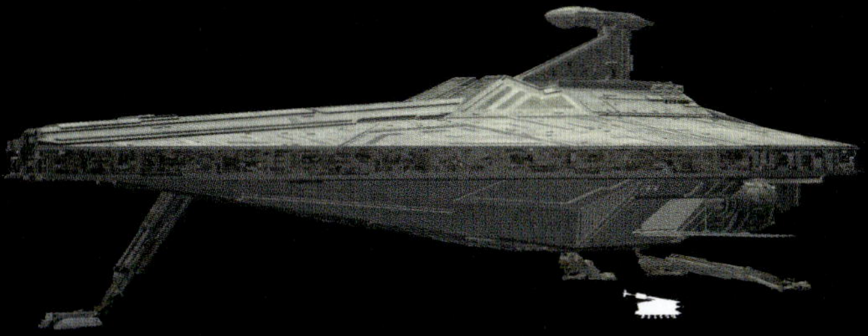

NAVE DE ASALTO

12 DESPLEGADAS

LOS SEPARATISTAS

LA REPÚBLICA PROHÍBE la existencia de ejércitos numerosos, pero muchos grupos privados mantienen pequeñas tropas en sus territorios. Las fuerzas más poderosas son las de las ricas organizaciones comerciales, que emplean droides de ataque para cobrar deudas y recaudar impuestos. Esas organizaciones han unido de manera ilegal sus ejércitos para crear una única fuerza realmente siniestra que amenaza la hegemonía de la República. El terreno rocoso y yermo de Geonosis es escenario del primer encuentro de su gran regimiento clon con las fuerzas combinadas de droides de las organizaciones de comercio.

En la sala de mando tras las líneas separatistas, gobernantes de Geonosis dirigen el combate sobre un holomapa transmitido por droides-cámara desde la misma batalla. Pueden reasignar objetivos de combate a sus droides enviando señales de radio a sus procesadores. Tiempo atrás, los geonosianos organizaban desde aquí entrenamientos masivos y combates de exhibición.

MAQUINARIA SEPARATISTA

Sorprendidos por el ataque de la República, los separatistas movilizan todas las fuerzas no cargadas aún en sus naves y las completan con contingentes de droides de combate nuevos de fábrica. No tienen vehículos aéreos, pero los droides araña y droides Hailfire llevan armas tierra-aire, eficaces contra las cañoneras republicanas. Las naves estelares de la Unión Tecnológica y las naves núcleo de la Federación de Comercio no llevan armas y dejan su defensa en manos de los droides. En las naves estelares que huyen hay sobre todo droidekas, que casi no llegan a combatir.

DROIDES ARAÑA ENANOS

Los droides araña enanos avanzan al frente de un pelotón de droides de combate, seguidos de cerca por droides araña buscadores y otra formación de infantería. Su escasa altura permite a los araña buscadores grandes disparar por encima de ellos, lo que proporciona gran poder al avance del ataque. Gran parte de la cabeza del droide araña enano está ocupada por células de energía para dos blásteres, uno montado en la cabeza y el otro debajo. Diseñados para los túneles de minas, su reacción es lenta ante dianas móviles por encima o a los lados porque no pueden girar sus blásteres sin girar la cabeza.

DROIDE DE COMBATE

1 000 000 DESPLEGADOS

SUPERDROIDE DE COMBATE

100 000 DESPLEGADOS

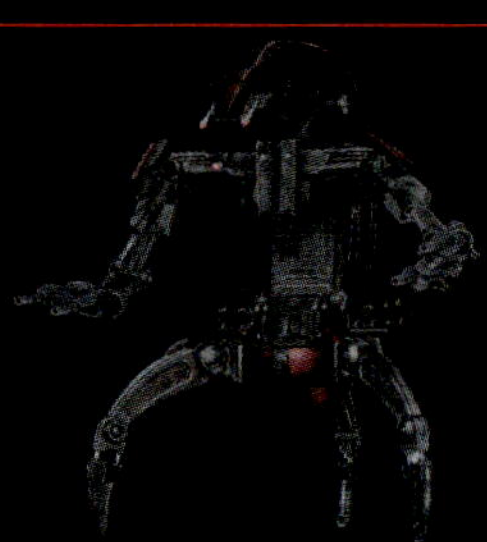

DROIDEKA

3000 DESPLEGADOS

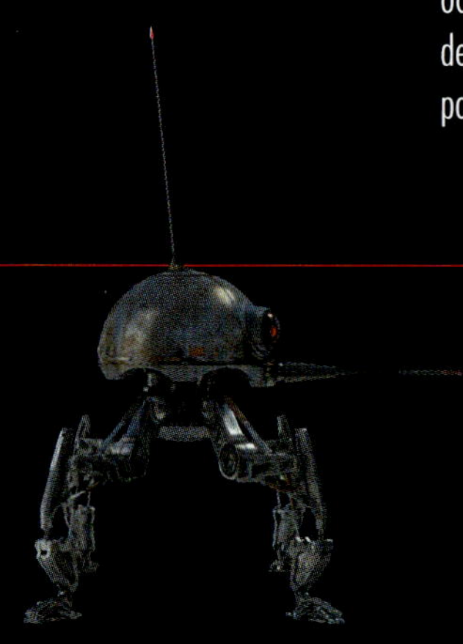

DROIDE ARAÑA ENANO

15 000 DESPLEGADOS

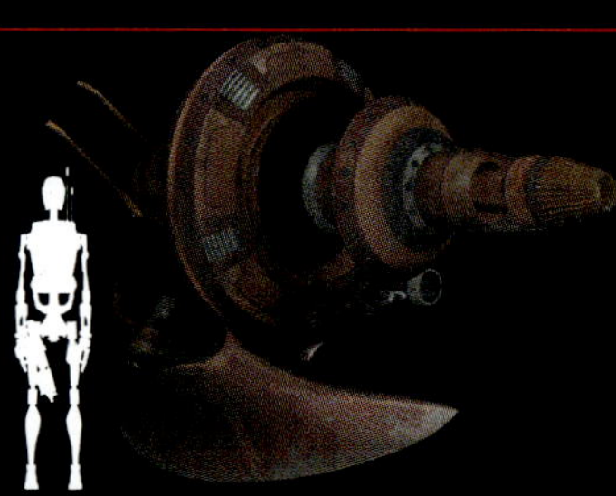

CAÑÓN SÓNICO

4 DESPLEGADOS EN EL ESTADIO

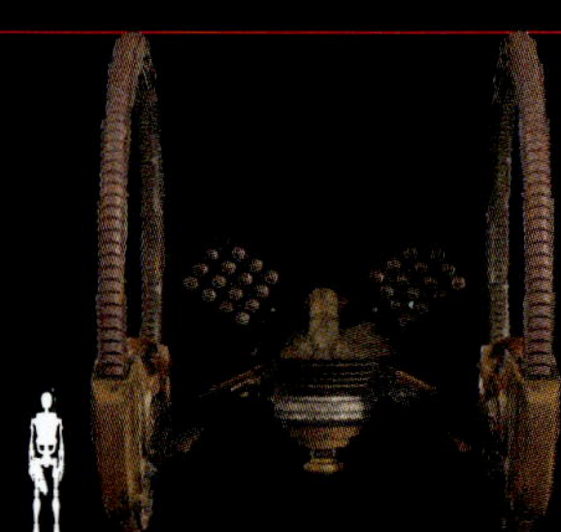

DROIDE CLASE HAILFIRE

4100 DESPLEGADOS

DROIDES ARAÑA BUSCADORES

Estos droides del Gremio de Comercio son eficaces contra objetivos en tierra y aire, y cubren amplias extensiones del campo de batalla a gran velocidad con sus patas todoterreno. Sus sensores detectan y persiguen a los objetivos enemigos mientras sus cañones láser en forma de plato disparan sin cesar. Estos droides buscadores, una excelente cobertura terrestre para las naves núcleo de la Federación y para sus propias naves menores, logran diezmar contingentes completos de AT-TE de la República, si bien las cañoneras acaban derrotándolos.

CAÑÓN SÓNICO

Un zángano soldado opera un cañón sónico que dispara bolas de energía de alto impacto. Los geonosianos guardan un arsenal de estas armas en el estadio de ejecuciones para altercados entre el público o para un posible ataque de criaturas especialmente violentas. También las usan en conflictos entre colmenas. La ventaja de estos cañones es que se pueden ajustar a diversos niveles de fuerza: son capaces de romper huesos pero no dañan los túneles rocosos.

DROIDES DE CLASE HAILFIRE

Los droides Hailfire del Clan Bancario Intergaláctico son potentes en el campo de batalla, aunque su participación es breve, pues llevan pocos misiles. Realizan cargas rápidas y conjuntas sobre los AT-TE de la República con blásteres gemelos situados a media altura una vez agotados los misiles. Estos son eficaces contra objetivos estáticos o lentos en terrenos donde los blásteres no pueden usarse por falta de líneas de visión claras.

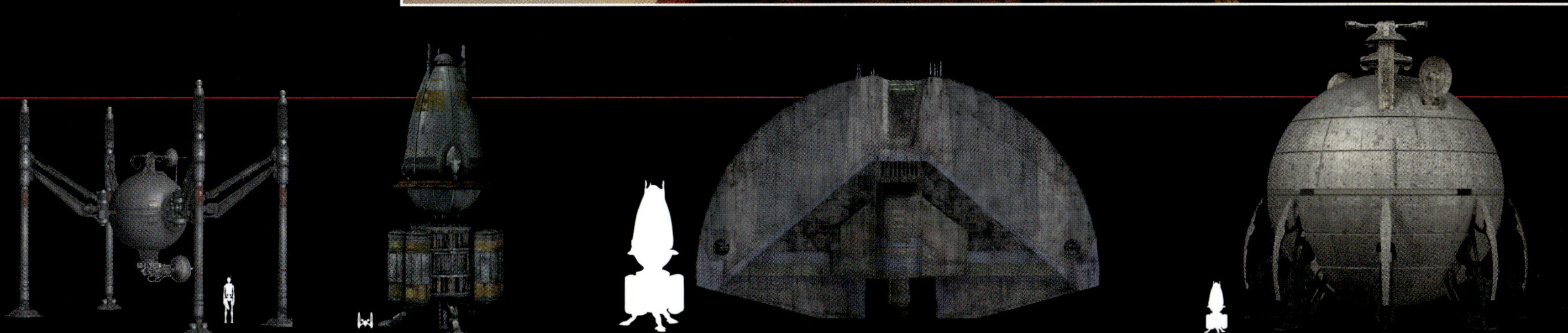

DROIDE ARAÑA BUSCADOR
7500 DESPLEGADOS

NAVE DE LA UNIÓN TECNOLÓGICA
286 EN EL CAMPO DE BATALLA (ESCAPAN 169)

NAVE ESTELAR DEL GREMIO DE COMERCIO
41 EN BATALLA (ESCAPAN 36)

NAVE NÚCLEO DE LA FEDERACIÓN DE COMERCIO
60 EN EL CAMPO DE BATALLA (ESCAPAN 46)

6 En el campo de batalla comandado por Mace Windu, los separatistas despliegan muchos droides araña buscadores y enanos, así como formaciones de infantería de droides de combate. Con buenas líneas de visión en el suelo plano del cañón, estos grandes droides pueden emplear eficazmente sus aterradoras armas bláster.

7 El maestro Jedi Kit Fisto utiliza la Fuerza durante una arremetida de soldados clon para desviar los rayos de bláster y proteger a sus hombres. En esta fase del combate, el ejército de la República desbarata un intento de los droides de irrumpir por un cañón en medio de las filas clon.

8 Yoda aterriza en el centro de mando avanzado junto a los potentes cañones SPHA-T, la artillería más pesada de la República. Transportado por un LAAT/c, el centro de mando móvil es una estación táctica de comunicaciones bien equipada, que recibe señales de los comandantes clon que están en combate.

5 La cañonera de Mace y Yoda aterriza en un punto de reunión protegido de los ataques por las montañas. Los comandantes clon supervisan la descarga de tropas y AT-TE de las naves de asalto, Windu toma el control de los comandos clon y Yoda parte hacia el centro de mando avanzado.

4 Mace Windu, Yoda, Ki-Adi-Mundi y Kit Fisto son testigos de un golpe directo a una de las seis cañoneras que evacuan a los Jedi del estadio. Dichas naves llevan pocos soldados clon para dejar más espacio a los pasajeros Jedi. Yoda llora en silencio por los Jedi muertos en combate.

3 Los líderes separatistas llegan hasta el centro de mando a través de una ruta subterránea desde el estadio. Inquietos por la repentina aparición de un ejército de la República, ahora sufren interferencias en las señales y no pueden enviar a sus tropas de droides completas, muchas de ellas ya cargadas en las naves.

2 Naves núcleo de la Federación de Comercio, blindadas y autoprotegidas, intentan terminar de cargar en lugar de partir medio vacías a la primera señal de peligro. Las naves de la Unión Tecnológica, más pequeñas y vulnerables, intentan huir con su carga de artillería droide, pero el fuego de las cañoneras se lo impide.

1 Cañoneras de la República en su primer asalto a las naves estelares de la Unión Tecnológica atracadas fuera del estadio. Los geonosianos construyen sus zonas de atraque y almacenes en los valles del planeta, poco aptos para vivir; las ciudades están situadas generalmente sobre riscos y en tierras altas.

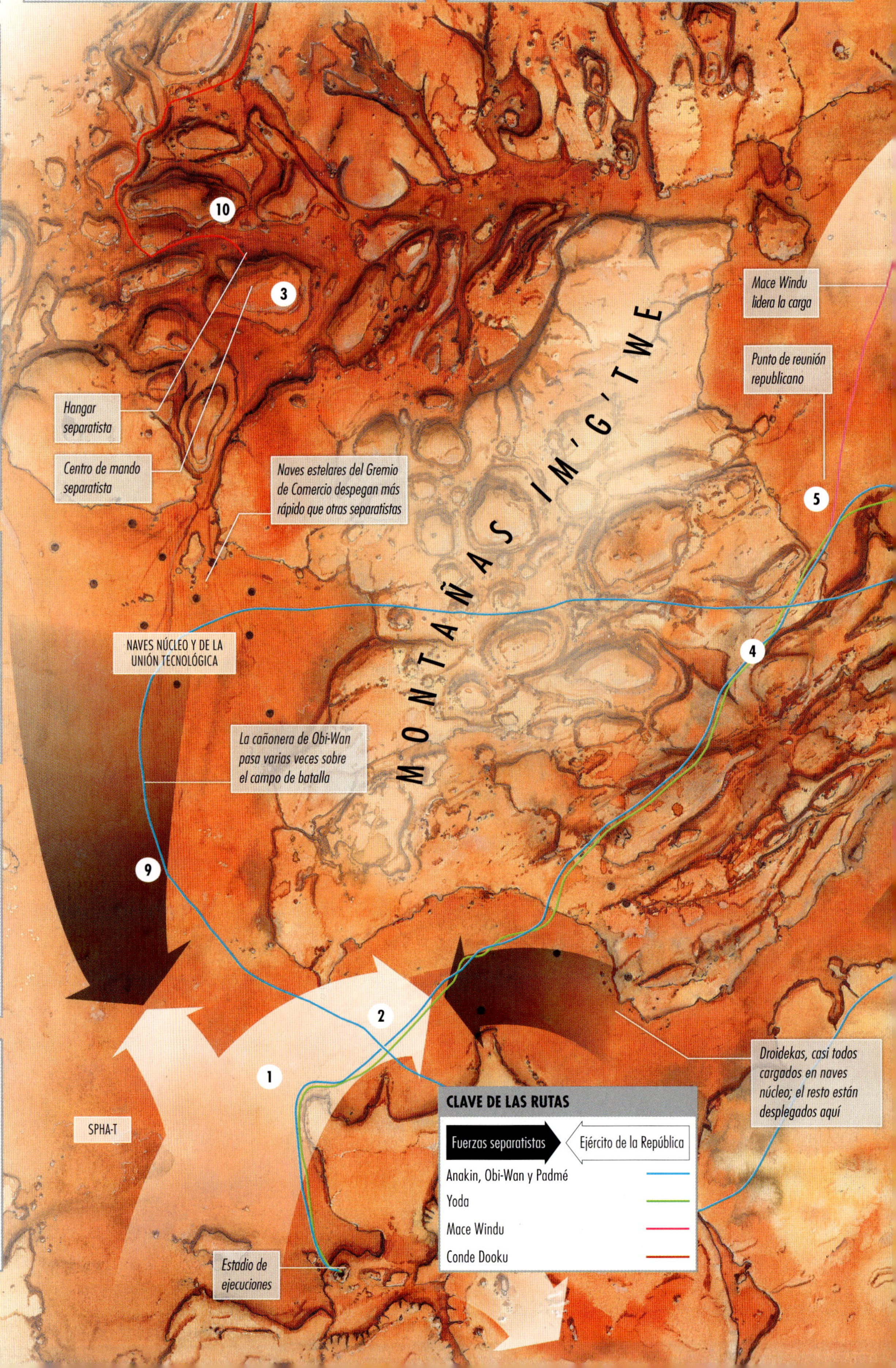

9 En el combate fuera del estadio de ejecuciones, los droides Hailfire ruedan entre las filas de droides araña, droides de combate y superdroides de combate hacia los soldados clon enemigos y los AT-TE. Sus misiles son más eficaces a menos de un kilómetro y llevan trayectorias deliberadamente erráticas y evasivas.

10 Temiendo que el combate se vuelva contra ellos, los líderes de la Federación de Comercio dan la orden de que sus naves núcleo despeguen de inmediato. Dejan la sala de guerra y van a un hangar cercano, retirándose rápidamente en sus naves hacia la nave de mando que orbita el planeta.

11 Los SPHA-T derriban una nave núcleo disparando en conjunto contra ella; el daño que causan en el repulsor antigravedad produce un efecto de rayo tractor con el suelo que acelera su caída. Los SPHA-T solo pueden cargarse hasta un cierto nivel, tras estos disparos deben reemplazarse con armas cargadas de la retaguardia.

12 Kenobi ve a Dooku y su escolta de cazas estelares. Los geonosianos no pueden desplegar más cazas porque sus colmenas de lanzamiento han sido bombardeadas por naves de ataque al mando de Yoda durante el rescate en el estadio; otros cazas fueron neutralizados por comandos clon.

MOTO DESLIZADORA DE DOOKU

El deslizador repulsor de cabina abierta de Dooku es muy maniobrable en diversos terrenos a una velocidad máxima de 634 km/h. Construido en las fábricas de Geonosis, este modelo es usado por zánganos soldados para patrullar por las colmenas.

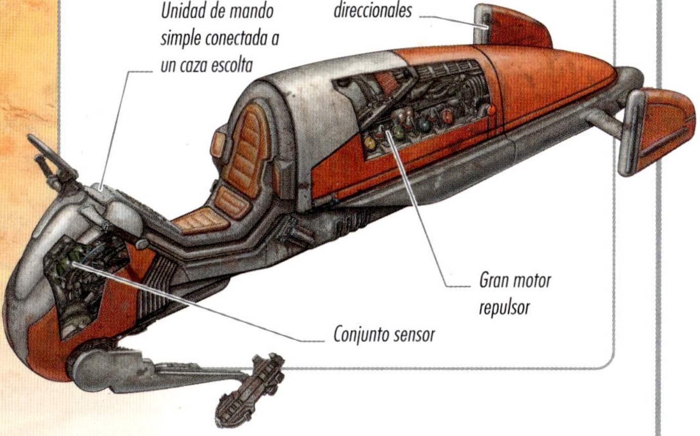

LA BATALLA

CUANDO EL INTENTO DE MACE-WINDU de rescatar a Obi-Wan Kenobi, Anakin Skywalker y Padmé Amidala del estadio de ejecuciones fracasa, el maestro Yoda debe desplegar el ejército clon: así comienzan las Guerras Clon. Mientras Yoda rescata por aire a los Jedi restantes, otras secciones del Gran Ejército de la República se centran en detener la partida de la nave separatista llena de letales droides de combate. La batalla, que crece rápidamente en intensidad, se libra en tierra entre soldados y vehículos de combate, con la apertura de muchos frentes diferentes. Los potentes escudos de energía de las naves estelares impiden que uno de los bandos domine al otro; además, el fuego indiscriminado de las armas antiaéreas de la República pondría en peligro las instalaciones droides que debe capturar para descubrir los secretos de la conspiración separatista.

DUELOS

EN SU TRATO CON LOS GEONOSIANOS, el conde Dooku se queda con un hangar especial apartado de las salas de guerra y de los hangares de los funcionarios de los cárteles financiero e industrial. Dicho hangar está al norte del campo de batalla principal, en una fábrica abandonada, donde su medio de escape, tripulado por un piloto droide FA-4, está listo para despegar. La lejanía del edificio conviene a los planes de Dooku, pero el largo trayecto hasta su nave casi es su ruina: cuando lleva los planos secretos del arma definitiva de los geonosianos, el maestro Kenobi lo detecta…

LA HUIDA DE DOOKU

Tras abandonar el centro de mando separatista, Dooku vuela en una moto deslizadora hasta su hangar, a muchos kilómetros atravesando el Desierto E'Y-Akh. Va bordeando el campo de batalla tras las líneas separatistas y pasa cerca de la cañonera en la que viajan Obi-Wan, Anakin y Padmé.

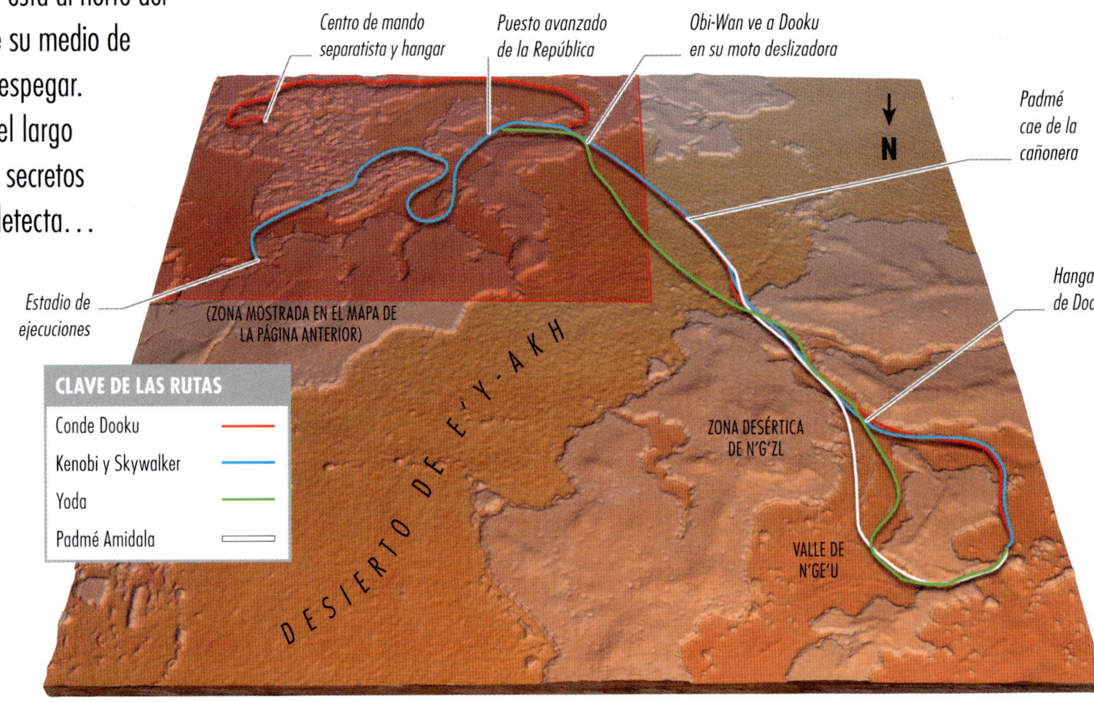

BATALLA DE VOLUNTADES

Alertado por su sensibilidad a la Fuerza, Yoda acude en ayuda de Kenobi y Skywalker. Dooku lanza trozos de cielorraso contra Yoda, arriesgándose a hacer caer toda la estructura sobre ellos. Yoda logra interceptar y redirigir fácilmente cada trozo.

COMBATE CON ESPADAS DE LUZ

Yoda sabe muy bien que si no se impide al conde Dooku abandonar Geonosis, este reclutará más planetas para su causa. En la media luz del hangar secreto del renegado, Yoda blande la espada que no le gusta usar en combate, en un intento por bloquear el avance de Dooku hasta su nave.

CIERRE DEL HANGAR

Cuando llega Padmé, los soldados clon cierran todas las entradas para impedir la entrada de tropas separatistas. Finalizada la batalla, los técnicos y los analistas de inteligencia de la República inspeccionarán el edificio en busca de pistas para conocer el paradero de Dooku.

FÁBRICA ABANDONADA

El hangar de Dooku está en la cima de una torre coronada por una fábrica abandonada que proveía de armas sónicas acuáticas muy especializadas a los dos bandos enfrentados durante una breve guerra civil en el planeta pantanoso de Derenzil. Los riesgos del proyecto obligaron a crear un hangar de seguridad para los cazas geonosianos. Los geonosianos construyen o amplían sus fábricas si reciben grandes encargos; tras terminar el proyecto recolocan a los obreros sobrantes o los ponen en estado latente.

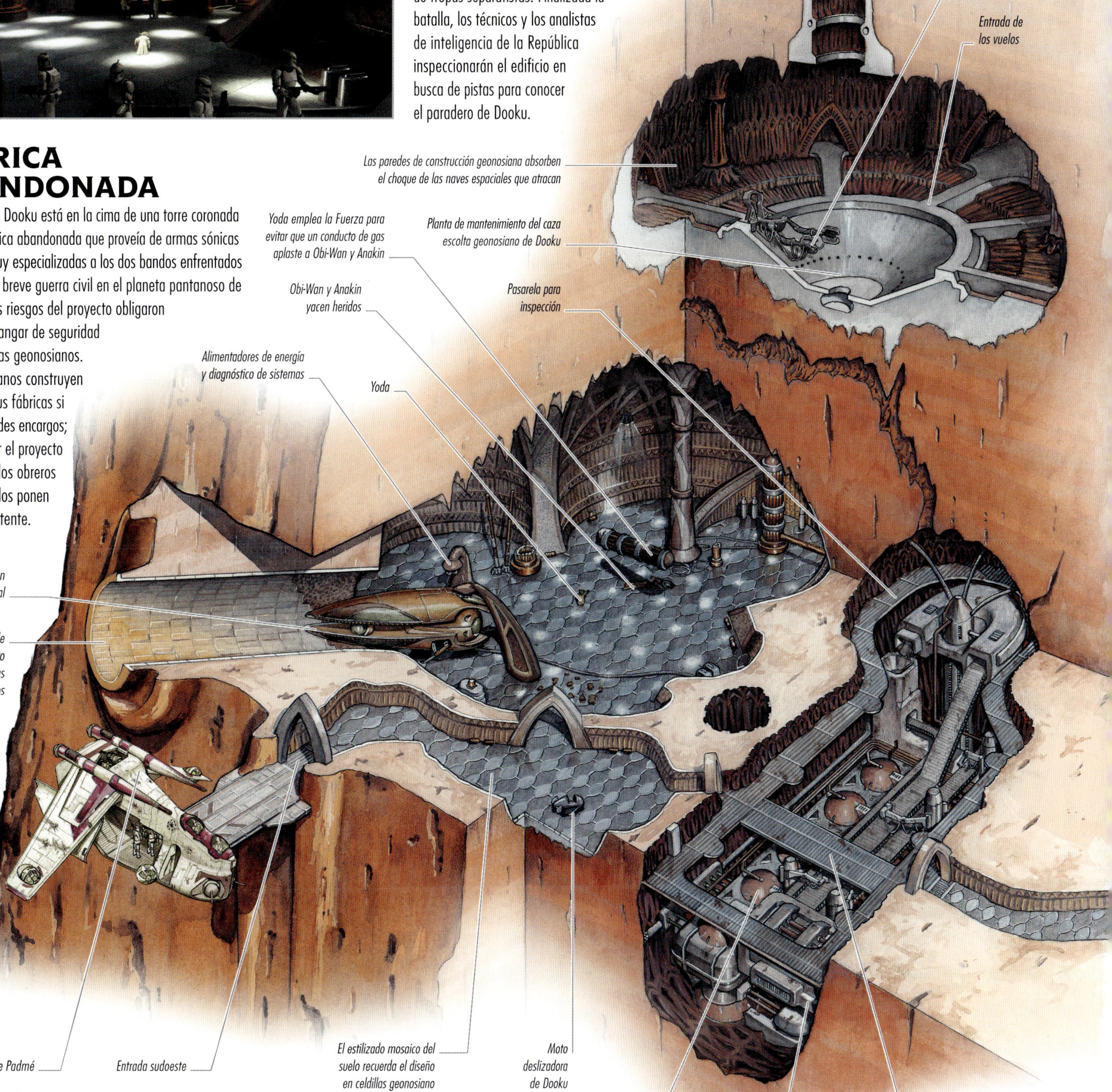

CAÑÓN GEONOSIANO

Padmé dispara al velero solar de Dooku en un intento desesperado por impedir que el ex-Jedi traidor deje el planeta. Pero la nave atraviesa sin problemas el amplio cañón que hay fuera del hangar. Este cañón es una antigua zona industrial ahora totalmente deshabitada. Como muchos valles del planeta, la llanura se ve inundada de tanto en tanto por tormentas repentinas o grandes erupciones de aguas subterráneas.

1 Recién llegados de los Sitios del Borde Exterior, Obi-Wan y Anakin van al rescate del canciller supremo Palpatine. Deben traerlo con vida porque su muerte, por la causa que fuere, sería un duro golpe para la República.

2 En sus ágiles interceptores Eta-2 Actis, los Jedi zigzaguean entre naves más grandes y que combaten a brazo partido. Mientras luchan por hacerse camino aprovechan para atacar a algunas naves separatistas.

JEDI AL RESCATE

Para rescatar al canciller antes de que los separatistas exijan un rescate a la República, los Jedi preparan un escuadrón de ataque dirigido por Anakin Skywalker y Obi-Wan Kenobi. La misión tiene éxito gracias a la osadía y la audacia de Anakin, a quien califican de héroe por salvar a Palpatine. Pero la frialdad con la que ejecuta a Dooku a bordo de la *Mano Invisible* lo acerca más al lado oscuro de la Fuerza.

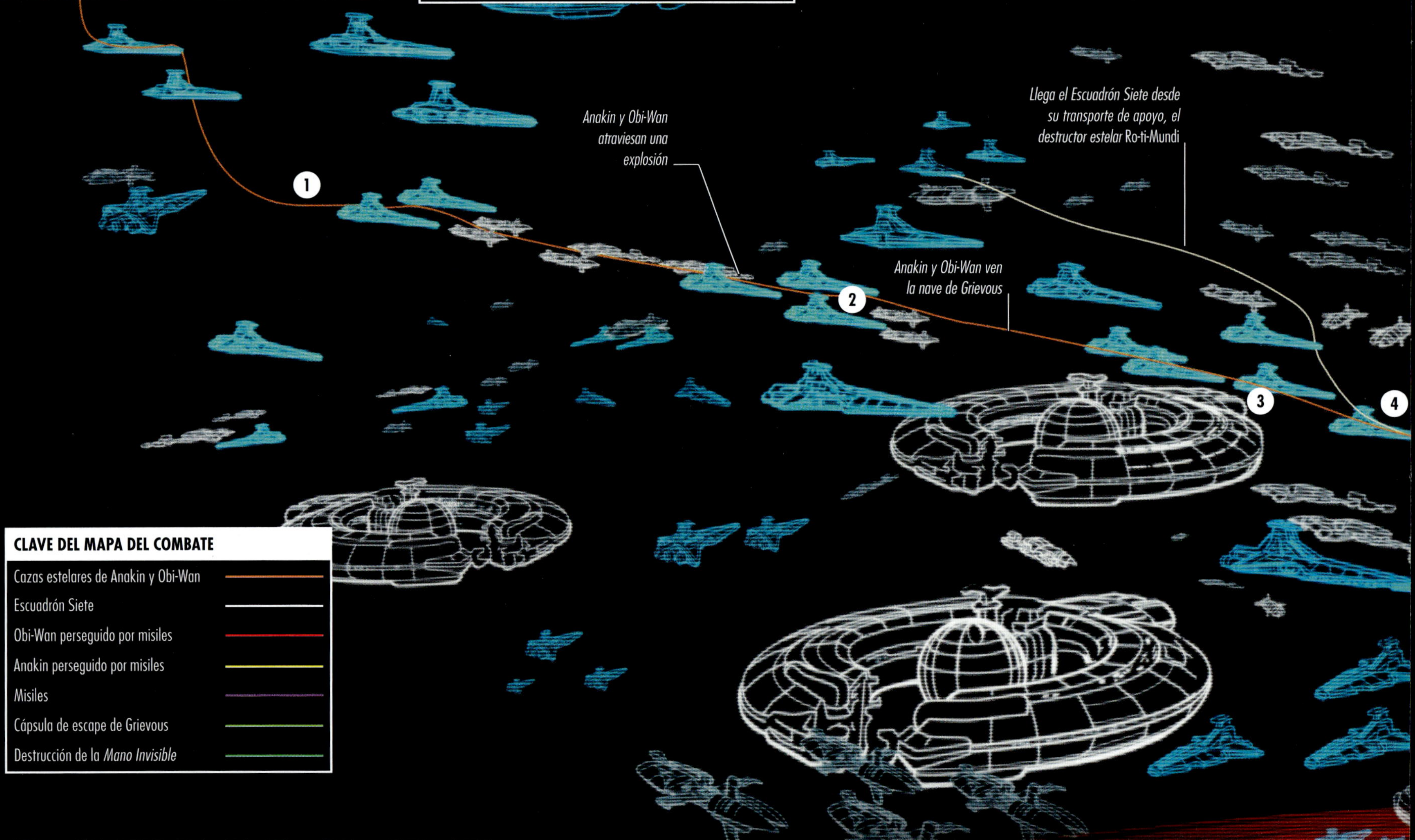

BATALLA DE CORUSCANT

CON ASTUCIA Y AUDACIA, la Alianza Separatista lleva las Guerras Clon hasta Coruscant, arrojando muerte y destrucción sobre los indefensos ciudadanos de la capital galáctica. El feroz ataque al planeta oculta el intrépido plan del general Grievous de secuestrar al canciller supremo Palpatine con el fin de finalizar rápidamente el conflicto. Mientras el combate principal entre las fuerzas separatistas y las republicanas ruge en los confines del espacio, el Alto Consejo Jedi decide que la mejor forma de rescatar al canciller es mediante una incursión relámpago a la nave de mando separatista, el buque insignia *Mano Invisible*, donde está retenido.

FLOTAS ESPACIALES

Tanto la Alianza Separatista como la República han invertido mucho en nuevas naves espaciales, si bien la primera mantiene casi toda su flota en el Borde Exterior. Durante la batalla de Coruscant la República exhibe una cantidad mucho mayor de naves pesadas, como los destructores estelares de clase Venator. Los separatistas responden con decenas de miles de droides buitre para compensar los cazas tripulados del adversario.

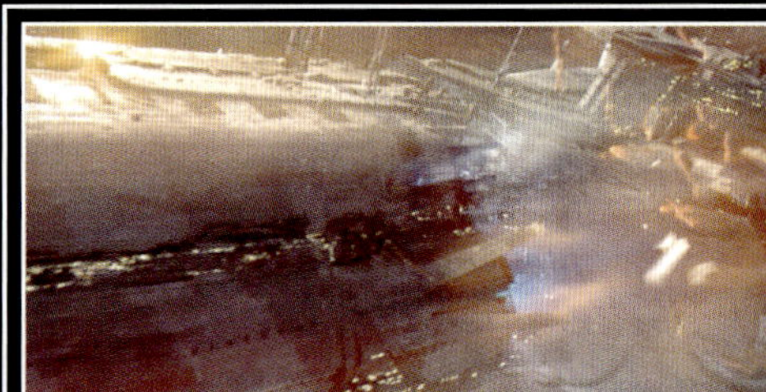

10 Cuando su nave empieza a romperse, Grievous huye y deja a Obi-Wan y a Palpatine a su suerte. Ambos superan el difícil reingreso gracias al talento de Anakin como piloto y a los equipos de urgencias de Coruscant.

3 Hordas de droides buitre se despliegan alrededor de la nave de Grievous. Cuando sus sensores de largo alcance detectan a los Jedi se abalanzan sobre ellos. La aguda inteligencia táctica de los droides buitre los hace muy peligrosos.

4 Para neutralizar a los droides buitre, Obi-Wan llama al Escuadrón Siete, una unidad de la flota del Círculo Abierto que apoya esta misión de rescate. Su líder, bajo el nombre clave de Odd Ball, es veterano en operaciones militares.

5 Al principio, el Escuadrón Siete y los Jedi luchan juntos contra los droides buitre y los tricazas, y Anakin realiza auténticas hazañas de pilotaje. Pero el afán de rescatar a Palpatine los empuja tanto a él como a Obi-Wan a penetrar en la flota separatista.

6 Cuando los droides buitre lanzan misiles, las sagaces maniobras de Anakin confunden los sistemas de rastreo y los misiles chocan entre sí. Obi-Wan tiene menos suerte y es alcanzado pese a sus acciones evasivas.

7 El misil de un buitre libera droides zumbadores, pequeños saboteadores que se dedican a atacar el caza de Obi-Wan. Anakin intenta diferentes y osadas maniobras para librarse de ellos, arriesgando su propia nave.

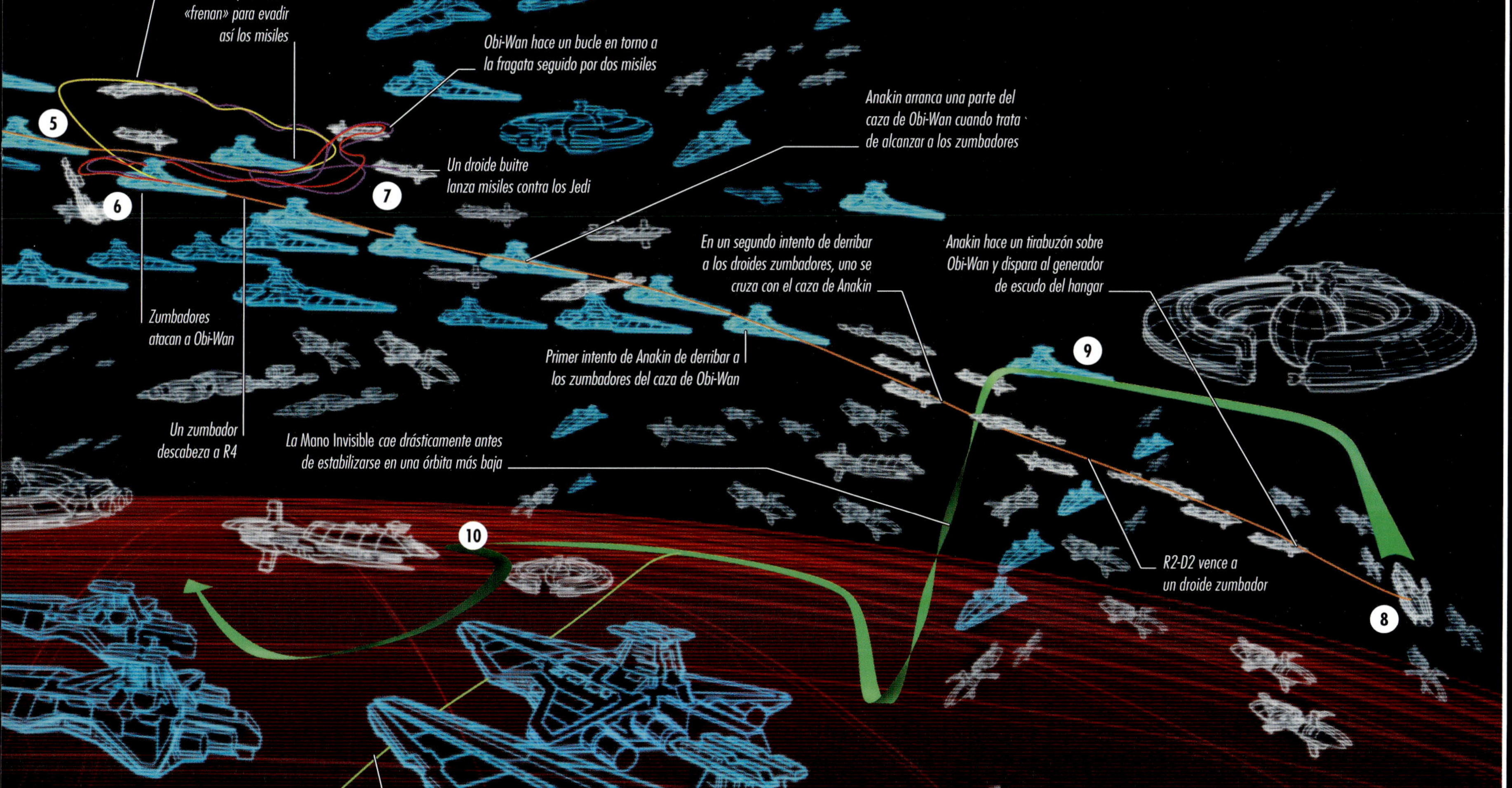

9 Dañada por la artillería antes de llegar los Jedi, la nave de Grievous encaja golpes mortales mientras Anakin y Obi-Wan intentan rescatar a Palpatine. La nave comienza a caer de su órbita, arriesgando sus vidas.

8 Con la nave de Obi-Wan muy dañada, los Jedi aterrizan audazmente en un hangar de la *Mano Invisible*. Corren a buscar al canciller y deciden preocuparse luego por cómo escaparán con él.

EL TEMPLO JEDI

CENTRO Y HOGAR de la Orden Jedi, el Templo Jedi tiene cicatrices milenarias de años más turbulentos. El antiguo edificio, construido y reconstruido a lo largo de los siglos, cumple varias funciones. Es un lugar de crecimiento espiritual, un centro de contemplación, meditación y estudio de la Fuerza. Sirve como academia de artes marciales, donde se entrena a potenciales Jedi y se perfeccionan sus habilidades físicas. Es el centro administrativo de la Orden y el cuartel general de las operaciones Jedi durante las Guerras Clon. Y es un depósito de conocimiento —abierto y prohibido, claro y oscuro— que ha sido salvaguardado y estudiado por generaciones de Jedi.

REPOSITORIO DE LA FUERZA

Los eruditos Jedi difieren sobre la ubicación del primer templo de la Orden (entre las propuestas están Coruscant, Jedha y Ossus, así como mundos míticos como Tython y Ahch-To). Pero sí concuerdan en que el templo de Coruscant se alzó en torno a una aguja natural que para los coruscanti era sagrada y poderosa, y que atrajo a usuarios de la Fuerza de distintas tradiciones. La base de esta montaña, ahora oculta, esconde grutas olvidadas y santuarios perdidos de los que sigue emanando la Fuerza.

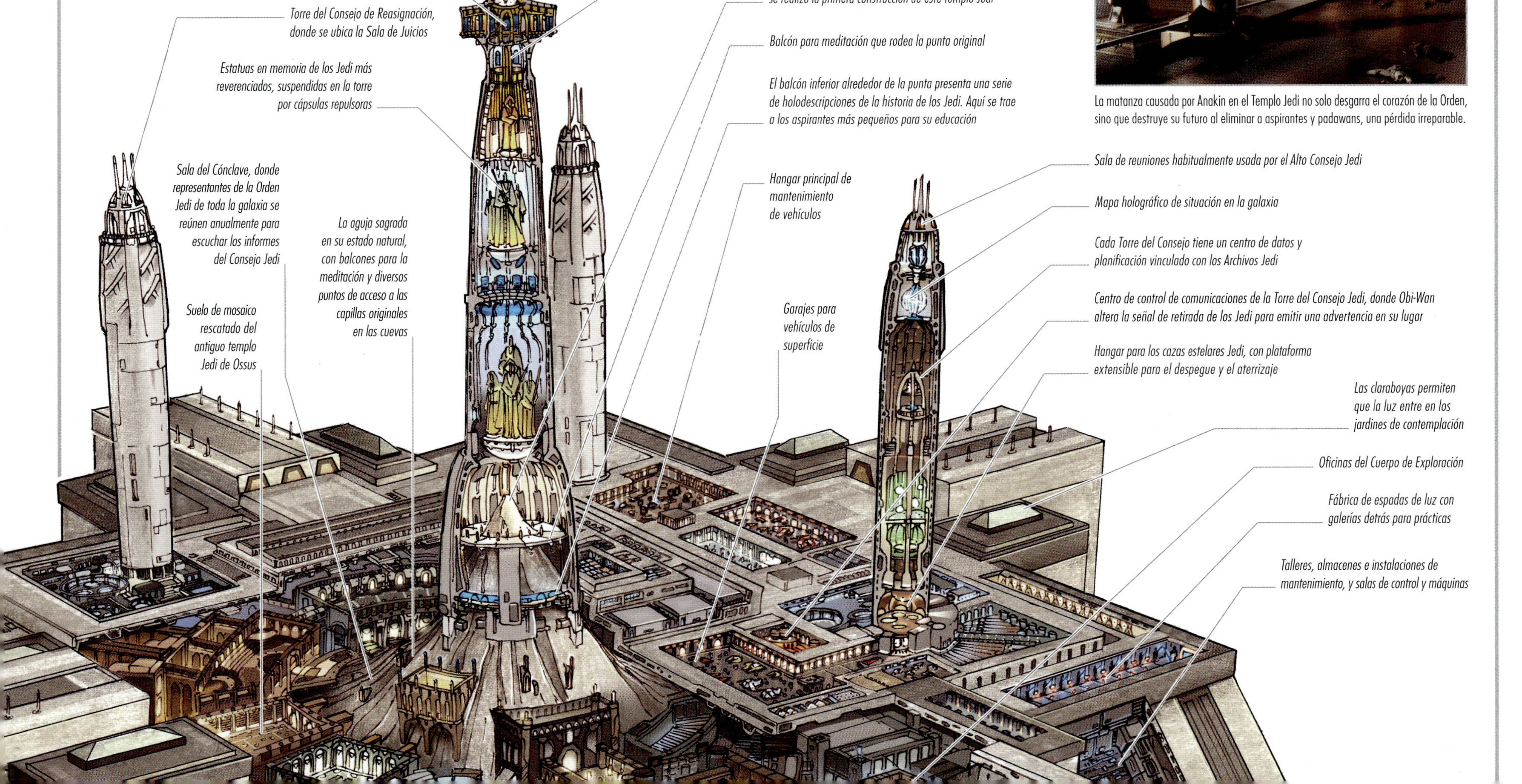

La matanza causada por Anakin en el Templo Jedi no solo desgarra el corazón de la Orden, sino que destruye su futuro al eliminar a aspirantes y padawans, una pérdida irreparable.

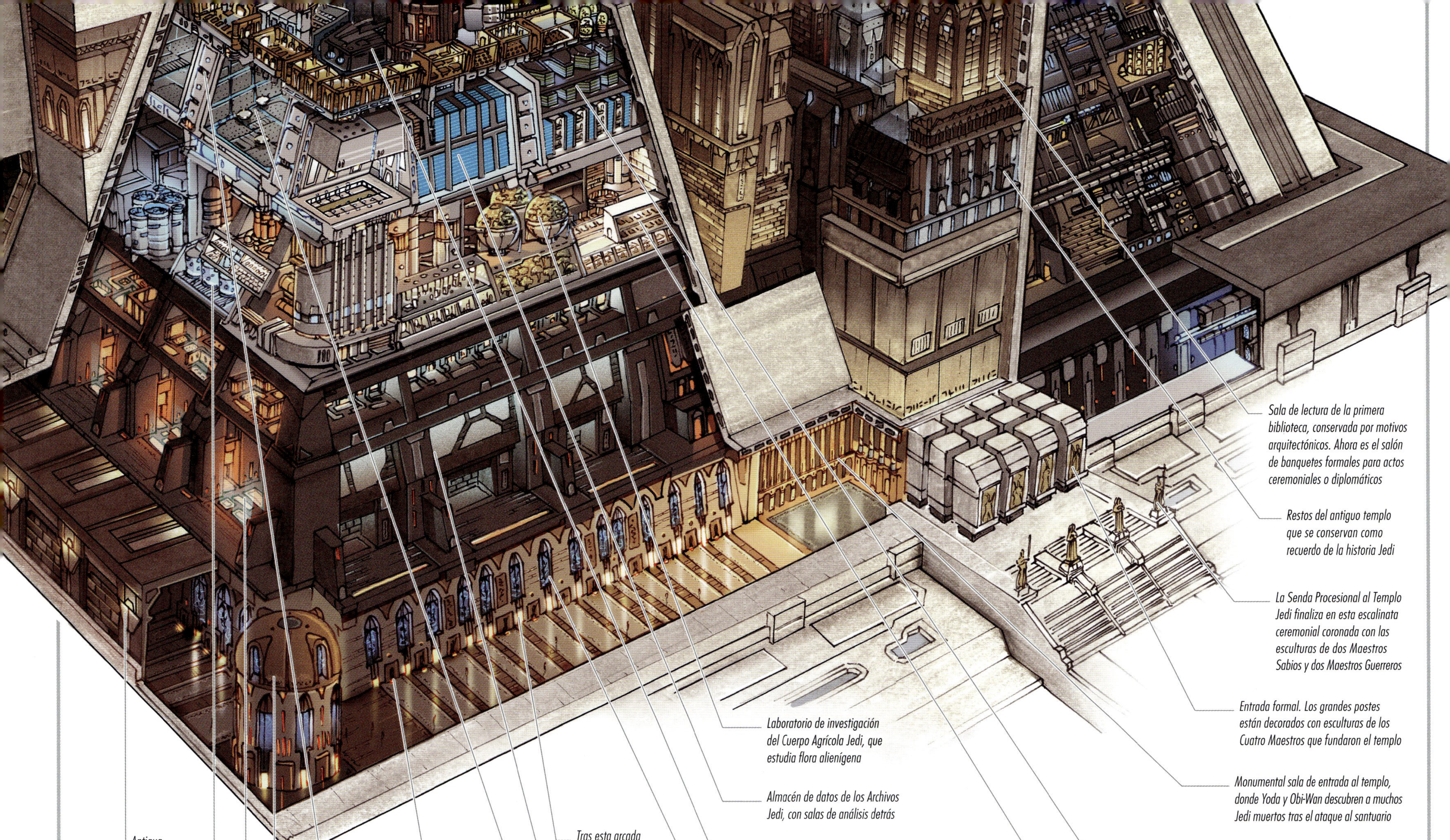

TESORO ARQUEOLÓGICO

Los arqueólogos Jedi enseñan que el Templo no es una estructura única, sino un conglomerado de muchas estructuras, que narra una historia milenaria de expansión y apropiación, ruina y reconstrucción. El Templo es un tesoro arqueológico en sí mismo, con signos de antiguos conflictos Sith y un mosaico de arquitectura antigua adaptada a diferentes funciones a lo largo del tiempo. Durante la Alta República, motivos del entorno del Templo figuraban en túnicas y accesorios Jedi, uniendo aún más a los Jedi con el Templo.

UN HOGAR LEJOS DEL HOGAR

Aunque el canciller Palpatine tiene aposentos privados en la exclusiva torre residencial República 500, su complejo de oficinas también alberga una pequeña *suite*, donde el canciller puede descansar durante periodos de crisis que exigen atención ininterrumpida o refrescarse antes de una sesión formal. Se llega a esta habitación por una entrada secreta desde el despacho del canciller. Los ayudantes del alto funcionario acceden discretamente a ella por un pasadizo, también oculto.

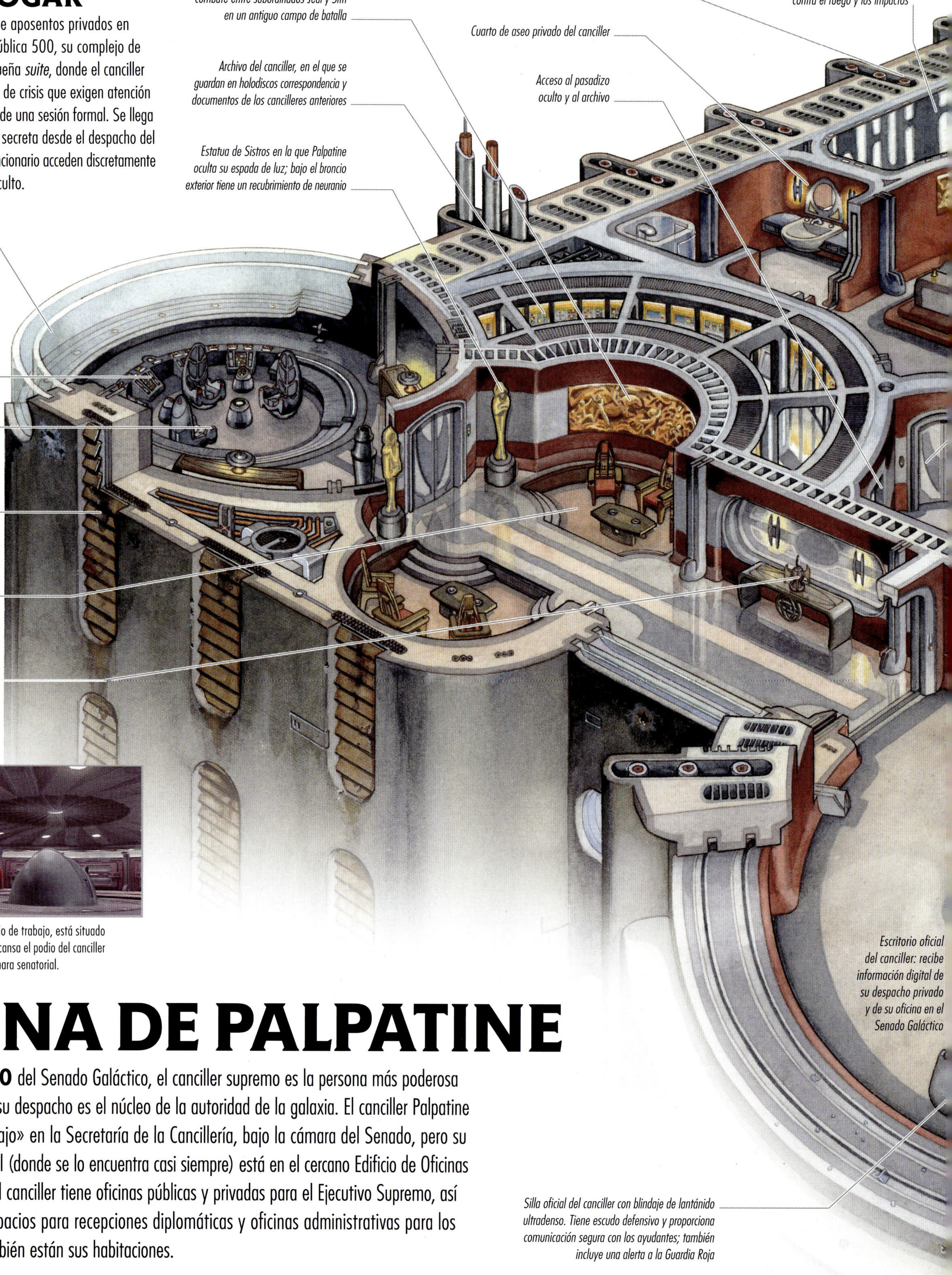

El despacho del canciller, parte de su espacio de trabajo, está situado justo debajo del Senado Galáctico. Aquí descansa el podio del canciller cuando no está elevado hasta la misma cámara senatorial.

OFICINA DE PALPATINE

COMO LÍDER ELEGIDO del Senado Galáctico, el canciller supremo es la persona más poderosa de la República, por lo cual su despacho es el núcleo de la autoridad de la galaxia. El canciller Palpatine tiene un «despacho de trabajo» en la Secretaría de la Cancillería, bajo la cámara del Senado, pero su despacho oficial y ceremonial (donde se lo encuentra casi siempre) está en el cercano Edificio de Oficinas del Senado. Aquí la suite del canciller tiene oficinas públicas y privadas para el Ejecutivo Supremo, así como zonas de reunión, espacios para recepciones diplomáticas y oficinas administrativas para los ayudantes del canciller. También están sus habitaciones.

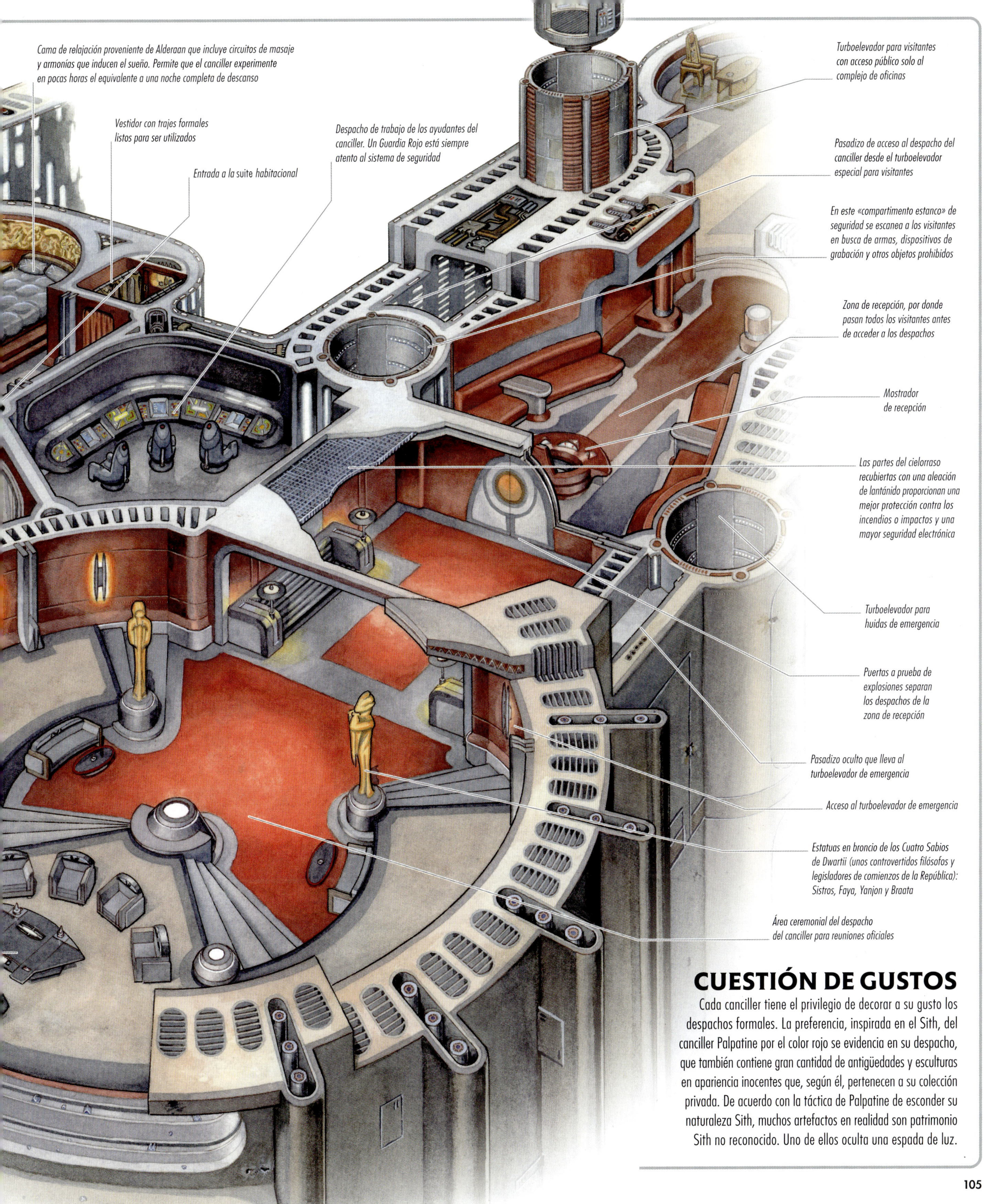

CUESTIÓN DE GUSTOS

Cada canciller tiene el privilegio de decorar a su gusto los despachos formales. La preferencia, inspirada en el Sith, del canciller Palpatine por el color rojo se evidencia en su despacho, que también contiene gran cantidad de antigüedades y esculturas en apariencia inocentes que, según él, pertenecen a su colección privada. De acuerdo con la táctica de Palpatine de esconder su naturaleza Sith, muchos artefactos en realidad son patrimonio Sith no reconocido. Uno de ellos oculta una espada de luz.

UTAPAU

UTAPAU, UN PLANETA REMOTO con muchas lunas en el sector Tarabba del Borde Exterior, es tranquilo, neutral y casi ignorado por el resto de la galaxia. Su superficie ventosa, dominada por desfiladeros y acordonada por dunas fosilizadas, no revela que sus gigantescos socavones albergan ciudades verticales que recogen minerales de las aguas de su océano subterráneo. Utapau fue poblado hace eones y los colonos originales evolucionaron en dos especies: los altos y longevos pau'anos y los diminutos utai. La necesidad de domeñar el duro entorno de Utapau obligó a estas dos especies a establecer una relación simbiótica para desempeñar funciones complementarias.

NEUTRALIDAD ROBADA

Al principio, Utapau mantiene su neutralidad mientras las guerras sacuden la galaxia gracias a su ubicación remota, y no apoya a la República ni a nadie más. Pero esto cambia cuando el general Grievous escoge Utapau para ocultar al Consejo Separatista en los últimos días de la guerra. Acto seguido, las fuerzas de la República dirigidas por Obi-Wan Kenobi invaden el planeta y matan a Grievous. Tras las Guerras Clon, los refugiados dejan en masa Utapau en busca de mundos más serenos.

ARQUITECTURA ÓSEA

En un mundo con muy pocos árboles, los huesos han reemplazado a la madera como material de construcción. Recientes, antiguos, procesados o fosilizados, los huesos de casi todos los animales de Utapau se usan para construir, creando una nueva forma de arquitectura llamada «ósica». Los esqueletos de las grandes criaturas de las cuevas y el océano tienen huesos lo bastante grandes para ser usados como vigas, y se extraen pesados huesos fosilizados tanto de socavones como de cavernas.

PUERTO COMERCIAL

La superficie poco poblada y la falta general de recursos de Utapau hacían que el planeta tuviera muy poco que ofrecer a otros mundos, hasta que se descubrió el valor de los minerales, las sales y los productos químicos de las ricas aguas del océano. Con el objetivo de conectar Utapau con la economía interestelar, la Ciudad Pau se convirtió en puerto para el comercio interplanetario, con muelles enormes en sus niveles superiores capaces de recibir naves del tamaño de las naves núcleo de la Federación de Comercio.

REFUGIO EN LOS SOCAVONES

Raras veces se ven pau'anos y utai en la agitada superficie de Utapau, pero algunos colonos amanin se desplazan por sus planicies. Las complejas mareas que crean las nueve lunas de Utapau provocan en el océano grandes corrientes que erosionan el fondo de la corteza exterior. También generan terremotos que derrumban partes de esa corteza, creando socavones y abismos. Dentro de esos hundimientos los pau'anos y los utai han construido comunidades subterráneas. La mayor parte de los asentamientos se agrupa en un único «continente», la más estable de sus placas superficiales.

CIUDAD PAU

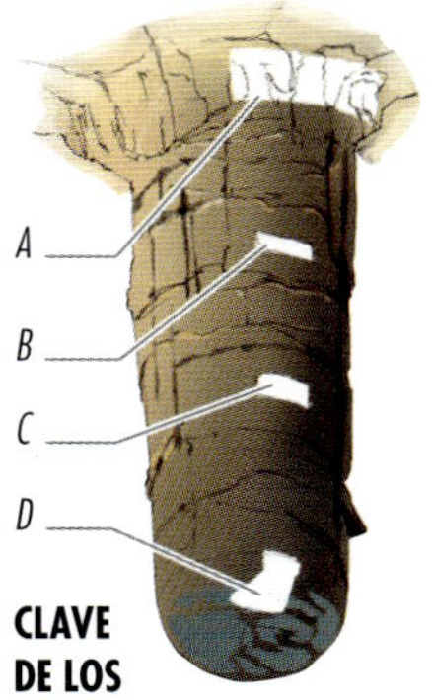

CLAVE DE LOS NIVELES PRINCIPALES

LA CAPITAL DE UTAPAU tiene casi un millón de habitantes, lo que la hace la mayor de las comunidades en socavones. Construida bajo tierra, sobre todo en cuevas naturales, sus puntos de acceso externos y sus instalaciones para naves espaciales están dentro del Socavón Pau, protegidos de los vientos exteriores. La ciudad tiene once niveles que se extienden todo alrededor. Para facilitar el movimiento entre niveles y en beneficio de su puerto comercial, la fachada exterior de la ciudad, un barranco, está llena de plataformas de aterrizaje, pequeñas y grandes, para todo tipo de naves, desde enormes transportes hasta aparatos monoplaza y dactiliones. La ciudad está unida a los socavones y asentamientos vecinos por pasajes subterráneos.

Pese a su capacidad de blandir varias espadas de luz, la emboscada del general Grievous a Obi-Wan Kenobi fracasa. Al final, el ingenioso maestro Jedi derrota al general separatista con un arma convencional.

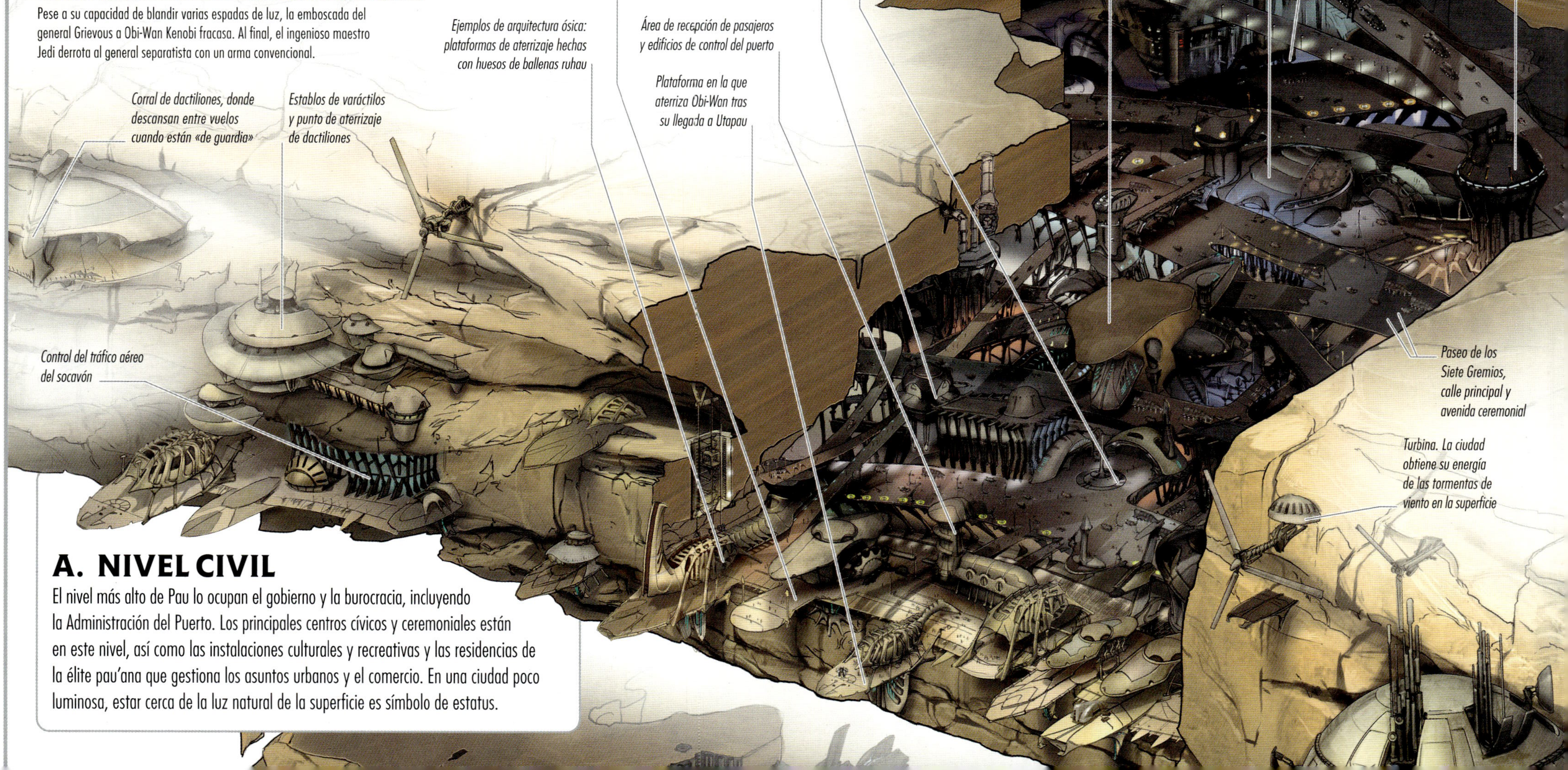

A. NIVEL CIVIL

El nivel más alto de Pau lo ocupan el gobierno y la burocracia, incluyendo la Administración del Puerto. Los principales centros cívicos y ceremoniales están en este nivel, así como las instalaciones culturales y recreativas y las residencias de la élite pau'ana que gestiona los asuntos urbanos y el comercio. En una ciudad poco luminosa, estar cerca de la luz natural de la superficie es símbolo de estatus.

B. NIVEL COMERCIAL

Los pau'anos valoran mucho las industrias y el comercio que impulsan la economía del planeta. Por eso las plantas de procesamiento de agua de mar, de la que obtienen oligoelementos y minerales, y otras industrias importantes ocupan un nivel alto en la ciudad y tienen fácil acceso a las plataformas de aterrizaje e instalaciones portuarias. También viven aquí los pau'anos de clase media y los pocos utai ricos.

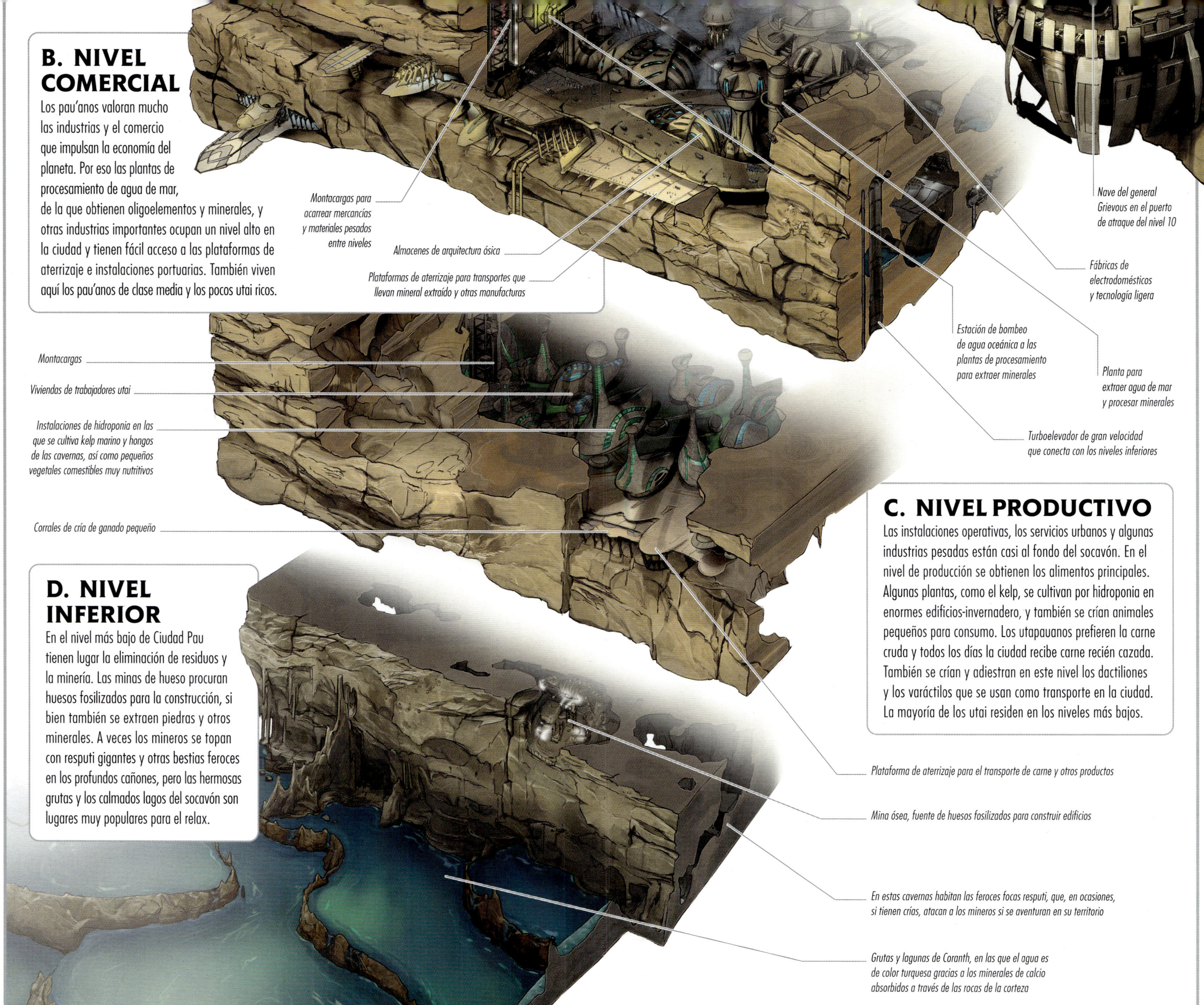

C. NIVEL PRODUCTIVO

Las instalaciones operativas, los servicios urbanos y algunas industrias pesadas están casi al fondo del socavón. En el nivel de producción se obtienen los alimentos principales. Algunas plantas, como el kelp, se cultivan por hidroponia en enormes edificios-invernadero, y también se crían animales pequeños para consumo. Los utapauanos prefieren la carne cruda y todos los días la ciudad recibe carne recién cazada. También se crían y adiestran en este nivel los dactiliones y los varáctilos que se usan como transporte en la ciudad. La mayoría de los utai residen en los niveles más bajos.

D. NIVEL INFERIOR

En el nivel más bajo de Ciudad Pau tienen lugar la eliminación de residuos y la minería. Las minas de hueso procuran huesos fosilizados para la construcción, si bien también se extraen piedras y otros minerales. A veces los mineros se topan con resputi gigantes y otras bestias feroces en los profundos cañones, pero las hermosas grutas y los calmados lagos del socavón son lugares muy populares para el relax.

KASHYYYK

KASHYYYK ES EL MUNDO de los wookiees, valientes guerreros y talentosos artesanos que comparten el sistema de Kashyyyk con los reptiles trandoshanos. Situado en el sector de Mytaranor del Borde Medio, este verde planeta está en el cruce de cuatro rutas hiperespaciales muy transitadas y tiene una importante estación transmisora de la HoloRed, por lo que es un objetivo clave durante las Guerras Clon. Kashyyyk está cubierto en gran parte de frondosos bosques, dominados por los gigantescos árboles wroshyr en que moran los wookiees. Los árboles del planeta alcanzan alturas vertiginosas en un ecosistema complejo cuyo peligro aumenta a medida que uno se adentra en niveles sin luz, donde moran los katarns, los wyrm-tejedores y criaturas extrañas y salvajes de las que hablan los ancianos wookiees junto al fuego.

DEFENSOR DEL ÁRBOL–HOGAR

Yoda dice, con modestia, que tiene buenas relaciones con los wookiees. En realidad ha recibido de ellos el antiguo título de «Defensor del Árbol-Hogar» por su papel como negociador Jedi en varios incidentes entre los wookiees y sus vecinos trandoshanos. Por ello, y por otras ayudas prestadas, los wookiees también consideran a Yoda miembro de honor de las familias de muchos de sus líderes, así como de las de todos los habitantes de Kachirho.

ATAQUE A LA ISLA

Droides tanque y droides cañonera de la Alianza Corporativa lanzan un gran ataque sobre Kachirho para invadir la ciudad y hacerse con los archivos de Claatuvac antes de apoderarse del complejo retransmisor más cercano. Los guerreros wookiees acuden en masa a Kachirho para defenderla. Entran en batalla los catamaranes Oevvaor y ornitópteros wookiees junto con las fuerzas republicanas en un intento por repeler a los invasores y evitar así la toma de la ciudad.

SECRETOS DEL GREMIO

Además de por su situación estratégica, Kashyyyk es codiciado por otra razón: las lagunas y los fiordos del tropical archipiélago Wawaatt albergan los asentamientos del antiguo Gremio Claatuvac, conformado por cartógrafos y navegantes wookiees, legendarios por su conocimiento de las rutas hiperespaciales de toda la galaxia. El edificio principal del Gremio en Kachirho atesora todos sus datos, que podrían contribuir a invertir la mala suerte de los separatistas en las Guerras Clon.

ALIADOS TRAIDORES

Soldados clon de la República atacan a los Jedi y a los wookiees sin previo aviso, acatando la Orden 66 del canciller Palpatine. En la batalla sin cuartel sobre Kachirho, los antiguos aliados se convierten en enemigos, crean confusión y siembran el caos y la destrucción. Kashyyyk pasará a ser un mundo esclavizado, despojado incluso de su nombre y designado Territorio Imperial G5-623. En este oscuro periodo muchos wookiees trabajarán como esclavos hasta la muerte, pero años después fuerzas de la Nueva República liberarán el mundo.

LOS ÁRBOLES WROSHYR

LOS GIGANTESCOS ÁRBOLES WROSHYR de Kashyyyk dominan el paisaje y el entorno del planeta con más de mil variedades que se han adaptado y crecen en cualquier sitio excepto los polos. Con una vida que puede llegar hasta los 50 000 años, los wroshyr alcanzan alturas de varios kilómetros en lo profundo del bosque. Son la columna vertebral de un complejo ecosistema vertical multinivel que se extiende desde las raíces hasta la copa del árbol. Los wroshyr son parte integrante de la vida de los wookiees, que habitan en ellos y se llaman a sí mismos «Gente de los Árboles». Son el fundamento de la cultura material, social y espiritual de los wookiees.

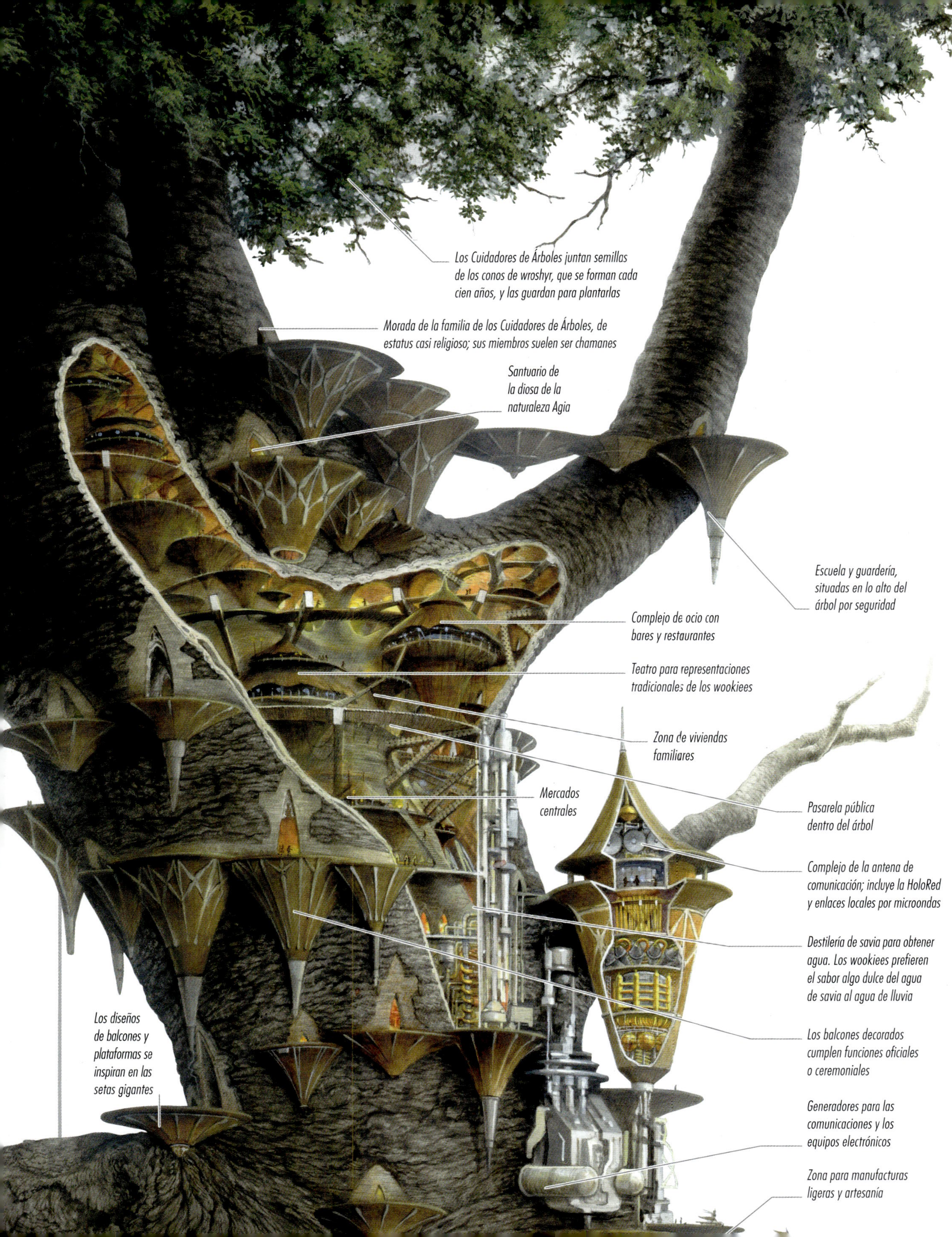

La ciudad de Kachirho toma su nombre del árbol-casa de Tarfful, e incluye varios wroshyr habitados. Yoda sitúa su puesto de mando en el Árbol Kachirho; los cuarteles del Gremio Claatuvac están en el Árbol Vikkilynn.

HOGAR Y PROTECCIÓN

Los wroshyr son tan enormes que comunidades enteras viven en sus troncos ahuecados. Estos, como las cuevas, protegen del clima y ofrecen defensa contra muchos depredadores que merodean por la superficie de los bosques. Dentro de la floresta, las ciudades y los pueblos wookiees se prolongan por fuera de los troncos en plataformas construidas sobre las ramas entrelazadas de árboles wroshyr adyacentes. En entornos costeros, como la ciudad de Kachirho, junto a una laguna, donde los wroshyr no crecen tan apiñados, los asentamientos son comunidades en árboles individuales. Los wroshyr tropicales del archipiélago de Wawaatt, de entre 300 y 400 metros, son mucho más pequeños que los gigantes del bosque profundo.

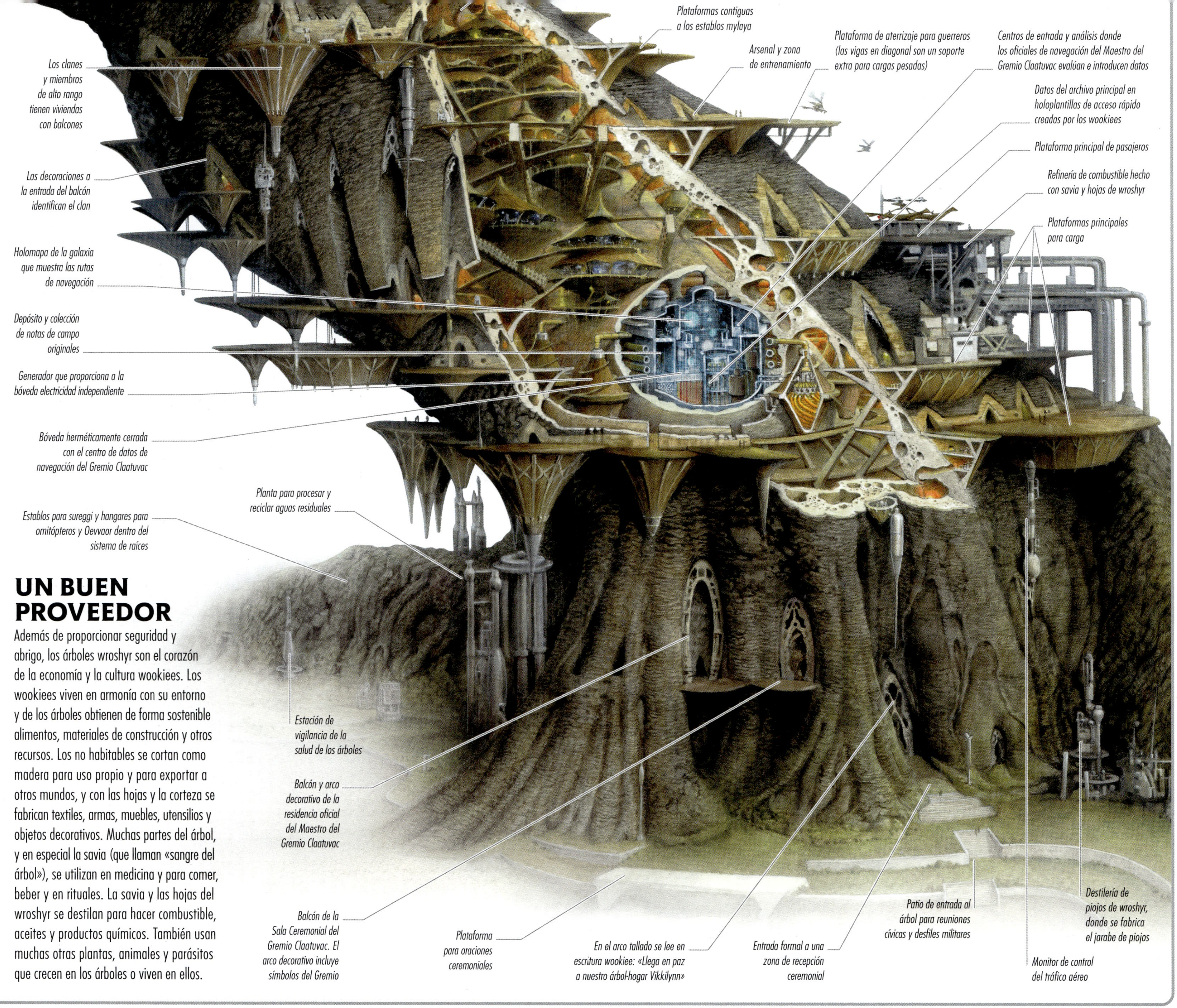

UN BUEN PROVEEDOR

Además de proporcionar seguridad y abrigo, los árboles wroshyr son el corazón de la economía y la cultura wookiees. Los wookiees viven en armonía con su entorno y de los árboles obtienen de forma sostenible alimentos, materiales de construcción y otros recursos. Los no habitables se cortan como madera para uso propio y para exportar a otros mundos, y con las hojas y la corteza se fabrican textiles, armas, muebles, utensilios y objetos decorativos. Muchas partes del árbol, y en especial la savia (que llaman «sangre del árbol»), se utilizan en medicina y para comer, beber y en rituales. La savia y las hojas del wroshyr se destilan para hacer combustible, aceites y productos químicos. También usan muchas otras plantas, animales y parásitos que crecen en los árboles o viven en ellos.

FRENTES DE COMBATE

TRAS TRES AÑOS DE CONFLICTO, la República parece estar ganando las Guerras Clon. Los Jedi se hallan dispersos por la galaxia y actúan como generales en jefe de las tropas clon. Líderes separatistas como Wat Tambor y Shu Mai han visto sus mundos natales tomados por fuerzas de la República, mientras los mundos de otros miembros del Consejo están sitiados. La victoria republicana parece un hecho cuando la desleal Orden 66 de Palpatine vuelve a las tropas clon contra sus mandos Jedi.

Buscando señales de actividad separatista en el retomado Saleucami, Stass Allie es asesinada por sus soldados clon, que disparan a su moto deslizadora Aratech 74-Z.

TRAICIÓN ENTRE SETAS

Estratégicamente próximo a la Ruta Comercial Perlemiana, en Felucia se libran muchas y duras batallas de las Guerras Clon. El planeta está lleno de bosques de setas de colores alucinantes y de valiosas especias medicinales. Los felucianos comparten su mundo con los colonos gossam, entre ellos Shu Mai, presidente del Gremio de Comercio aliado de los separatistas. La maestra Jedi Aayla Secura dirige un ataque contra Felucia durante los Asedios del Borde Exterior, y es asesinada como parte de la Orden 66.

KASHYYYK, FRENTE DE COMBATE

Los Jedi están decididos a ayudar a los wookiees a defender su planeta de un gran ataque separatista y Yoda forma su batallón en la importante y estratégica ciudad arbórea de Kachirho. Fuerzas republicanas y wookiees se preparan para rechazar a los invasores en el frente relativamente estrecho de la laguna, que es el único enclave viable para un asalto desde el mar por lo rugoso del terreno de las islas Wawaatt.

OBJETIVO ESTRATÉGICO

La importancia estratégica de Kashyyyk es tal que, aunque la Jedi Luminara Unduli ya está en el planeta, se mandan tropas clon adicionales al mando de Yoda y de Vos para reforzar las defensas. Mientras se rechaza a las fuerzas de la Alianza Separatista en varios puntos de aterrizaje del planeta, se prepara un gran ataque contra la ciudad-laguna de Kachirho. Cuando los clon de los Jedi se vuelven contra sus jefes, capturan y ejecutan a Luminara, pero Yoda logra escapar con ayuda de Chewbacca y Tarfful.

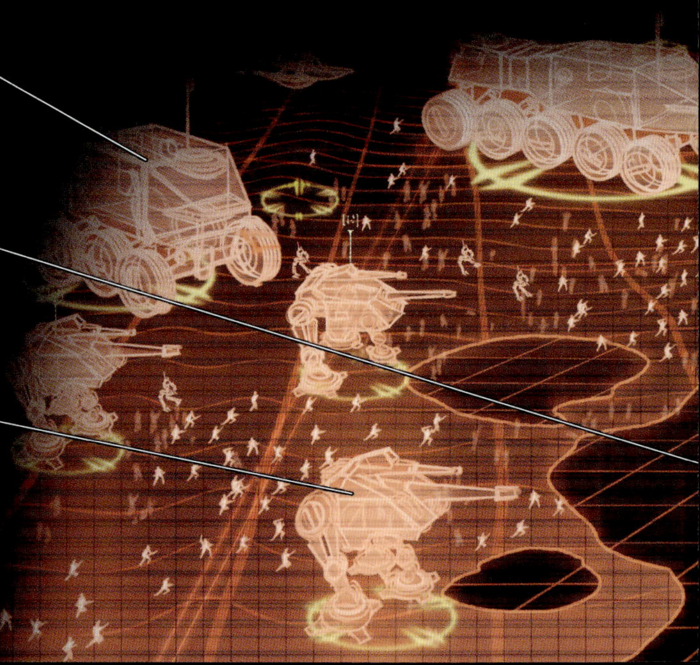

Los HAVw A6 Juggernaut son la respuesta de la República a los droides tanque

Esta señal indica una nave de ataque republicana o wookiee activa

Las cápsulas de ataque AT-AP también se despliegan para apoyar a la infantería de la República y oponerse a los droides araña separatistas

LOS PUENTES DE NEIMOIDIA

Mundo natal de Nute Gunray, miembro del Consejo Separatista, Cato Neimoidia es famoso por sus «ciudades aéreas» sobre grandes puentes que cubren los abismales cañones del planeta. La rendición de este mundo de negocios es un gran objetivo estratégico que ayudaría a poner fin a la guerra. Las ciudades soportan ataques aéreos de una fuerza liderada por del maestro Jedi Plo Koon cuando este muere a manos de su propio escuadrón.

TRAMPA DE CRISTAL

Las torres de cristal natural de Mygeeto, originalmente hogar de habitantes lurmen, son una plaza fuerte del Clan Bancario Intergaláctico. En una misión para echar del planeta a las fuerzas del Clan allí afianzadas, el maestro Jedi Ki-Adi-Mundi muere a manos de los soldados de marina galácticos del comandante Bacara.

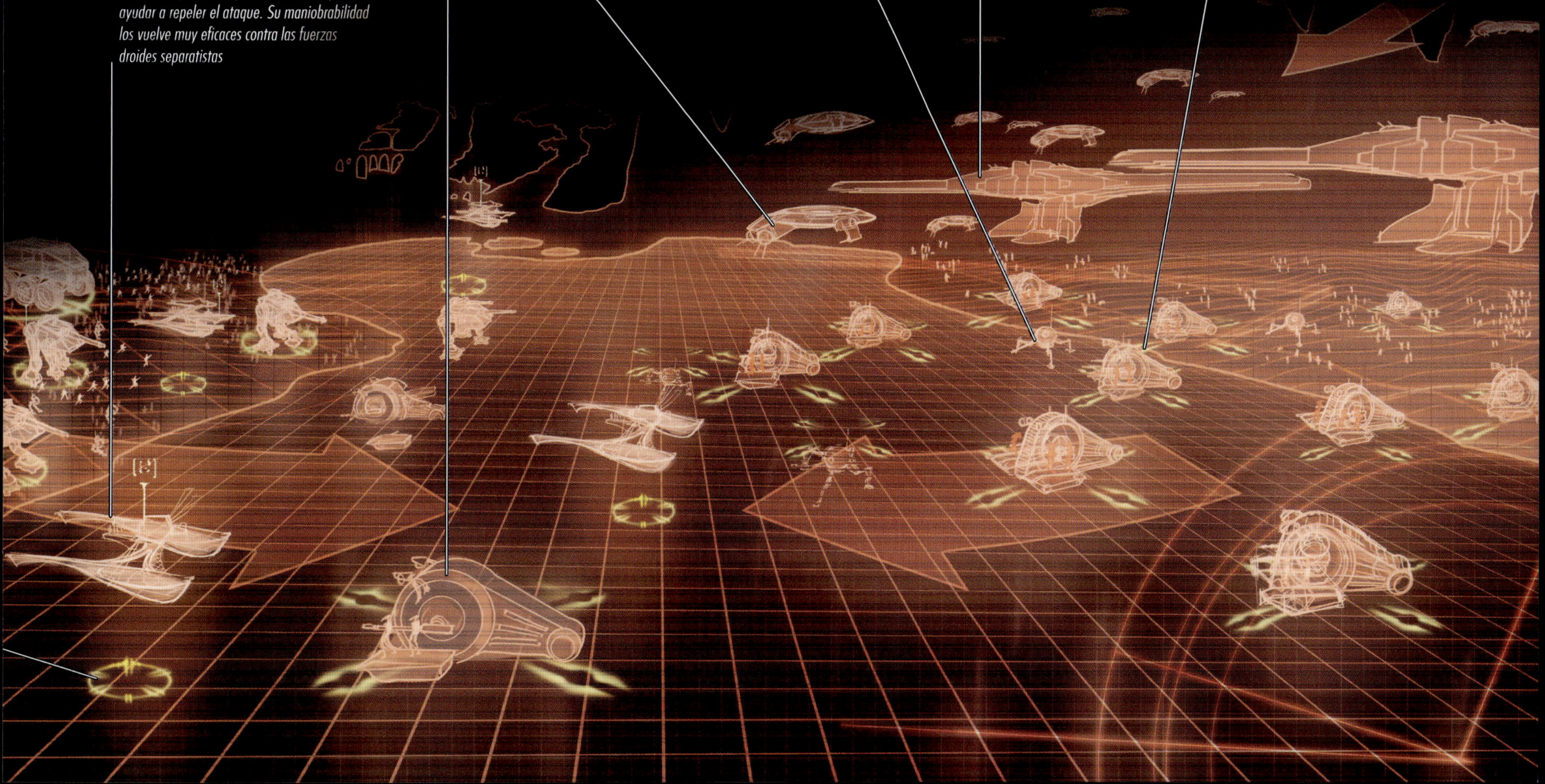

MUSTAFAR

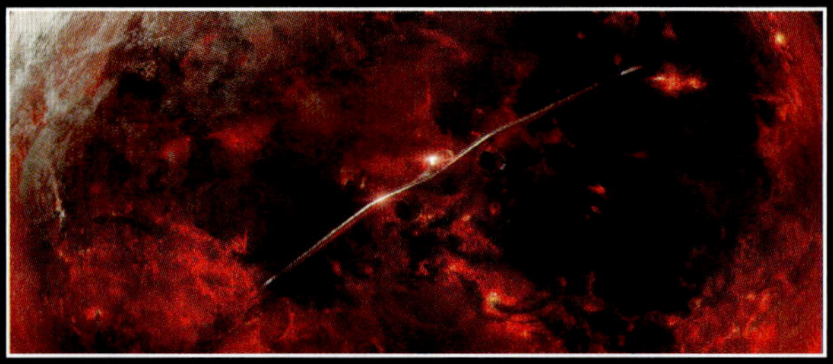

EL VIOLENTAMENTE VOLCÁNICO MUSTAFAR, en el remoto Borde Exterior, es clave en el surgimiento del Imperio Galáctico. Aunque es un mundo por derecho propio, es enano al lado del gigante gaseoso Jestefad, del cual es gemelo. Planeta infernal de calor intenso, salvajes cordilleras de obsidiana, ríos de lava y volcanes en constante erupción, Mustafar es propiedad de la Unión Tecnológica, que se queda con los preciosos metales fundidos que hay en los incesantes flujos de lava. Escondrijo del Consejo Separatista durante las Guerras Clon, Mustafar se convierte en el infame escenario de la matanza del Consejo, que despeja el camino al comienzo del Imperio Galáctico.

ASCENSO AL PODER

Mustafar fue una vez sede de un templo Sith, hecho bien conocido por Darth Sidious. Durante las Guerras Clon, Sidious mantiene en él un puesto secreto en un antiguo complejo minero, que pasa desapercibido en un planeta plagado de minas de la Unión Tecnológica, ciudades mineras y escondites pertenecientes al sindicato criminal del Sol Negro. Más tarde, Sidious elige Mustafar como refugio final de los separatistas y lugar del asesinato de sus líderes por Darth Vader; la oscura fama del planeta amplifica el significado de este momento clave en el ascenso de los Sith.

PLANETA INFERNAL

Mustafar es un planeta aterrador con unas temperaturas superficiales capaces de abrasar cualquier estructura o criatura desprotegida. Edificios, minas y robots están bien protegidos por pantallas repulsoras que desvían el calor y repelen las erupciones constantes de los ríos de lava. Para sobrevivir, los mustafarianos se aíslan en trajes especiales. Con todo, a 800 °C, la lava de Mustafar es más «fresca» que la normal debido a los raros minerales alotrópicos que se funden a temperaturas más bajas.

RELACIÓN ARDIENTE

Los gemelos Mustafar y Jestefad tienen órbitas tan cercanas que el inmenso campo gravitatorio del gigante gaseoso somete a tremendas fuerzas de marea a su diminuto vecino. Esas fuerzas calientan el interior de Mustafar, lo funden y provocan su actividad volcánica. El enorme campo electromagnético de Jestefad también influye en Mustafar provocando terribles tormentas eléctricas. Solo el contrapeso gravitatorio de otro vecino gaseoso más distante, Lefrani, evita que Jestefad capture a Mustafar como su satélite.

ARTRÓPODOS INTELIGENTES

Pese a lo duro del ambiente de Mustafar, pueden encontrarse algunas formas de vida. Ocupan el planeta dos especies evolucionadas a partir de artrópodos extremófilos que se desarrollaron en cuevas aisladas de las montañas. Con sus exoesqueletos quitinosos y su poca necesidad de agua, los mustafarianos soportan las terribles condiciones de su planeta, pero necesitan ropas aislantes y respiradores para trabajar en la superficie.

CIELOS HOSTILES

El aliento volcánico de Mustafar y la influencia del campo magnético de Jestefad crean una atmósfera turbulenta repleta de ceniza, corrientes térmicas ascendentes y monstruosas tormentas eléctricas. Las interferencias electromagnéticas inutilizan los escáneres y los equipos, así como los controles de navegación. Por eso aterrizar en Mustafar es muy peligroso sin ayuda de los equipos especialmente preparados del complejo minero, que comprenden guías y rayos de tracción diseñados para conducir con seguridad a las naves autorizadas a llegar a la órbita y salir de ella.

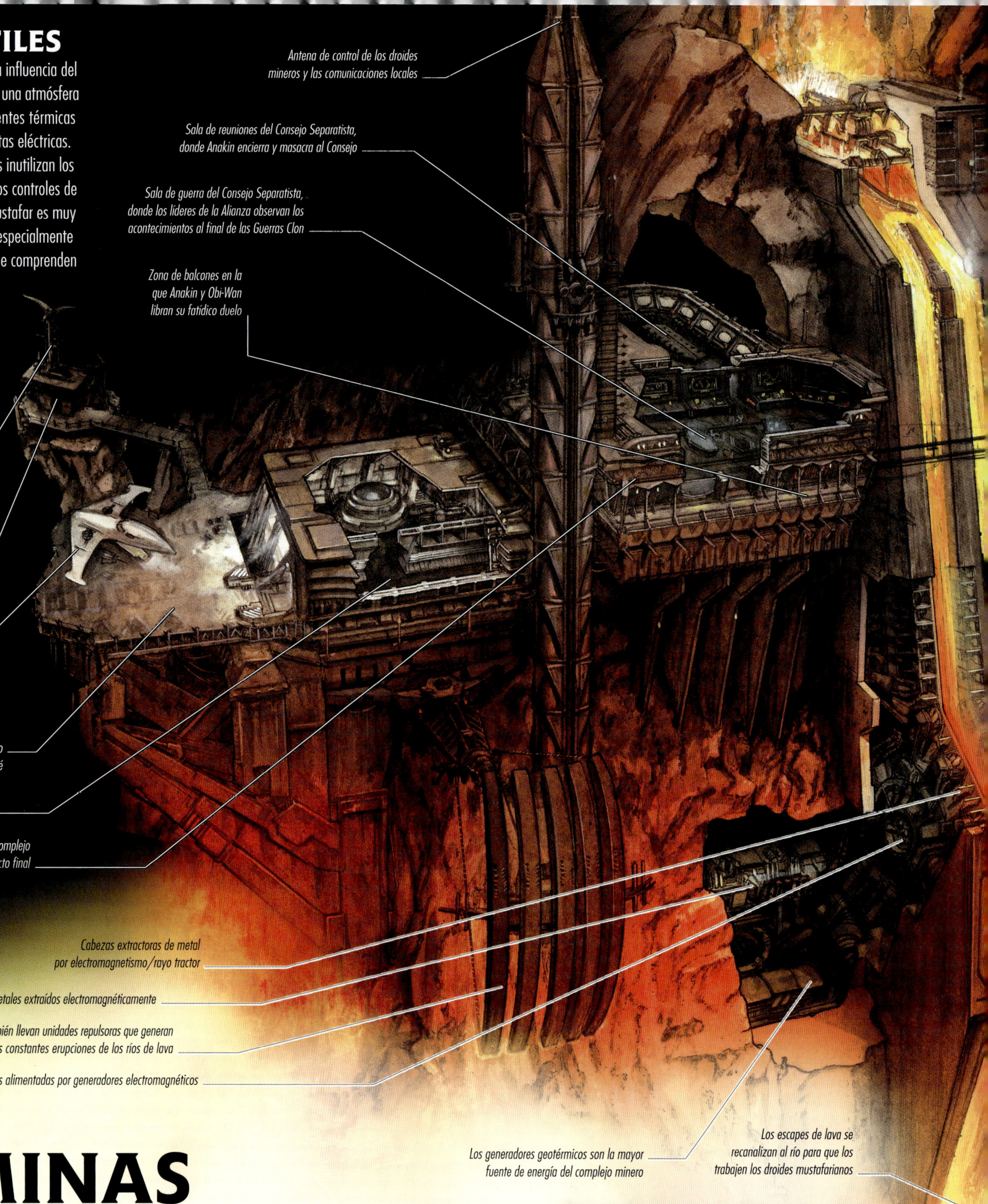

LAS MINAS

DE NO SER POR LOS VALIOSOS METALES que llevan sus ríos de lava, la civilización galáctica ignoraría Mustafar. El bullente interior del planeta escupe constantemente una lava rica en elementos pesados raros y minerales preciosos. Esta riqueza impulsó a la Unión Tecnológica a establecer una explotación de lava por medio de tecnologías extractoras electromagnéticas, así como con mano de obra mustafariana, para hacerse con los valiosos materiales de la roca fundida. Mustafar ha sido literalmente una mina de oro para la Unión Tecnológica durante casi 300 años estándar.

Además del escondite separatista, el complejo de Mustafar oculta la producción de droides de la Unión Tecnológica, ubicadas dentro de la montaña en que está la mina.

MINERÍA DE FUNDICIÓN

Como el mineral que se extrae en Mustafar viene fundido, su valioso contenido se separa mediante diversos procesos. La mina utiliza grandes electroimanes y tecnología de rayos microtractores para sacar los metales líquidos de la roca líquida que hay en la lava. Otros elementos se solidifican como desechos sobre la superficie de los ríos de lava, de donde los quitan a mano, según su tipo, los mineros mustafarianos o pequeños robots. Estos minerales retirados a mano se procesan en una centrifugadora gigante en la que cada elemento se separa de la matriz.

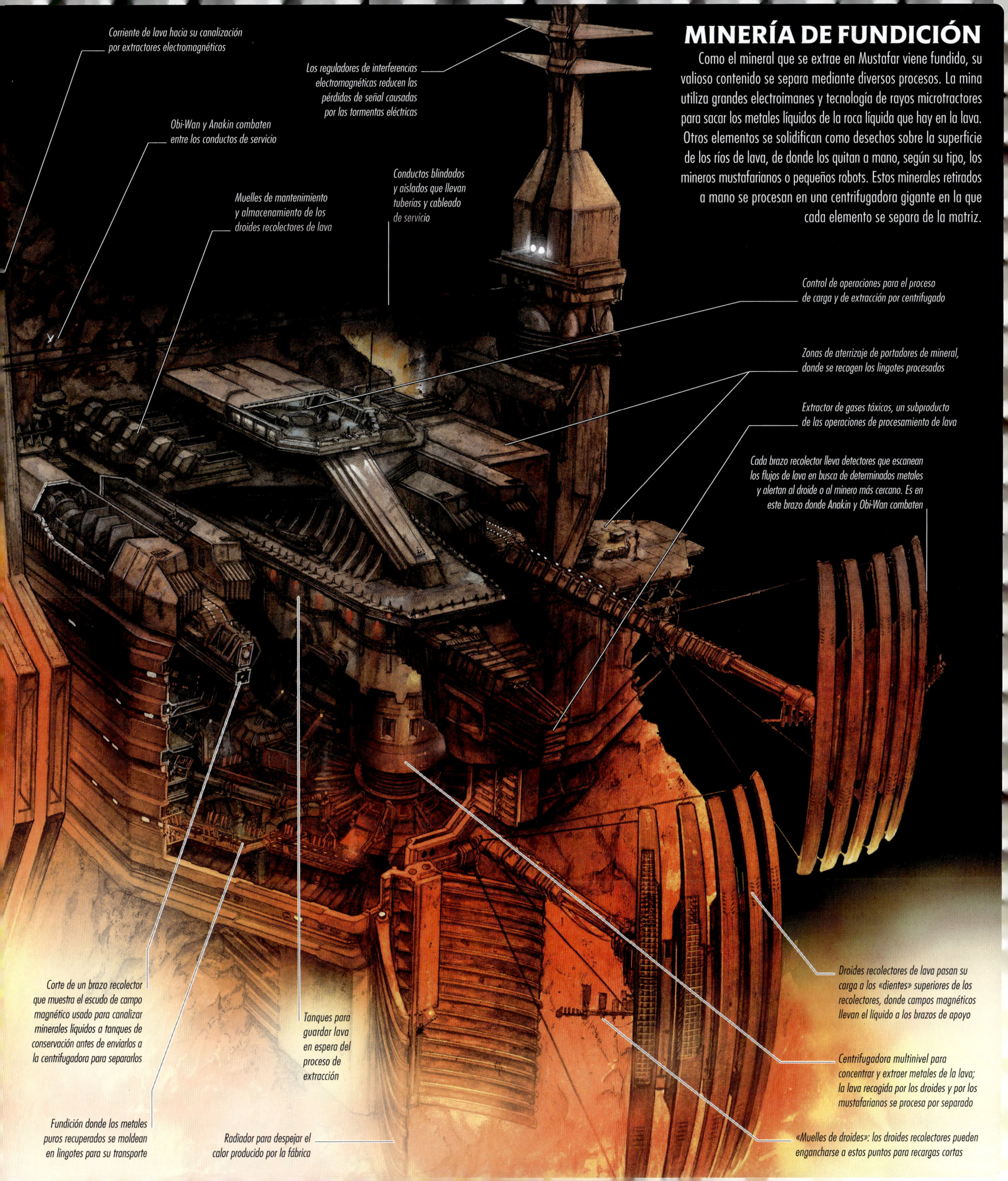

ESPEJO DEL ALMA

Cuando el alma de Anakin se entrega plenamente al lado oscuro, el violento Mustafar parece reflejar esa agitación. Lefrani eclipsa el sol del planeta justo cuando la matanza del Consejo Separatista por Anakin eclipsa en él la luz de la Fuerza. Las furiosas erupciones de los ríos de lava, cuando los campos repulsores se cierran durante su duelo con Obi-Wan, parecen causadas por el profundo odio de Anakin hacia todos los que cree que han conspirado contra él y frustrado sus deseos. Solo en lo más hondo de su ser sigue intacto su amor hacia Padmé.

2 Anakin obliga a Obi-Wan a entrar en el complejo minero y libran una batalla en la sede de los separatistas, donde les rodean las pruebas de la traidora masacre del Consejo por Anakin.

3 Las espadas de luz del Jedi y del Sith destrozan dispositivos y equipos del complejo minero. Estos daños desactivan los campos repulsores que protegen el lugar, dejando que la lava entre en erupción.

1 La aparición de Obi-Wan en la rampa de la nave de Padmé enfurece a Anakin. Creyéndose traicionado por la mujer a la que ama y por su amigo, ataca a ambos: Padmé queda malherida y Anakin reta a duelo a Obi-Wan.

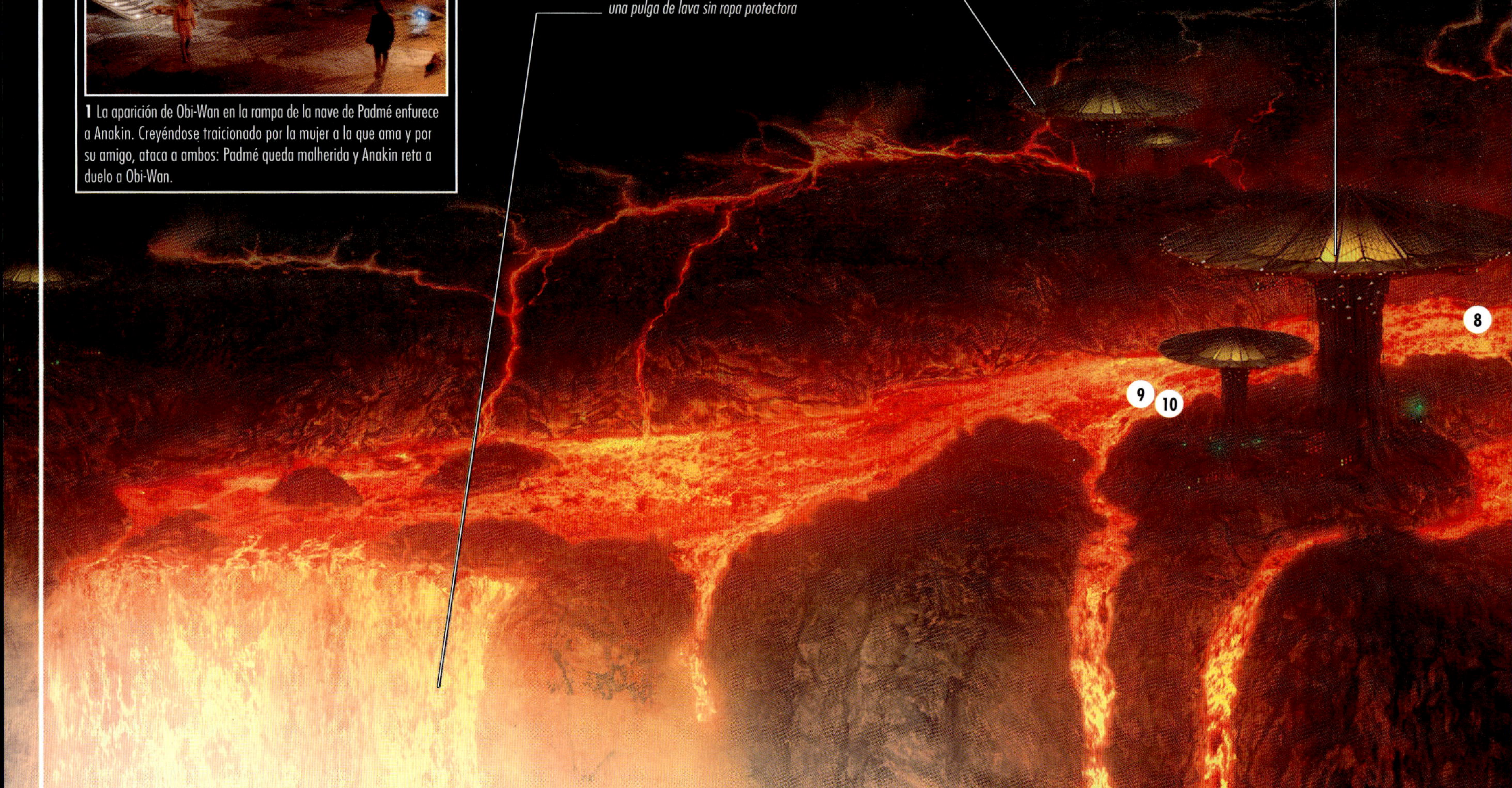

DUELO EN MUSTAFAR

EN MUSTAFAR TIENE LUGAR el fatídico duelo entre Anakin Skywalkery Obi-Wan Kenobi después de que el maestro Jedi siga a su amigo hasta el remoto planeta. Corrompido por Palpatine, Anakin se mete cada vez más en su personalidad Sith: mata a todo el Consejo Separatista y estrangula a Padmé Amidala cuando cree que le ha engañado con su maestro. La rabia y las dudas hacen que Anakin se deje llevar por su parte Sith y centre todo su odio en Obi-Wan, tratando de matarlo con su espada de luz.

10 Tras vencer fácilmente a Anakin, dejándolo maltrecho, quemado y vulnerable, Obi-Wan no puede matar al amigo al que ha amado como un hermano. Se aleja de él y de su pena, dejándolo en manos de su destino.

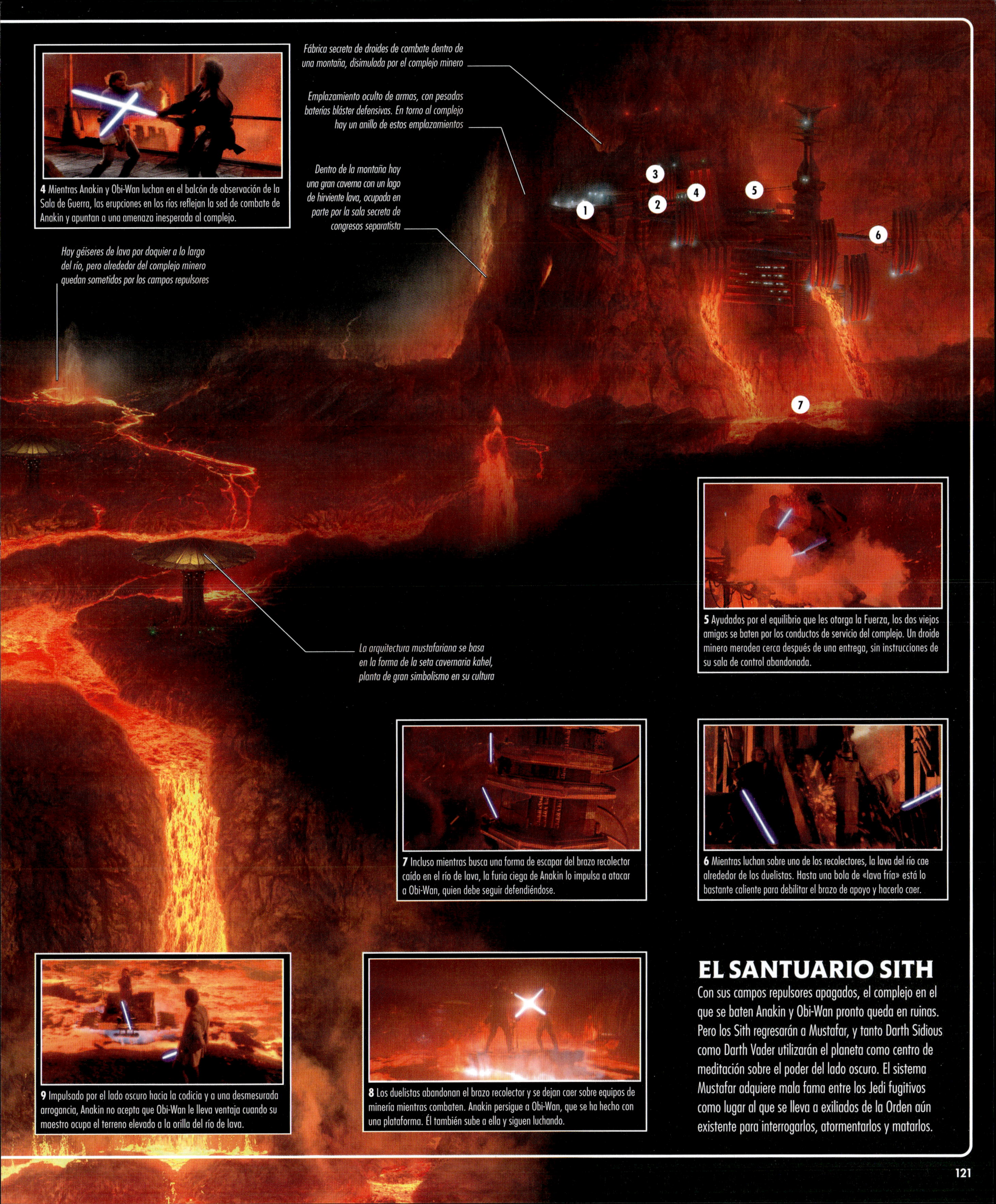

4 Mientras Anakin y Obi-Wan luchan en el balcón de observación de la Sala de Guerra, las erupciones en los ríos reflejan la sed de combate de Anakin y apuntan a una amenaza inesperada al complejo.

5 Ayudados por el equilibrio que les otorga la Fuerza, los dos viejos amigos se baten por los conductos de servicio del complejo. Un droide minero merodea cerca después de una entrega, sin instrucciones de su sala de control abandonada.

7 Incluso mientras busca una forma de escapar del brazo recolector caído en el río de lava, la furia ciega de Anakin lo impulsa a atacar a Obi-Wan, quien debe seguir defendiéndose.

6 Mientras luchan sobre uno de los recolectores, la lava del río cae alrededor de los duelistas. Hasta una bola de «lava fría» está lo bastante caliente para debilitar el brazo de apoyo y hacerlo caer.

9 Impulsado por el lado oscuro hacia la codicia y a una desmesurada arrogancia, Anakin no acepta que Obi-Wan le lleva ventaja cuando su maestro ocupa el terreno elevado a la orilla del río de lava.

8 Los duelistas abandonan el brazo recolector y se dejan caer sobre equipos de minería mientras combaten. Anakin persigue a Obi-Wan, que se ha hecho con una plataforma. Él también sube a ella y siguen luchando.

EL SANTUARIO SITH

Con sus campos repulsores apagados, el complejo en el que se baten Anakin y Obi-Wan pronto queda en ruinas. Pero los Sith regresarán a Mustafar, y tanto Darth Sidious como Darth Vader utilizarán el planeta como centro de meditación sobre el poder del lado oscuro. El sistema Mustafar adquiere mala fama entre los Jedi fugitivos como lugar al que se lleva a exiliados de la Orden aún existente para interrogarlos, atormentarlos y matarlos.

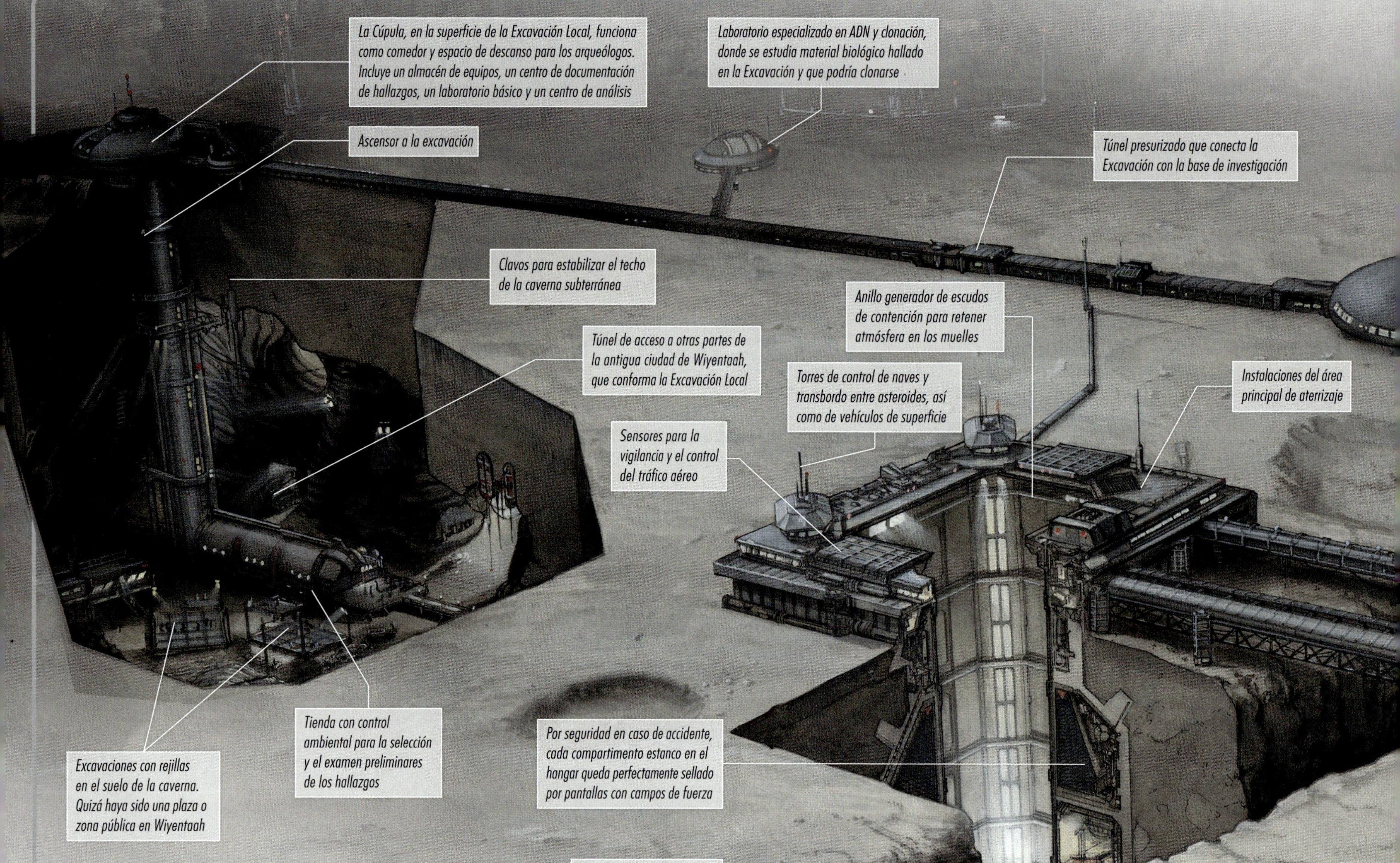

La base de Polis Massa opera discretamente para no atraer piratas en busca de valiosos artefactos robados para los coleccionistas de los Mundos del Núcleo. Es una parada ideal para Jedi refugiados.

POLIS MASSA

REMOTO SISTEMA DE ASTEROIDES en el Borde Exterior, en los límites del sector Subterrel, Polis Massa fue al inicio un planeta árido pero habitado al que un cataclismo fragmentó. Antiguamente hogar del pueblo eellayin, ahora desaparecido, los trozos de roca de Polis Massa conservan reliquias de su civilización subterránea original. Casi 500 años antes del fin de la República Galáctica, el Consejo de Investigaciones Arqueológicas de Kallidah estableció una base de investigación en uno de los mayores asteroides, resto del antiguo Polis Massa, porque los kallidahin creían descender de los eellayin.

TESOROS ARQUEOLÓGICOS

Durante 500 años, los arqueólogos de la Base de Polis Massa excavaron todo el cinturón de asteroides en busca de huellas de sus legendarios antepasados. Los restos de la civilización eellayin son pocos, pero hace unos 50 años estándar, los investigadores descubrieron en su propio terreno las ruinas de Wiyentaah, ciudad subterránea de los antiguos polis massanos. Desde entonces, la Excavación Local, como se la llama, ha avanzado y sus hallazgos se han catalogado.

RESUCITAR EL PASADO

El equipo arqueológico de Polis Massa incluye xenobiólogos, interesados en conocer mejor todas las especies foráneas y no solo a sus antepasados. Buscan muestras de antiguos materiales biológicos a partir de las cuales podrían resucitar organismos extintos. La investigación exige que Polis Massa cuente con sofisticados equipos e instalaciones biomédicas, de modo que es el sitio ideal para traer a la herida Padmé Amidala.

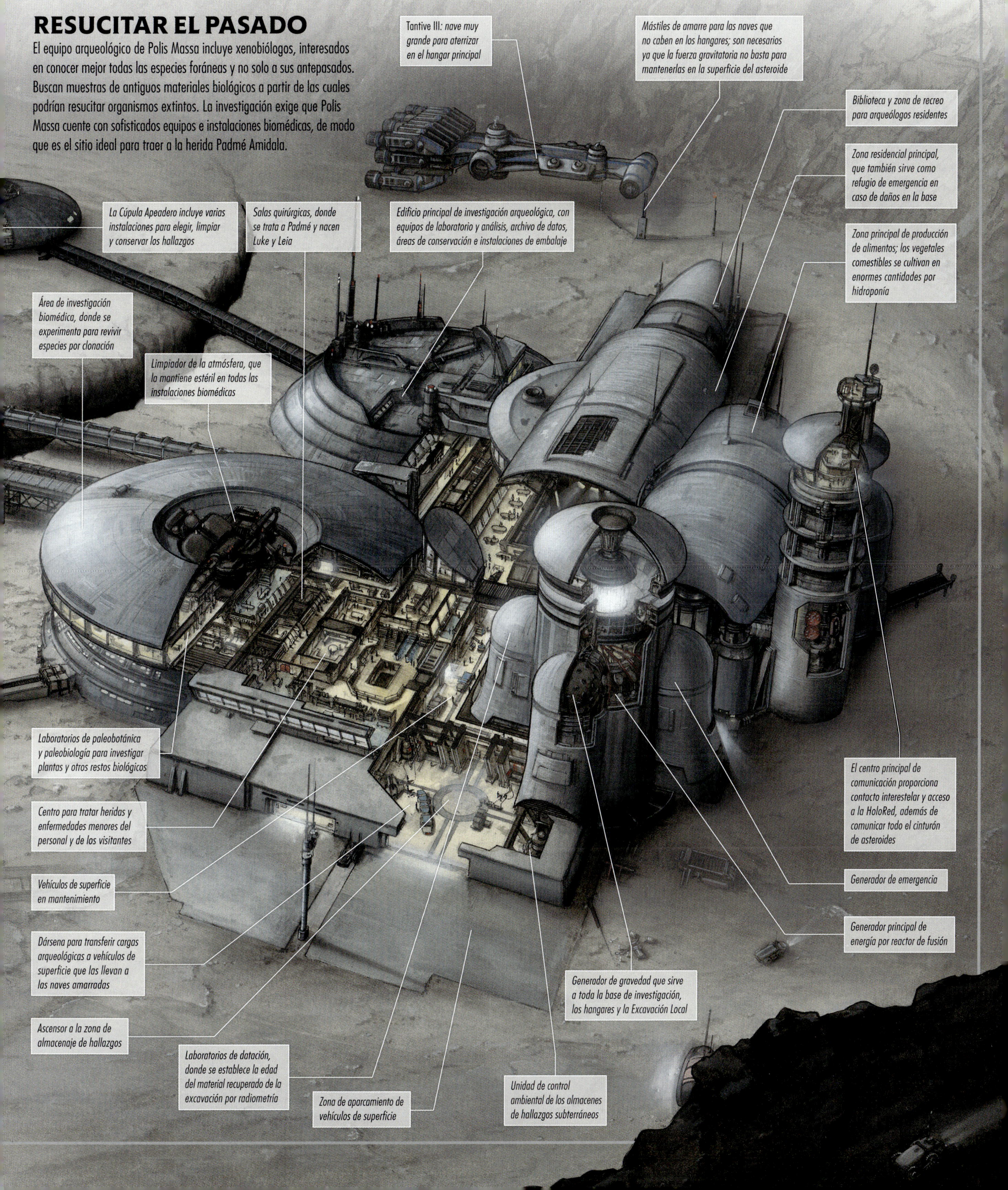

HOSPITAL ACORAZADO

La Gran Instalación Médica de la República, centro clave para su personal gravemente herido, es un objetivo muy tentador para los saboteadores separatistas. Para protegerla de ataques, está totalmente armada y acorazada, con un poderoso blindaje defensivo, su propio suministro de energía y potentes sistemas de soporte vital. La instalación puede aguantar un asedio prolongado, lo que tienta a Sidious, que pretende reconvertir la torre para sus nefastos propósitos.

CREAR UN MONSTRUO

El centro médico está bien equipado para el diagnóstico y el tratamiento de todo tipo de trastornos y heridas, con droides médicos capaces y enormes bancos de datos. Las técnicas quirúrgicas de los droides médicos devuelven la movilidad a Darth Vader por medio de piernas biomecánicas y sistemas de apoyo vital ocultos en su temible coraza. Después Vader se beneficia de la potencia de los artefactos Sith escondidos en los niveles inferiores y aislados de la instalación principal por biollave y por la Guardia Roja.

CENTRO MÉDICO

LOS CORUSCANTI CONOCEN la Gran Instalación Médica de la República como hospital especialista para tratar casos provenientes de toda la galaxia que exigen avanzadas técnicas quirúrgicas y de reconstrucción biomecánica. Durante gran parte de las Guerras Clon, el centro médico es precisamente eso, pero después su propósito cambia, y su apariencia benéfica esconde una oscura realidad. Los niveles inferiores del centro hospitalario son el retiro de los Sith de Sidious, lugar de meditación y depósito de su colección de artefactos y sabiduría Sith. Aquí se trata y se transforma al derrotado Anakin Skywalker tras su duelo con Obi-Wan Kenobi.

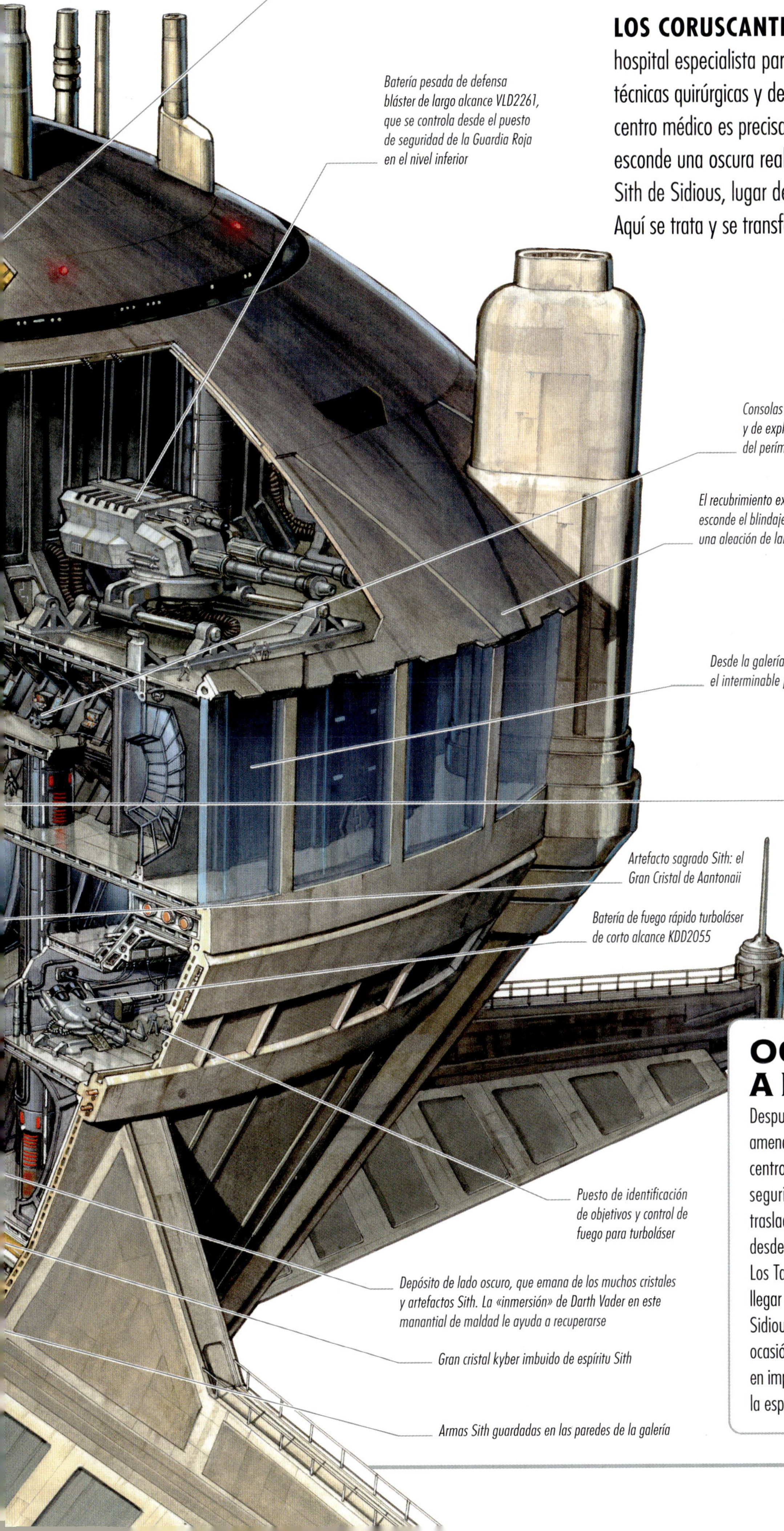

Al conocer la muerte de Padmé, el grito de angustia de Anakin resuena por todo el centro médico. Emerge de su tratamiento transformado en Darth Vader, el terrorífico ayudante del emperador.

OCULTARSE A PLENA VISTA

Después de que el clon corrupto CT-5555 amenazara la vida del canciller Palpatine, el centro médico se cierra temporalmente por seguridad. En este periodo Sidious decide trasladar allí su colección de artefactos Sith desde una torre semiderruida del distrito de Los Talleres, pues teme que los Jedi puedan llegar a descubrirla. Al declararse emperador, Sidious volverá a trasladar su retiro, en esta ocasión al mismo Templo Jedi, transformado en imponente palacio imperial para simbolizar la esperada venganza de los Sith.

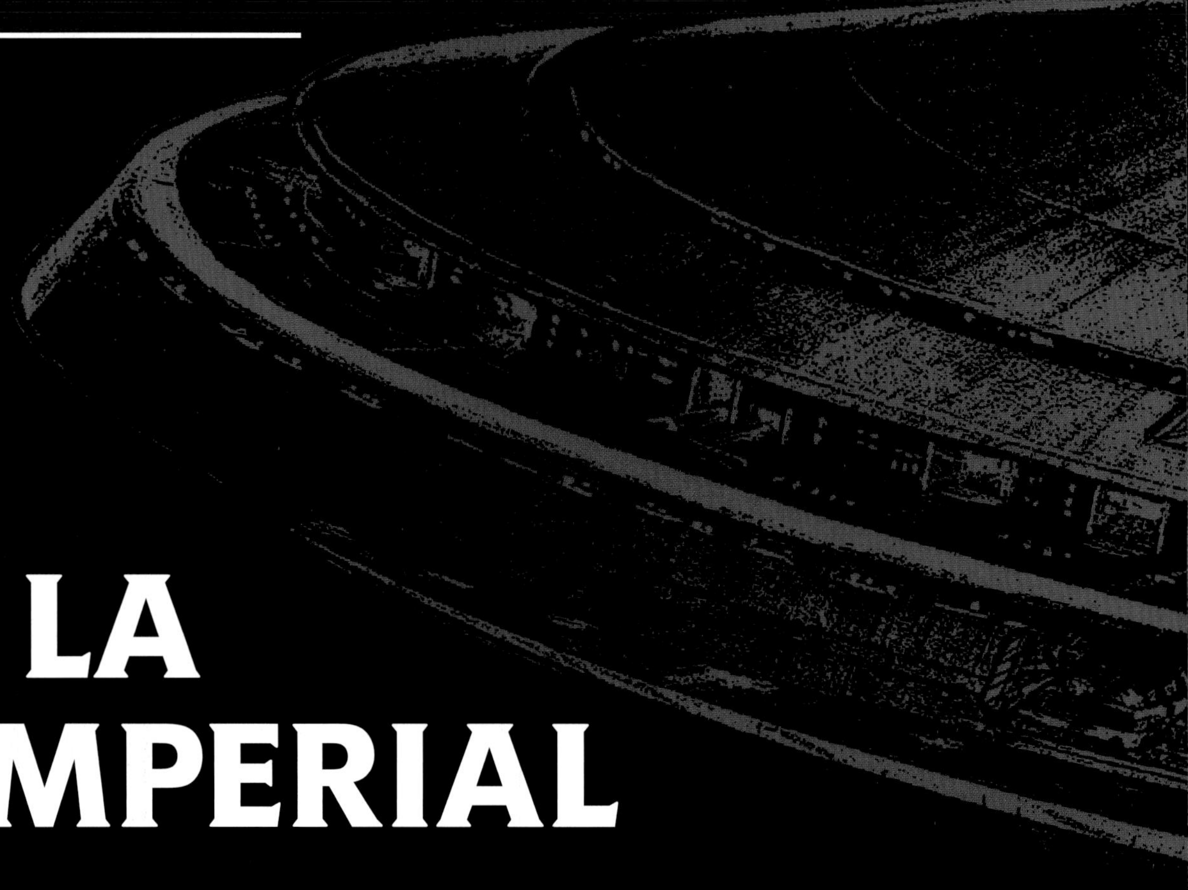

LA ERA IMPERIAL

Los ciudadanos galácticos se refieren a esta época como los «Tiempos Oscuros», marcados por la subyugación y la ocupación del recién fundado Imperio. En los primeros años de este régimen, muchos mundos caen víctimas de la poderosa maquinaria propagandística del gobierno, que afirma promover la paz y anima a los ciudadanos a alistarse en funciones imperiales, desde militares a burocráticas. Durante más de una década, el Imperio reina supremo, absorbiendo cada vez más mundos en su seno. Mientras que algunos planetas como Morlana Uno y Corellia se alimentan de la autoridad del Imperio, otros como Ferrix y Lothal se resisten. Estos focos de resistencia sirven de inspiración a un movimiento más amplio y creciente, la Alianza para Restaurar la República (o Alianza Rebelde), que toma forma en los últimos años de los Tiempos Oscuros. Sin embargo, las maquinaciones del Imperio van más allá de la propaganda y la ocupación de planetas. Por toda la galaxia, en emplazamientos imperiales secretos como Ilum, se extraen recursos para construir su arma definitiva: la Estrella de la Muerte, capaz de destruir un planeta entero con un solo disparo de su cañón alimentado por kyber.

Se necesitan incontables trabajadores para construir la Estrella de la Muerte, muchos de los cuales no tienen ni idea de en qué están trabajando; pero cuando un científico descubre el verdadero propósito de su investigación, se propone desenmascarar al Imperio. Este acto de valentía crea un efecto en cascada que lleva a un grupo de rebeldes a desafiar a sus propios líderes robando los planos de la Estrella de la Muerte para tener una oportunidad de luchar contra el Imperio. Después de que la estación de combate despliegue todo su poder destructivo aniquilando Alderaan, se produce la batalla de Yavin, en la que la superarma se prepara para disparar contra la base rebelde mientras la Rebelión lanza un ataque desesperado contra la Estrella de la Muerte. Entre los rebeldes se encuentran Leia Organa, que con tanto valor llevó los planos robados a la organización, y Luke Skywalker, un reciente recluta destinado a ser crucial para la causa. Utilizando los planos robados, los rebeldes consiguen destruir la Estrella de la Muerte antes de que destruya más planetas. Esta victoria supone un punto de inflexión para la galaxia, dando paso a una era de rebelión en la que se libran muchas duras batallas, como en Hoth, donde los rebeldes se ven obligados a dispersar su flota después de que el Imperio descubra su última base, y más tarde en Endor, cuando los rebeldes se enfrentan a una segunda Estrella de la Muerte y al propio emperador. La Guerra Civil Galáctica llega a su fin en Jakku, donde el resto de la flota del Imperio es derrotada y la mayoría de los imperiales destacados se rinden o huyen.

3 Moloch alcanza al M-68 en su camión deslizador, intentando detener a Han y a Qi'ra. La posibilidad de colisionar con un deslizador industrial obliga a Han a desviarse precipitadamente por la autovía Shug Drabor.

4 Obligado a tomar el camino más largo, Han pasa a toda velocidad por delante de una planta de ensamblaje Santhe/Sienar de cazas TIE, pero una puerta bloquea su ruta hacia el sur. El M-68 atraviesa la puerta, para consternación de un droide RA-7.

5 El M-68 pasa a toda velocidad ante la enorme fábrica de Astilleros de Propulsores Kuat Coronet-APK-14, que ensambla destructores estelares imperiales a partir de componentes traídos en barcazas y grúas.

2 Han y Qi'ra vuelan por el bulevar Narro Sienar, así llamado en honor del famoso constructor de naves. El espaciopuerto está al otro lado de la poco profunda laguna Antoniana, y pueden ver naves despegando hacia los cielos de Corellia.

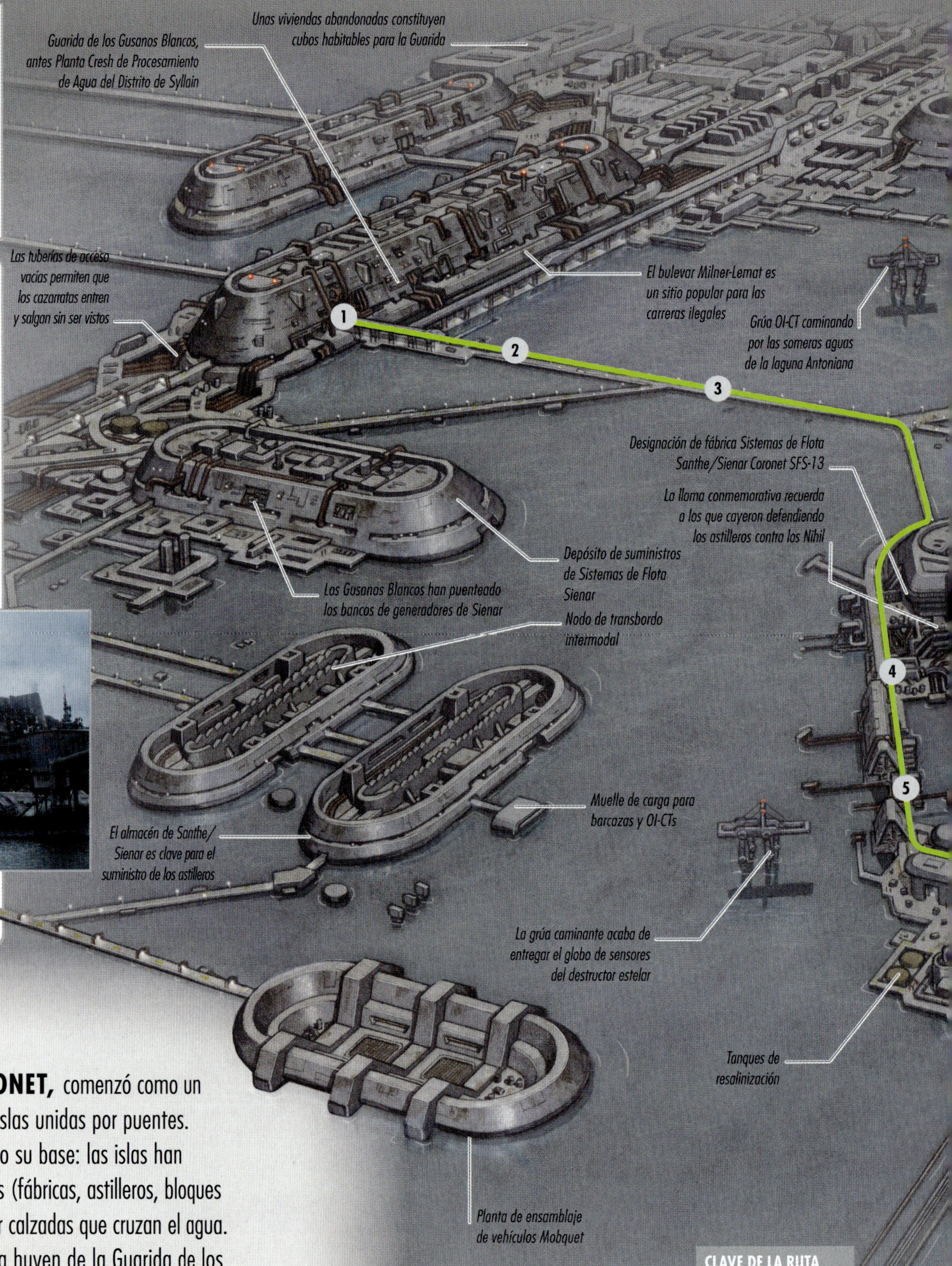

1 LA HUIDA

La Guarida de los Gusanos Blancos es una planta procesadora de agua abandonada presidida por Lady Próxima desde su cisterna central. Una vez cerrados, los polígonos industriales de Ciudad Coronet se llenan de chatarreros que los despojan de equipos y maquinaria; en ellos se instalan ocupantes ilegales. Han, Qi'ra y los demás cazarratas viven en los túneles de la Guarida, y solo salen para buscar y robar para Lady Próxima. Cuando Han roba un potente deslizador M-68 y un vial de coaxium, Qi'ra y él huyen de la Guarida, con la esperanza de intercambiar el coaxium por un pasaje al exterior.

Han conocía la velocidad y las prestaciones del M-68, pero hasta él se sorprende de la aceleración del deslizador.

CORELLIA

LA CAPITAL DE CORELLIA, CIUDAD CORONET, comenzó como un puerto marítimo, con casas y tiendas construidas en islas unidas por puentes. Milenios después, ese plan arquitectónico sigue siendo su base: las islas han desaparecido, en gran parte, bajo estructuras modernas (fábricas, astilleros, bloques de viviendas, mercados y espacios públicos), unidas por calzadas que cruzan el agua. En su búsqueda de libertad, los cazarratas Han y Qi'ra huyen de la Guarida de los Gusanos Blancos y recorren los astilleros Santhe y un antiguo mercado de pescado hacia el espaciopuerto de Coronet.

CLAVE DE LA RUTA

Ruta de Han y Qi'ra

6 Moloch persigue a Han y Qi'ra por las instalaciones de ensamblaje, destrozando equipo y dispersando a trabajadores orgánicos y droides. Un patrullero imperial les persigue, pero una colisión lanza su moto C-PH por los aires.

7 CALLES ANGOSTAS

La mitad oriental del bloque que alberga la Coronet-APK-14 es el emplazamiento del mercado de pescado de Otlair, uno de los más antiguos de Corellia. Han espera dejar atrás a Moloch en la recta que bordea la fábrica por el sur, para luego lanzar el M-68 por la periferia de la lonja y la autovía hasta el espaciopuerto, y ponerse a salvo. Pero el Stinger de Moloch es muy rápido; para consternación de Qi'ra, Han debe improvisar, girando a la izquierda y entrando a toda velocidad en el corazón de la fábrica Santhe/Sienar.

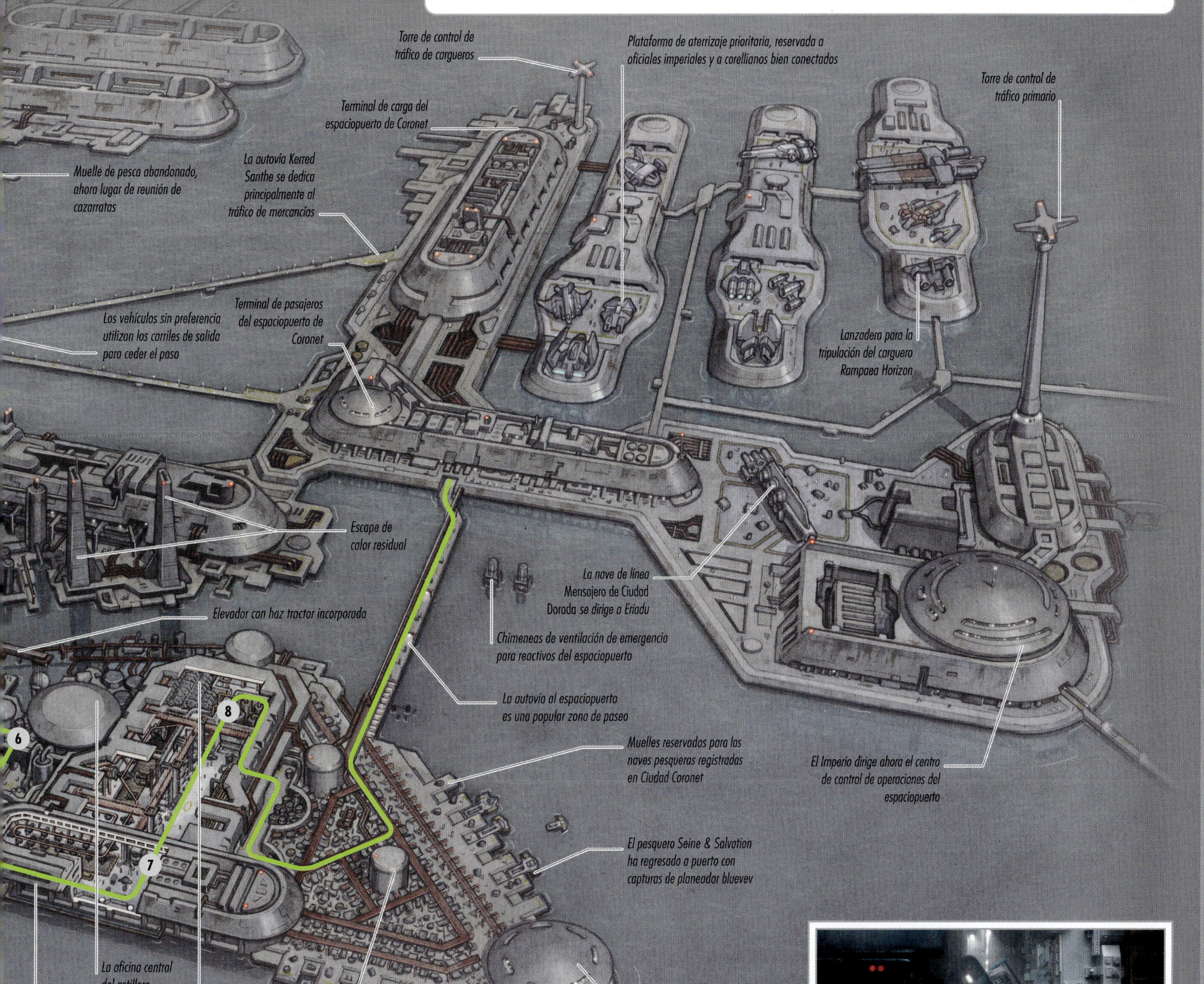

8 Han detecta un callejón demasiado estrecho para el deslizador de Moloch. También resulta demasiado estrecho para el M-68, por lo que Han y a Qi'ra deben huir a pie a través del mercado de pescado.

ATRACO AL TREN CONVEYEX

AÑOS DESPUÉS DE LA HUIDA de Han Solo de Corellia, la banda de Tobias Beckett planea robar un contenedor lleno de coaxium de un tren conveyex imperial en Vandor. Rio Durant lanzará a Beckett, Han Solo y Chewbacca al tren desde un transporte blindado Y-45 robado. Hallarán el contenedor de coaxium y lo conectarán al transporte. Cuando Val vuele un puente en la ruta, los otros desacoplarán el contenedor y volarán con el botín mientras el tren se precipita a un abismo. Es un buen plan... pero todo sale mal.

1 INICIO DEL ATRACO

Al principio todo va bien. Cuando el tren conveyex abandona el depósito imperial con su carga, Rio descarga a Beckett, Han y Chewie del transporte blindado Y-45 y vuela a la velocidad del tren. Están a 9,6 kilómetros del puente, en el que Val está colocando explosivos, y el tiempo apremia. Localizan rápidamente el contenedor objetivo y comprueban que está lleno de coaxium.

2 Soldados de frontera emergen de la parte trasera del tren y disparan a los ladrones, pero Han y Chewie desacoplan unos vagones y el furgón de cola y dejan atrás a los imperiales.

3 Beckett, Han y Chewie conectan los cables, pero hay una complicación: Val ve a Enfys Nest y a los Jinetes de las Nubes acercándose a toda velocidad para interceptar el tren conveyex.

4 Los Jinetes de las Nubes atacan y Rio muere. Han pilota el blindado Y-45, pero un sensor de la vía se estropea y alerta a los droides víbora imperiales del intento de robo.

5 Con el tren acercándose, Val se ve rodeada por droides víbora y desarmada. Se sacrifica para salvar a Beckett y vuela el puente mientras los droides imperiales se acercan.

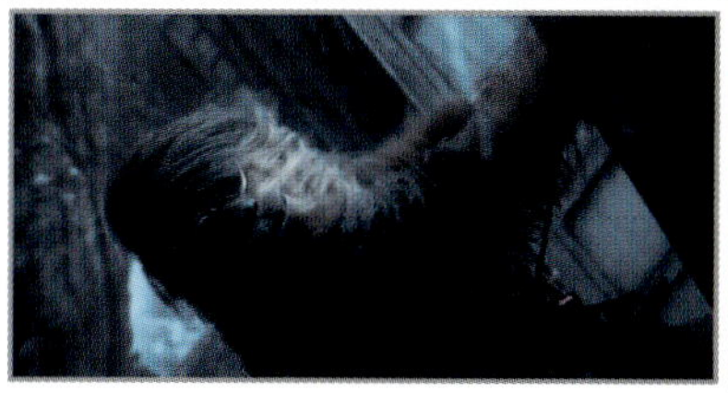
6 Los Jinetes de las Nubes y Beckett luchan por el coaxium mientras el tren avanza a toda velocidad. Chewie desacopla el contenedor justo antes de que los vagones caigan al vacío.

7 TIRA Y AFLOJA

El contenedor se balancea sobre los picos de los montes Iridium, conectado tanto al transporte de Han como a las barredoras de los Jinetes de las Nubes. Incapaz de mantener el control, Han ignora a Beckett y suelta el contenedor. Chewie y Beckett quedan colgados de un cable mientras los vencedores huyen con el coaxium.

8 BOTÍN PERDIDO

Enfys Nest solo tiene unos instantes para disfrutar de su triunfo. Los Jinetes de las Nubes también se ven obligados a soltar su botín y el coaxium explota, y la detonación convierte el pico Luftgriff en grava. El atraco ha sido un costoso desastre, se ha cobrado las vidas de Val y Rio, y Beckett revela más malas noticias: estaba trabajando para Crimson Dawn, por lo que ahora le debe a su despiadado líder Dryden Vos 100 k-gramos de coaxium refinado.

EN LA OSCURIDAD

Los mineros llevan siglos excavando en la corteza de Kessel para extraer especias y coaxium no estático. Antes de que los pykes se hicieran con el control, bandas rivales cavaban túneles en los territorios de las otras, y los ejecutores resolvían las disputas con blásters y vibrohojas. Las guerras en las minas han terminado, pero los mineros aún mueren en masa por gases tóxicos, derrumbamientos, la tos de la especia y otros peligros. Los veteranos de «la oscuridad» hablan de cosas peores: criaturas ciegas, como arañas, que apestan a especia y podredumbre y que atacan y se llevan a los mineros incautos para devorarlos.

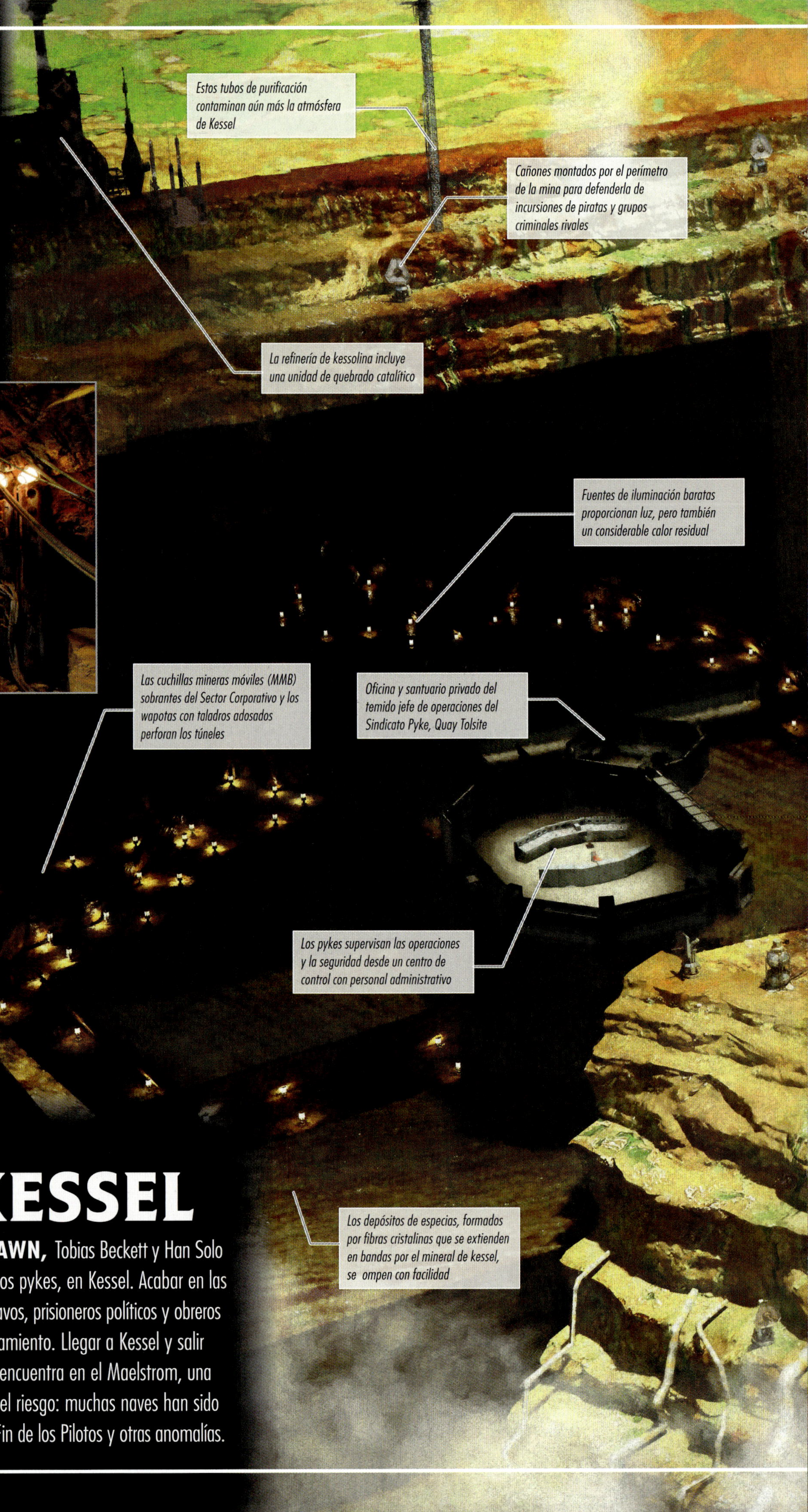

MINAS DE KESSEL

PARA ESCAPAR DE LA IRA DE CRIMSON DAWN, Tobias Beckett y Han Solo planean un nuevo atraco: robar coaxium de las criptas de los pykes, en Kessel. Acabar en las minas de Kessel es como una sentencia de muerte: allí, esclavos, prisioneros políticos y obreros con mala suerte trabajan hasta morir por accidente o agotamiento. Llegar a Kessel y salir de allí presenta sus propios desafíos, ya que el planeta se encuentra en el Maelstrom, una maraña de peligros cuyos apodos son claras indicaciones del riesgo: muchas naves han sido destrozadas por la furia de las Fauces, los Pozos Negros, el Fin de los Pilotos y otras anomalías.

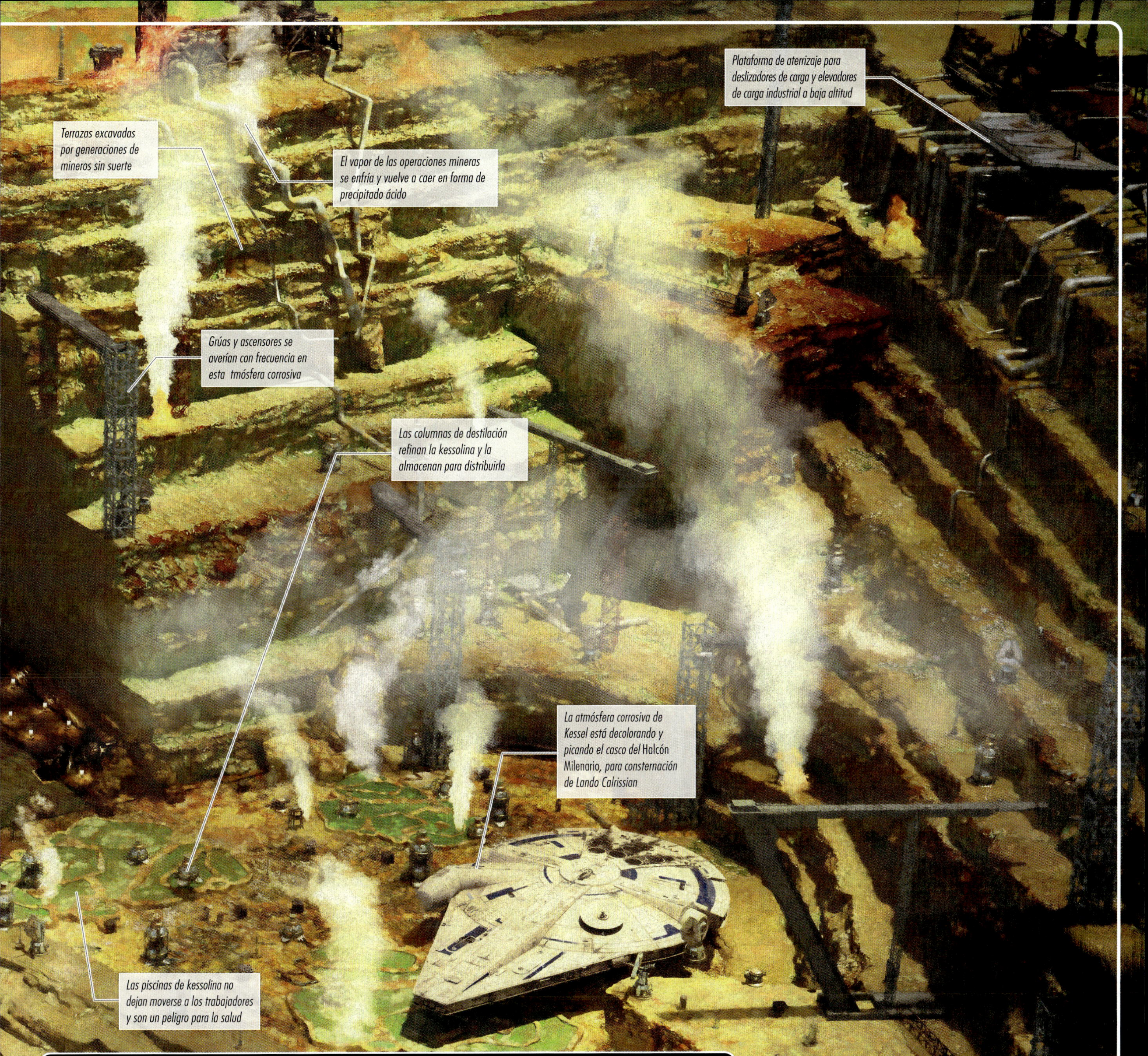

SUCIO PARAÍSO

Además de especia, el mineral de kessel produce un subproducto tóxico llamado kessolina, que se acumula en nocivos charcos verdes en los alrededores de las minas y se filtra en los acuíferos de Kessel, dañando aún más el frágil ecosistema. Los mineros han descubierto que la kessolina puede usarse como combustible para la maquinaria. No es una buena fuente de energía: produce un humo que irrita los ojos y la piel y corroe las máquinas. Pero eso poco importa en un mundo donde tanto los equipos como las vidas se consideran desechables.

FERRIX

DESDE EL ESPACIO, FERRIX está en su mayor parte cubierto de una tierra ambarina y de océanos azules. Sus habitantes se llaman ferrixianos y son famosos por su lealtad a su comunidad. La superficie de Ferrix es una combinación de tierras de cultivo y terrenos baldíos con cadenas montañosas y zonas urbanas dispersas. En Ciudad Ferrix, una de las zonas más densamente pobladas del planeta, los obreros trabajan en los desguaces, desmontando naves estelares y maquinaria sobrante de guerras pasadas. Los ferrixianos se enorgullecen de su ética de trabajo, pero si hay algo a lo que se dedican más es a los demás.

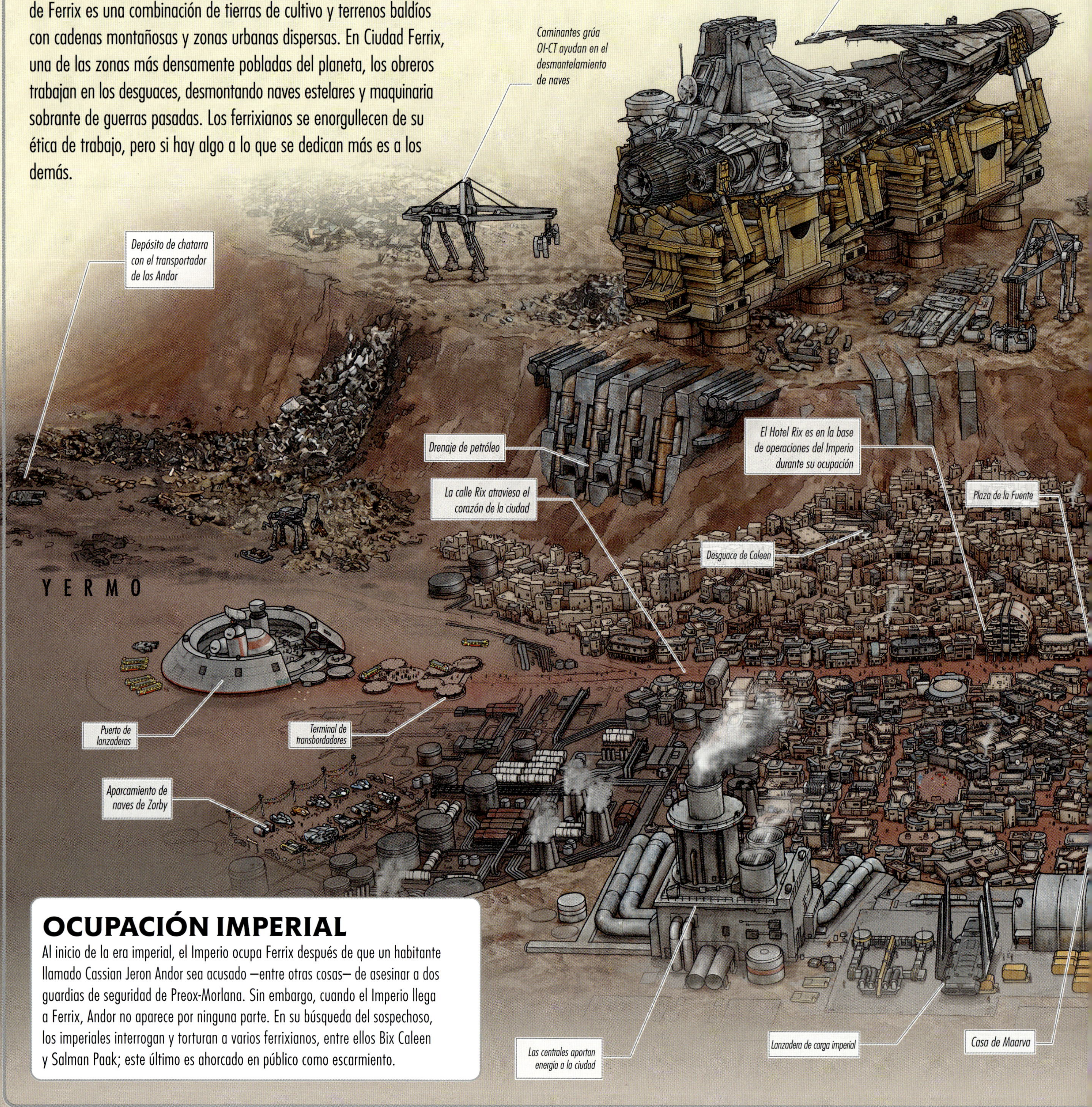

OCUPACIÓN IMPERIAL

Al inicio de la era imperial, el Imperio ocupa Ferrix después de que un habitante llamado Cassian Jeron Andor sea acusado –entre otras cosas– de asesinar a dos guardias de seguridad de Preox-Morlana. Sin embargo, cuando el Imperio llega a Ferrix, Andor no aparece por ninguna parte. En su búsqueda del sospechoso, los imperiales interrogan y torturan a varios ferrixianos, entre ellos Bix Caleen y Salman Paak; este último es ahorcado en público como escarmiento.

LA CHISPA DE LA REBELIÓN

Tras la muerte de Maarva Carassi Andor, residente de Ciudad Ferrix y miembro de las Hijas de Ferrix, en su cortejo fúnebre se reproduce un holomensaje que ella había grabado. Su desafío inspira a la población local a levantarse contra los ocupantes imperiales. En la calle Rix, imperiales y ferrixianos se enfrentan; la situación se agrava cuando el hijo de Salman Paak, Wilmon, lanza una bomba. Los soldados de asalto abren fuego contra los civiles. Mientras Wilmon y otros escapan, muchos ferrixianos encuentran su destino final luchando contra el Imperio.

NARKINA 5

CUBIERTA POR OCÉANOS azules y salpicada de islas, Narkina 5 es una remota luna utilizada por el Imperio como campo de trabajos forzados. Sus fábricas albergan convictos considerados aptos para el trabajo. Bajo la atenta mirada de unos pocos guardias imperiales, los reclusos trabajan turnos de doce horas construyendo maquinaria, sin tener ni idea de su finalidad. Muchos de estos trabajadores han sido condenados injusta o exageradamente por un Imperio en expansión, y trabajan cientos y miles de turnos con la esperanza de saldar algún día su deuda y volver a casa.

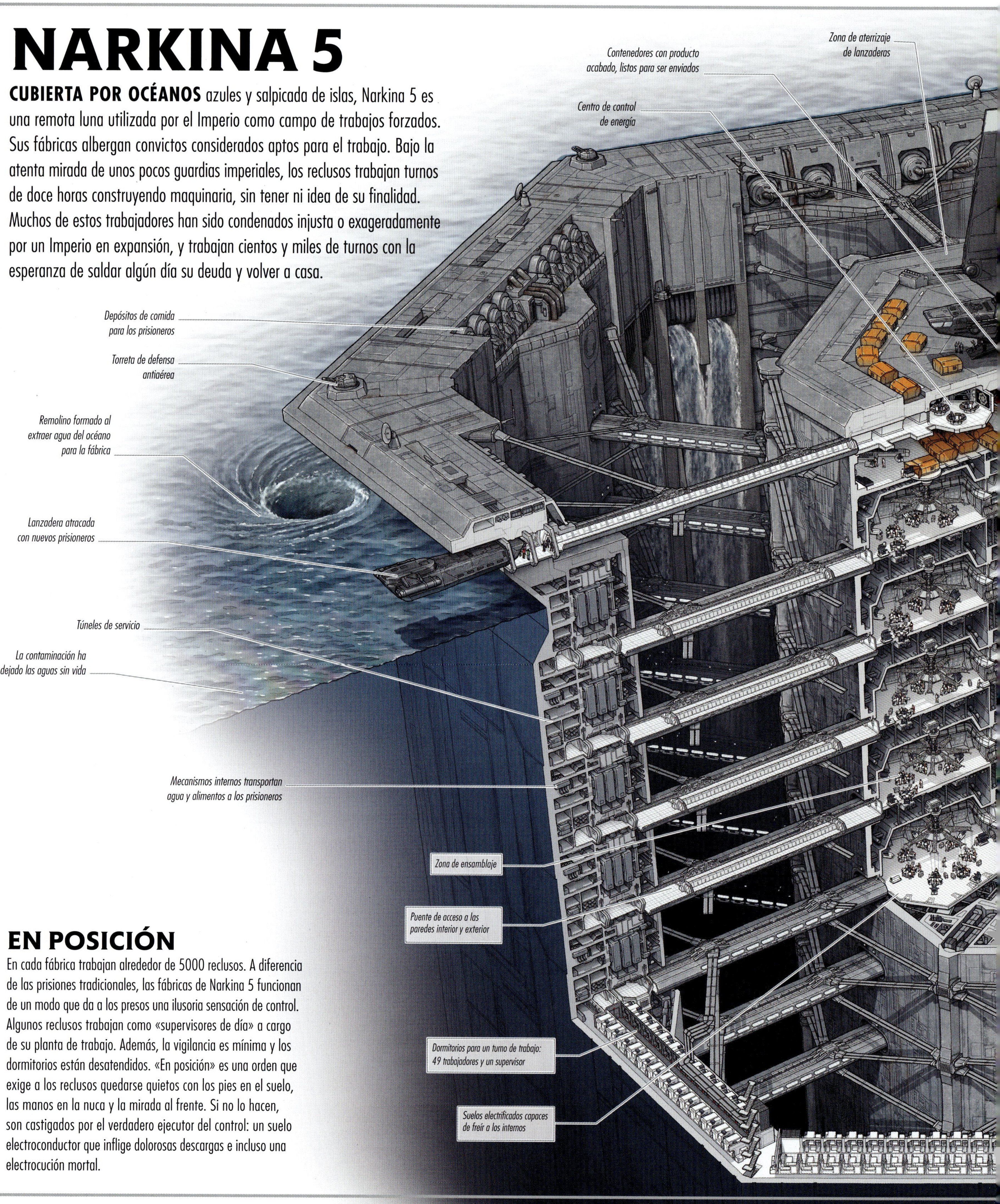

EN POSICIÓN

En cada fábrica trabajan alrededor de 5000 reclusos. A diferencia de las prisiones tradicionales, las fábricas de Narkina 5 funcionan de un modo que da a los presos una ilusoria sensación de control. Algunos reclusos trabajan como «supervisores de día» a cargo de su planta de trabajo. Además, la vigilancia es mínima y los dormitorios están desatendidos. «En posición» es una orden que exige a los reclusos quedarse quietos con los pies en el suelo, las manos en la nuca y la mirada al frente. Si no lo hacen, son castigados por el verdadero ejecutor del control: un suelo electroconductor que inflige dolorosas descargas e incluso una electrocución mortal.

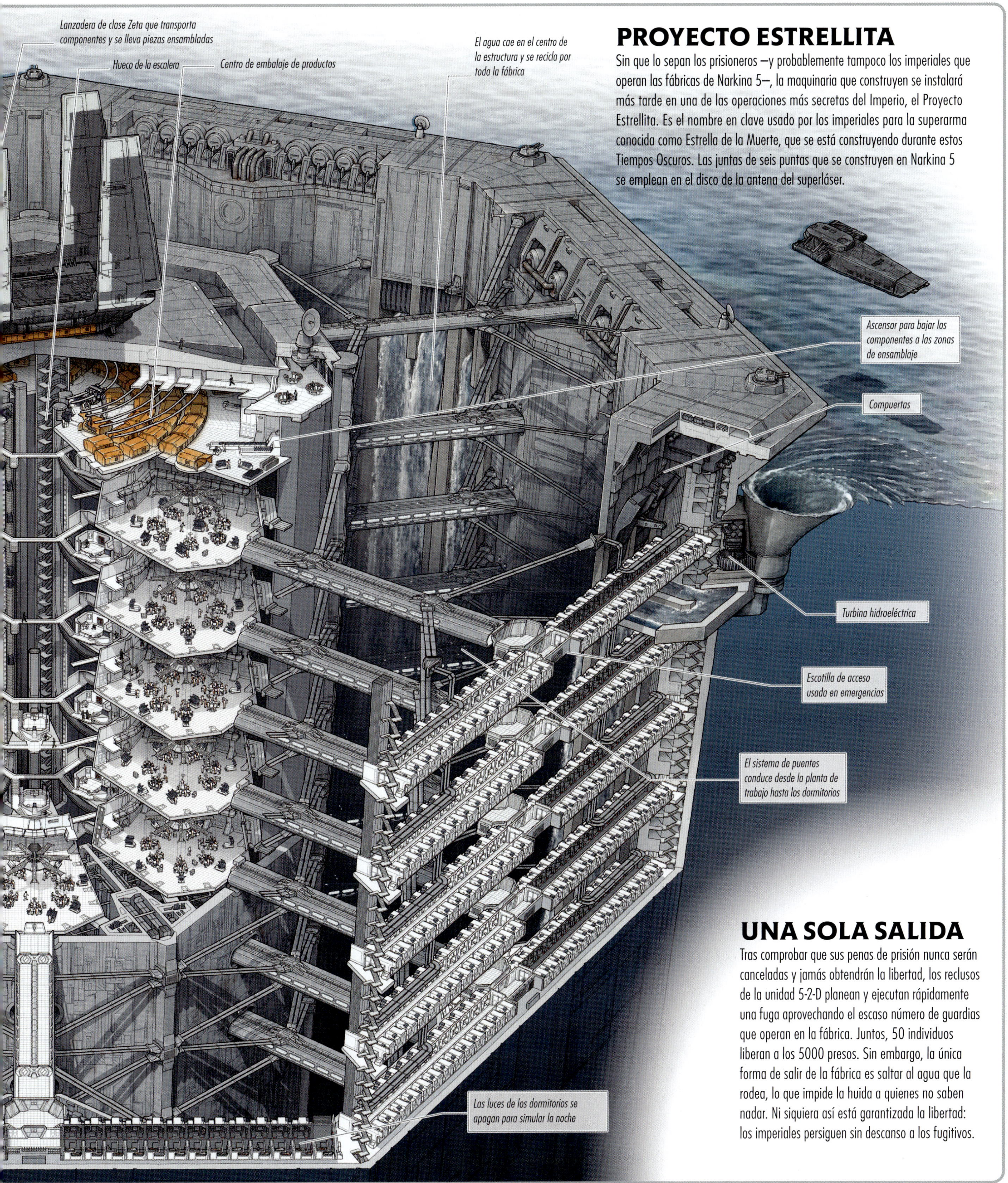

PROYECTO ESTRELLITA

Sin que lo sepan los prisioneros –y probablemente tampoco los imperiales que operan las fábricas de Narkina 5–, la maquinaria que construyen se instalará más tarde en una de las operaciones más secretas del Imperio, el Proyecto Estrellita. Es el nombre en clave usado por los imperiales para la superarma conocida como Estrella de la Muerte, que se está construyendo durante estos Tiempos Oscuros. Las juntas de seis puntas que se construyen en Narkina 5 se emplean en el disco de la antena del superláser.

UNA SOLA SALIDA

Tras comprobar que sus penas de prisión nunca serán canceladas y jamás obtendrán la libertad, los reclusos de la unidad 5-2-D planean y ejecutan rápidamente una fuga aprovechando el escaso número de guardias que operan en la fábrica. Juntos, 50 individuos liberan a los 5000 presos. Sin embargo, la única forma de salir de la fábrica es saltar al agua que la rodea, lo que impide la huida a quienes no saben nadar. Ni siquiera así está garantizada la libertad: los imperiales persiguen sin descanso a los fugitivos.

EL SENADO IMPERIAL

ESTE VASTO EDIFICIO de Coruscant, durante mucho tiempo hogar del Senado de la República, se convierte en el centro de su sucesor imperial. La transición de la República Galáctica al Imperio tiene lugar entre sus muros, cuando el canciller supremo Sheev Palpatine se declara emperador. Como su predecesor, el Senado Imperial cuenta con delegados de prácticamente todos los sectores de la galaxia conocida, y es escenario de muchas intrigas políticas. A lo largo del reinado del Imperio, el emperador acumula cada vez más poder, lo que dificulta la eficacia del Senado.

TIEMPOS OSCUROS

El emperador no solo asume poderes del Senado, sino que además él y su administración enfrentan a los mundos imperiales entre sí, manipulando la narrativa de los hechos en los medios de comunicación y extendiendo propaganda dañina. En los últimos años del Imperio, muchos delegados ya no asisten regularmente a las sesiones del Senado y se niegan siquiera a escuchar las posturas de sus oponentes. Otros desaparecen en circunstancias misteriosas.

La senadora Mon Mothma, de Chandrila, aboga ante el Senado Imperial por los ghormaneses, que luchan por sus derechos básicos bajo la opresión imperial.

La sala principal del edificio es la gigantesca Cámara del Senado, que cuenta con cientos de vainas repulsoras que albergan a miles de delegados. En el centro, elevándose por encima de un gigantesco escudo imperial en el suelo, se encuentra el podio del emperador, donde Palpatine y sus asesores de mayor confianza presiden las sesiones. Sin embargo, la presencia de Palpatine en la cámara deviene un acontecimiento poco frecuente, y suele pronosticar tiempos sombríos para la galaxia.

La iluminación de las vainas senatoriales indica el interés que un delegado tiene en el tema que se está discutiendo en el pleno. Una luz encendida significa interés, mientras que una apagada indica oposición. En contraste con los agitados debates de la época de la República, muchos oradores del Senado Imperial se enfrentan a bancos de vainas vacías: sus poco entusiastas delegados están en otro lugar.

ALZADO LATERAL

Aunque el horizonte de Coruscant está definido principalmente por sus altos rascacielos, el edificio del Senado se reconoce al instante por su estructura ancha y ovalada. Su gran tamaño impresiona e intimida, y ha sido un elemento característico del planeta durante siglos.

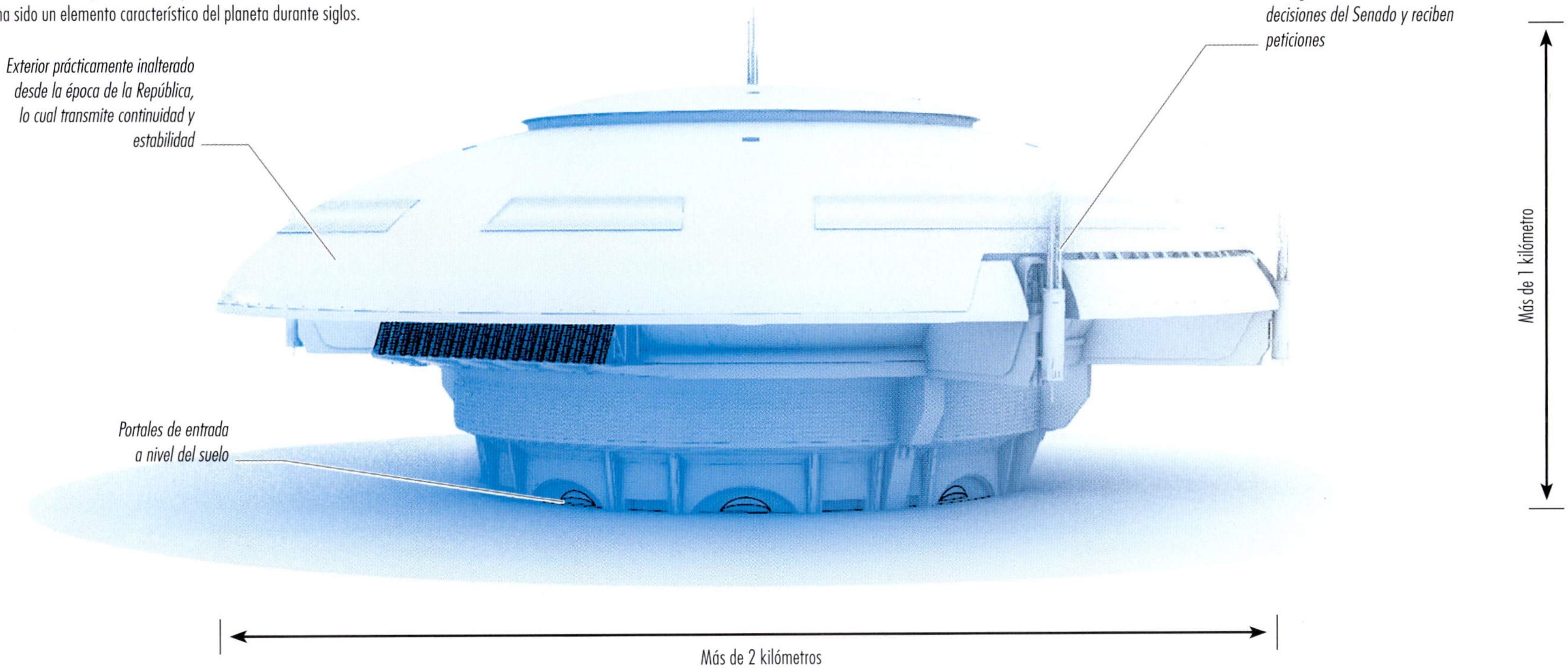

VISTA INTERIOR

Además de la Cámara, el edificio del Senado está repleto de despachos para senadores, asesores, representantes, etcétera, incluida la oficina de trabajo del emperador, aunque rara vez sale del palacio imperial. También hay un comedor con cocina de toda la galaxia.

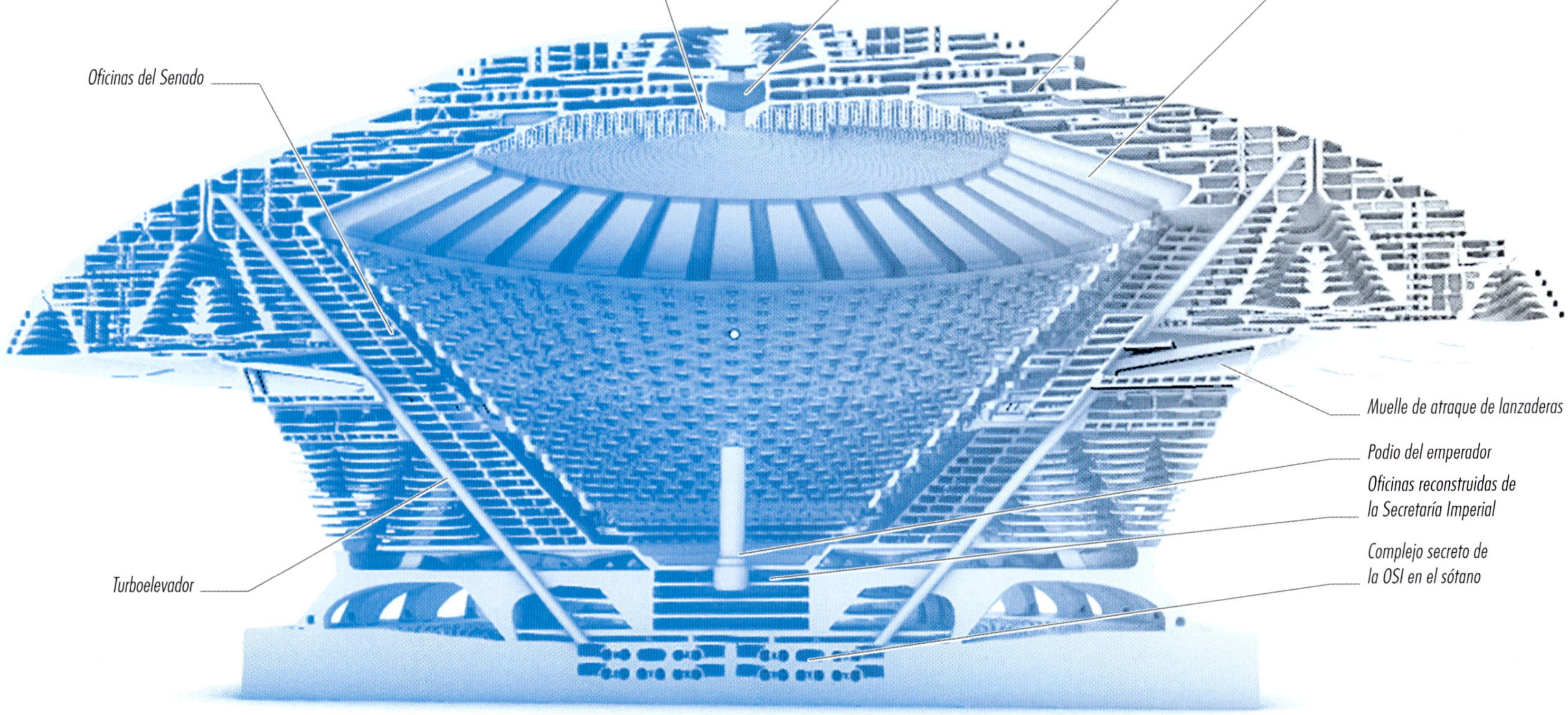

JEDHA

SITUADA EN EL BORDE MEDIO en órbita alrededor del planeta NaJedha, Jedha es una gélida luna desértica. A lo largo de la historia, Jedha ha servido de epicentro a varias religiones, la mayoría de las cuales rinden culto a la Fuerza (la llamen así o no). Tras la caída de la República, Jedha se convierte en el último bastión espiritual de los Jedi, considerados traidores por el naciente Imperio. En los Tiempos Oscuros, la Maestra Cere Junda organiza y gestiona un archivo encubierto de conocimientos Jedi en la luna antes de que sea descubierto y destruido por el Imperio. Más tarde, mientras los creyentes mantienen viva la fe, el Imperio se interesa por el cristal kyber, sagrado y natural de Jedha. Esta se convierte en zona de guerra cuando partisanos locales interfieren en las operaciones del Imperio.

EL PROTECTOR FINAL

Ubicada en las Dunas de la Contemplación, en los desiertos circundantes de la Ciudad de Jedha, esta estatua de piedra arenisca de un Jedi –llamado el Último Protector– se alzaba en épocas pasadas. Cayó durante la batalla de Jedha, en la Alta República, cuando una secta de la Fuerza provocó el caos y los manifestantes derribaron la estatua.

A lo largo de los cientos de años transcurridos desde su caída, la estatua ha quedado semienterrada por la arena.

LA CIUDAD SAGRADA

En lo alto de una meseta se encuentra la Ciudad de Jedha, a menudo llamada Ciudad Sagrada o NiJedha. Esta antigua metrópolis está densamente poblada por gentes de toda la galaxia, y muchos más la visitan como turistas o peregrinos. En tiempos pasados, como durante la Alta República, la ciudad era un santuario. Tras la caída de los Jedi y la República, la ciudad se sumió en el caos. La Ciudad Sagrada encuentra su fin en los últimos años de los Tiempos Oscuros, como primer sujeto de pruebas de la nueva superarma del Imperio.

Un destructor estelar de clase Imperial I llamado *Intrépido* planea a cientos de metros sobre la Ciudad Sagrada.

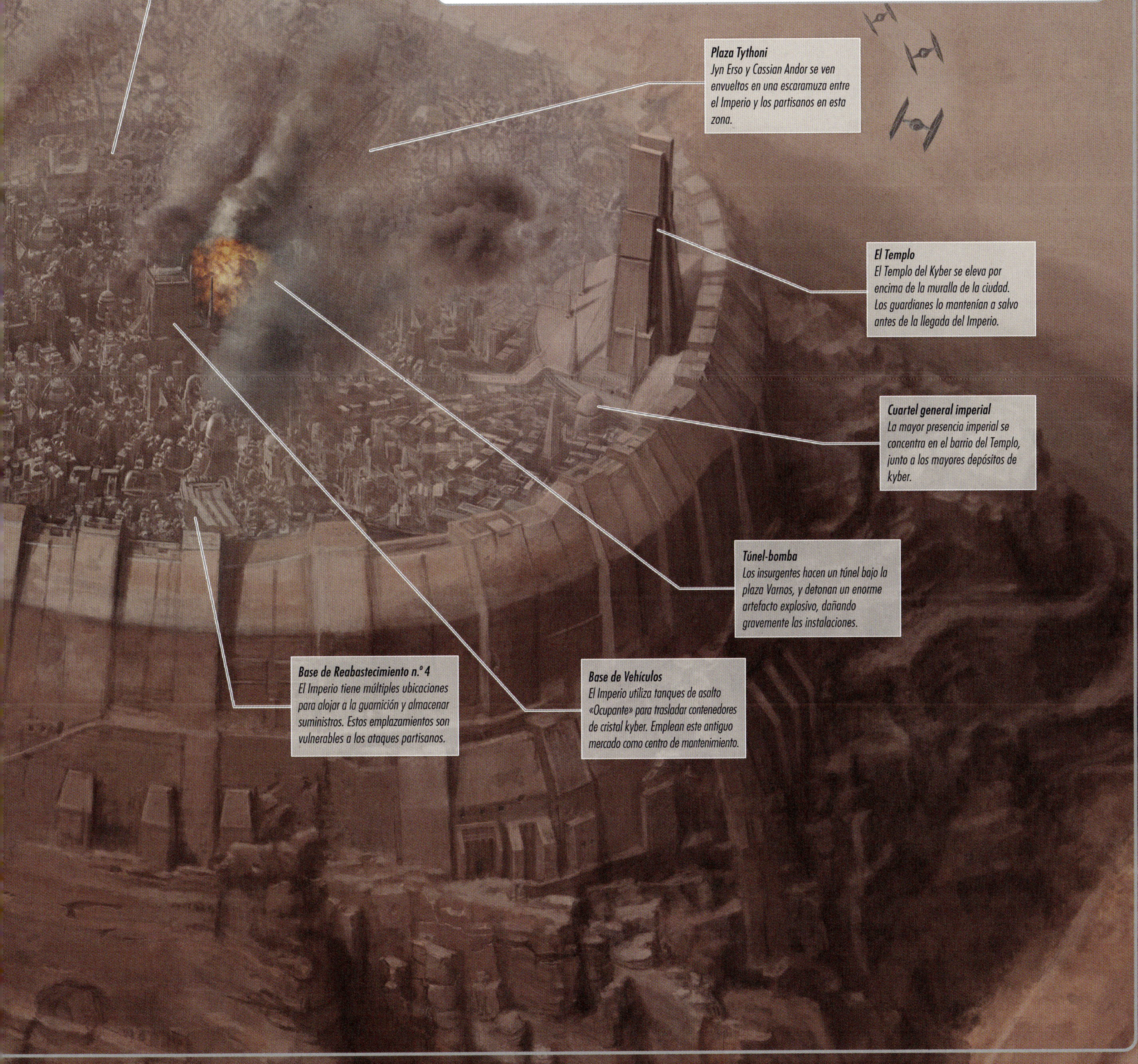

CASTILLO DE VADER

ELEVÁNDOSE SOBRE LOS RÍOS DE LAVA de Mustafar se encuentra el inimitable castillo de Darth Vader. Con dos agujas gemelas y lava fluyendo por el centro de su estructura, la silueta del castillo es idea del difunto Darth Momin, que habla a Vader desde el más allá a través de su antigua máscara. Es en esta fortaleza donde Vader persigue sus maquinaciones más personales y privadas. Está obsesionado con la idea de la resurrección y busca desesperadamente un modo de devolver la vida a su amada Padmé Amidala. Momin le jura que la estructura que ha diseñado le ayudará en su empeño, permitiéndole acceder a un nexo de la Fuerza sobre el que está construido el castillo.

CÁMARA CENTRAL

Vader recibe llamadas y holotransmisiones desde dos ubicaciones: la cámara central y su sala del trono. Ambos lugares emplean el paisaje infernal de Mustafar para intimidar a quienes llaman. En la cámara central, el vapor se eleva desde la estación alimentada por lava que hay debajo, creando una atmósfera asfixiante. En la sala del trono, tras el asiento de Vader, hay una vista panorámica del inhóspito paisaje del planeta rojo, que encaja con el malvado estilo del señor oscuro.

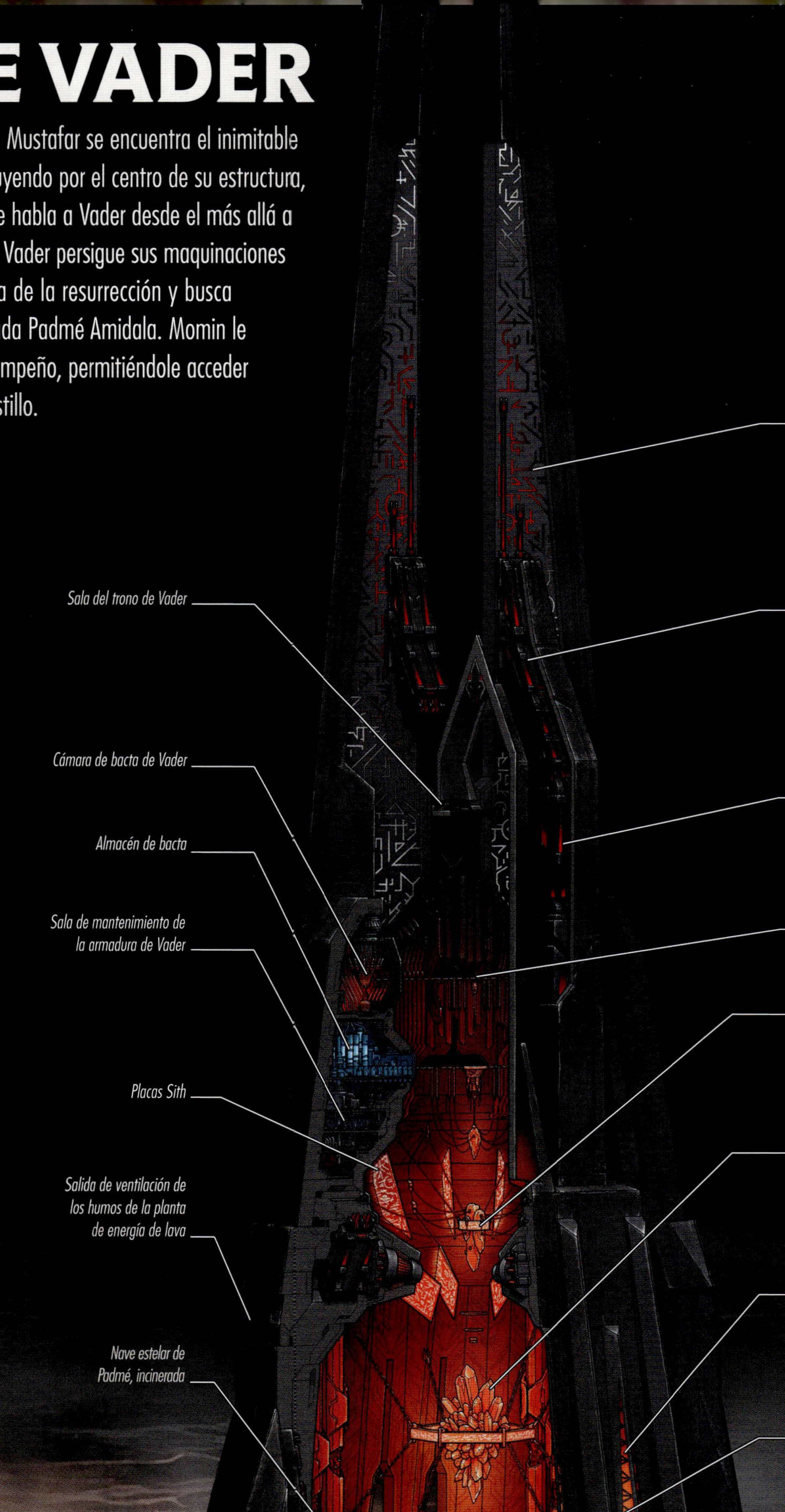

Vader convoca al director Orson Krennic a su castillo, y este le informa de las últimas novedades sobre el Proyecto Estrellita. Una invitación a la fortaleza es algo que todos los altos mandos imperiales temen.

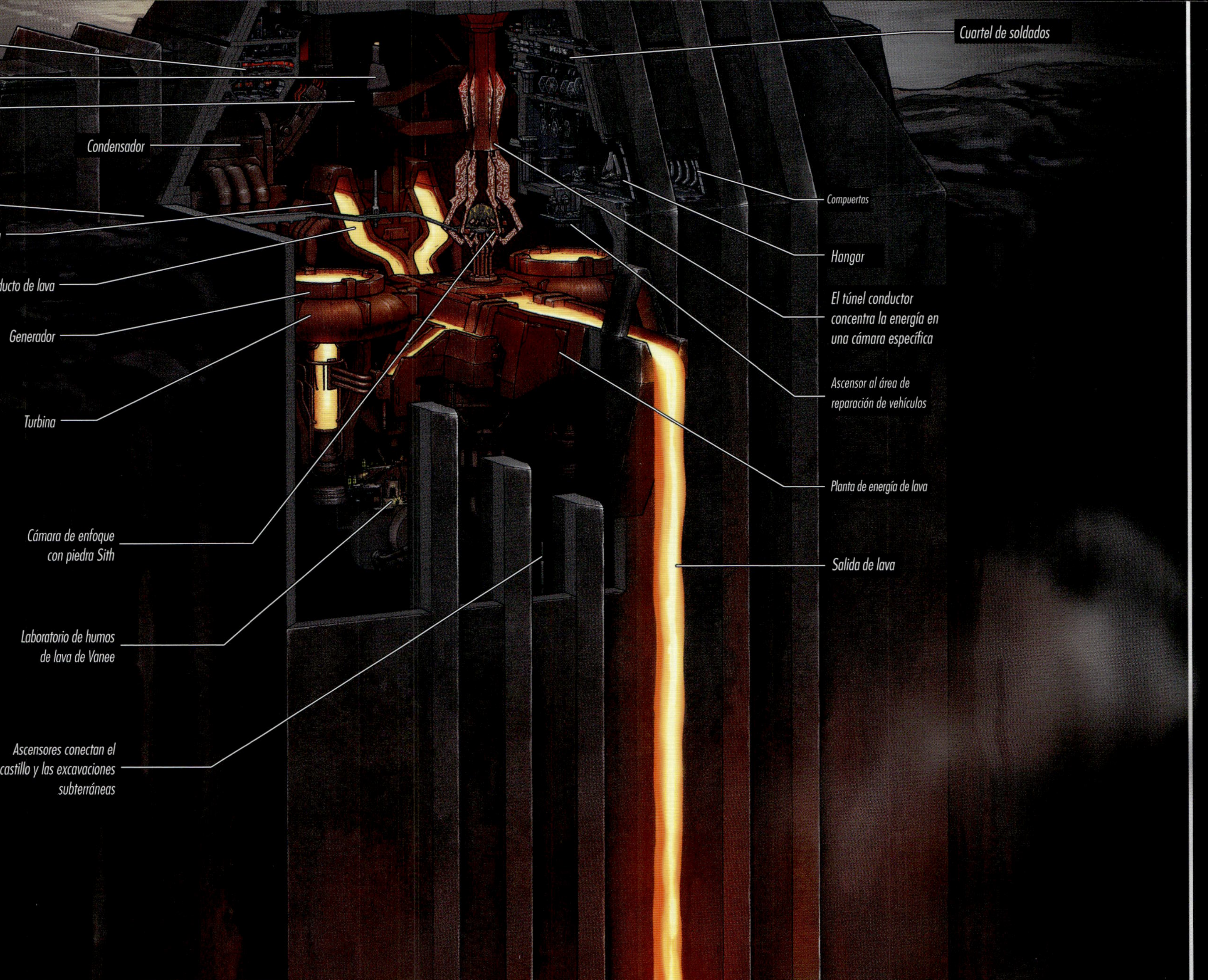

TANQUE DE BACTA

Quemado por la misma lava que fluye por su castillo, Vader se baña habitualmente en un tanque de bacta para curar su piel llena de cicatrices. Lleva años haciéndolo, lo cual refleja la gravedad de sus quemaduras. Aunque el bacta puede curar heridas superficiales, no puede reparar el daño causado a órganos internos como los pulmones.

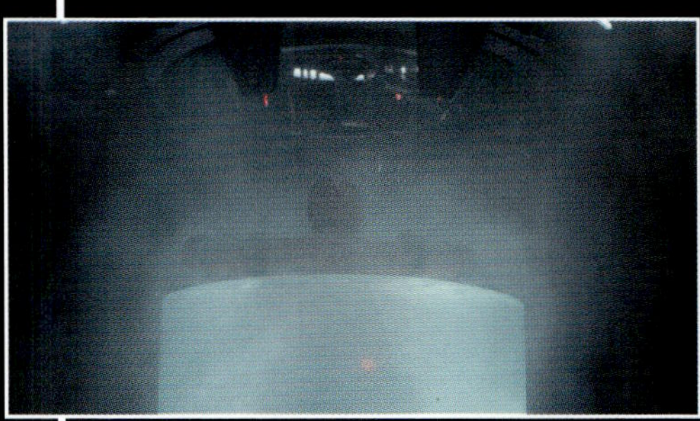

CASCADA DE LAVA

El castillo de Vader hace las veces de presa, impidiendo el flujo natural de la lava y usándola para crear energía que alimenta la fortaleza. En las entrañas del castillo, la lava se canaliza a través de una central eléctrica en la que hace girar las turbinas que suministran electricidad al castillo. La lava procesada fluye por el extremo opuesto en una llamativa cascada. Aunque lámparas y otros apliques adornan las paredes del castillo, algunas cámaras están iluminadas por el suave resplandor ambarino de la lava que fluye por la fortaleza.

SCARIF

EN LAS PROFUNDIDADES DEL BORDE EXTERIOR se halla el pintoresco planeta Scarif, con islas tropicales rodeadas de cálidos océanos de color azul turquesa. A pesar de ser idílico, este pequeño mundo está tan apartado que es poco popular como destino. Aunque no estaba completamente deshabitado durante el auge del Imperio, no resultó difícil para las fuerzas imperiales hacerse con él, pues apenas hallaron resistencia. Lejos de miradas indiscretas, el Imperio usa Scarif para archivar sus datos más sensibles en una cripta acorazada. Un escudo de energía con un único punto de entrada envuelve el planeta y restringe el acceso a la superficie.

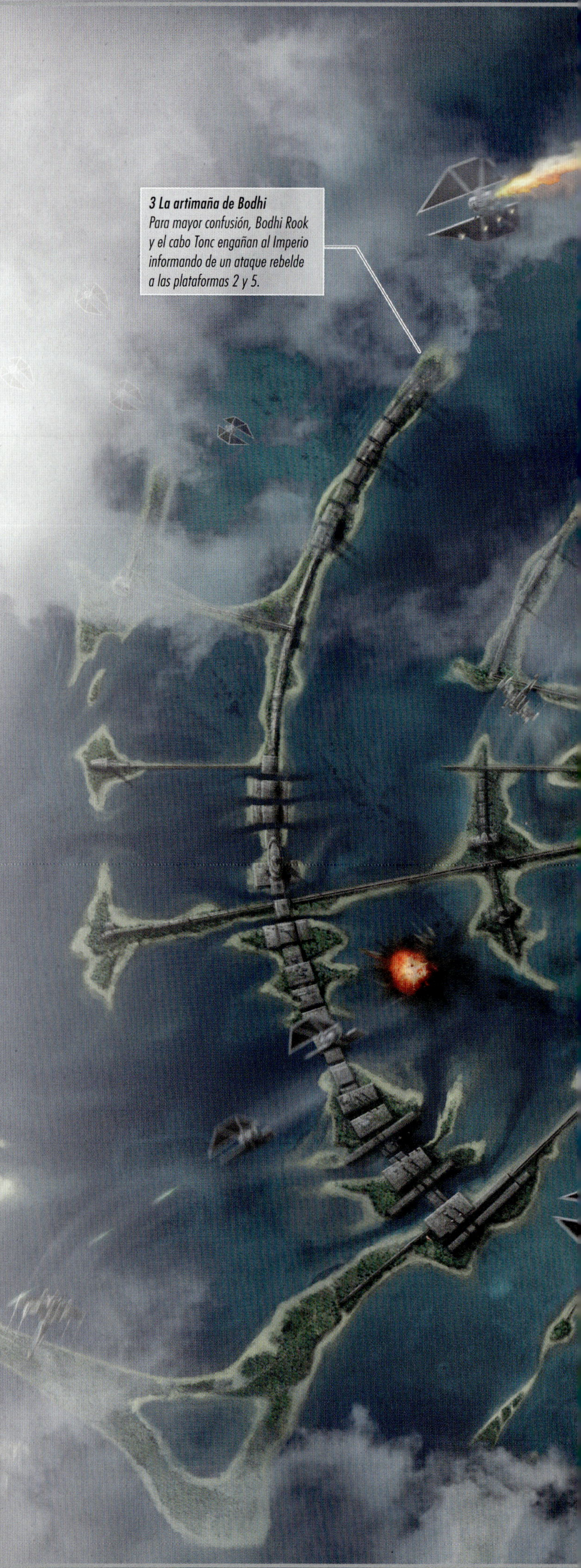

CRIPTA DE DATOS

En la cripta acorazada del Imperio en Scarif hay una gran cantidad de archivos, desde proyectos de armas experimentales hasta investigaciones científicas. En los últimos años de los Tiempos Oscuros, la recién creada Alianza Rebelde se entera de la existencia de la cripta y lanza un ataque improvisado a la base imperial para recuperar información vital para su causa.

TORRE DE LA CIUDADELA

Dominando las aguas de Scarif está la torre de la ciudadela, que alberga la cripta de datos. Está coronada por una antena de comunicaciones que requiere alineación para enviar mensajes fuera del mundo o más allá de la puerta del escudo. En el ataque rebelde a Scarif, agentes de incógnito se infiltran en la torre de la ciudadela. Consiguen robar los planos de la Estrella de la Muerte y los envían a la flota rebelde reunida más allá de la puerta del escudo.

La torre de la ciudadela es la construcción más alta del planeta: se eleva cientos de metros sobre el nivel del mar.

0 250 m
0 500 m

BATALLA DE SCARIF

La infiltración rebelde, también conocida como batalla de Scarif, viola uno de los activos imperiales mejor protegidos cuando un equipo encubierto consigue atravesar el escudo. A continuación la flota rebelde se concentra en el exterior de la puerta sobre Scarif. Mientras algunas naves pequeñas como Ala-X y Ala-Y consiguen atravesar la puerta antes de que la sellen, el resto de la flota se enfrenta a los imperiales fuera, mientras intenta ayudar a sus aliados del otro lado. Aunque los rebeldes tienen éxito, la Estrella de la Muerte llega y desata su castigo sobre el planeta y quienes quedan atrás.

El Escuadrón Azul proporciona apoyo aéreo a las tropas rebeldes en tierra, que están siendo atacadas por cazas imperiales.

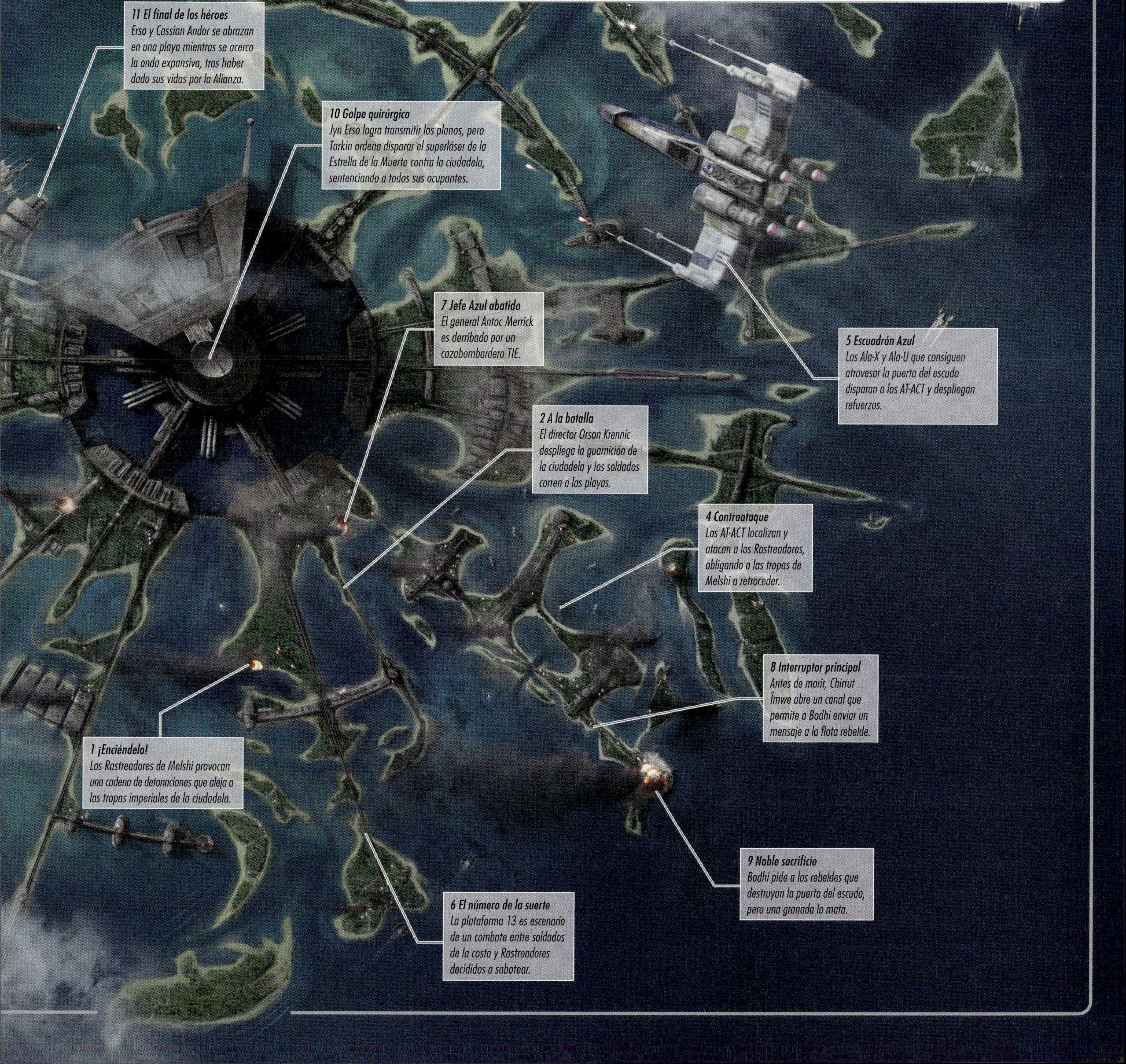

PRUEBAS EN TATOOINE

EL MUNDO DESÉRTICO de Tatooine, un globo amarillo abrasado por el calor de dos soles gemelos, es un planeta tan desolado como cualquier otro del Borde Exterior. Agostado durante el día, casi helado por la noche, nunca habría sido colonizado por los humanos si no fuera porque sus lechos marinos, desaparecidos hace mucho tiempo, sugerían la posibilidad de albergar riquezas minerales, lo que atrajo a unos pocos y desesperados colonos del Núcleo. Las incursiones de los tusken y las estafas de los jawas fueron los primeros indicios de que aquellos habían hecho una mala apuesta, pero aun así se quedaron. Aprovechando la poca humedad del aire, los campesinos se adaptaron a aquella vida adversa y aceptaron a los contrabandistas, esclavistas y forajidos que les siguieron.

8 Al volver a Tatooine para rescatar a Han Solo de Jabba el Hutt, Luke Skywalker, ahora caballero Jedi, es capturado y obligado a saltar al pozo de Carkoon, guarida del sarlacc. Luke se prepara para coger en el aire la espada de luz que le lanzará R2-D2 desde la cubierta de la barcaza de Jabba.

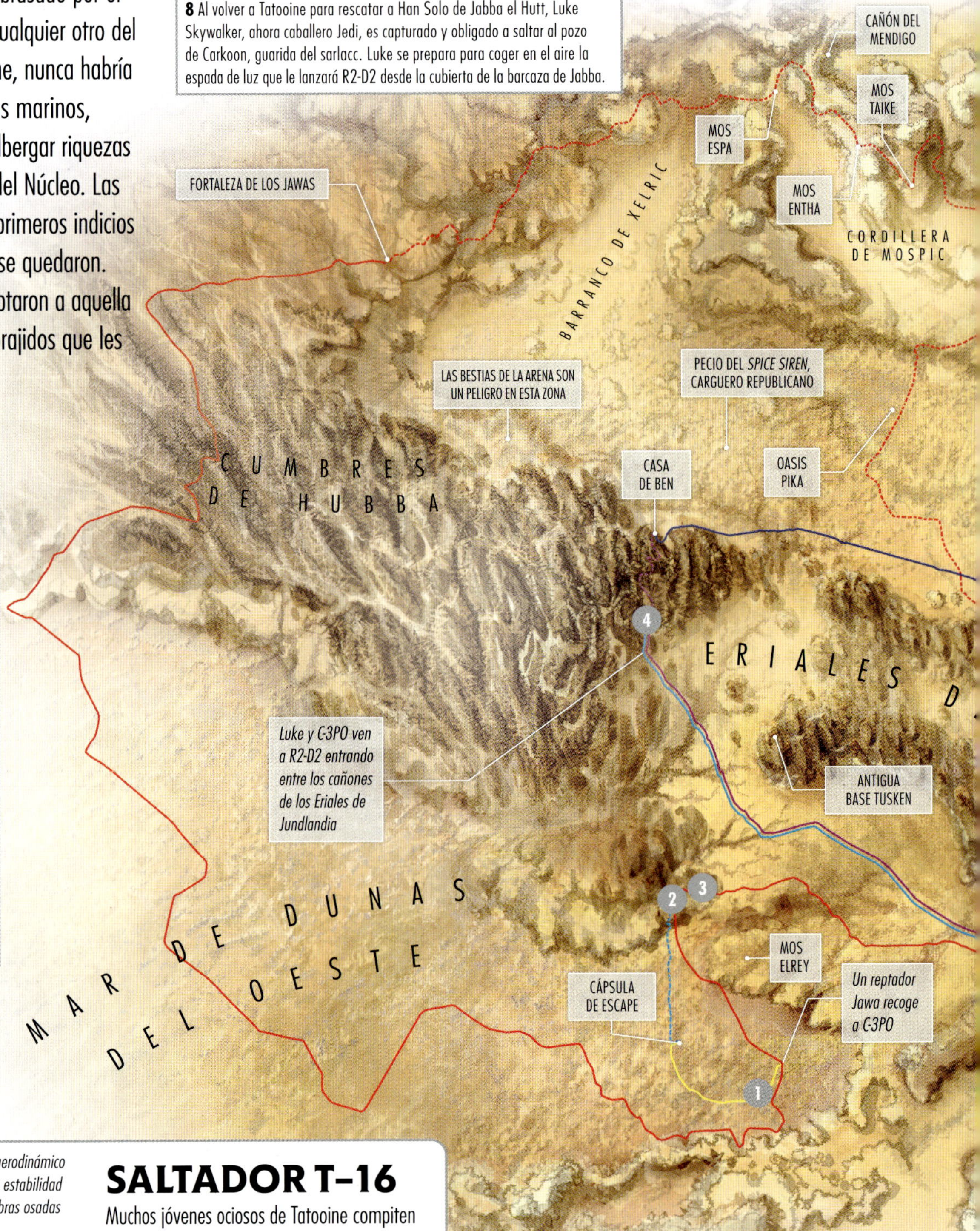

CLAVE DE LAS RUTAS

- Recorrido de C-3PO
- Recorrido de R2-D2
- Circuito del reptador jawa
- Parte del circuito interrumpido del reptador jawa
- Ruta de huida de R2-D2 desde casa de Lars
- Luke y C-3PO siguen la huella de R2-D2 en deslizador
- Ben, Luke y los droides van a casa de Ben
- Luke, Obi-Wan y los droides se dirigen hacia Anchorhead
- Luke corre a casa (y vuelve)
- Luke lleva a Obi-Wan y los droides a Mos Eisley
- Barcaza de Jabba

SALTADOR T-16

Muchos jóvenes ociosos de Tatooine compiten con saltadores, impulsados únicamente por la emoción. Elevado por repulsores, impulsado con ayuda de un motor iónico y dotado de un sistema de cañón neumático, el saltador modificado de Luke es el vehículo perfecto para volar rápidamente a Bestine o buscar ratas womp en las cumbres de Jawa. Luke aprecia tanto su saltador que cuando daña su alerón juega con un modelo a escala que tiene desde niño.

1 Después de discutir con R2-D2 sobre cuál es el mejor itinerario, C-3PO se marcha solo. Con las articulaciones casi congeladas, sube con esfuerzo a una duna de arena en la que ve los huesos blanqueados de un gran dragón krayt, típico de los Eriales de Jundlandia.

7 Junto con Obi-Wan y los droides, Luke se dirige a Mos Eisley, realizando solo una breve parada para mirar el espaciopuerto desde un risco elevado. Aunque es la mejor oportunidad que tienen de encontrar transporte para salir de Tatooine, Obi-Wan recomienda tener cuidado pues la ciudad está llena de delincuentes.

DESLIZADOR SOROSUUB X-34

Los deslizadores terrestres son un transporte personal común en Tatooine. Aunque lo ha reemplazado el XP-38, el «Treinta y cuatro» sigue considerándose un clásico debido a su diseño sin florituras y su potente motor. Aun sin modificaciones, el X-34 alcanza velocidades de 250 km/h y es muy maniobrable en espacios reducidos.

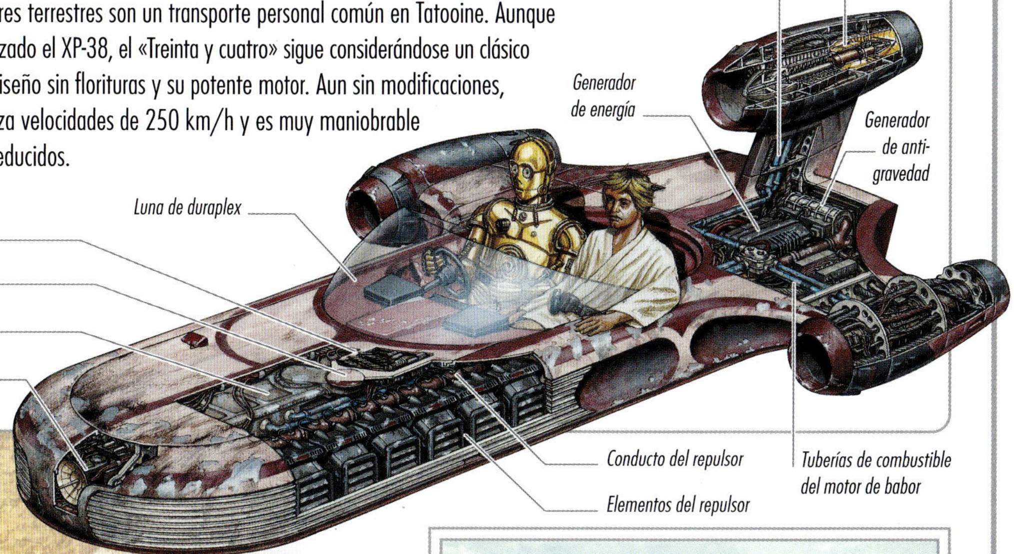

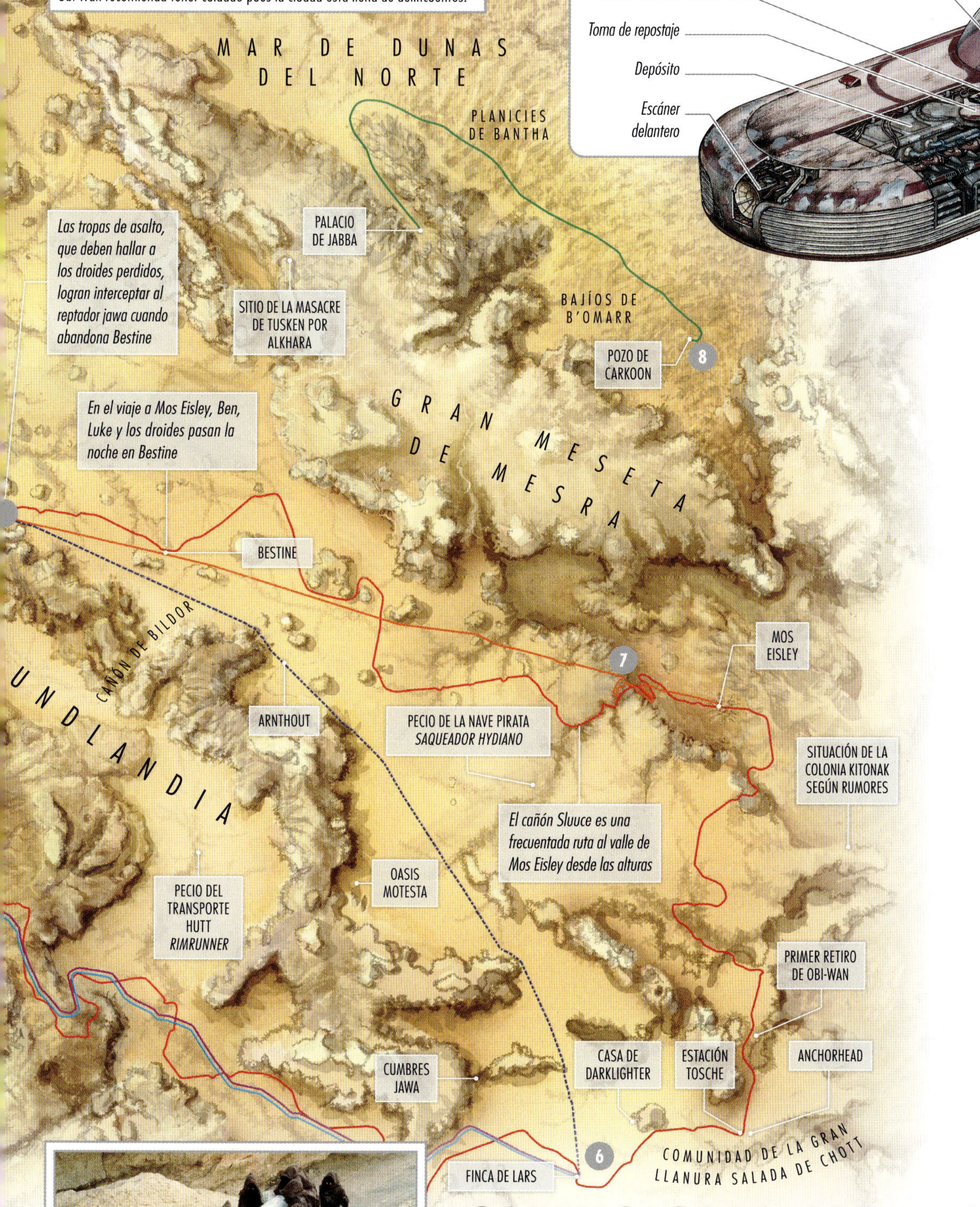

Las tropas de asalto, que deben hallar a los droides perdidos, logran interceptar al reptador jawa cuando abandona Bestine

En el viaje a Mos Eisley, Ben, Luke y los droides pasan la noche en Bestine

El cañón Sluuce es una frecuentada ruta al valle de Mos Eisley desde las alturas

6 Al regresar a casa, Luke descubre que han incendiado la granja de Lars y encuentra los cuerpos de sus padres adoptivos, el tío Owen y la tía Beru. Con su vida reducida a cenizas, un Luke atenazado por el dolor decide abrazar las enseñanzas de la Fuerza y convertirse en Jedi... como su padre.

5 Revivido por Obi-Wan de los golpes del bastón gaffi de un tusken, Luke ofrece a Ben llevarlo en su deslizador al asentamiento de Anchorhead. Por el camino se encuentran con un reptador averiado y su tripulación jawa masacrada por tropas imperiales, posiblemente en busca de los droides.

4 Los dos droides terminan en poder de los Lars, cultivadores hidropónicos. Al abrigo de la oscuridad, R2-D2 huye del sitio y va en busca de Obi-Wan Kenobi. A la mañana siguiente, Luke lo busca con C-3PO pero es interceptado por una banda de tusken.

LOS PELIGROS DEL DESIERTO

Tatooine es un mundo de peligros, con sus vastas extensiones despobladas de roca y arena, carreteras primitivas y rutas de aerotren apenas señalizadas, y los callejones sin luz de sus principales asentamientos. La seguridad es tan escasa como el agua, y los asaltos, robos y secuestros son constantes. Los viajeros descuidados se arriesgan a que les disparen los tusken; bandas de delincuentes despojan de sus ganancias a los agricultores hidropónicos, y un droide solitario debe temer siempre su secuestro por los jawas. Las autoridades de Tatooine están desbordadas para lidiar con delitos menores, y a las tropas imperiales les importa un comino.

2 Al atardecer, las temperaturas de Tatooine bajan mucho, los oscuros cañones rocosos se llenan de ruidos inquietantes y hasta R2-D2 se ve obligado a cambiar de ruta. Tras inmovilizarlo con un rayo de iones, un grupo de emprendedores jawa liderados por Dathcha se lleva al astromecánico.

3 En el brumoso horizonte, el sol se refleja en la carrocería de un gran reptador. Antaño utilizados por colonos mineros, y luego abandonados, ahora estos transportes a vapor llevan clanes de jawas que buscan objetos mecánicos, siempre alertas en busca de cosas que puedan recuperar o robar.

LA FINCA DE LARS

LAS SOMBRAS SE ACORTAN al alzarse los soles gemelos de Tatooine sobre los Eriales de Jundlandia, en cuyo extremo sur varias decenas de granjas hidropónicas forman la comunidad de la Gran Llanura Salada de Chott. Fundada por Lef y Gredda Lars, la granja pertenece ahora a su nieto Owen y su esposa Beru. La vivienda subterránea es un laberinto de cuartos con amplias zonas de almacenamiento y un jardín hidropónico que da beneficios marginales. Quemada por el calor del mediodía y azotada por los vientos, la cúpula de entrada en gres y los humidificadores son la única excepción a la monotonía del lecho marino seco.

Luke plantea el difícil tema de cuándo podrá entrar en la Academia, sin saber que muy pronto su vida cambiará para siempre.

UNA GRANJA TÍPICA

Rodeada de monitores climáticos básicos y sensores de movimiento, la finca ocupa un trecho blanqueado de riscos bajos y suelo duro. Muchos de los humidificadores plantados en la arena tienen décadas de uso y requieren un constante mantenimiento. Para conservar la energía de la radiación solar y de los pequeños generadores de fusión celular, la vivienda se cierra al caer la noche; tan solo funcionan los sensores perimetrales que detectan la presencia de tusken y monstruos del desierto.

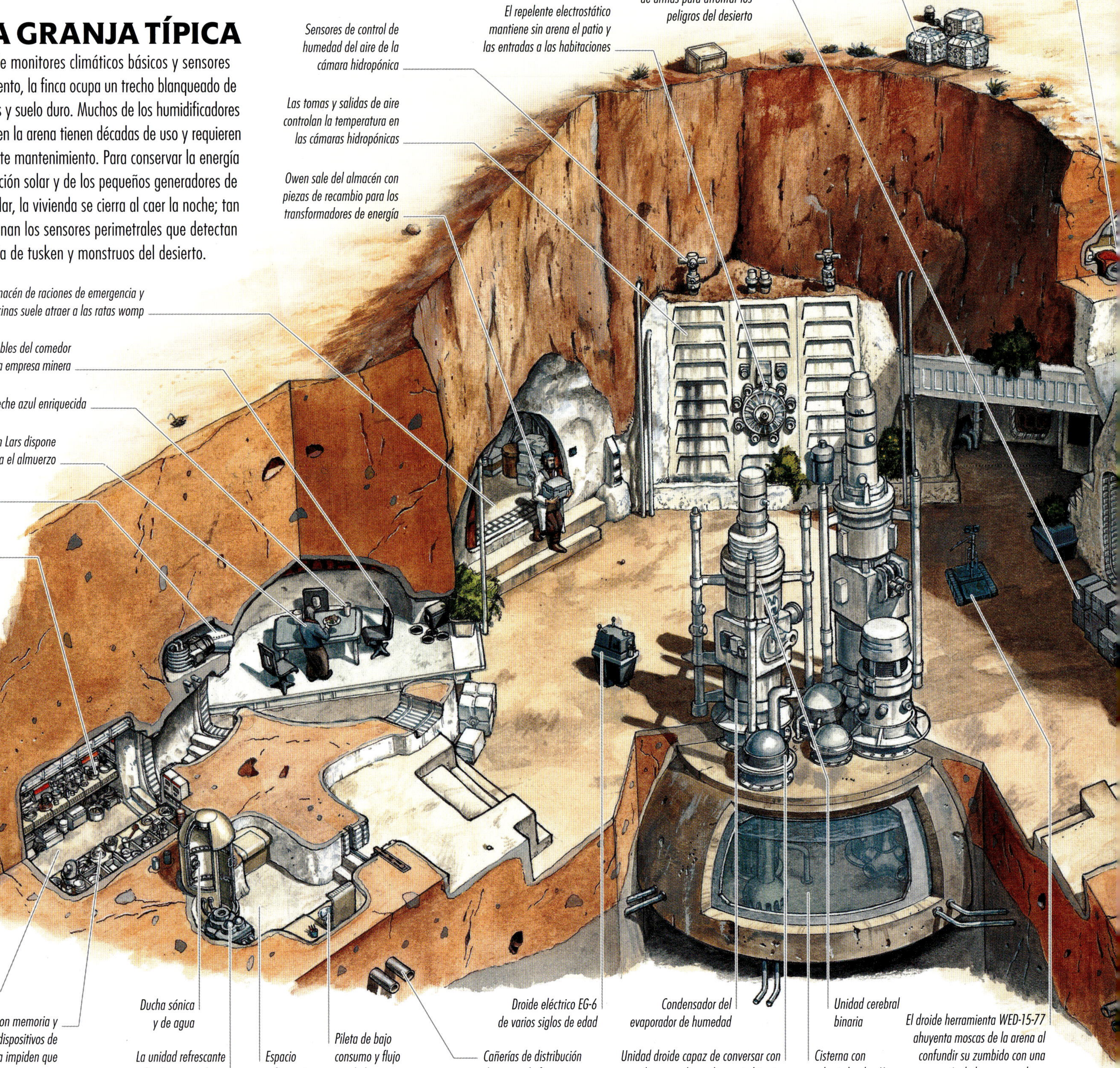

CULTIVOS HIDROPÓNICOS

Atraídos por la promesa de extraer las riquezas minerales de Tatooine, los primeros colonos tuvieron que adaptarse a la dureza del planeta e imaginar cómo obtener agua del reseco aire. Situados de forma óptima (a una distancia mínima de 250 metros uno del otro), los evaporadores de agua Pretormin Environmental GX-8 pueden recoger 1,5 litros al día, incluso en atmósferas en que la humedad es de solo el 1,5 %. Los evaporadores de la finca de los Lars rara vez consiguen cantidades que puedan venderse con ganancia, pero el agua obtenida es suficiente para mantener a la familia y sus jardines hidropónicos.

EL ALTO PRECIO DEL AGUA

El agua no es barata en Tatooine: un solo evaporador puede costar hasta 500 créditos. Alimentado por células de energía solar recargables, el evaporador, de 3,5 metros de altura, extrae humedad del aire a través de condensadores refrigerados, o barras enfriadoras, que generan campos de ionización de baja energía. Luego, la gravedad bombea a las cisternas el agua acumulada en los condensadores. Los modelos Pretormin, de gran calidad, incluyen ordenadores que alteran la fuerza de los campos de refrigeración e ionización para compensar cambios en la velocidad del viento y la temperatura. Los ordenadores también permiten que las unidades se comuniquen mediante lenguaje binario y una interfaz droide. Las granjas obtienen este indispensable artículo de grupos ambulantes de chatarreros tecnológicos jawas.

FUENTE DE ENERGÍA

La Estación Tosche provee a los granjeros de la mayor parte de la energía necesaria para sus casas y evaporadores. También es un punto de recarga de deslizadores y repulsores.

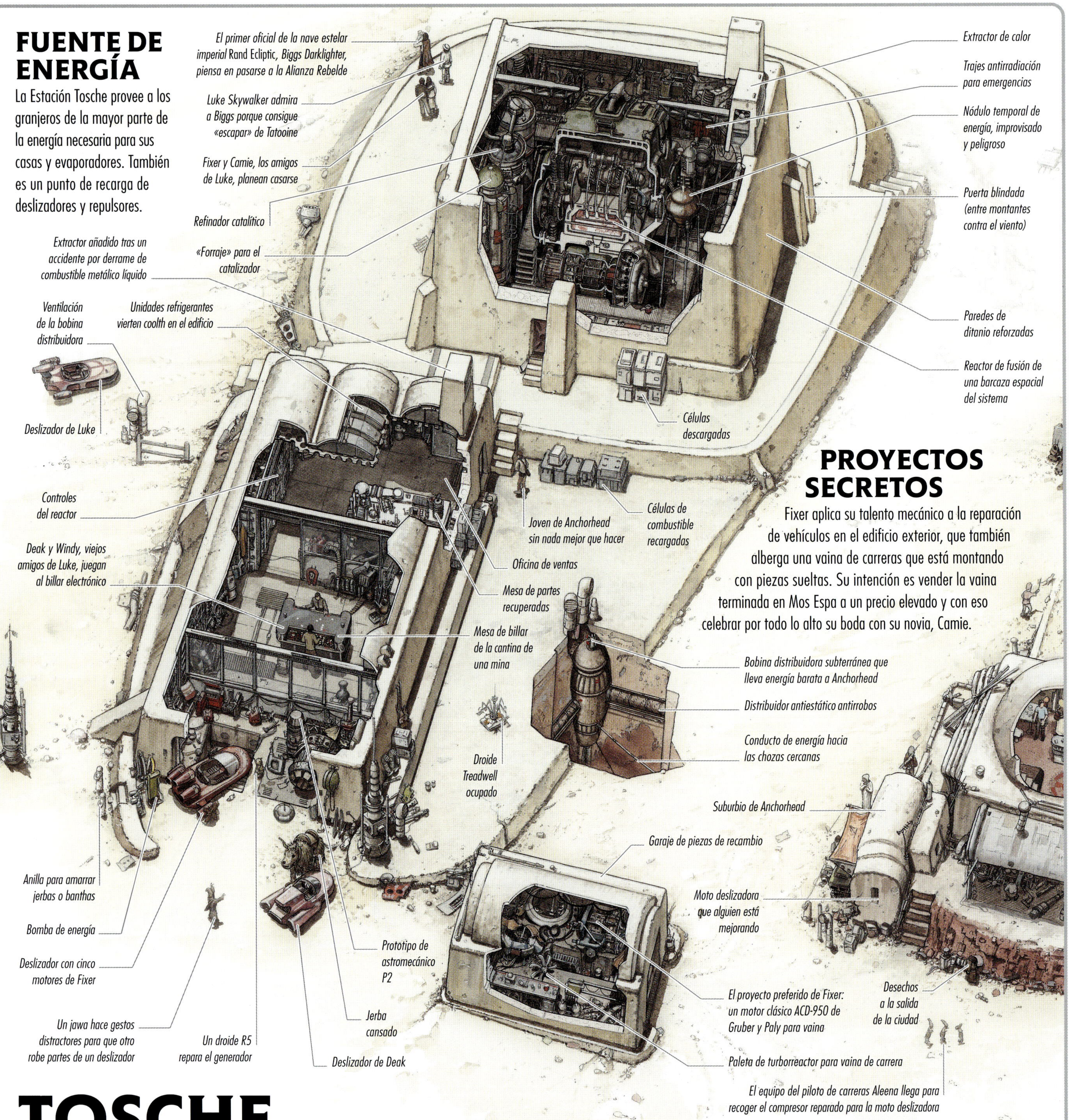

PROYECTOS SECRETOS

Fixer aplica su talento mecánico a la reparación de vehículos en el edificio exterior, que también alberga una vaina de carreras que está montando con piezas sueltas. Su intención es vender la vaina terminada en Mos Espa a un precio elevado y con eso celebrar por todo lo alto su boda con su novia, Camie.

TOSCHE

SIEMPRE QUE PUEDE, Luke Skywalker viaja a la Estación Tosche para ver a sus amigos. El lugar, en las afueras de Anchorhead, está gestionado por el amigo mecánico de Luke, Laze «Fixer» Loneozner. Como los clientes son escasos y el dueño, Merl Tosche, se presenta pocas veces, Fixer y sus amigos se pasan los días hablando, manipulando sus deslizadores y saltadores y jugando al billar electrónico.

Luke trata de convencer a su amigo de la infancia Biggs Darklighter de que ha sido testigo de una feroz batalla por encima de Tatooine.

LA CASA DE BEN

TATOOINE ESTÁ SALPICADO de viviendas construidas por aquellos que buscan zonas productivas con condensación nocturna más abundante que la media. Tras una única y dura temporada, esos agricultores hidropónicos suelen regresar a zonas más seguras y pobladas. Una de esas casas abandonadas, erigida sobre una cueva bien protegida, fue el hogar de un caballero Jedi oculto: Obi-Wan «Ben» Kenobi.

La casa de Ben se halla sobre un remoto risco en los Eriales de Jundlandia, rodeada por el Mar de Dunas del Oeste. El pueblo más cercano es Bestine.

CON LO BÁSICO

La sencilla casa de Ben Kenobi consta de una única estancia en la que vive y duerme. Para almacenar comida y agua utiliza el sótano natural, y en su taller construye aparatos mecánicos para comerciar con los jawas.

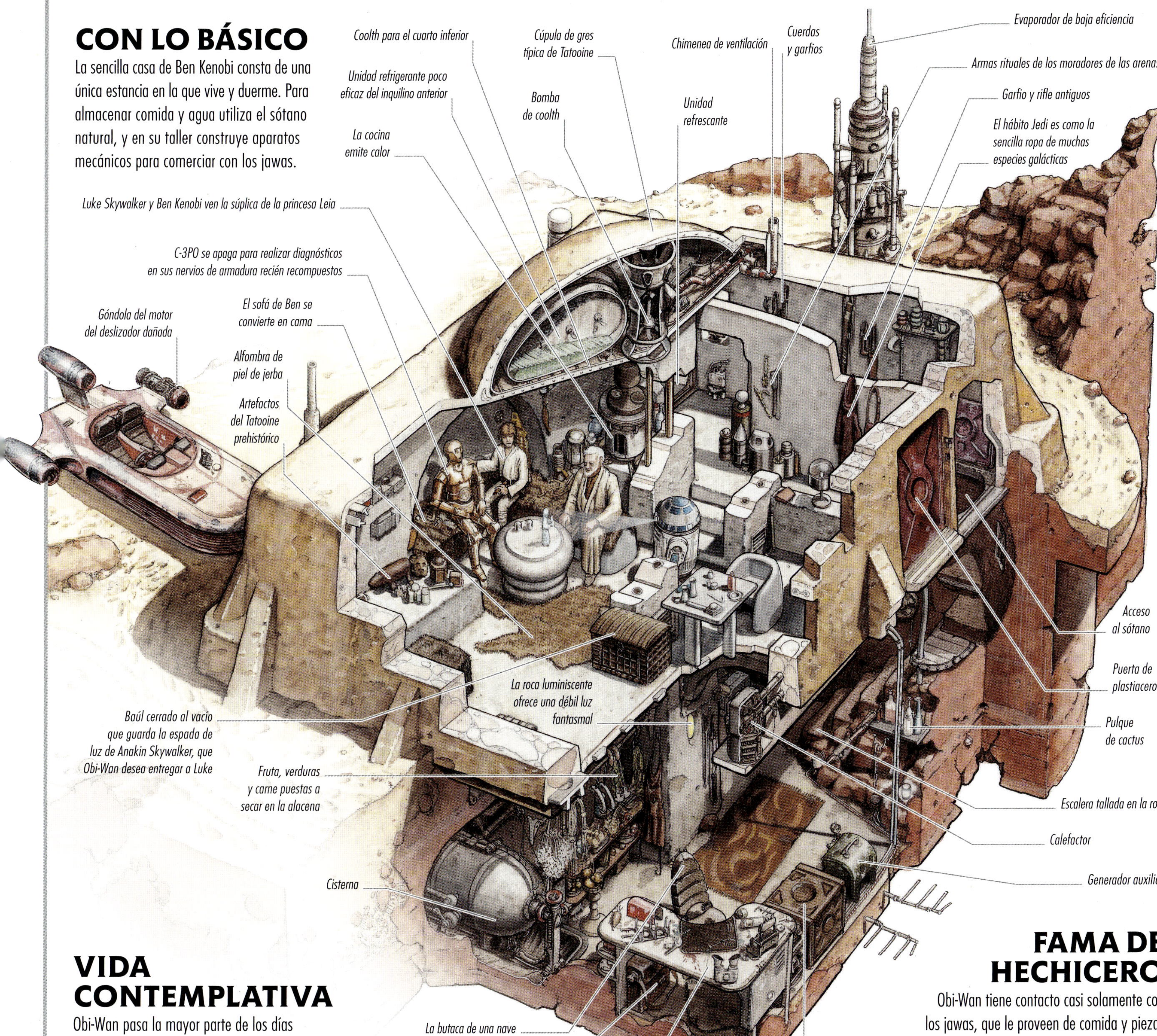

VIDA CONTEMPLATIVA

Obi-Wan pasa la mayor parte de los días meditando y comunicándose con Qui-Gon Jinn. Ya no lleva un eopie; cuando tiene que comprar provisiones, viaja con jawas amigos, llegando hasta la ruta del aerotren a Mos Eisley.

FAMA DE HECHICERO

Obi-Wan tiene contacto casi solamente con los jawas, que le proveen de comida y piezas de recambio, pero su fama de brujo hace que muchos jawas y moradores de las arenas lo eviten. Hay quienes, por miedo, traen regalos al Viejo Ben con intención de apaciguarlo.

MOS EISLEY

EL ANÁRQUICO ESPACIOPUERTO de Mos Eisley ocupa un vasto valle al sudeste de los Eriales de Jundlandia en Tatooine. Originalmente tenía forma de rueda e incluía un mercado muy popular junto a los distribuidores de agua y energía. Ahora, en los bazares y chatarrerías del barrio nuevo se encuentran gangas en evaporadores, unidades de enfriamiento y productos hidropónicos. El corazón del espaciopuerto es la cantina de Chalmun.

11 Han Solo ha cerrado trato con Obi-Wan y Luke para llevarlos a Alderaan, cuando ve a Jabba el Hutt y su banda de mercenarios y cazarrecompensas esperándolo en el Muelle 94. Han negocia con el Hutt un último plazo para pagarle un cargamento de especia que se vio obligado a echar por la borda.

TRÁFICO URBANO

Al carecer de una zona de aterrizaje central, Mos Eisley está llena de muelles de atraque, muchos lo bastante grandes para albergar cargueros espaciales. Los 362 muelles están controlados por el prefecto de la ciudad y algunos agentes de aduana con exceso de trabajo.

1 Luke Skywalker se dirige a Mos Eisley en su deslizador con Ben Kenobi, C-3PO y R2-D2. La zona es un suburbio de casas de gres en ruinas poblada por ocupantes ilegales, granjeros hidropónicos fracasados, chatarreros y delincuentes que han marchado a Tatooine a perderse o a reinventarse.

2 Equipos de droides ASP-7 ayudan a cargar un transportador mediano para uso civil GR-45 de Astilleros Gallofree. Con una programación sencilla y equipados con pies magnéticos, manos como garras y sintetizadores de voz, los ágiles droides habrán cargado la nave al caer la tarde.

3 Conocedor de la ciudad por visitas anteriores, Obi-Wan lleva a Luke a la cantina de Chalmun, al otro lado de la ciudad. En el cruce de la calle Curva Exterior y la calle Recta, en el nuevo centro, el paisaje urbano se compone de hoteles, casinos y edificios altos construidos por empresas de otros mundos.

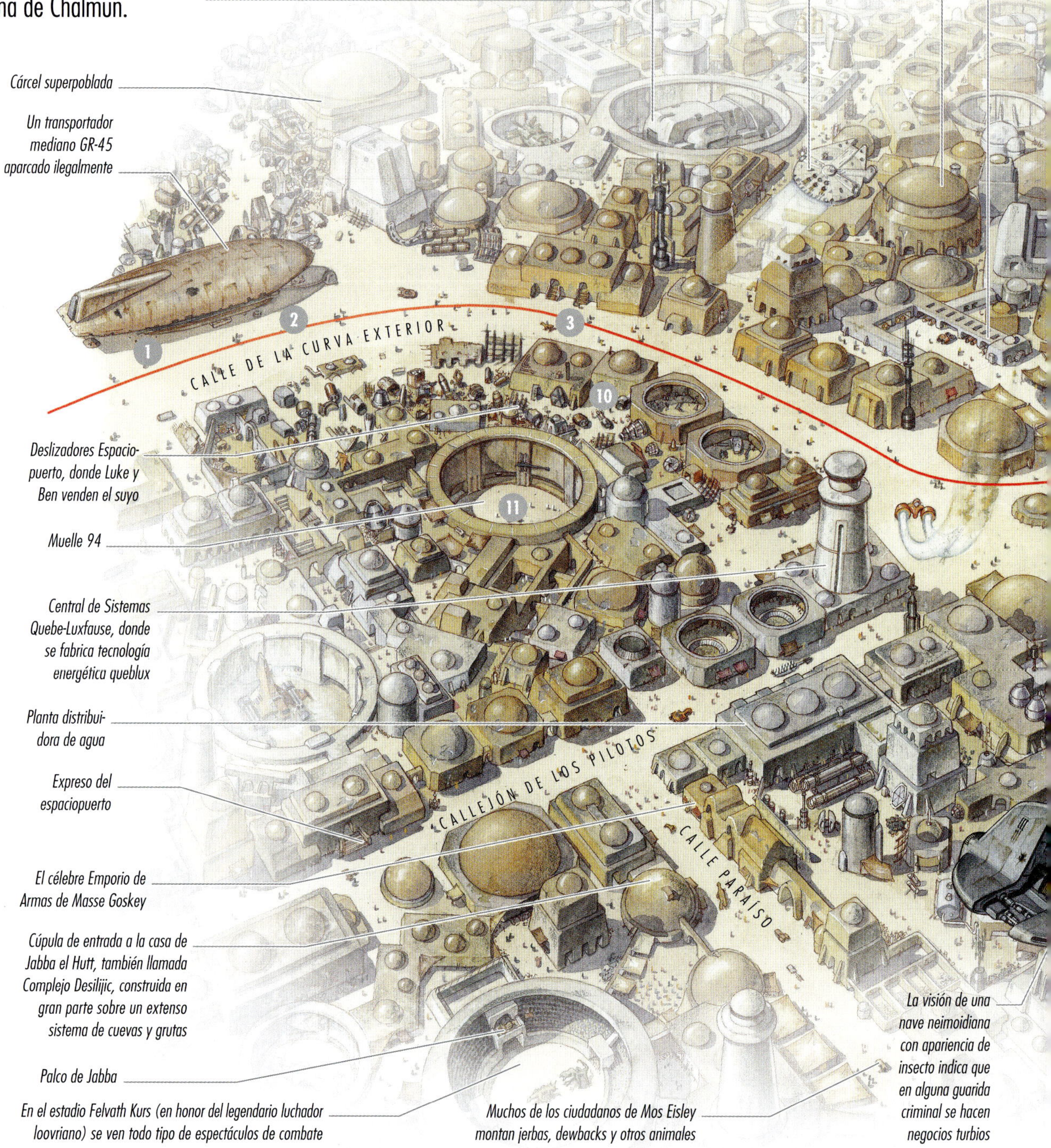

DESDICHA DE LA CIUDAD

Refugio habitual de pilotos espaciales, ladrones, contrabandistas y canallas de todas las especies y variedades, Mos Eisley se jacta de ser un sitio de escoria y villanía. Cuando las carreras de vainas pasaron de moda, la fortuna sonrió al espaciopuerto, y traficantes de esclavos y delincuentes como Jabba el Hutt dejaron Mos Espa, el epicentro deportivo del norte. La prolongada presencia de Jabba atrajo a las empresas de diseño de naves estelares Ubrikkian y Queblux y ambas construyeron altos edificios en el corazón de la ciudad vieja.

4 Luke conduce el deslizador por la calle Recta hacia lo que una vez fue el corazón de la ciudad vieja. Tan variados como los vehículos y los droides, los residentes y visitantes de Mos Eisley llegan a Tatooine de mundos cercanos como Ryloth y Piroket y tan distantes como Nar Shaddaa y Ord Mantell.

5 Asustado por una barredora-S pilotada temerariamente, un ronto recula para evitar una colisión y descabalga a su pareja de jawas. Animales como rontos, banthas, dewbacks, jerbas y eopies son tan comunes en Mos Eisley como los deslizadores y saltadores o las naves espaciales que llegan y se van.

AVISPERO GALÁCTICO

Los granjeros hidropónicos llevan sus cosechas a Mos Eisley solo si hay demasiado ajetreo en los mercados de Bestine, la capital. Famosos por aceptar sobornos, los funcionarios de aduanas poco hacen por frenar el contrabando de especias, armas y otras mercancías proscritas que pasan por Tatooine de camino a otros mundos. A veces Ben Kenobi viaja a Mos Eisley para conocer las últimas noticias del Imperio y las viles andanzas de su antiguo aprendiz Anakin Skywalker, ahora Darth Vader.

10 Famoso en Mos Eisley por su habilidad como espía, un forastero con trompa de Kubindi llamado Garindan se pega a Luke y Ben cuando venden el deslizador familiar para acudir a su cita con los pilotos Han Solo y Chewbacca en el Muelle de atraque 94.

9 Escuadrones de tropas de asalto con droides patrulla repulsores Mark IV y armados con blásteres de repetición Blastech E-11, DLT-19 y T-21 buscan a los droides fugitivos, incluso de casa en casa. C-3PO y R2-D2 se ven obligados a esconderse en el laberinto de callejuelas para no ser capturados.

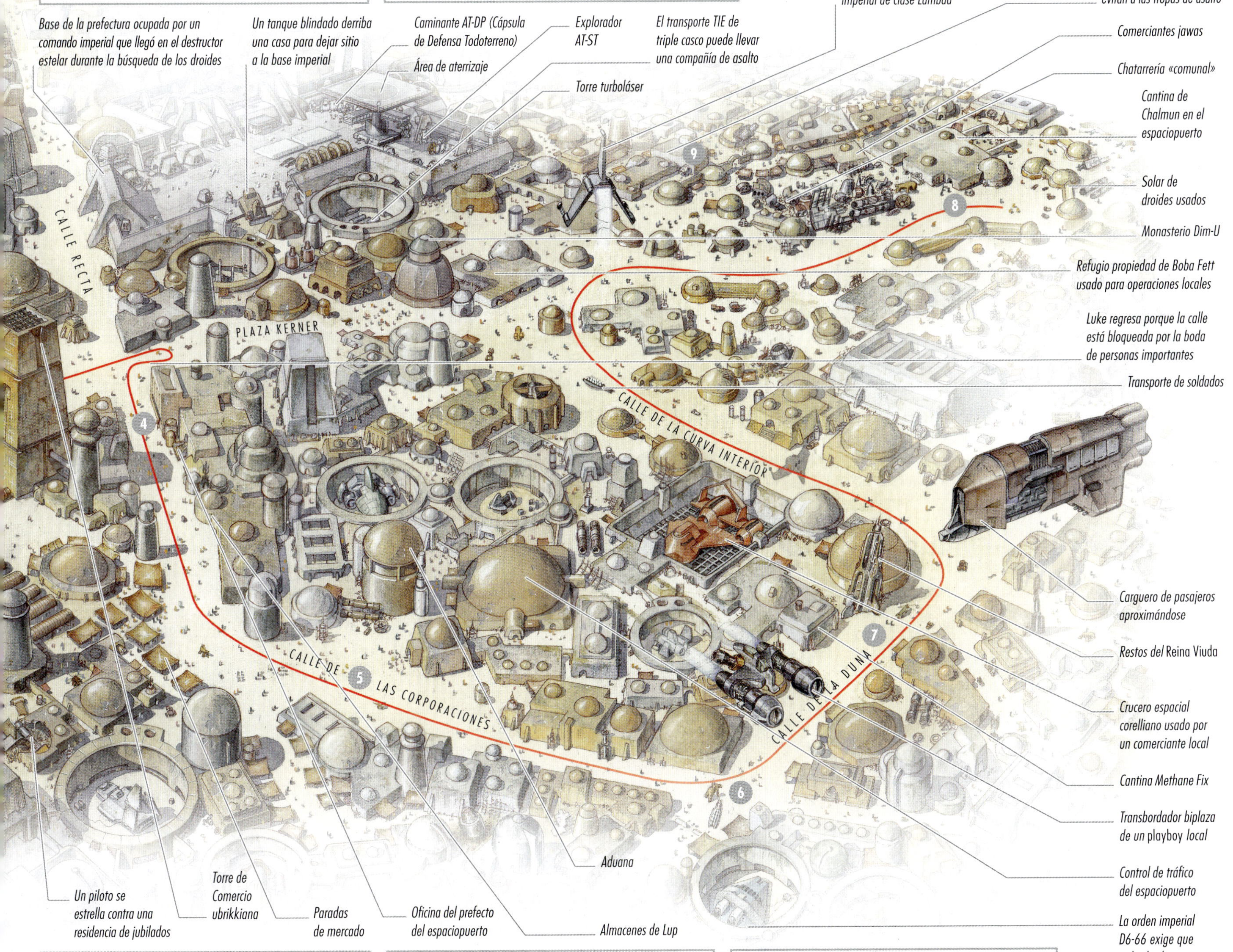

6 En un punto de control establecido por las tropas de asalto, Ben utiliza un truco mental Jedi para convencer a los soldados imperiales de que no necesitan comprobar su identidad ni la de Luke, ni saber cuánto hace exactamente que poseen los dos droides.

7 La nave colonial *Reina Viuda* sobresale entre cúpulas bajas y muelles de atraque en forma de cráteres. La nave espacial volcada es una de las muchas que, tras estrellarse en la superficie del planeta, se han convertido en hitos en Mos Eisley o bien han sido ocupadas.

8 Mientras Luke y Obi-Wan buscan un piloto experimentado con una nave rápida, R2-D2 y C-3PO (a los que han echado de la cantina de Chalmun) se esconden en un solar para droides viejos de un grupo de asalto que los busca.

CLAVE DE LA RUTA

Luke, Obi-Wan y los droides (en el deslizador) ——

EL COTO PRIVADO DE CHALMUN

En pocos años, Chalmun pasó de luchador callejero a dueño de un bar gracias a estafar a turistas sin suerte en los casinos de Ord Mantell. Su despacho en la cantina tiene lo indispensable: una shisha, blásteres y ballestas varios, y una provisión constante de especias de primera. Chalmun entretiene en su bar privado a los amigos del Hutt y a unos pocos corredores de carreras de vainas ya retirados mientras sus secuaces observan a la clientela desde una sala de vigilancia.

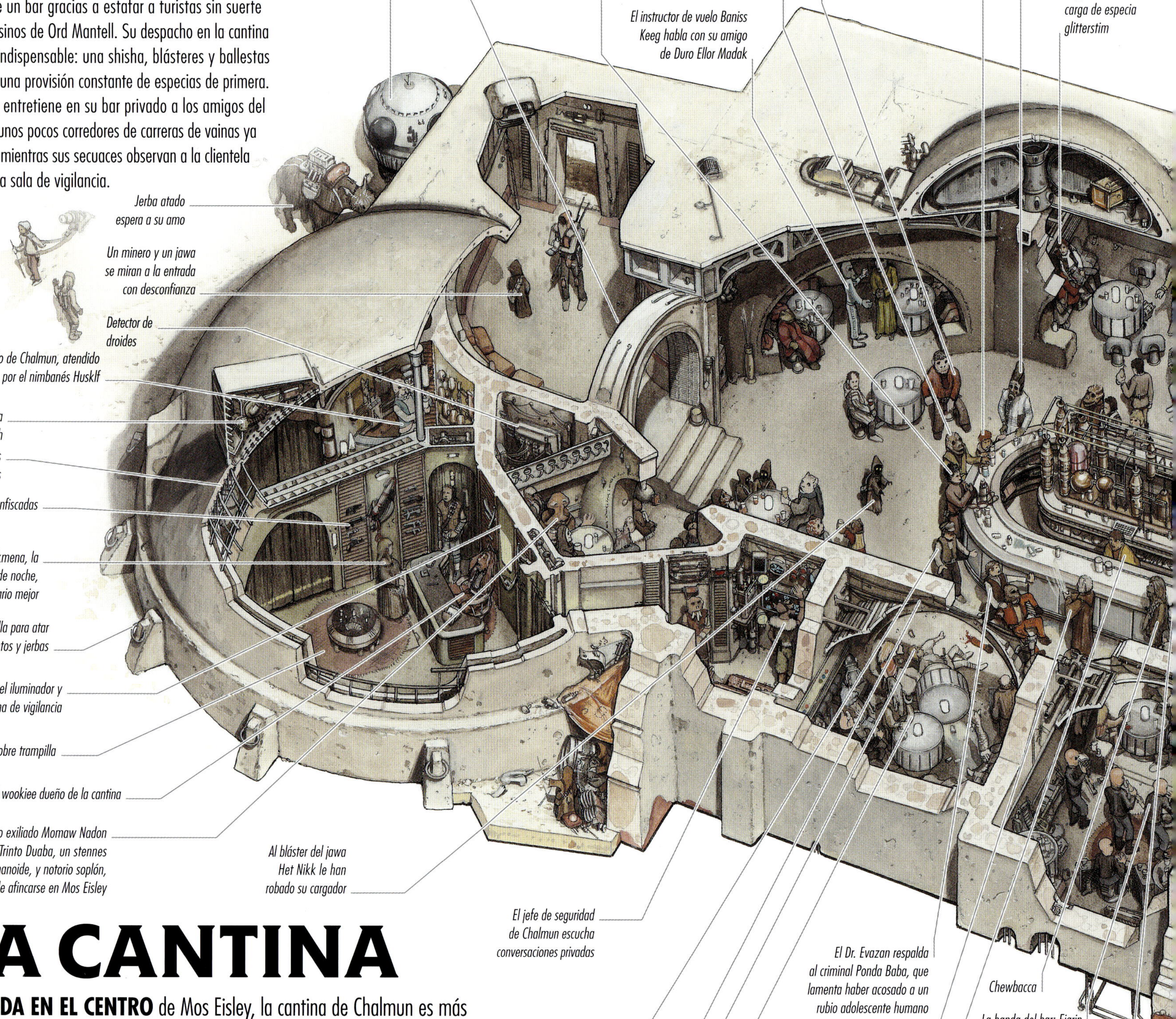

LA CANTINA

SITUADA EN EL CENTRO de Mos Eisley, la cantina de Chalmun es más que un local para beber y entretenerse. Para cazarrecompensas, renegados, contrabandistas y traficantes de especias que frecuentan el despreciable espaciopuerto de Tatooine, también es despacho, alojamiento y lugar de citas y de tratos comerciales. Los primeros colonizadores levantaron la estructura básica a modo de fortaleza contra incursiones de los moradores de las arenas, y con el tiempo la cantina se usó como arsenal, fábrica de cerveza y albergue de vagabundos. El dueño actual, un lanudo wookiee beige y gris llamado Chalmun, compró el edificio a los hermanos Vriichon, ranats que llevaban allí un antro ilegal de especias. Los Vriichon desaparecieron tras la venta, quizá temerosos de que Chalmun descubriese los cuerpos enterrados en el sótano.

Los droides esperan fuera de la cantina al calor del mediodía; Kenobi sabe que este es el momento de encontrar pilotos sedientos en el bar.

BEBIDAS INUSUALES

El bar de la cantina sirve a una amplia gama de especies foráneas, todas ellas grandes consumidoras de bebidas, gases y embriagantes preparados de base sólida. Las materias primas se almacenan en el sótano y van por tuberías hasta el bar. Wuher, el camarero, considera el triste sótano su laboratorio, y en él experimenta constantemente nuevas fórmulas para complacer los paladares más exigentes. Cuando sirve las bebidas, Wuher utiliza uno de sus cuatro ordenadores para incluir la medida exacta de los ingredientes básicos.

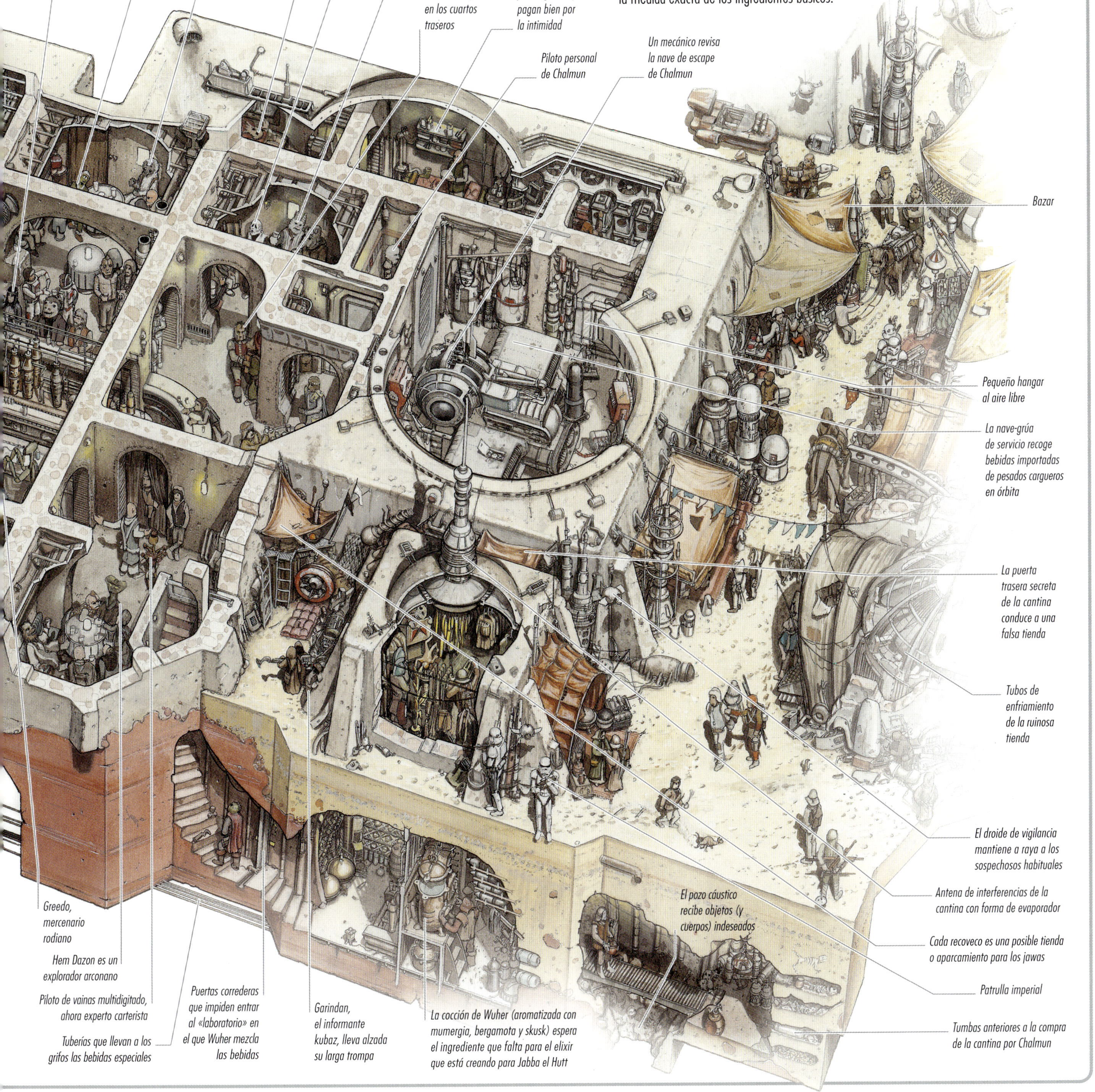

HUIR, NO COMBATIR

Cuando Obi-Wan Kenobi le dice al capitán Solo que luchar no es la única salida, está pensando en desactivar uno de los empalmes de energía del rayo tractor de la estación de combate para que el *Halcón Milenario* escape de las garras del Imperio. Recurriendo a la Fuerza para esconderse de las tropas de asalto, el maestro Jedi sale en busca del empalme más inaccesible de la estación. Sabe que así ayudará al *Halcón* a escapar, al maximizar el tiempo que los técnicos necesitan para reconectar la energía.

ORÍGENES ANTIGUOS

Para la Alianza Rebelde, la Estrella de la Muerte es un horror tecnológico propio del nuevo orden del Imperio. Pero la historia es antigua: hace tiempo los Sith crearon superarmas similares accionadas por enormes cristales kyber. En los laboratorios secretos del Imperio, los científicos que refinaban el prototipo de Geonosis tomaron una nueva senda: enfocar y amplificar ocho rayos láser por medio de grandes conjuntos de cristales kyber más pequeños, formando así un solo rayo con el poder de destruir un planeta. Pero hacer realidad la teoría es algo muy complejo. Si no se alinean con precisión, los cristales de la cámara de prueba se quemarán y sobrecargarán, y enviarán peligrosos niveles de calor residual al reactor principal de la Estrella de la Muerte.

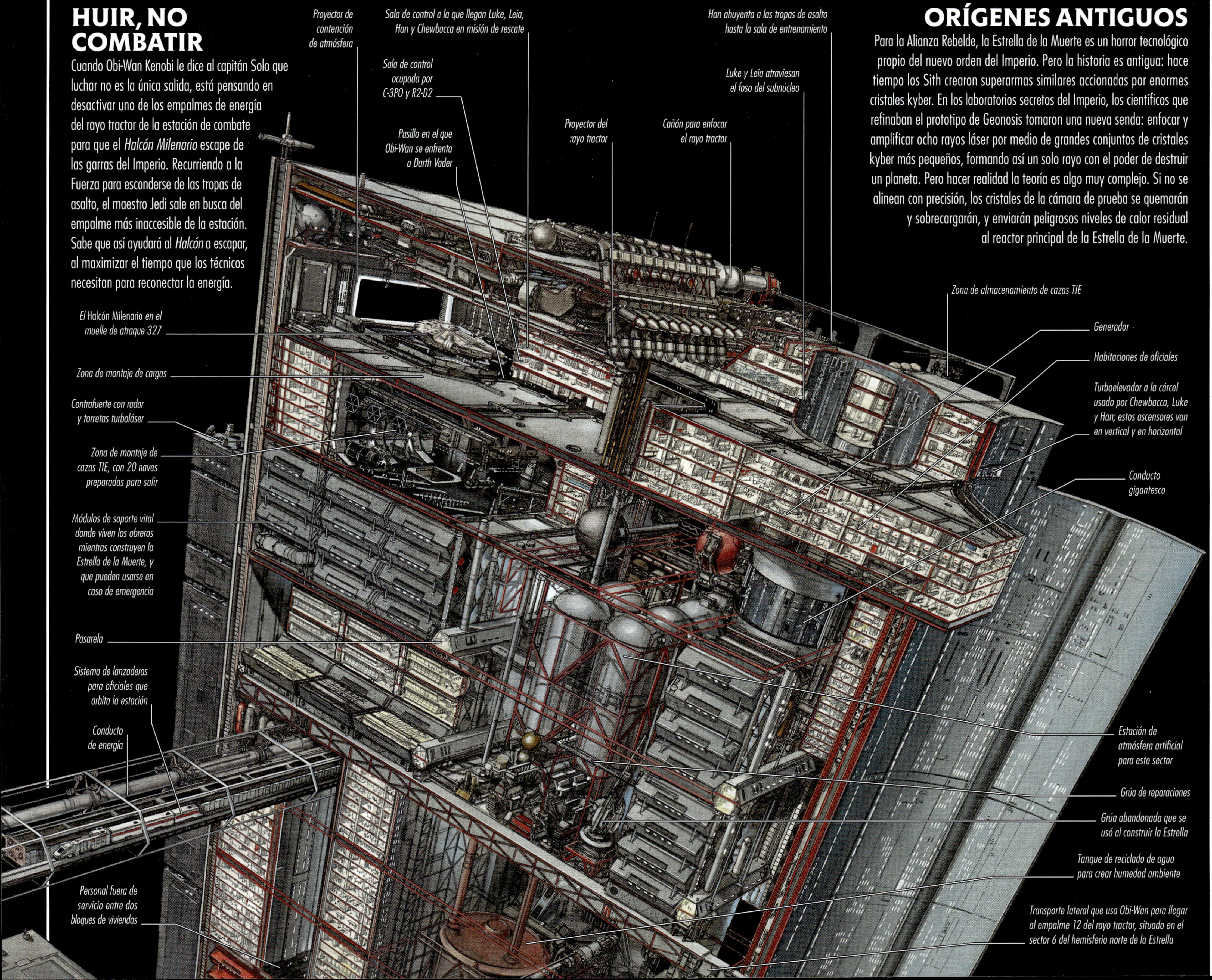

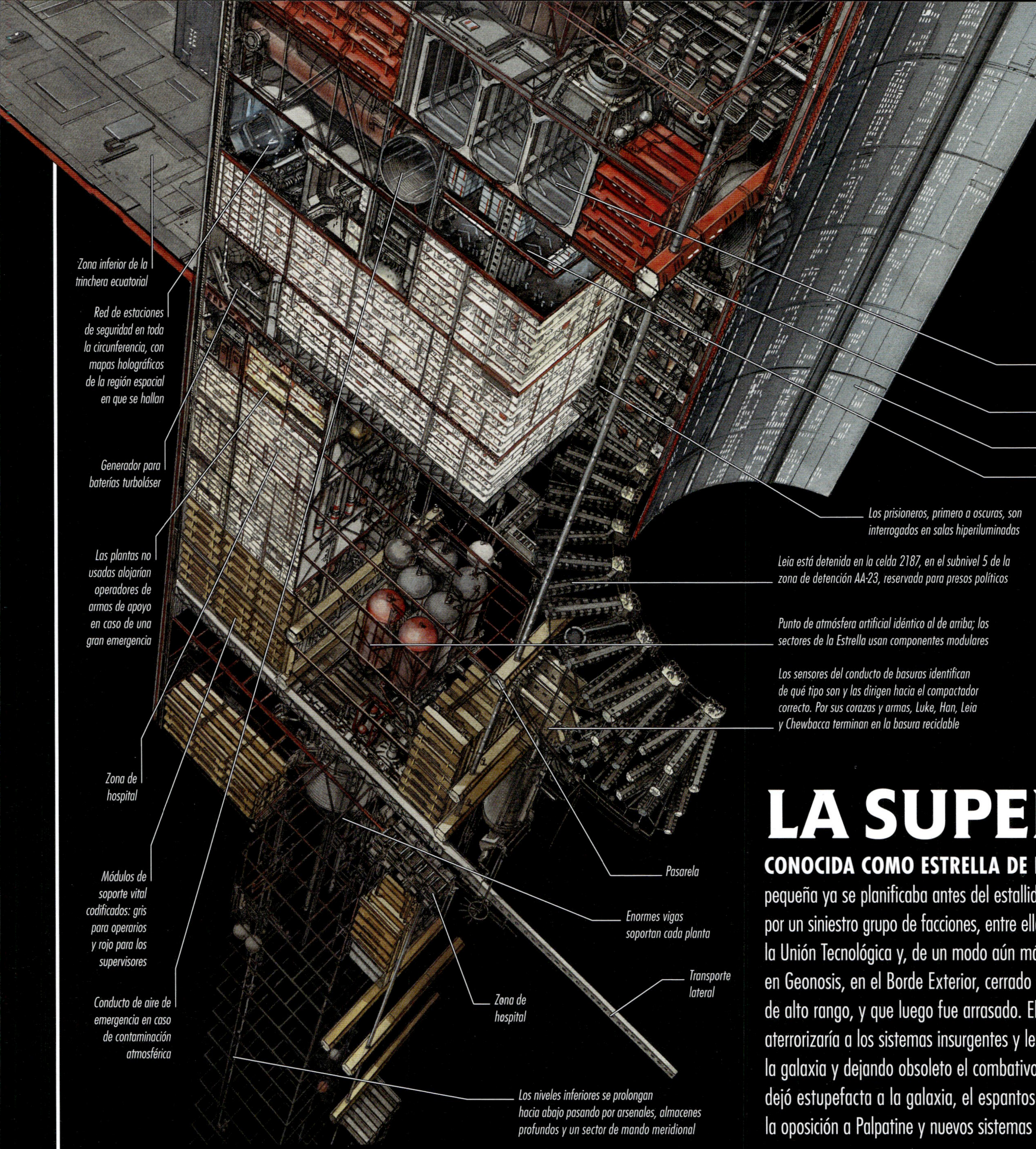

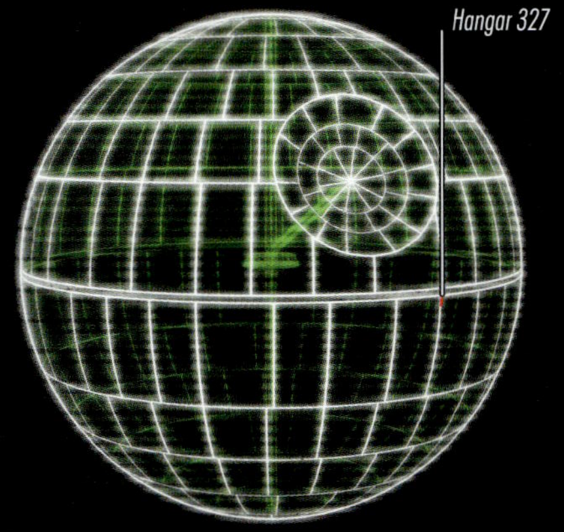

El *Halcón* atraca en el muelle 327 de la trinchera ecuatorial. Las celdas de este sector están situadas a 400 metros por debajo del hangar.

En su plan para rescatar a la princesa, Han y Luke se disfrazan de soldados de asalto y llevan a Chewbacca al bloque de detención AA-23.

LA SUPERARMA

CONOCIDA COMO ESTRELLA DE LA MUERTE, esta superarma del tamaño de una luna pequeña ya se planificaba antes del estallido de las Guerras Clon. El colosal proyecto fue financiado por un siniestro grupo de facciones, entre ellas la Federación de Comercio, el Clan Bancario Muunilinst, la Unión Tecnológica y, de un modo aún más secreto, la propia República. La construcción comenzó en Geonosis, en el Borde Exterior, cerrado al tráfico estelar salvo para algunos oficiales imperiales de alto rango, y que luego fue arrasado. El defensor de la Estrella, el gran moff Tarkin, creyó que aterrorizaría a los sistemas insurgentes y les haría dejar la causa rebelde, asegurando así la paz en la galaxia y dejando obsoleto el combativo Senado Imperial. Aunque la destrucción de Alderaan dejó estupefacta a la galaxia, el espantoso fin de la Estrella de la Muerte sobre Yavin provocó la oposición a Palpatine y nuevos sistemas se unieron a los rebeldes o les ofrecieron su apoyo.

EL GRAN TEMPLO

ENVUELTO EN UNA VEGETACIÓN casi impenetrable, Yavin 4 posee incontables especies únicas de plantas, animales e insectos, pero ninguna forma de vida inteligente. Como cuarta luna de un gigante gaseoso no habitable, este mundo fue de interés solo para los arqueólogos galácticos, que se maravillaron ante los antiguos templos de piedra que se elevan majestuosos en las selvas. Estas estructuras altas y escalonadas son lo que queda de la antigua civilización de los massassi. Sin población «humana» que someter y sin riquezas minerales que explotar, el Imperio ha pasado por alto Yavin 4, lugar poco conocido en la galaxia. Precisamente por ello, los capaces líderes de la Alianza Rebelde lo eligen como base tras verse obligados a huir de su centro de mando anterior, en el planeta Dantooine.

ENERGÍA

El funcionamiento de la base depende de una estación generadora de energía a dos kilómetros de distancia. Armada con turbinas y un reactor principal, piezas robadas de un destructor estelar imperial caído, la estación proporciona energía suficiente para un escudo protector, cañones iónicos y otras defensas que podrían resistir el ataque de una única nave de combate grande.

Pilotos rebeldes salen de Yavin 4 para apoyar al equipo de infiltración Rogue One en Scarif.

SELVA INDÓMITA

La selva cercana de árboles massassi de corteza morada resuena con los gritos y gemidos inquietantes de criaturas que no se ven: woolamanders, cangrejos-lagarto, roedores stintaril y anguilas acorazadas, entre otros. La densa vegetación y las repentinas tormentas impiden el avance de topógrafos y constructores, y por eso los rebeldes siguen transitando por accesos abiertos con láseres y por sendas de patrulla que unen el Gran Templo con zonas exteriores de aterrizaje y con la distante estación generadora.

CONSTRUCTORES MISTERIOSOS

Brillante como una esmeralda en el collar de lunas que rodea a su anfitrión gigante y gaseoso, Yavin 4 está lleno de vida y de misterios. Nada se sabe de la especie ya extinguida que creó el Gran Templo salvo su nombre: los massassi. Hace mucho tiempo, esta especie logró llevar gigantescos bloques de piedra desde la corteza lunar, transportándolos muchos kilómetros a lugares considerados sagrados... O quizá importantes para objetivos científicos primitivos. Los pilotos rebeldes y soldados que ahora ocupan las ruinas Massassi solo pueden especular sobre lo que les ocurrió a los constructores del santuario.

Tras atracar el *Halcón Milenario* en la zona de visitantes, los líderes rebeldes reciben a Luke, Han, Leia y los droides ante la inexpugnable puerta de la base.

La robusta construcción del Ala-X T-65 permite a los técnicos rebeldes mantener estas complejas máquinas listas para la batalla, incluso en hangares improvisados en el interior del Gran Templo.

Cassian Andor y Jyn Erso parten de Yavin 4 en su fatídica misión a Scarif. Aunque ninguno de los dos regresará, sus acciones acabarán salvando a la Rebelión y ayudarán a infligir una aplastante derrota al Imperio.

BATALLA DE HOTH

AUNQUE SUELE DECIRSE que la de Hoth fue la peor derrota de la Alianza Rebelde en la Guerra Civil Galáctica, no fue aplastante. Sin querer, el almirante Ozzel dio tiempo a los rebeldes de montar una acción dilatoria (y la retirada organizada resultante) cuando, arrogantemente, sacó la flota imperial del hiperespacio demasiado cerca de Hoth. Darth Vader agravó el desastre con su obsesión por capturar a Luke Skywalker vivo, al ordenar a su flotilla de destructores perseguir al *Halcón* y no a los transportes de los rebeldes. Es más: los historiadores de la Guerra Civil aseguran que sin este doloroso fracaso, es posible que la Alianza nunca lo arriesgase todo en Endor un año después, cuando infligió al Imperio una derrota de la que jamás se recuperó.

1 El droide sonda Arakyd Víbora, uno de miles dispersados por el destructor estelar imperial *Acechador*, deambula por los hielos de Hoth y alerta de signos anómalos de energía que podrían indicar actividad de la Alianza Rebelde. Sus imágenes del generador rebelde son recibidas por los oficiales imperiales.

2 En las trincheras, tropas de la avanzadilla Beta al mando de Trey Callum preparan sus blásteres de repetición para combate cercano. Con asombrosa puntería, las baterías diezman las tropas de nieve de Veers, lo que da tiempo a los rebeldes para evacuar la base y librar sus transportes del bloqueo del destructor estelar.

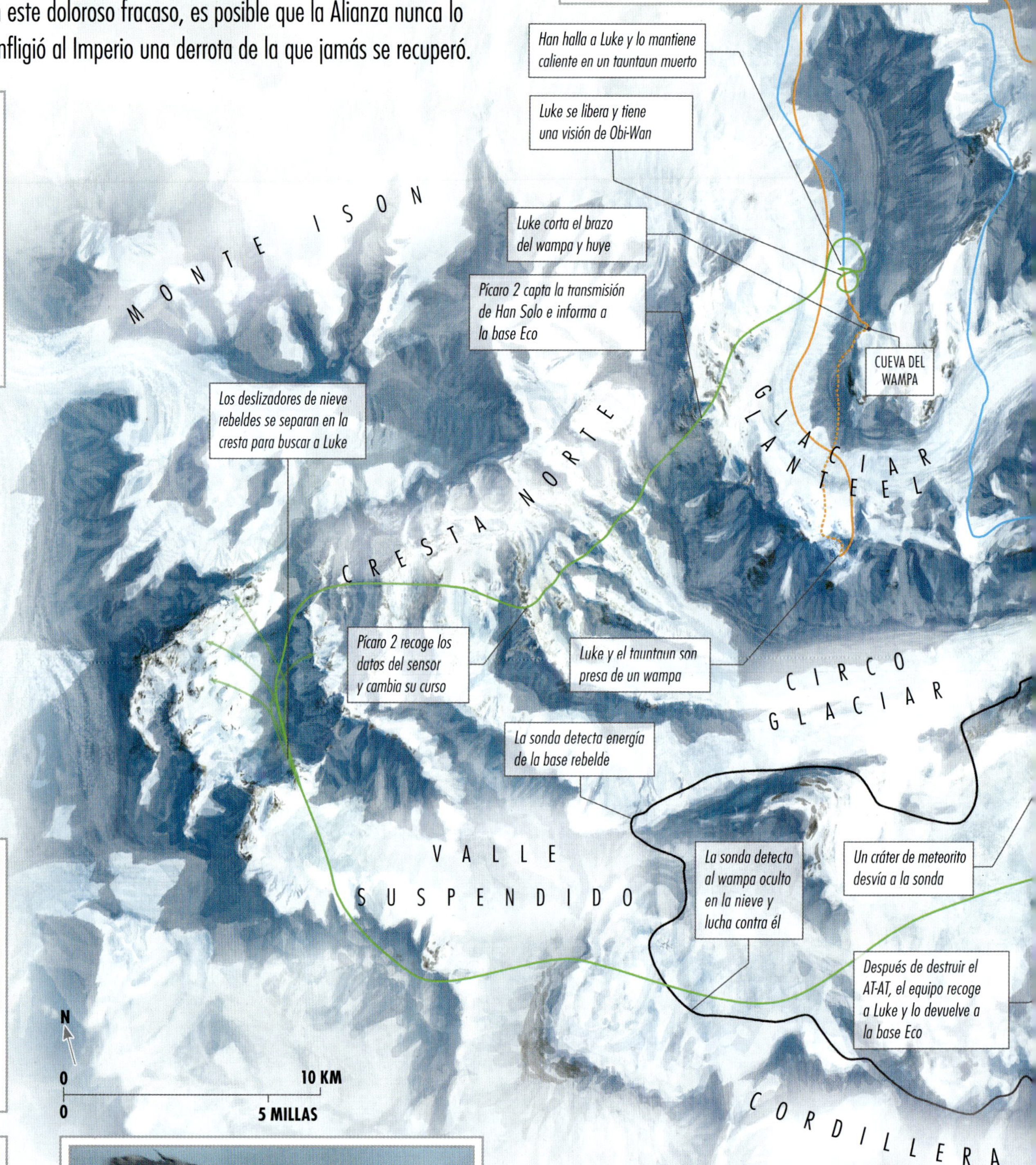

ATAQUE IMPERIAL EN TIERRA

El general Maximillian Veers tiene orden de destruir el generador blindado y capturar, no matar, a los rebeldes supervivientes. Obligados a apartarse del perímetro de blindaje, los transportes de tropas y las naves de desembarco se asientan en la morrena de Moorsh, al norte de la base sumamente fortificada de la montaña. Sin contar con el elemento sorpresa, pero reforzado por legiones de soldados de asalto de nieve, su contingente de AT-AT (enormes caminantes de cuatro patas) y de AT-ST bípedos, apodado escuadrilla Ventisca, comienza su inexorable marcha hacia la base rebelde.

3 Girando sobre su base, las baterías antiartillería Armas Golam DF9 disparan a los caminantes sin resultado. Tampoco son eficaces los láseres de los pilotos de deslizadores contra el blindaje de las máquinas de guerra imperiales. Líder Pícaro resulta herido por láseres y Dak, artillero de Luke, muere.

4 Por orden de Luke, Wedge y su cañonero, Wes Janson, se disponen a usar el arpón y el cable de remolque de Pícaro 3 contra el AT-AT al mando del brigadier general Nevar. La peligrosa maniobra exige rodear con el cable las patas de un caminante y después cortarlo en el momento preciso.

5 Con sus cuatro patas enredadas en el cable de alta tensión, el Ventisca 2 cae en la dura tundra, dejando la parte posterior del cuello a merced del fuego de láser. Con un caminante destruido, los rebeldes continúan con su acción para evitar el avance del Imperio, pero terminan abrumados por sus mastodontes.

SISTEMA DE ESCUDOS

Al volcar en el interior del planeta la energía recibida, el escudo planetario de los rebeldes aguanta bombardeos que destruirían los escudos de las naves. Solo vehículos de tierra lentos, como los caminantes imperiales, pueden atravesar su superficie exterior. Con los módulos proyectores esparcidos por todo el territorio rebelde, Veers apunta al generador central.

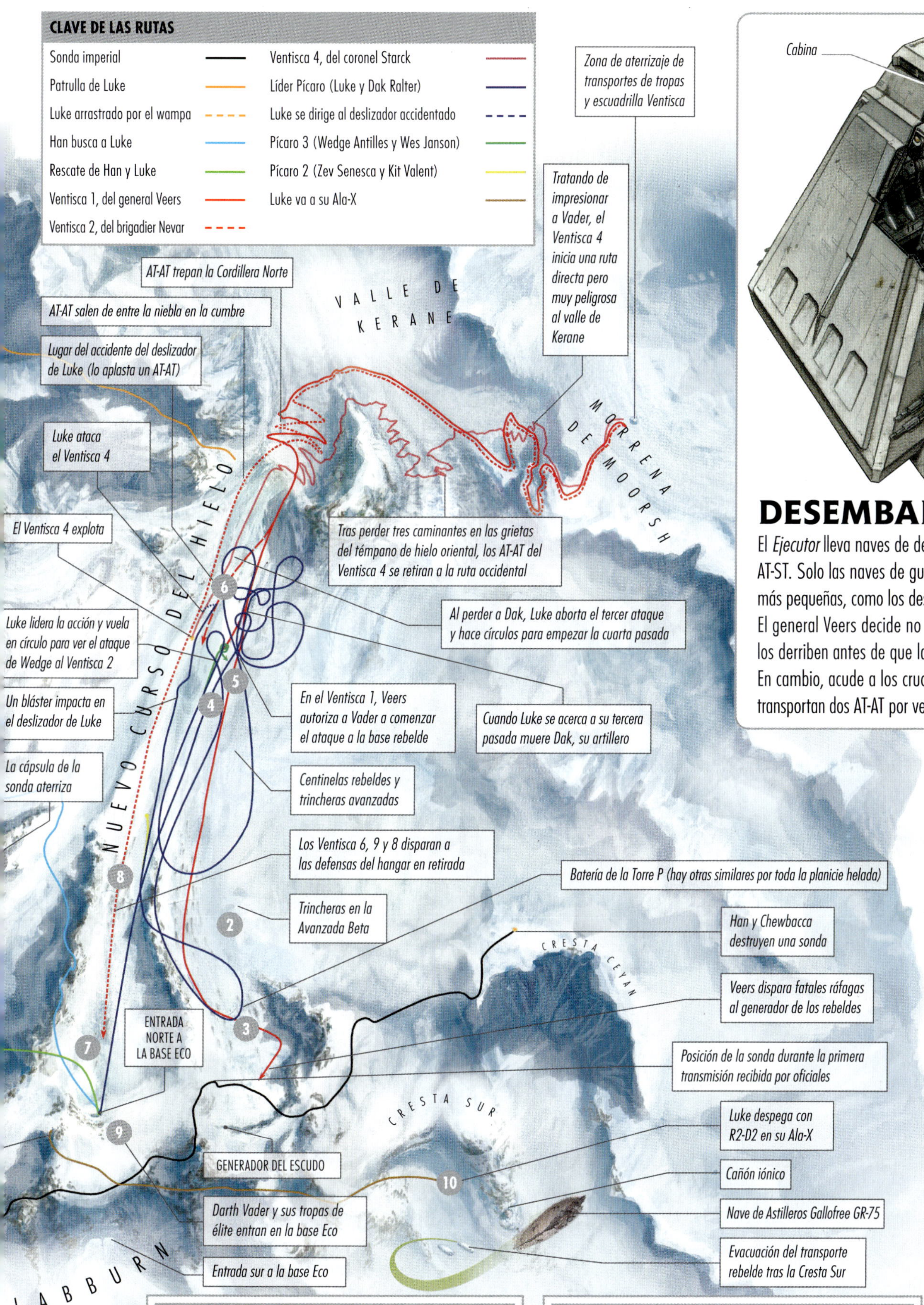

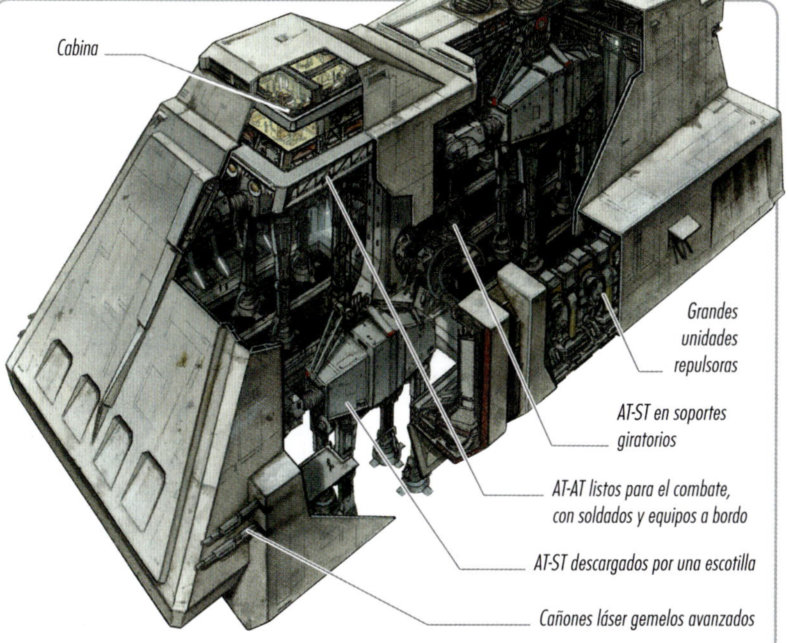

DESEMBARCO DE CAMINANTES

El *Ejecutor* lleva naves de desembarco Incom Titán Y-85, que cargan cuatro AT-AT y cuatro AT-ST. Solo las naves de guerra más grandes tienen capacidad para llevar Titanes; otras más pequeñas, como los destructores estelares, llevan transportes con un único caminante. El general Veers decide no usar Titanes en Hoth por temor a que los cazas rebeldes los derriben antes de que la escuadrilla Ventisca aterrice fuera del perímetro del escudo. En cambio, acude a los cruceros de clase Gozanti, más ágiles. Escoltados por cazas TIE, transportan dos AT-AT por vez, sujetando los caminantes con sus potentes pinzas ventrales.

10 En la zona de evacuación tras la Cresta Sur, el *Halcón* ruge en el cielo helado de Hoth y el último transporte, el *Brillante Esperanza*, se eleva con ayuda de los pilotos de caza Wedge, Tarrin y Janson. Luke llega hasta donde otros supervivientes del asedio se refugian en las cabinas de sus Ala-X.

9 Darth Vader y un escuadrón de sus soldados de élite entran en la base a la fuerza. Los escombros que caen y la cercanía del enemigo impiden que Leia llegue al último transporte, pero ella, Han Solo, C-3PO y Chewbacca logran subir al *Halcón Milenario* y escapar de las garras de su oscura némesis.

6 Después de lanzar un arpón magnético con cable a la parte inferior del Ventisca 4, Luke sube por él y arroja una granada al vientre de la bestia. Su hazaña en solitario concede a los rebeldes sitiados un breve momento de esperanza, pero el avance de los imperiales no hace más que reforzarse.

7 Cuando el AT-AT del general Veers destruye el generador de Eco, los rebeldes se retiran a túneles ocultos en las laderas de las montañas. Sin energía, el escudo que defiende la base cae, y esta queda abierta a la infiltración enemiga y al bombardeo de los destructores estelares en órbita.

8 Veers ordena a los comandantes de los AT-AT restantes y a los pilotos de los exploradores todoterreno invadir las trincheras y capturar tantos rebeldes como puedan. Con la base Eco casi vacía, el equipo de control del cañón iónico pone el arma en modo autodestrucción y corre para llegar al último transporte.

LA BASE ECO

TRAS EVACUAR YAVIN 4, la Alianza Rebelde se dedica a buscar un planeta o una luna para su nueva base de operaciones secreta. Las exploraciones de Luke Skywalker, el comandante Narra, el explorador gigorano Purpruff y otros los llevan a Hoth, un planeta helado poco conocido cerca de una ruta importante en el Borde Exterior. La construcción del centro de mando lleva dos años estándar en condiciones extremas. Los ingenieros y las cuadrillas de construcción rebeldes emplean cortahielos láser para ampliar una serie de cavernas naturales, excavar otras nuevas y hacer corredores que las conecten. Llamada base Eco por la inusual acústica de la cueva, la base no está aún terminada cuando un droide sonda imperial cae por casualidad sobre el hielo de Hoth…

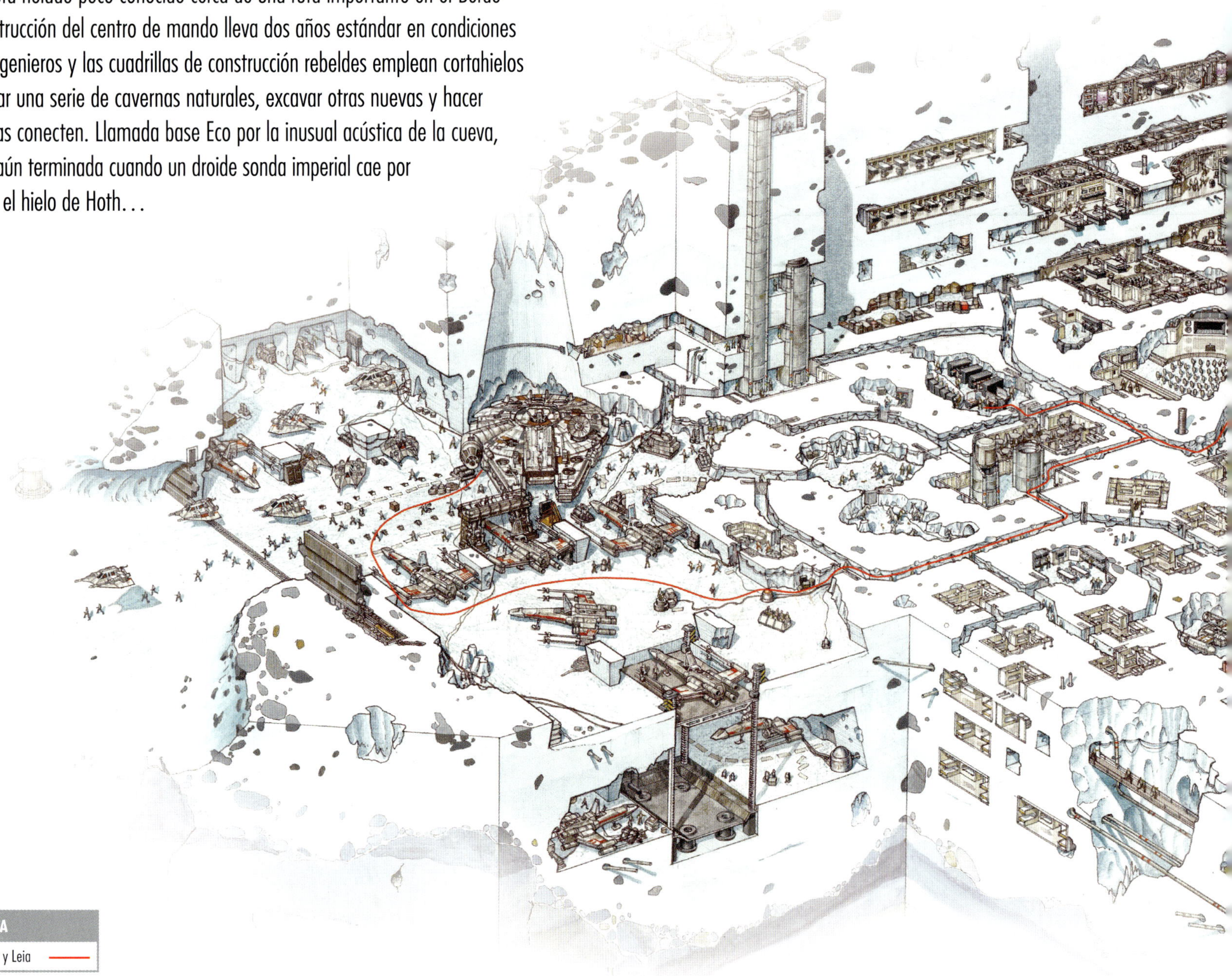

CLAVE DE LA RUTA

Ruta de huida de Han y Leia

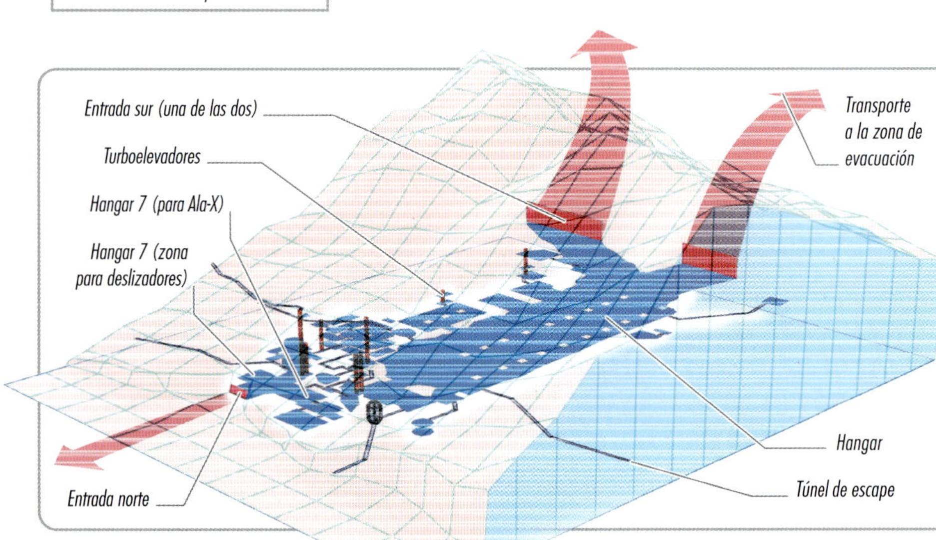

ESCONDITE EN LA MONTAÑA DE HIELO

Antes de aprobar una montaña con cavernas en la Cordillera Clabburn como lugar para la fortaleza oculta que tenían en mente, los rebeldes exploraron varias localizaciones en la zona templada de Hoth. El cuerpo de ingenieros amplió los espacios interiores para albergar no solo la flota de cazas de la Alianza, sino también su maltrecha flotilla de transportes de Astilleros Gallofree. El aislamiento por plasmolde y las puertas blindadas, diferentes a las usadas en Yavin 4, protegen la base de la ferocidad de las tormentas de hielo de Hoth.

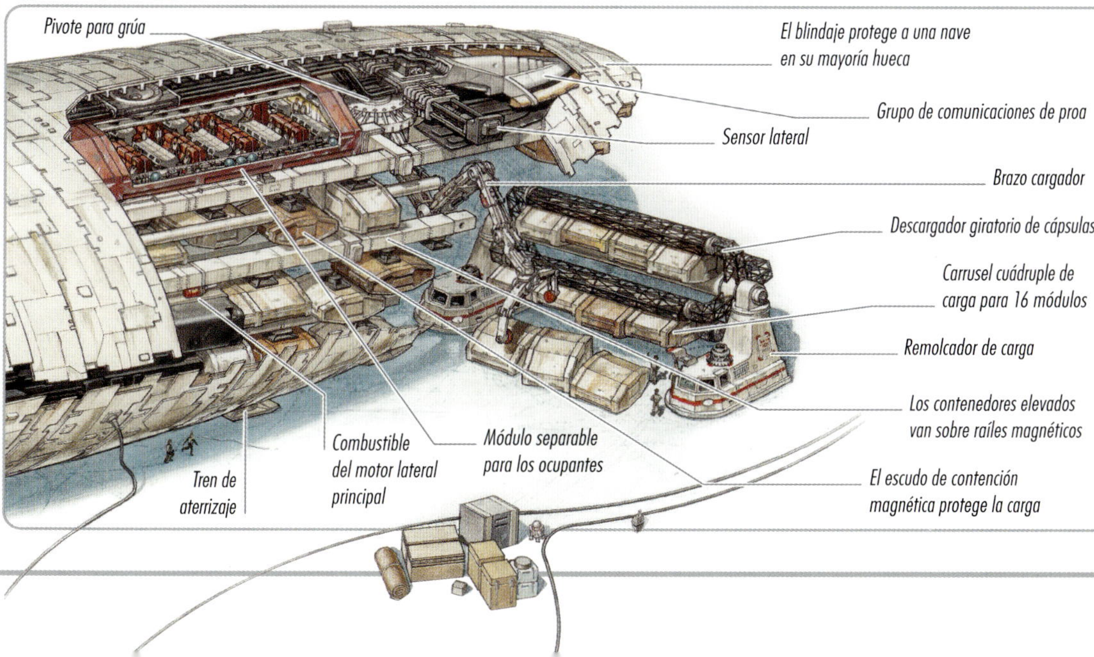

NAVE MEDIANA

Los transportes de Astilleros Gallofree, de 90 metros de largo y poco más que cáscaras blindadas, se adaptan muy bien a las necesidades de la Alianza Rebelde por la relativa facilidad de los procesos de carga y descarga, su gran capacidad y la posibilidad de aterrizarlos directamente sobre la superficie de un planeta o luna. En tránsito, las cápsulas modulares de carga GR-75 están suspendidas de raíles magnéticos y se mantienen en su sitio gracias a un fuerte campo de contención magnética. La Alianza compró las naves a precio de ganga y las usa para transportar armas, materias primas, alimentos, combustibles y recambios, aunque unas cuantas se modificaron para personas, adaptando el interior a cápsulas de pasajeros cerradas.

LA BASE ECO (CONTINUACIÓN)

En el Hangar Norte 7 hay deslizadores y Ala-X. Está conectado con otras entradas más pequeñas en el norte por túneles secretos.

PREPARARSE PARA LO PEOR

Aunque indispensable para la defensa, la presencia de un generador de escudos casi garantiza que al final el Imperio encontrará la base Eco. Anticipando un ataque sobre la superficie de Hoth, el general Carlist Rieekan ordena colocar pesadas puertas blindadas en las entradas norte y sur, excavar trincheras en las llanuras glaciales que rodean la base y emplazar baterías antipersona en el suelo de la ladera de la montaña por encima de los hangares principales y en los campos de hielo entre trincheras.

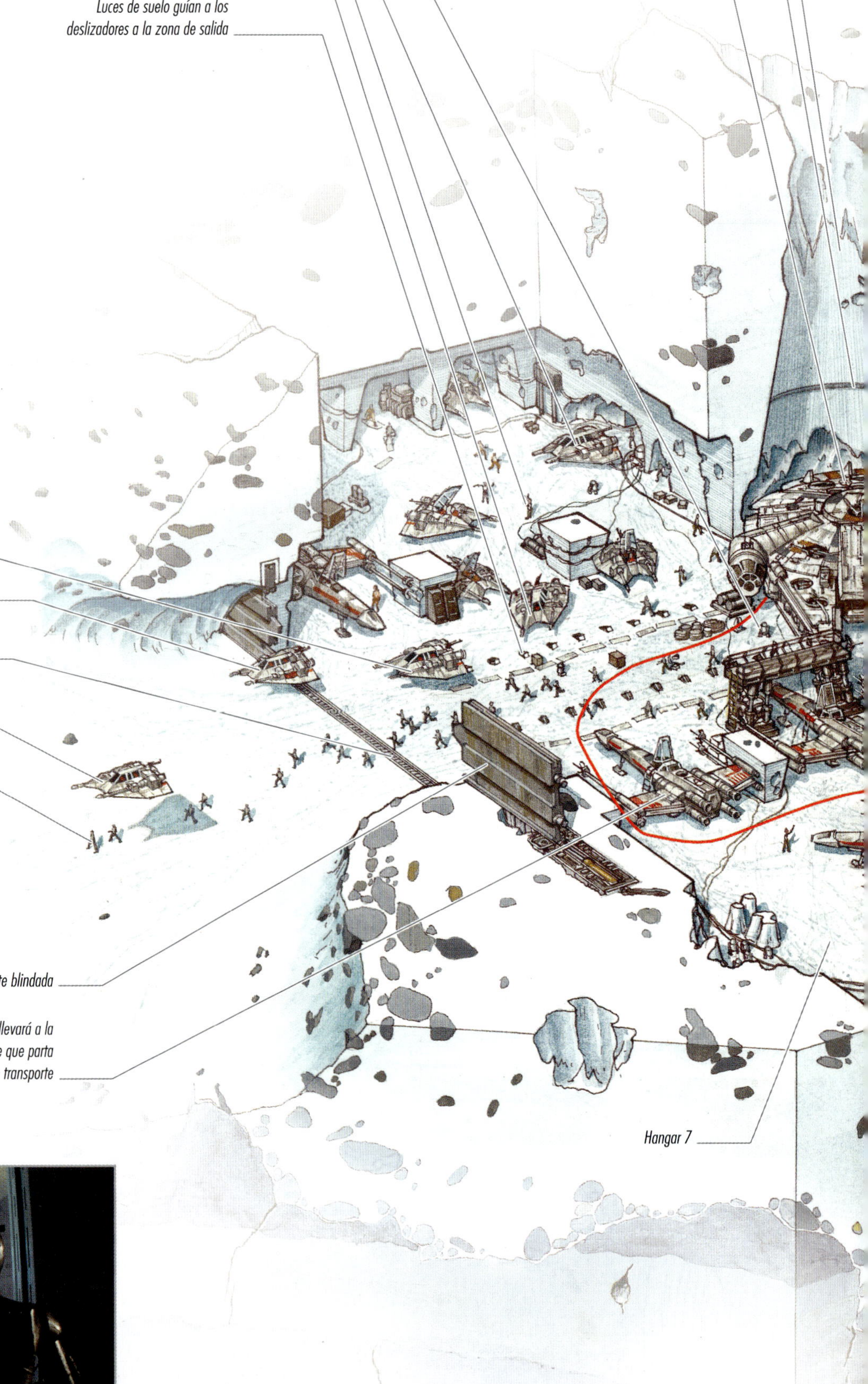

URGENCIAS MÉDICAS

La Alianza Rebelde toma la precaución de dar servicios médicos a sus valiosas tropas. En Hoth, un centro médico bien equipado ofrece servicios de primera clase y triaje a la base Eco, que acoge a 7500 individuos. Supervisado por un oficial médico, el personal de 350 doctores y cirujanos, con la ayuda de unos 120 droides especializados, está siempre de guardia por si se produce alguna emergencia.

Darth Vader y sus tropas entran en la base Eco taladrando la cara este de la montaña
Trincheras defensivas en la cumbre
Turboelevadores al perímetro este de las trincheras defensivas
Sala aislada para almacenar vacunas
Cortahielos láser, uno de los muchos con los que se ampliaron las cuevas de las montañas
Puerta a la habitación de Luke
Habitación de Leia
Centro de mando y sala de control
Han y Leia huyen del centro de mando durante el ataque imperial
La morgue usa el frío del hielo de la montaña
La sala de prensa es también la de holoproyecciones
El túnel se desmorona y obliga a Han y Leia a volver al Hangar 7
Luke se recupera en un tanque de bacta
Centro médico
Cuarto de recuperación
El desertor Everi Chalis con escolta rebelde
Pasillo sur, uno de los muchos construidos por los ingenieros
Quirófanos listos para los heridos
Unidad de Cuidados Intensivos
Cantina
Ascensor al nivel de mantenimiento
Corredor norte
Redil de tauntauns
Combustible de emergencia
Barracones en los niveles bajos
Tubos de combustible marcados en rojo
Los barracones tienen literas y taquillas para doce individuos
Pasarela al corredor oeste, área para Ala-Y y generador del escudo
Caverna natural del glaciar, de más de medio kilómetro de profundidad
Wampas confinados en una cámara reforzada
Combustible líquido
Depósito
El combustible se agita regularmente
Nivel de mantenimiento
Foso de caza para droide astromecánico
Pilotos y técnicos preparan las naves a toda prisa
Cuarto de monturas para jinetes de tauntaun
Pasaje a los almacenes de pienso para tauntauns en el nivel inferior
Cuarto donde aguardan listos los pilotos de cazas

LA BASE ECO (CONTINUACIÓN)

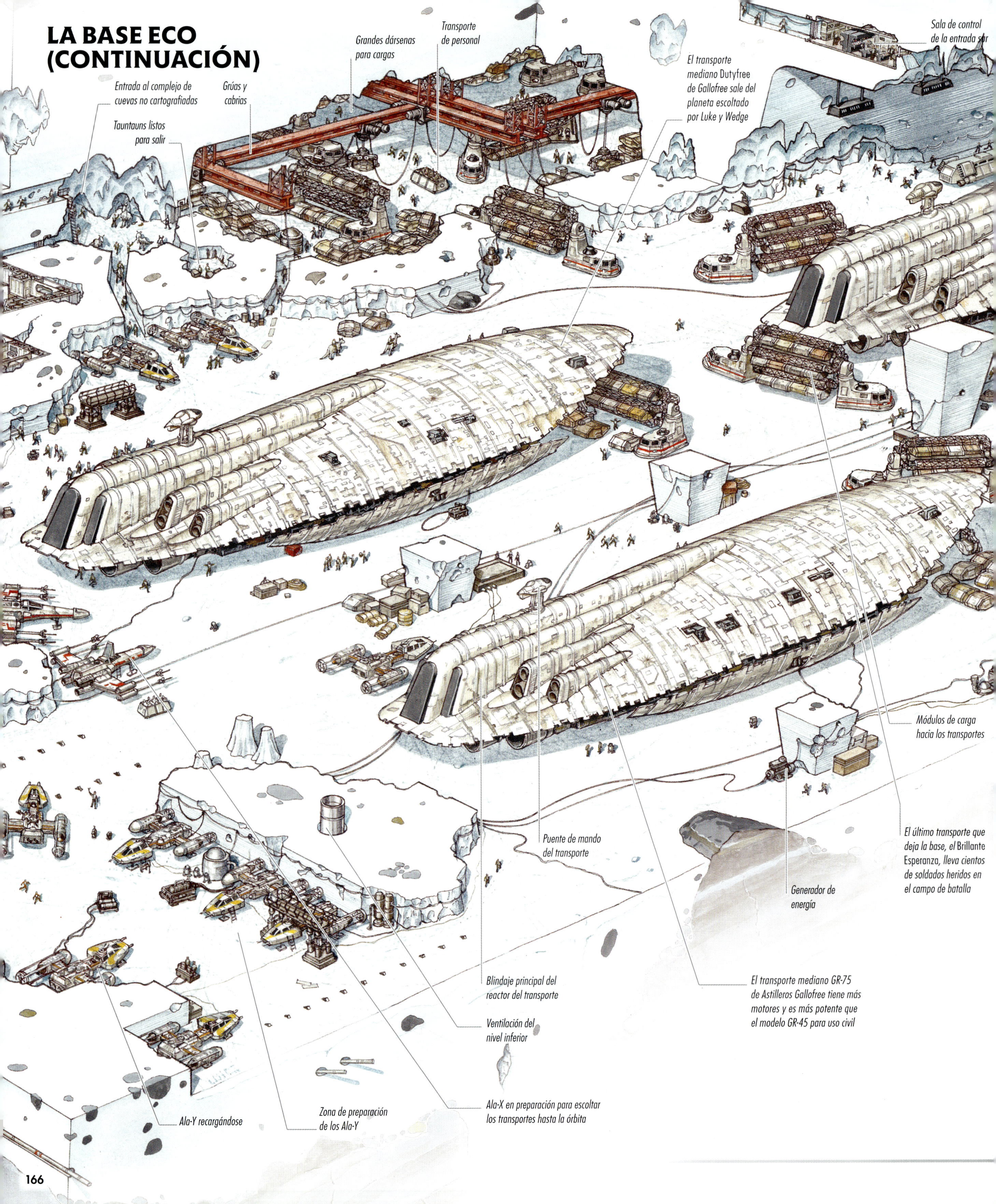

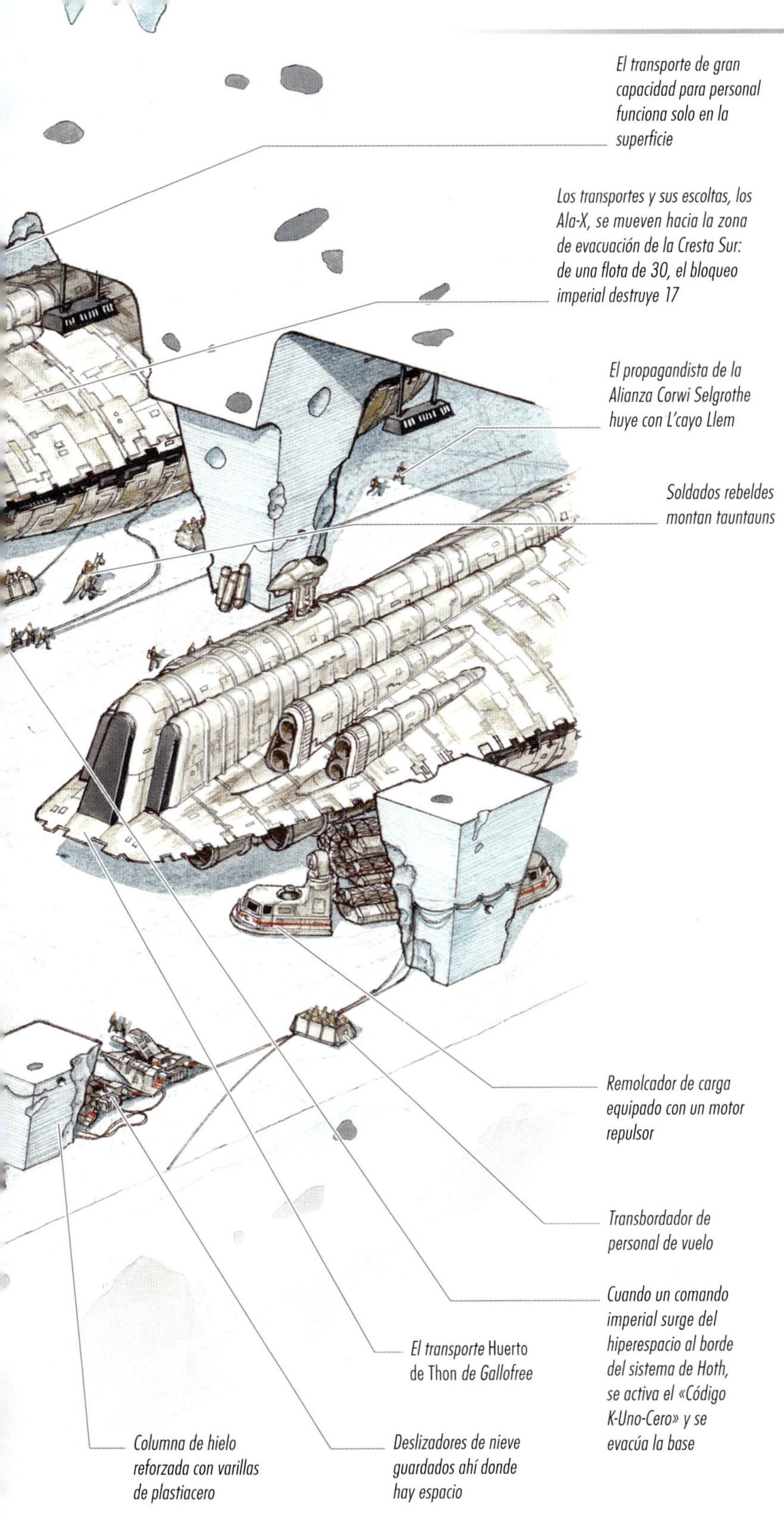

EXPLOSIONES IÓNICAS

Sincronizado con un generador de escudos para el campo de batalla, el cañón de iones de Astilleros Kuat v-150 lanza potentes disparos de plasma que pueden penetrar en la protección contra rayos de un destructor estelar imperial en órbita y neutralizar sus armas, escudos y motores... o al menos estropear los sistemas de control y los impulsos iónicos. Sus inconvenientes son: un periodo de activación y enfoque muy largo, una velocidad de descarga reducida (una cada seis segundos) y una rotación lenta al apuntar.

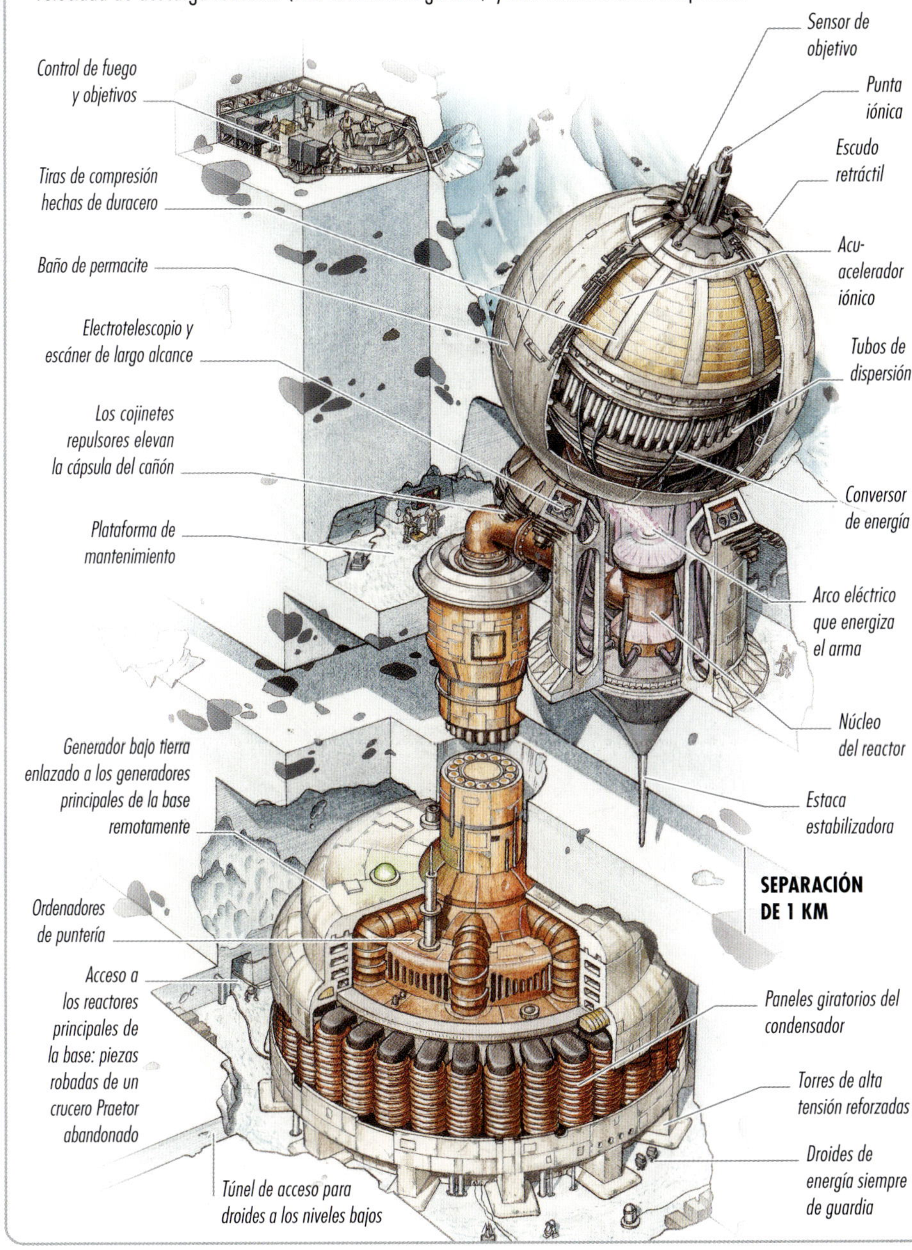

GANADO

Al principio Hoth parecía carecer de animales grandes, lo que convenía a los rebeldes. Mas, en realidad, en el mundo helado vive una sorprendente diversidad de robustas especies adaptadas al ambiente extremo, como los tauntauns y sus principales depredadores, los wampas. Estos últimos son demasiado feroces para domesticarlos, pero los tauntauns han resultado muy útiles para los rebeldes mientras se modifican y se reparan sus Ala-X y sus deslizadores. En la base hay cientos de estos reptiles, «lagartos de nieve», cuyos alimentos naturales, líquenes y musgo, se cultivan con esmero. Con el tiempo se los entrena como animales de carga y montura.

DAGOBAH

CASI MUERTO POR LA EXPOSICIÓN a las temperaturas bajo cero de Hoth, con un lado de la cara castigado por un wampa gigante, Luke tiene una visión de su mentor, Obi-Wan Kenobi. El maestro Jedi le ordena ir al sistema Dagobah para finalizar su entrenamiento con el antiguo instructor de Kenobi, el diminuto Yoda. Acompañado por un desconcertado R2-D2, Luke se separa de Han y Leia para seguir el camino a que está destinado. Lejos de las rutas espaciales conocidas, envuelto en nubes pero emitiendo señales de muchas formas de vida, Dagobah es un mundo sombrío de ciénagas y árboles torcidos, depredadores alados y víboras venenosas. Como atraído por el planeta, el Ala-X de Luke cae en él…

1 ¿Es un sueño o solo una mala idea?, se pregunta Luke en voz alta. Con la mente tan nublada como su nuevo entorno, deja su nave accidentada, se empapa en el cieno de un lodazal de aguas negras y comienza a fijarse en el mundo hostil al que lo ha enviado Obi-Wan.

2 Aunque Luke no puede evitar sentir que en el fantasmal Dagobah hay algo vagamente reconocible, no hay nada ni remotamente familiar en la pequeña criatura verde que aparece para convertir el campamento de Luke y R2-D2 en su jardín privado.

3 Mientras cae una lluvia torrencial, en la vivienda de la pequeña criatura Luke se entera de que se trata de Yoda. El antiguo maestro Jedi y un fantasmal Obi-Wan Kenobi discrepan sobre si Luke renunciará a su sed de aventuras para formarse como es debido en la filosofía de la Fuerza.

4 Con la guía en ocasiones extraña de Yoda, Luke aprende a realizar tareas sobrehumanas y a utilizar su cuerpo para hacer levitar objetos… incluido el mismo R2-D2. Cargando a Yoda a la espalda, Luke corre, da volteretas y brinca por la densa selva de Dagobah: su fortaleza proviene de la Fuerza.

6 Yoda le demuestra a Luke que «el tamaño no importa» cuando hace levitar el Ala-X hundido y lo rescata del lodazal. Decepcionado con Luke, Yoda afirma que el fallido intento del joven se debe a su incapacidad de creer en sí mismo y en el poder de la Fuerza.

5 En lo profundo del cavernoso sistema de raíces de un colosal árbol gnarl —cobijo de gruesas víboras y de sleens de rápida lengua—, Luke tiene una visión de su verdadera relación con su vil adversario, Darth Vader. Fuerte en el lado oscuro, la cueva no contiene nada excepto lo que Luke lleva consigo.

7 Una visión de Han y Leia en peligro en una ciudad en las nubes hace que Luke deje su formación y abandone Dagobah, pese a la advertencia de Yoda de que si lo hace puede destruir todo aquello por lo que han luchado y sufrido sus amigos.

LÚGUBRE Y PELIGROSO

Las ciénagas y lagunas de Dagobah son el hogar de muchas criaturas, entre ellas la babosa del pantano, que pulveriza a sus presas con miles de diminutos dientes; la sigilosa serpiente dragón, cuyas garras como navajas pueden cortar acero, y el scrange, que ataca con rapidez y emplea su cola con colmillos para despachar a cualquiera que se ponga a su alcance. Más pequeño pero igualmente mortífero es el insecto carnicero, que teje redes que cortan, y el morpo, cuyo veneno paraliza.

PODEROSO EN LA FUERZA

Durante las Guerras Clon, el espíritu en la Fuerza de Qui-Gon Jinn contactó a Yoda para decirle que viajara en secreto a Dagobah. Qui-Gon dijo que el planeta cenagoso era uno de los sitios más puros de la galaxia, poderoso en la Fuerza por su abundancia de vida. Allí, Qui-Gon inició a Yoda en los misterios de la Fuerza cósmica y el maestro Jedi tuvo una visión del triunfo del Sith. Después de la Orden 66, Yoda se refugió en Dagobah y aprendió a conservar la conciencia tras la muerte.

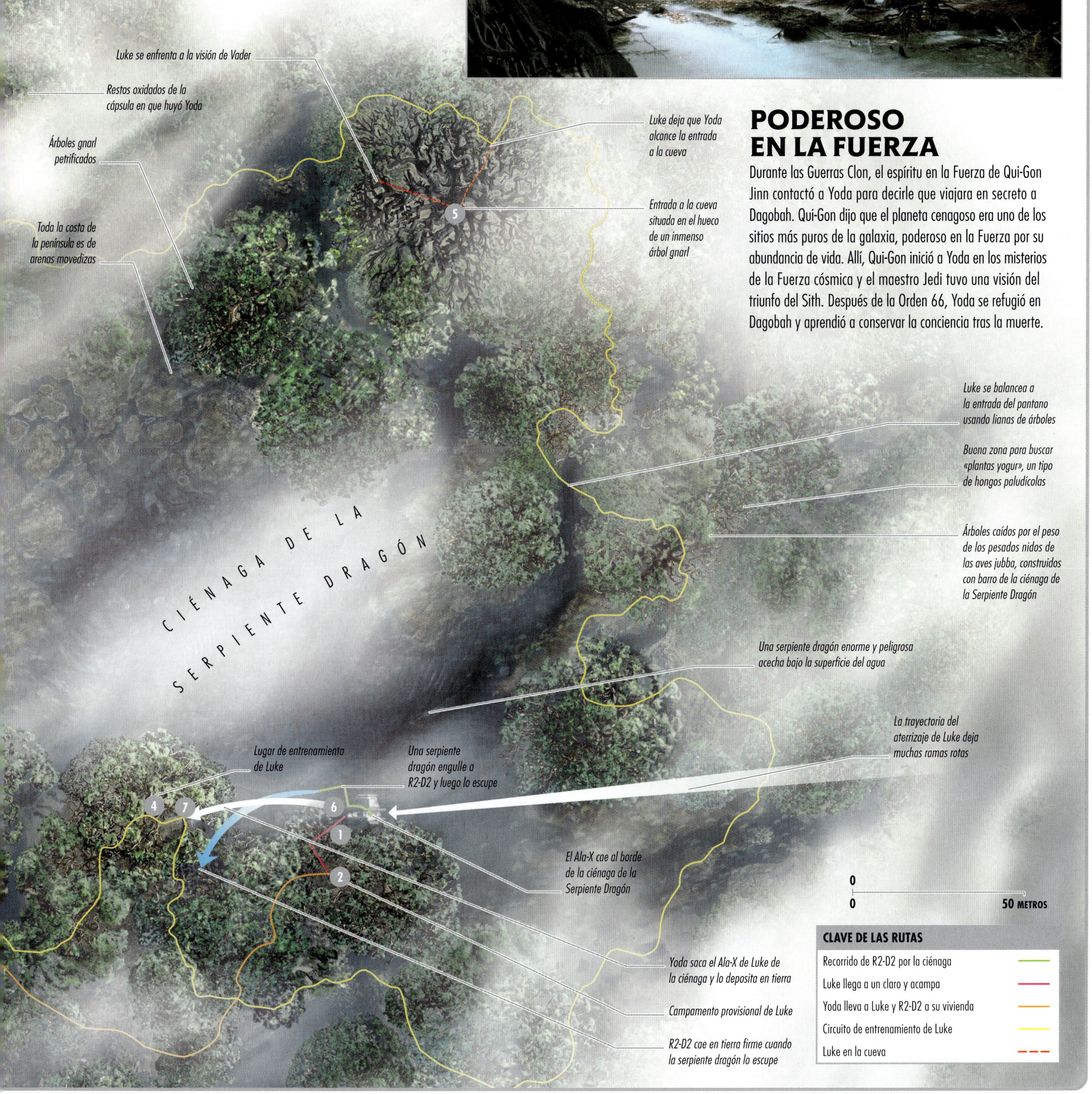

CASA DE YODA

CONSTRUIDA A MANO CON BARRO, zarzas y piedras, la casa de Yoda se encuentra en un árbol gnarl gigante, encima de un montículo cubierto de musgo y junto a una laguna de agua dulce. La minúscula vivienda tiene una sala de estar, cocina y un pequeño dormitorio, así como ventanas y claraboyas con paneles que podrían haberse hecho con piedras preciosas… o con los ventanucos de transpariacero de una cápsula de escape abandonada. Cuando Luke entra en ella, la casa le resulta como un caparazón. Pero a Yoda le divierten los intentos del joven de ponerse cómodo sin golpearse la cabeza.

A un joven piloto de cazas estelares que ha pasado meses en Hoth comiendo exclusivamente rancho, un estofado de raíces le debe de parecer alta cocina.

UNA VIDA ORDENADA

Como otra forma de vida entre las víboras y las arañas que ocupan su casa (y entre los reptiaves, las serpientes dragón, los perezosos y los insectos carniceros de las ciénagas), Yoda pasa parte del día buscando comida y observando los ciclos vitales de las raras criaturas del planeta. De aquí para allá con su bastón de gimer, el diminuto Jedi, de 900 años, recorre las orillas de las ciénagas neblinosas buscando hierbas, especias, hongos paludícolas y frutas para sazonar sus estofados de hojas y raíces y sus ensaladas de pétalos. En cierto modo, lleva la vida que habría llevado de no haber sido un Jedi.

UN PROPÓSITO SECRETO

Yoda conocía Dagobah desde antes de escogerlo como su hogar en el exilio. Puede parecer que con esto se condenó a una vida de aislamiento, sacrificio y austeridad, o que buscaba un lugar para alejarse lo más posible del emperador, pero sus motivos eran más profundos. Sin distracciones ni medios para alejarse de Dagobah para enfrentarse solo a Darth Vader o al emperador, Yoda pudo dedicar sus años de exilio a meditar sobre textos Jedi antiguos y sobre los misterios ocultos de la Fuerza, y empleó su habilidad como Jedi para comunicarse con Obi-Wan Kenobi y otros exiliados. También vigila a los hijos de Anakin Skywalker y aguarda con paciencia el día en que puedan devolver a la Fuerza su equilibrio.

UN ENTORNO CAUTIVADOR

La Fuerza ya era potente en Dagobah antes de la llegada de Yoda, quien aunque pudo haber recurrido a ella para montarse una casa elegante como el Templo Jedi de Coruscant, prefirió construir un refugio primitivo que hace que la casa de Obi-Wan en Tatooine parezca un palacio. La choza de Yoda podría quedar hecha pedazos por una de las lluvias torrenciales de Dagobah, y precisamente eso es lo que pasa después de la muerte de su dueño. Así como él usa la Fuerza y las defensas naturales del planeta para evitar a quienes lo buscan, también puede servirse del poder propio de Dagobah para mantener la choza en pie.

CIUDAD FLOTANTE

FUNDADA POR EL EXCÉNTRICO INDUSTRIAL de Corellia Lord Ecclessis Figg, la Ciudad de las Nubes fue al principio conocida como Colonia Minera Flotante. Situada a unos 59 000 kilómetros del núcleo de Bespin, su propósito es la extracción de gas tibanna de la atmósfera del planeta, que posteriormente se procesa y envasa para su exportación. Según el estándar galáctico, la instalación es pequeña, y su administrador, Lando Calrissian, espera obtener beneficios a la vez que evita la supervisión del Gremio Minero y del Imperio. Hace poco, Lando ha invitado a casinos a instalarse en la Ciudad de las Nubes, con lo que confía en llenarse los bolsillos mientras oculta aún más el negocio del gas.

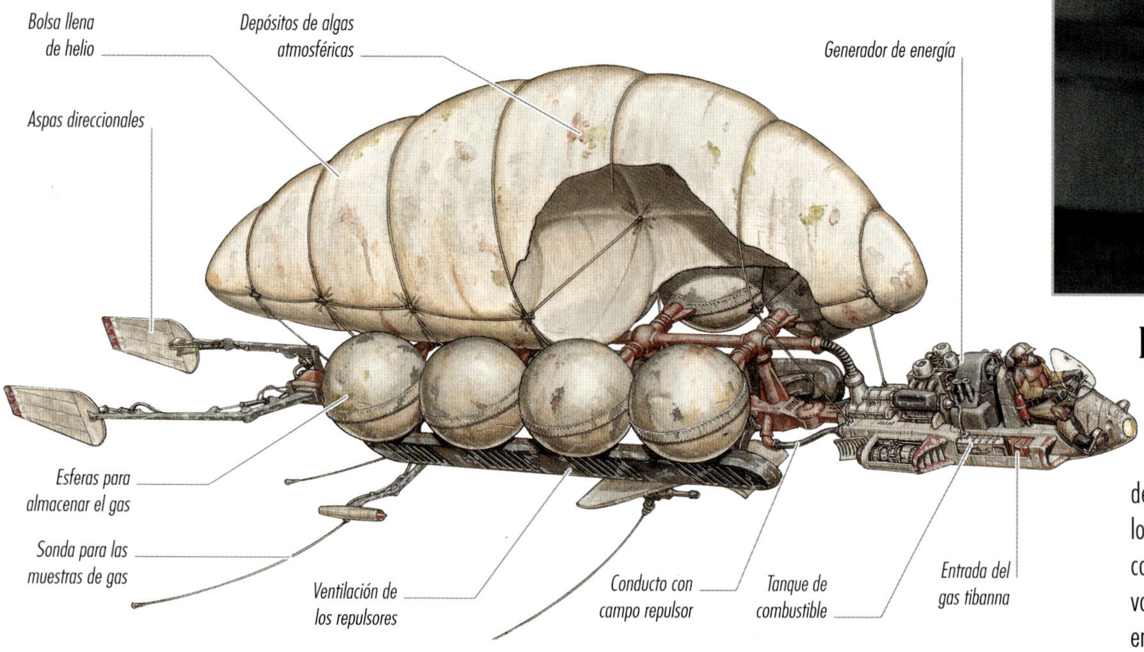

LAS TORMENTAS DE GAS

Durante generaciones, los buscadores de gas han navegado por la respirable atmósfera superior de Bespin, y la Ciudad de las Nubes sigue empleando a muchos de esos temerarios para localizar bolsas de tibanna. En las nubes, y pilotando sus propias naves improvisadas, los buscadores intentan localizar y explotar nuevas bolsas antes que los contratistas importantes. En Bespin, las tormentas de gas son muy volátiles e impredecibles, y aunque ellos aceptan los riesgos pensando en los grandes beneficios, algunas de esas búsquedas resultan mortales.

SOCIEDADES FLOTANTES

La Ciudad de las Nubes comparte el magnífico cielo de Bespin con refinerías menores. Mantenidas a distancia por inmensos generadores de repulsión, estas instalaciones móviles y automatizadas se reorientan solas para extraer gas de bolsas recién descubiertas. Por lo general, no obstante, estas refinerías manipulan sobrantes de instalaciones mayores como la susodicha Ciudad de las Nubes.

AIRE FRESCO

Construida con materiales extraídos de Miser, el planeta más interior de todo el Sistema Bespin, la Ciudad de las Nubes se alza sobre la estructura minera de 16 kilómetros de ancho. Sus cinco millones de residentes y sus visitantes habitan la atmósfera superior, respirable, llamada «Zona Vital», que está protegida de la tóxica atmósfera inferior por una capa de algas aéreas.

VIGILANCIA DEL CIELO

La minería y el turismo que ocupan el planeta durante todo el año exigen un buen sistema de seguridad. Para entrar se necesita visado, y las naves no identificadas se detectan e interceptan antes de llegar a las plataformas de aterrizaje. La Ciudad de las Nubes está protegida de bombardeos y fuego de láser desde el espacio por un generador de escudo, pero la Guardia Alada no cree en la vigilancia habitual, y utiliza *cloud cars*, vehículos de doble cabina, para patrullaje y emergencias. Estos vehículos para dos personas llevan cañones bláster y tienen una velocidad de 1500 km/h. Al usar tanto repulsores como motores iónicos, también se utilizan para pasear.

RECUERDO MOLESTO

En los niveles altos de la Ciudad de las Nubes se disfruta de la belleza natural del planeta y de sus crepúsculos, que duran dos horas. El mármol sintético blanco de la habitación de Leia imita el estilo de Alderaan, donde nació la esposa de Lord Figg. Pero este recordatorio de su planeta destruido no hace sentir cómoda a Leia, más bien refuerza su intuición de que no todo está bien en la Ciudad de las Nubes.

TRINEO REPULSOR PARA CARBONITA

El trineo para carbonita de Bespin Motors está ideado para usarse junto con una cámara de congelación por carbono para el transporte seguro de gases exóticos que existen a alta presión, como el tibanna. Este se usa en armamento de naves estelares, como hiperimpulsor y como refrigerador alrededor de los elementos gravito-activos de los repulsores. En la estructura de control del trineo se suspende una cantidad de gas en un bloque ultrafuerte de carbonita. Lord Vader decide probar en Han Solo el almacenamiento de humanoides en carbonita. Así espera inmovilizar a su hijo Luke Skywalker y llevárselo al emperador. Mientras bajan a Han a la cámara congeladora lo ponen en estado de hibernación, antes de que la carbonita se solidifique en su cuerpo.

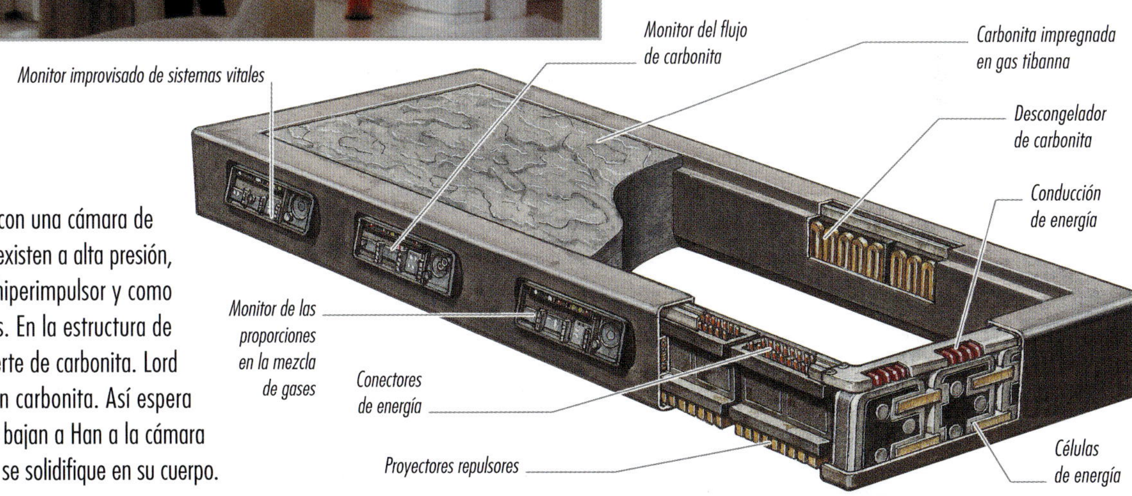

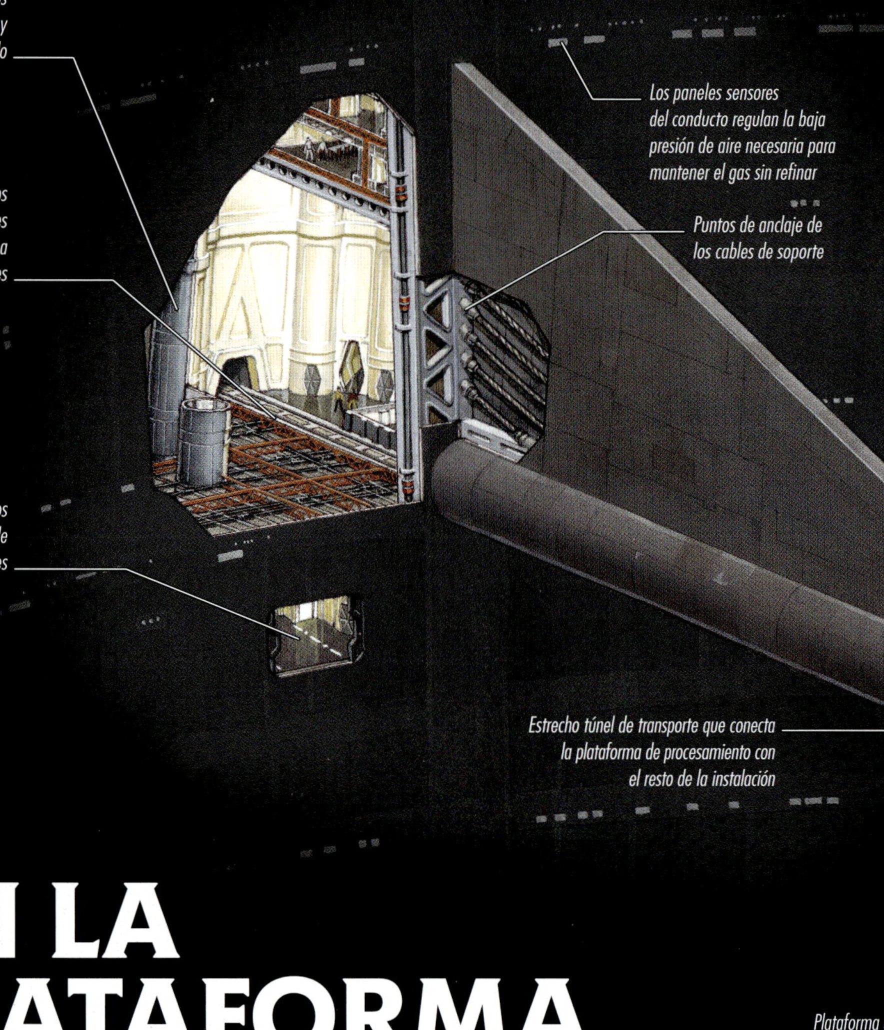

BAJO PRESIÓN

La tarea, monótona y a veces peligrosa, de extraer y procesar el gas tibanna la realizan los ugnaughts, humanoides porcinos del planeta Gentes, que viven en el laberinto flotante de húmedos corredores de trabajo iluminados en rojo.

EN LA PLATAFORMA

EN EL CORAZÓN de la Ciudad de las Nubes, Darth Vader decide aprovechar una de las plataformas aéreas gigantes de procesamiento de gas. Se sirve de manera siniestra de una cámara de congelación (en la que se mezcla el gas tibanna con carbonita para su conservación por congelación rápida) para sumergir a Han Solo en carbonita y entregarlo en custodia al cazarrecompensas Boba Fett. Después, el Señor Oscuro combate con Luke en un balcón suspendido sobre un gran reactor en el que se almacena tibanna antes de purificarlo y estabilizarlo. Luke acaba arrancado de la plataforma y succionado por una red de tuberías de escape de gas; colgando bajo el vientre de la Ciudad, se aferra desesperadamente a una veleta.

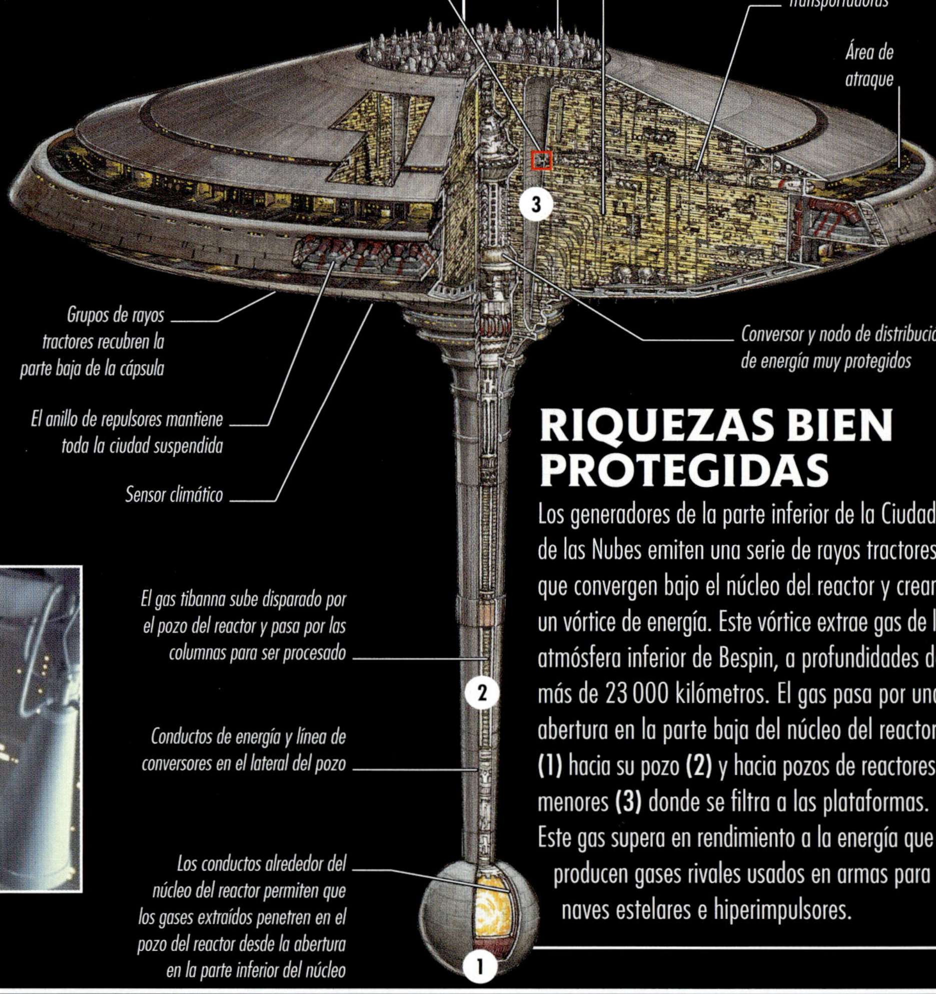

RIQUEZAS BIEN PROTEGIDAS

Los generadores de la parte inferior de la Ciudad de las Nubes emiten una serie de rayos tractores que convergen bajo el núcleo del reactor y crean un vórtice de energía. Este vórtice extrae gas de la atmósfera inferior de Bespin, a profundidades de más de 23 000 kilómetros. El gas pasa por una abertura en la parte baja del núcleo del reactor **(1)** hacia su pozo **(2)** y hacia pozos de reactores menores **(3)** donde se filtra a las plataformas. Este gas supera en rendimiento a la energía que producen gases rivales usados en armas para naves estelares e hiperimpulsores.

Apenas capaz de agarrarse a la inestable estructura del reactor, Luke rechaza la oferta de Vader de una alianza… y también la revelación de que en realidad es su padre.

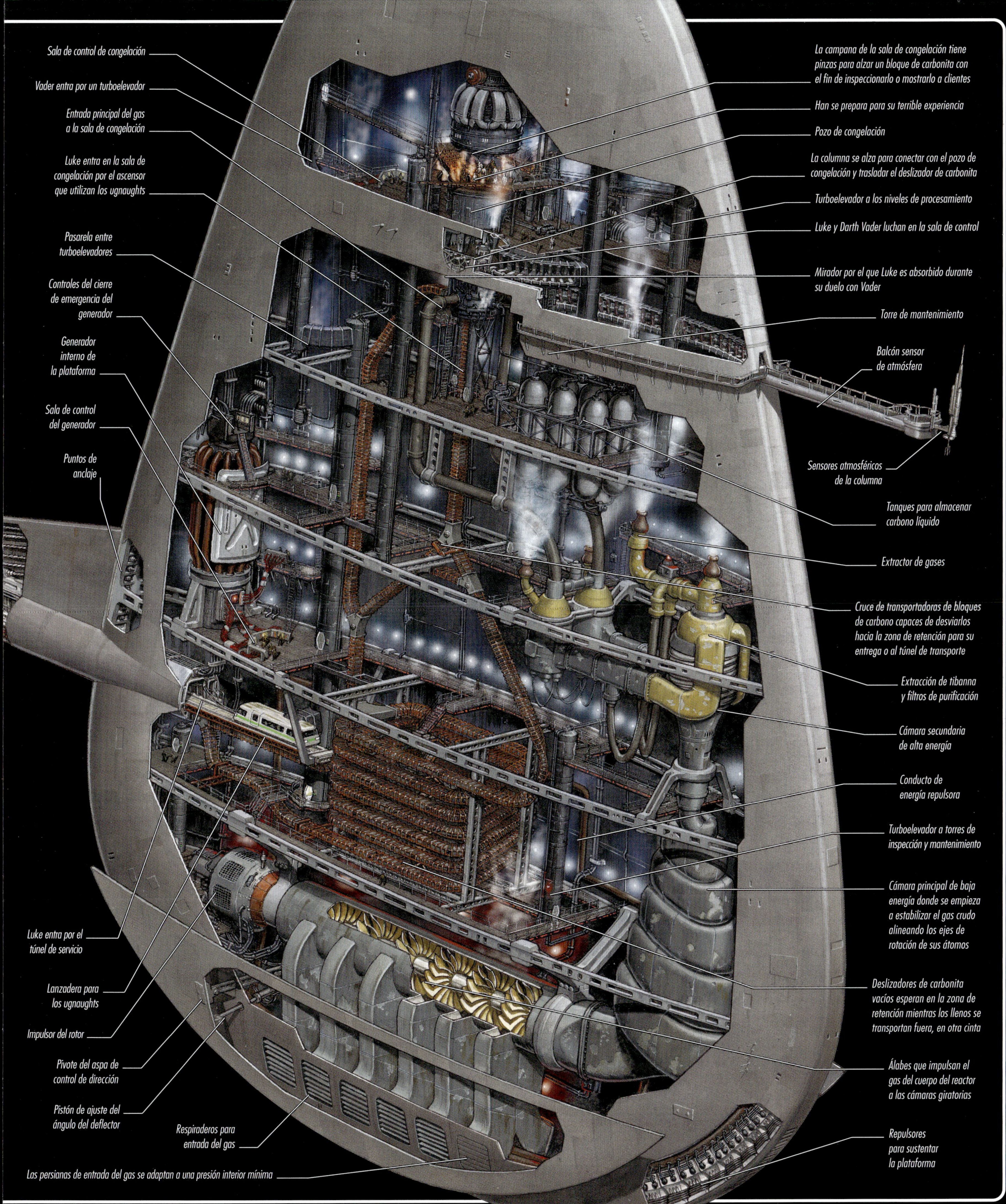
Sala de control de congelación
Vader entra por un turboelevador
Entrada principal del gas a la sala de congelación
Luke entra en la sala de congelación por el ascensor que utilizan los ugnaughts
Pasarela entre turboelevadores
Controles del cierre de emergencia del generador
Generador interno de la plataforma
Sala de control del generador
Puntos de anclaje
Luke entra por el túnel de servicio
Lanzadera para los ugnaughts
Impulsor del rotor
Pivote del aspa de control de dirección
Pistón de ajuste del ángulo del deflector
Respiraderos para entrada del gas
Las persianas de entrada del gas se adaptan a una presión interior mínima
La campana de la sala de congelación tiene pinzas para alzar un bloque de carbonita con el fin de inspeccionarlo o mostrarlo a clientes
Han se prepara para su terrible experiencia
Pozo de congelación
La columna se alza para conectar con el pozo de congelación y trasladar el deslizador de carbonita
Turboelevador a los niveles de procesamiento
Luke y Darth Vader luchan en la sala de control
Mirador por el que Luke es absorbido durante su duelo con Vader
Torre de mantenimiento
Balcón sensor de atmósfera
Sensores atmosféricos de la columna
Tanques para almacenar carbono líquido
Extractor de gases
Cruce de transportadoras de bloques de carbono capaces de desviarlos hacia la zona de retención para su entrega o al túnel de transporte
Extracción de tibanna y filtros de purificación
Cámara secundaria de alta energía
Conducto de energía repulsora
Turboelevador a torres de inspección y mantenimiento
Cámara principal de baja energía donde se empieza a estabilizar el gas crudo alineando los ejes de rotación de sus átomos
Deslizadores de carbonita vacíos esperan en la zona de retención mientras los llenos se transportan fuera, en otra cinta
Álabes que impulsan el gas del cuerpo del reactor a las cámaras giratorias
Repulsores para sustentar la plataforma

SANTOS VAGABUNDOS

Se dice que los ascéticos monjes b'omarr erigieron la ciudadela siglos antes de que los colonizadores llegaran a Tatooine. Cuando un monje alcanzaba el estado más alto de iluminación, se le extraía el cerebro y se colocaba en un frasco lleno de nutrientes, que podía transportarse en un cuerpo de droide. La extracción quirúrgica de cerebros tocó la vena morbosa de Jabba, que al apoderarse del palacio alentó a deambular a los monjes que aún vivían en las plantas inferiores. Las perversas actividades del Hutt escandalizan a muchos, pero los monjes las toleran. Apartados de los asuntos mundanos, les encanta que Jabba sea para ellos una fuente de materia prima para su conversión.

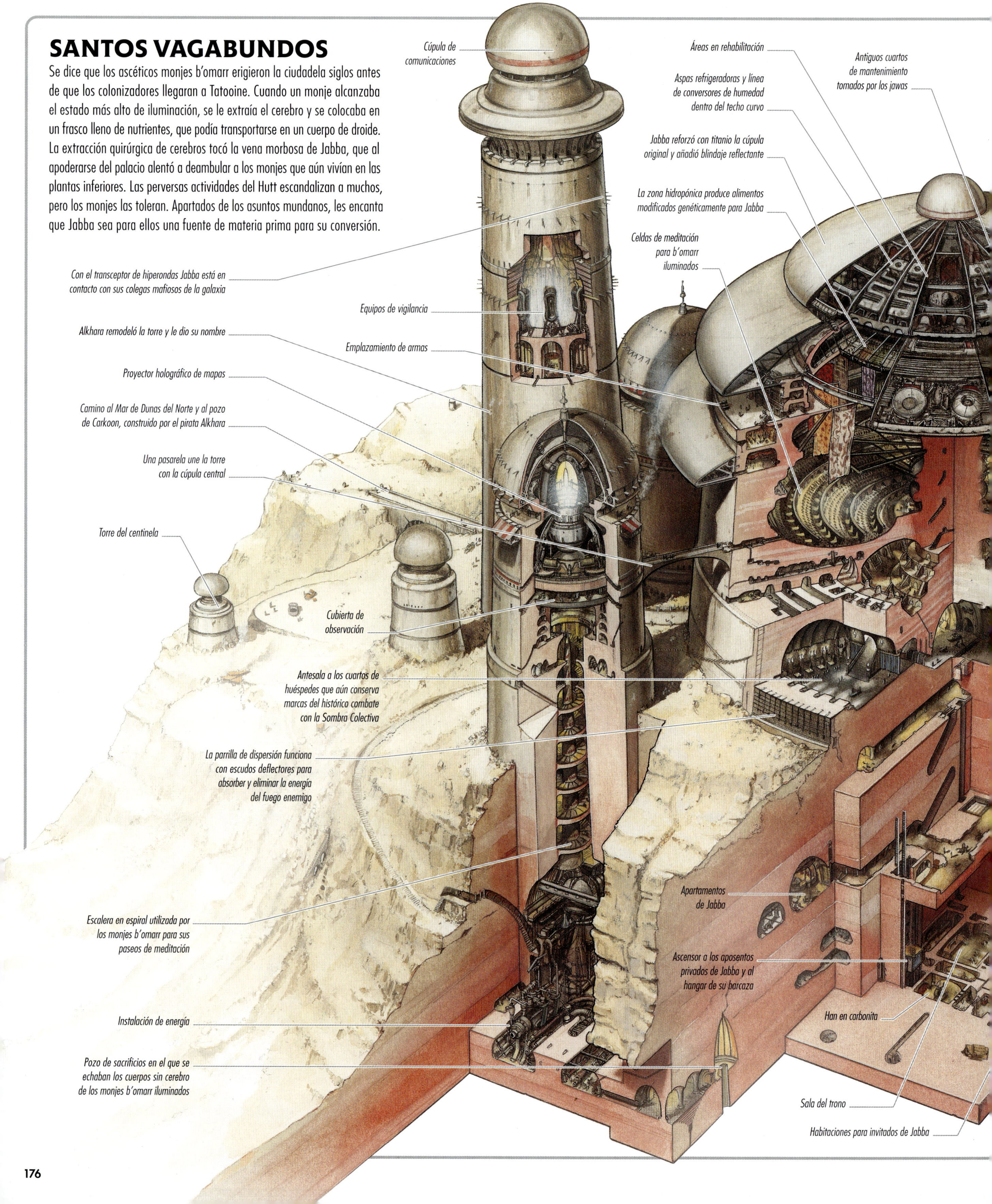

LADRONES Y ASESINOS

El bandido Alkhara fue el primer extranjero que se apropió del monasterio b'omarr y lo usó para sus fines. Entre sus legendarias fechorías está que hizo asesinar a los policías de un cuartel local, y más tarde él mismo degolló a los moradores de las arenas que habían cometido el crimen, iniciando así una sangrienta contienda entre los tusken y los colonos que persiste hasta hoy. Alkhara vivió 34 años en la ciudadela, hasta que Jabba el Hutt lo expulsó de Tatooine.

HANGAR DE LA BARCAZA

Jabba se desplaza por Tatooine en distintivas barcazas y esquifes diseñados por la Corporación Ubrikkiana por encargo del arquitecto Derren Flet. Sin embargo, cuando se trató de diseñar calabozos para el palacio, a Flet no le fue tan bien: fue ejecutado por no tener en cuenta la cantidad de seres que Jabba iba a hacer prisioneros, ni el alcance real de la depravación del Hutt.

Los vigías de Jabba inspeccionan kilómetros a la redonda por si llegan visitantes, aunque pocos cogen la peligrosa carretera sin invitación: los que lo hacen, generalmente lo lamentan.

PALACIO HUTT

LA IMPONENTE CIUDADELA conocida como el palacio de Jabba el Hutt es tan amplia y se adapta tan bien a su implacable entorno que ha pasado a ser el rasgo más notable del Mar de Dunas del Norte en Tatooine. Cuando la habitaban sus constructores originales, los inescrutables monjes b'omarr, fue un sitio de aislamiento total. Luego, durante un tiempo, perteneció a un temerario y corrupto bandido, Alkhara, que añadió la torre de nueve pisos, los calabozos y las almenas. Cuando Jabba, el señor del crimen Hutt, trasladó su base de operaciones al anárquico Tatooine, se hizo con la ciudadela comenzando por los frescos y húmedos niveles más bajos y reforzó el exterior contra ataques aéreos. Jabba dotó el palacio de una atmósfera de depravación y corrupción sin precedentes.

EL TRONO DE JABBA

EL GUSTO DE JABBA EL HUTT por los lugares subterráneos y oscuros y por la teatralidad lo lleva a transformar parte del antiguo monasterio b'omarr en una sala de recepción, o del trono, en la que pululan sus corruptos asociados, sus despiadados sicarios y sus serviles seguidores. Si lo ordena, ráfagas de música surcan el aire aromatizado, bailarinas danzan sobre el suelo de piedra, los contrabandistas o traficantes que lo enfadan son humillados y arrojados al feroz rancor… o, si quiere, quizá reciba en audiencia a un cazarrecompensas y su prisionero.

LA BANDA DE LA CASA DEL HUTT

Compuesta por músicos veteranos locales, la banda de Max Rebo suele tocar para Jabba el Hutt ya sea en el palacio o en su casa de Mos Eisley. La banda está conformada por Max, Droopy McCool y Sy Snootles; en caso de actuaciones de fuste, Max complementa el conjunto con el talento de Joh Yowza, Barquin D'an, Doda Bodonawieedo y Rappertunie, así como baterías, coristas y bailarines.

UNA CORTE CORRUPTA

Solo se permite frecuentar abiertamente la sala del trono a los contrabandistas y cazarrecompensas de peor fama, es decir, los que han demostrado ser expertos en el asesinato, el caos o los crímenes de alto nivel. Los de reputación más baja pueblan el palacio forzados a entretener a los subordinados de Jabba, y se les respeta menos que a sus droides principales. En esta atmósfera amenazadora entra la princesa Leia disfrazada como el cazarrecompensas Boushh.

Desde lo alto de un estrado colosal, Jabba el Hutt controla casi toda la sala del trono, incluso la trampilla que lleva al pozo del rancor, a 7,5 metros por debajo.

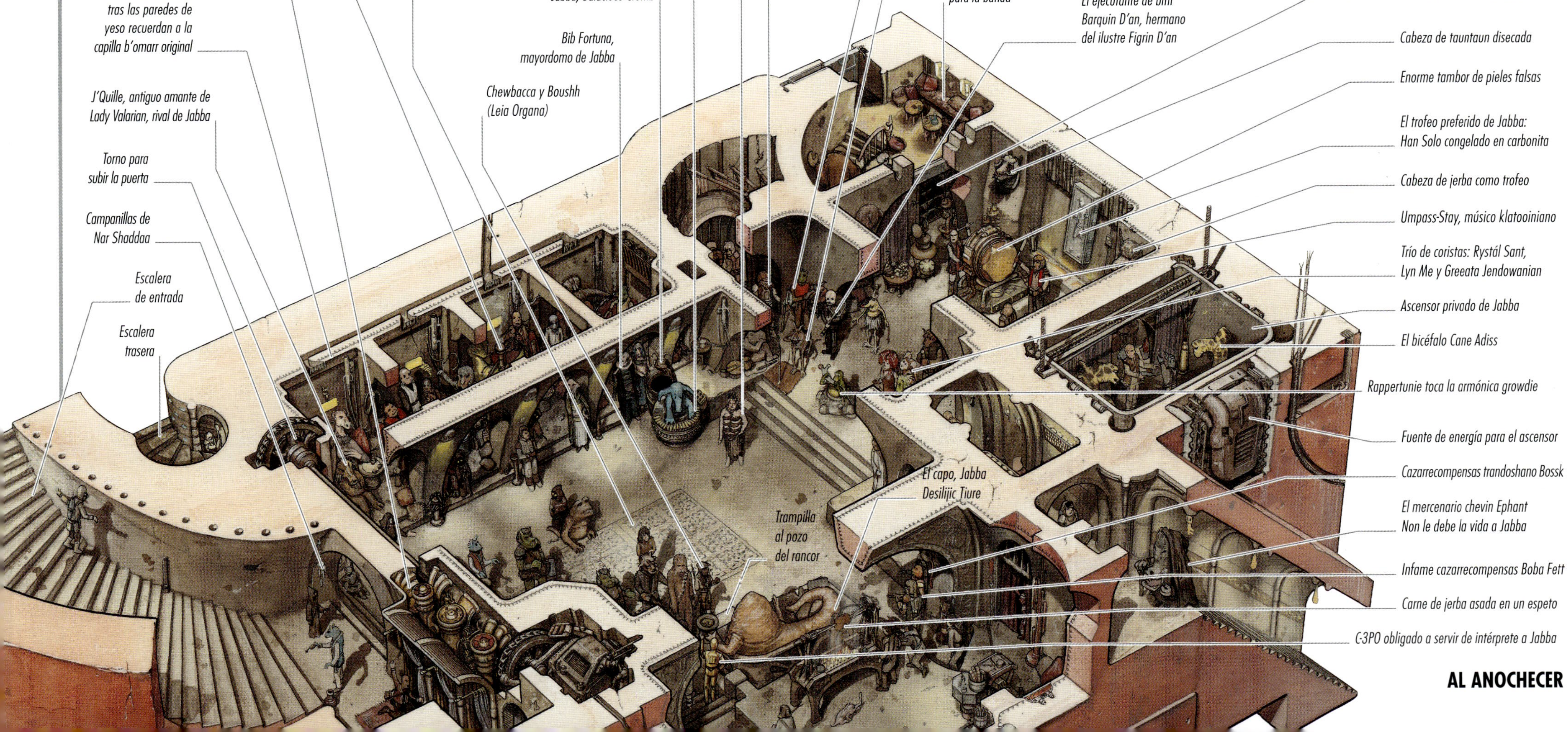

MÁS ABAJO

En el laberinto del subsuelo del palacio a veces incluso la vida de un droide corre riesgo. Capturado, confiscado o engañado, un droide sin suerte estará a merced de la vil jefa de operaciones cíborg de Jabba, EV-9D9. Asesina psicópata de sus colegas droides, EV-9D9 disfruta torturándolos o haciéndolos trabajar hasta que sus procesadores estallan. El droide que sobrevive y lleva la marca del palacio de Jabba es muy afortunado.

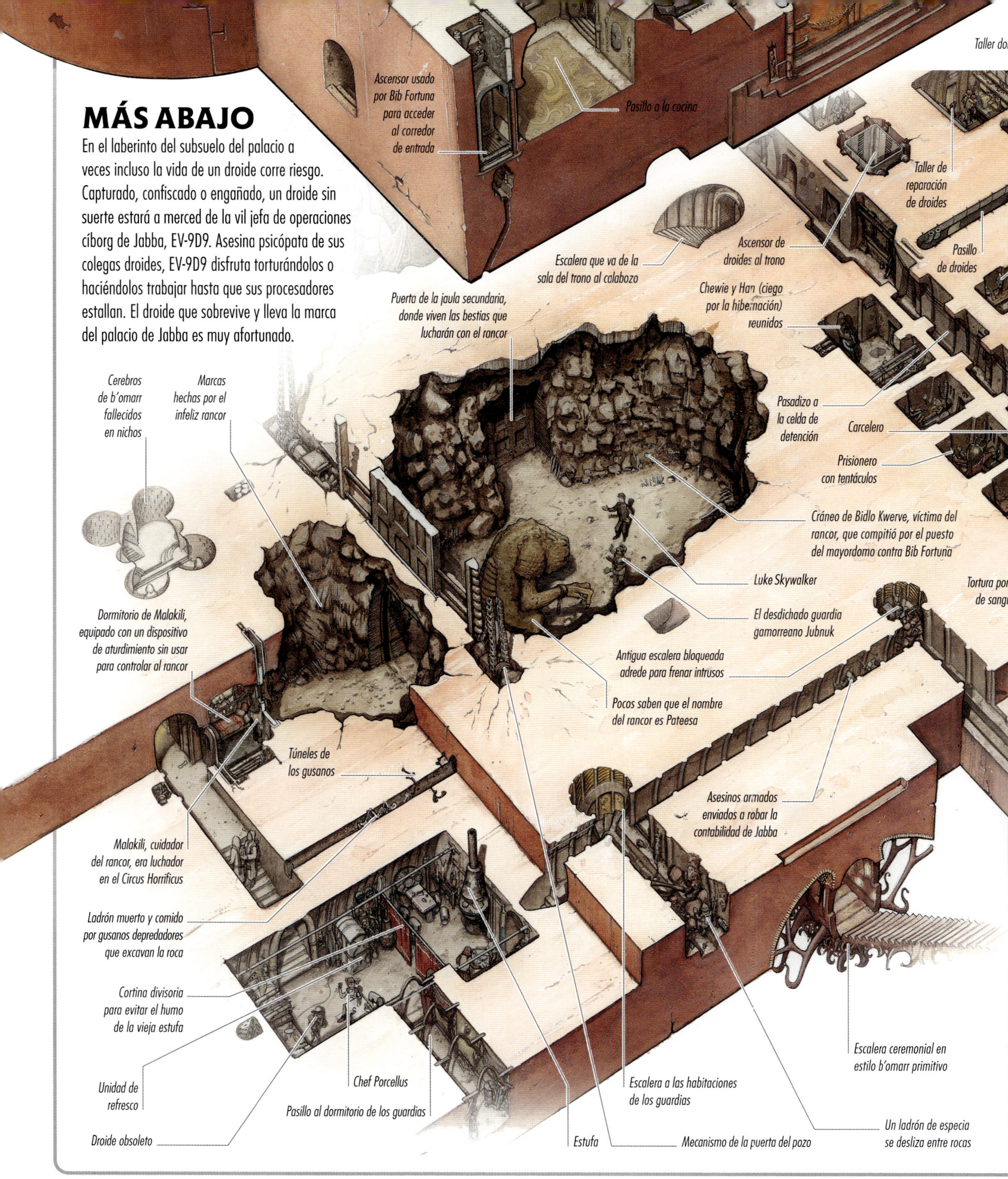

Incapaz de convencer a Jabba de que libere a Han Solo, Luke Skywalker emplea la Fuerza para atraer hacia su mano un bláster de uno de los guardias humanoides de Jabba, Nizuk Beck.

EL POZO DEL RANCOR

En los niveles inferiores del palacio viven jawas exiliados, monjes b'omarr y rateros frustrados. Dejando la vigilancia de este brutal laberinto a sus lugartenientes, Jabba centra su interés en el pozo del rancor, que, se dice, solía ser una gruta sagrada b'omarr y actualmente está lleno de huesos regurgitados de las meriendas vivas de la bestia. Después de que Luke se asegura de que son los huesos del propio rancor los que llenan el pozo, los socios de Malakili, el cuidador del rancor, y el antiguo primer chef de Jabba, Porcellus, abren el restaurante Crystal Moon en Mos Eisley.

BATALLA DE ENDOR

AUNQUE A LA ALIANZA REBELDE le cuesta muchas vidas, los espías bothan consiguen informar de que el Imperio está construyendo una segunda Estrella de la Muerte en la remota Luna Boscosa de Endor. La Alianza debe golpear antes de que el arma sea operativa, pero los bothan también dicen que la Estrella está protegida por un gran escudo defensivo proyectado por una red de generadores y antenas situados en la luna. Así nace un plan desesperado: confiando el *Halcón Milenario* a Lando Calrissian y al piloto sullustano Nien Nunb, Luke, Han, Leia y un comando especial viajan a Endor en una lanzadera imperial robada para destruir la instalación del escudo.

1 Gracias a un código imperial viejo pero válido, la lanzadera logra aterrizar en la Luna Boscosa. Los comandos salen en busca del búnker del generador, pero tienen que enfrentarse a un puñado de exploradores imperiales en motos deslizadoras. Cuando dos exploradores huyen, Luke y Leia los persiguen.

2 La persecución a 200 km/h hace zigzaguear a Luke y Leia entre los altos árboles del bosque de Endor. Dos imperiales más se unen a la persecución y Luke salta a la parte trasera de una de las motos. Lanza al piloto contra un árbol y se dispone a enfrentarse con el segundo par de exploradores.

TRAS LA VICTORIA

La explosión de la segunda Estrella de la Muerte desafía las nociones preconcebidas de la física, y milagrosamente una apocalíptica lluvia de escombros no impacta en la Luna Boscosa. La mañana siguiente a la batalla, los rebeldes se afanan en destruir una base imperial en el otro lado de la luna. A los pocos días, la Alianza lucha contra las fuerzas imperiales en muchos frentes, mientras los moffs y comandantes tratan de hacerse con el poder en un Imperio que se fragmenta y desmorona a toda velocidad.

3 Arrojada de su moto deslizadora, Leia recupera la conciencia y ve que tiene compañía: un peludo habitante de Endor con una lanza más alta que él. Tras comer con el ewok y aliarse con él para despachar a dos exploradores imperiales más, Leia acompaña a Wicket a la Aldea del Árbol Brillante.

4 Sin darse cuenta, Chewbacca conduce a Luke, Han, R2-D2 y a sí mismo a una trampa de los ewoks. El brazo de sierra radial del astromecánico corta la red fácilmente, solo para que los prisioneros caigan al suelo y directamente en manos de Teebo, Paploo y otros ewoks.

5 Sin sus armas, Luke, Han, Chewbacca y los dos droides son llevados a la Aldea del Árbol Brillante, suspendida sobre el suelo. Para consternación de Han, los ewoks tratan a C-3PO con un respeto reverencial al confundirlo con un dios (si bien la programación del droide prohíbe su personificación).

9 Los ewoks usan armas primitivas contra los imperiales (catapultas, planeadores y bolsas con aceite de lagarto en llamas) mientras Han y Leia intentan reabrir la puerta blindada del búnker. Los AT-ST del Imperio caen bajo rocas y troncos, al tiempo que muchos ewoks mueren cruelmente por los blásteres.

INSTALACIÓN IMPERIAL

Las plataformas de aterrizaje sirven de cubierta para lanzaderas y naves de similar tamaño y como grúas de carga de AT-AT. Sus gruesas patas albergan turboelevadores y la cubierta tiene un emisor de rayos tractores, múltiples balizas y dianas circulares en la zona de aterrizaje doble.

8 Comandos rebeldes se cuelan en la instalación por la entrada trasera del búnker de control. Sin saber que han hecho exactamente lo que predijo el emperador, en seguida los rodean soldados de asalto. En el exterior, C-3PO los distrae mientras los ewoks se disponen a lanzar una contraofensiva.

OPERACIONES ESPECIALES

Los Rastreadores, famosa unidad de fuerzas especiales de la Alianza, son cruciales para la destrucción del generador del escudo, que deja a la segunda Estrella de la Muerte vulnerable ante los cazas estelares rebeldes. Son condecorados por su valentía el mayor Bren Derlin, que dirige el equipo de comandos en Endor, y el general Crix Madine, desertor del Imperio responsable de planificar el ataque.

CLAVE DE LAS RUTAS

- Leia, Luke, Han, Chewbacca, C-3PO, R2-D2 y tropas del escuadrón rebelde se dirigen hacia el búnker del generador del escudo pasando por el campamento de los exploradores
- Luke y Leia en una moto deslizadora monoplaza
- Explorador 1
- Explorador 2
- Luke se apropia de la moto deslizadora del explorador 2
- Leia, sola, en moto deslizadora
- Explorador 3
- Explorador 4
- Ruta de Luke de regreso al campamento explorador, donde Han, Chewbacca y los droides
- Han, Luke, Chewbacca y los droides buscan a Leia; los ewoks los capturan y terminan en la aldea ewok
- El escuadrón rebelde se dirige al búnker del generador del escudo
- Wicket lleva a Leia a la aldea ewok
- Ruta de Luke al puesto imperial donde se rinde
- Un AT-AT conduce a Luke a la plataforma imperial de aterrizaje
- Han, Leia, Chewbacca, los droides y el ejército de ewoks acuden a su cita con el escuadrón junto al generador

6 Con Han a punto de ser asado, Luke usa la Fuerza para hacer levitar a C-3PO y su trono de madera sobre la cabeza del chamán ewok, Logray, y del jefe de la Aldea del Árbol Brillante, Chirpa. C-3PO ordena que Han, Luke y R2-D2 sean liberados para poder reunirse con Leia.

7 Al sentir la presencia de su hijo, Darth Vader llega en lanzadera a la plataforma de aterrizaje del inmenso generador del escudo, cuyo perímetro está vigilado por máquinas de guerra imperiales, entre las que se cuentan caminantes AT-AT y exploradores AT-ST.

MUNDO AISLADO

Endor se halla en los confines de la galaxia. Aunque los mundos de las regiones alejadas tienen riquezas minerales, la distancia de Endor de las principales rutas comerciales lo ha protegido de la explotación, y los ewoks de los bosques han tenido contacto mínimo con el resto de la galaxia. Algunos yuzzums, moradores de las planicies, se marcharon en naves que pasaban y poblaron otros mundos. C-3PO habla con los ewoks en lengua yuzzum, muy similar a la de estos.

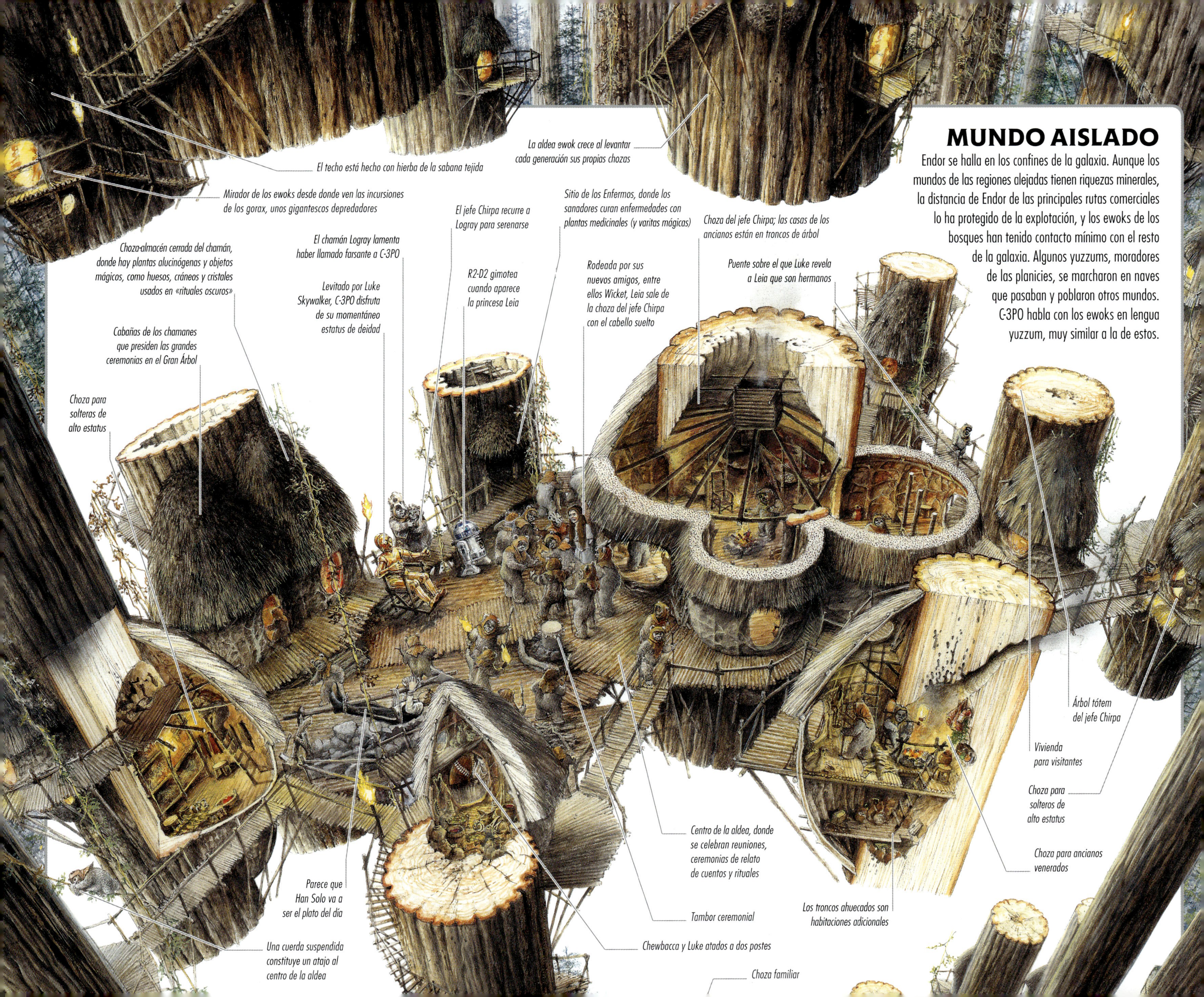

BOSQUE MÁGICO

Para los ewoks, la corteza de las coníferas es un repelente de insectos y sus fuertes ramas constituyen un buen material para arcos, lanzas, hondas y catapultas. Los ewoks mantienen lazos místicos con los bosques, y los chamanes son intermediarios entre los árboles y las tribus. Cada vez que nace un nuevo miembro de la tribu se planta un árbol a partir de un vástago, y así el ewok y su árbol guardián crecen y maduran juntos. Los ewoks creen que cuando uno de ellos muere, su espíritu pasa a residir en su árbol.

Los ewoks adoran los relatos fantásticos, la música y el baile, y les encanta celebrar cualquier cosa, como la captura de Luke, Han, Chewbacca y R2-D2.

ALDEA EWOK

EN LA LLAMADA LUNA SANTUARIO del planeta Endor viven muchas tribus de ewoks, la mayoría por encima del suelo del bosque, en aldeas arbóreas. Conjuntos de chozas con techos empajados se abrazan a los troncos de enormes coníferas y se conectan entre sí y con el suelo del bosque por medio de ingeniosas pasarelas, puentes de cuerdas y columpios. En el centro de la aldea se hallan las chozas del jefe y de los ancianos, con una plataforma abierta en la que se celebran reuniones y ceremonias. Las familias, incluyendo las ewoks solteras, viven en grupos de chozas fuera del centro de la aldea, y los ewoks solteros, un poco más lejos.

HOGAR EN LOS ÁRBOLES

Habitada por cerca de 200 ewoks, la Aldea del Árbol Brillante está ubicada a unos 15 metros sobre el suelo de la floresta. En esta parte del bosque, los árboles promedian apenas 40 metros, aunque los más viejos en otras zonas llegan a superar los mil metros. Los ewoks bajan al suelo a recoger frutos y bayas y a cazar montados en ponis salvajes que introdujeron en Endor hace tiempo exploradores humanos. Como bestias de carga también usan los bordoks nativos, más pequeños.

FASES DE LA CONSTRUCCIÓN

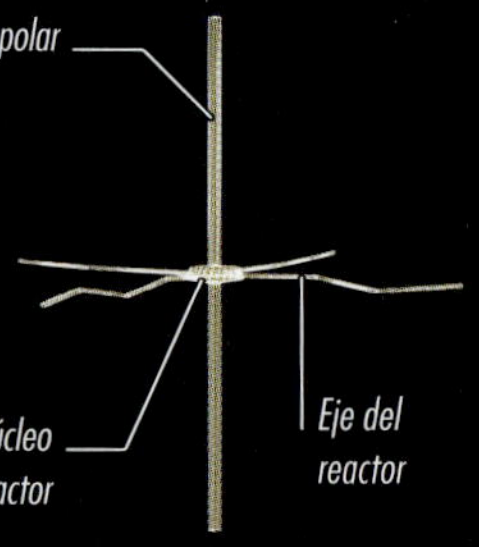

1 La primera fase consistió en reunir los componentes para el núcleo del reactor principal (una décima parte del diámetro de toda la estructura) y la inmensa columna polar cilíndrica para distribuir la energía y estabilizar la capacidad rotatoria de la Estrella de la Muerte. Cuatro ejes del reactor, doblados a 15 grados en cinco puntos, se extendían hacia afuera, hacia lo que sería la circunferencia de la estación, y dos emergían exactamente en el ecuador. El núcleo del reactor se recubrió de paneles condensadores.

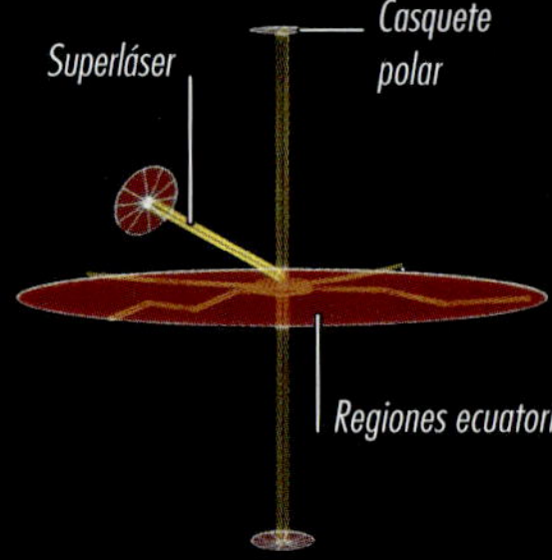

2 Se añadieron ejes complementarios a la columna polar y a los cuatro ejes del reactor. (Más adelante, los cazas rebeldes usarían algunos de estos para alcanzar la superficie de la estación.) Luego se construyeron las regiones ecuatoriales, o del «cinturón», que alojaban importantes instalaciones de atraque, así como los impulsores que hacían rotar la Estrella.

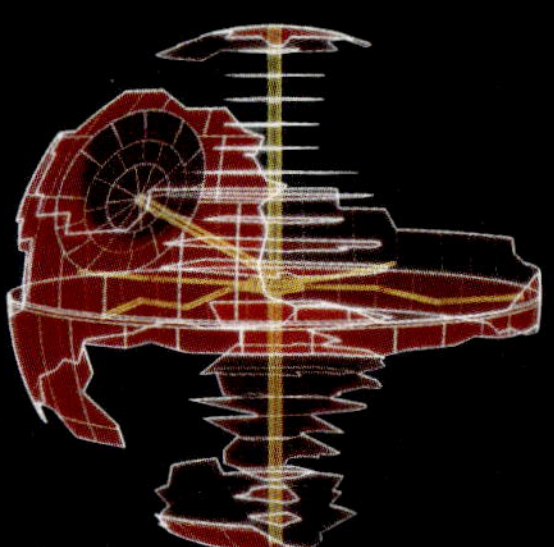

3 Con los sistemas nuclear y ecuatorial en su sitio, los constructores siguieron con la fabricación del arma en sí. Solo Vader y unos pocos asesores del emperador entienden que el plan de Palpatine de dejar gran parte de la base sin terminar es solo un engaño para que la Alianza crea que el superláser no estará operativo cuando los rebeldes lancen su ataque.

4 Como se confirmó cuando se estaba haciendo la Estrella de la Muerte original, la construcción avanzaba más cuando la superficie de trabajo era lo suficientemente amplia para que cupiese la mayor cantidad posible de droides constructores autorreplicantes. Así justificó el moff Jerjerrod el rellenar el interior de la estación poco a poco.

BASE DE OPERACIONES

Alzándose desde el polo norte de la Estrella de la Muerte II, la torre de aislamiento de cien niveles del emperador se ancló a la estación mucho antes de su llegada. Está rodeada por una gran concentración de emplazamientos para armas anticazas, a intervalos de unos pocos cientos de metros, todos con control de disparo mejorado. La sala del trono del emperador ocupa un ala en la estructura cuadripartita del penúltimo piso.

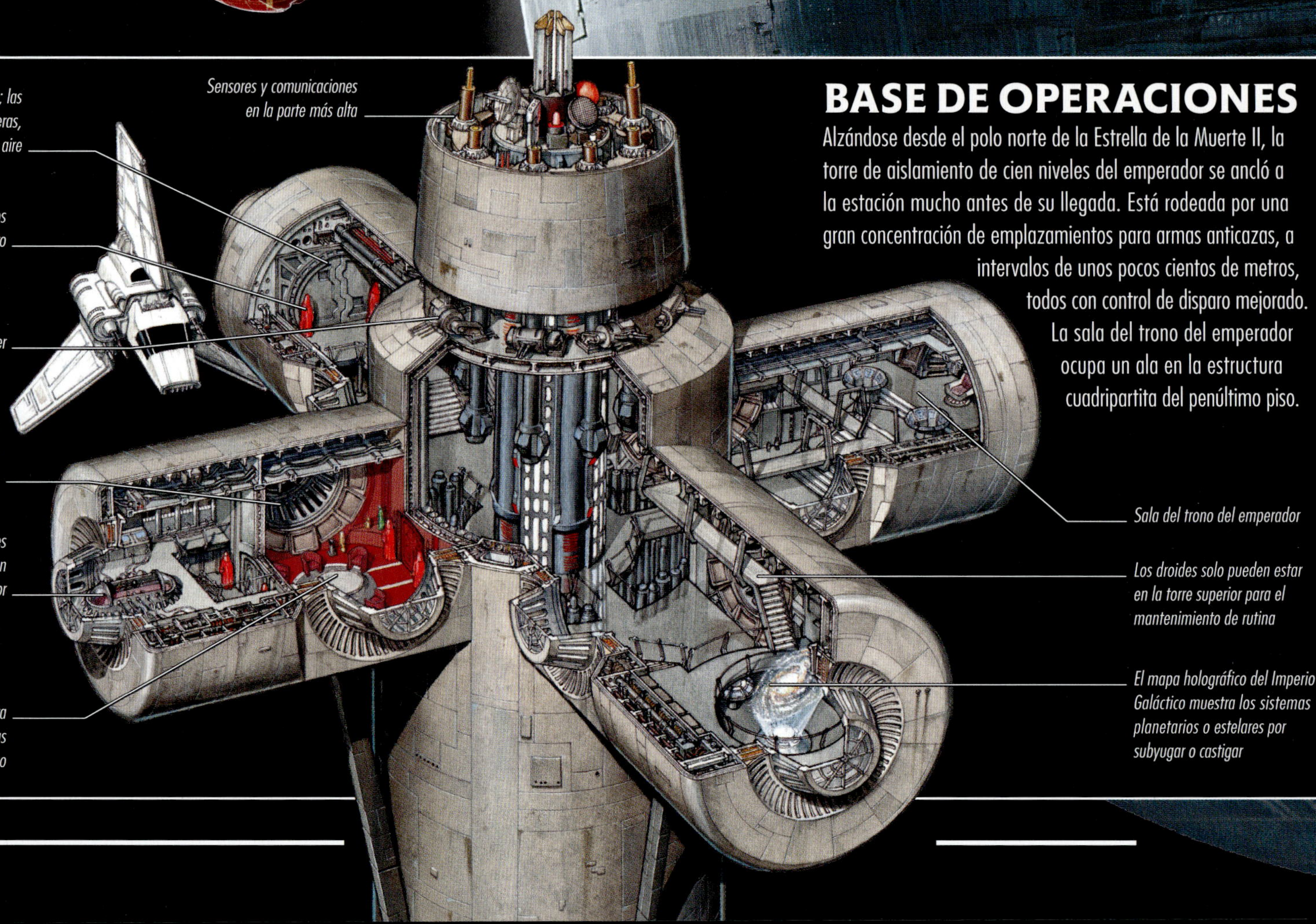

LA ESTRELLA DE LA MUERTE II

CONSTRUIDA EN SECRETO MIENTRAS ORBITA en torno a la remota Luna Boscosa de Endor, la segunda Estrella de la Muerte tiene más de 160 kilómetros de diámetro. Como la original, su objetivo es aterrorizar a planetas y sistemas amigos de la Alianza Rebelde con una despiadada demostración de poder. Pero esta superarma tiene un segundo propósito: ser el cebo que atraiga a los rebeldes a su ruina. El emperador cree que el final de la rebelión está cerca, pero en realidad la que está condenada es esta segunda Estrella de la Muerte… y con ella, el emperador.

PODER DESTRUCTOR

La Estrella de la Muerte II no está en una órbita natural por encima de Endor, así que permanecer sobre un punto de la superficie de la luna exige mucha fuerza para resistir su gravedad. Al principio, la estación era soportada por un campo repulsor proyectado desde la instalación en tierra que acabaría proporcionándole su escudo deflector. Las narraciones de los chamanes de Endor dicen que ese peso extra sobre la corteza lunar tuvo terribles efectos secundarios como grandes terremotos, corrimientos de tierras y lagos que se salían de sus cuencas naturales. Tras aplastar a la Alianza Rebelde, el emperador quiere enviar numerosas flotas a los mundos de Chandrila y Mon Cala, simpatizantes de la Alianza, y bloquearlos hasta que la Estrella esté lista. Está seguro de que la posterior destrucción de estos semilleros de rebeldes evitará que futuros insurgentes osen desafiar al poder imperial.

UNA ELABORADA TRAMPA

El plan del emperador fue, desde un principio, arrastrar a los rebeldes a una trampa. Al sabotear deliberadamente convoyes con suministros, los agentes de Palpatine retrasan la construcción de la segunda Estrella de la Muerte y hacen ver que es vulnerable a los ataques. Para reforzar esta mentira, los agentes imperiales proporcionan a los espías de Bothan información falsa sobre el estado de la construcción del superláser de la fortaleza. Los planes de Darth Sidious están a punto de dar fruto: sus fuerzas derrotarán a la Alianza y este desastre hará vulnerable al hijo de Anakin Skywalker. Inmediatamente después, la Alianza morirá y Sidious tendrá un aprendiz más joven y más poderoso.

BALUARTE SITH

La sala del trono recuerda al cuartel general de Palpatine en el palacio imperial de Coruscant, antes el Templo Jedi. Las sillas afelpadas de la antesala y las raras obras de arte esconden el carácter frío de la sala del trono de detrás; los guardias imperiales solo dan paso a los convocados en audiencia.

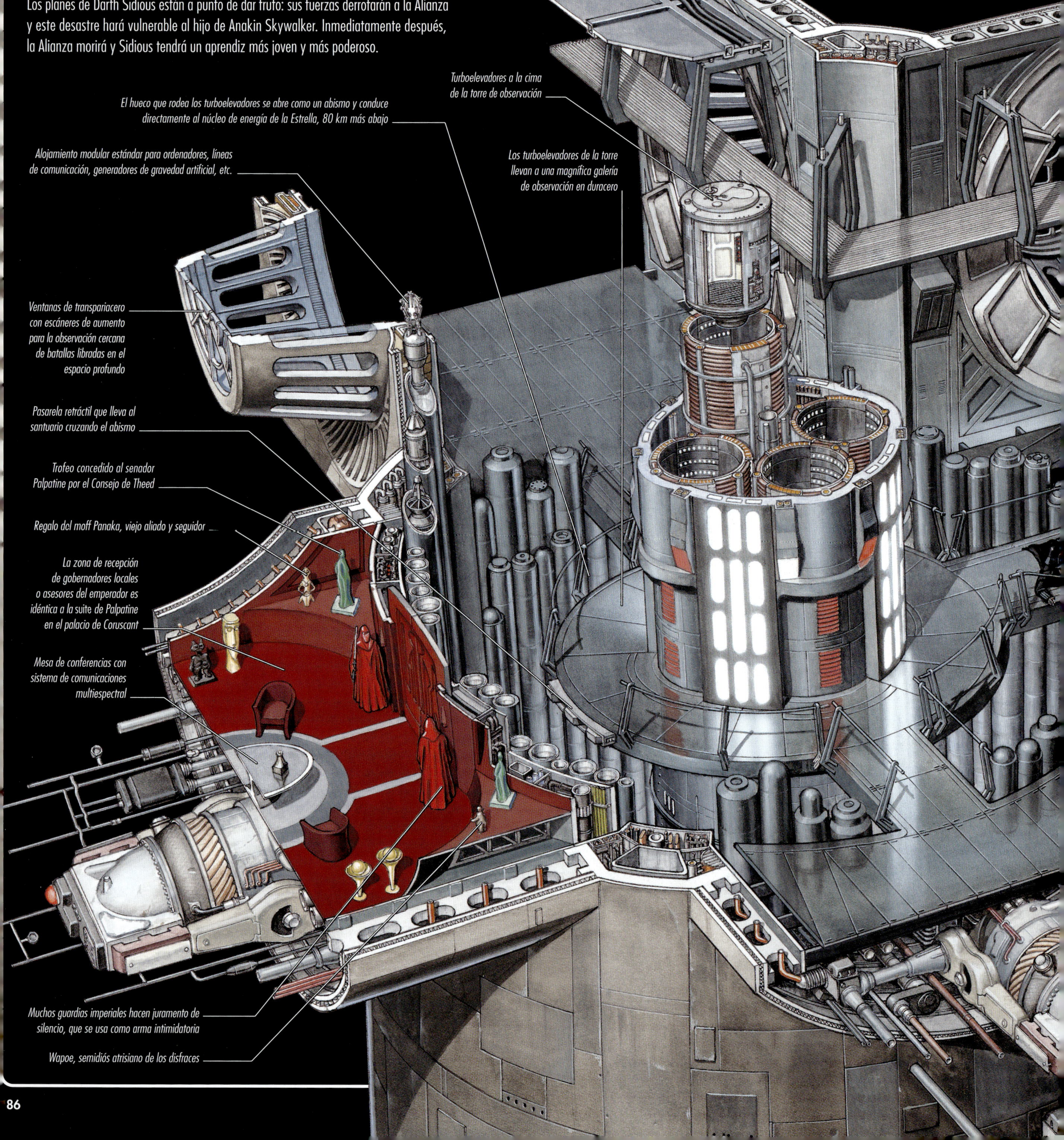

La torre de la sala del trono, en el polo norte de la segunda Estrella de la Muerte, utiliza como defensa una mayor concentración de torretas turboláser.

LA GUARIDA

LA SALA DEL TRONO es el centro de mando de Palpatine y la sede del poder en la segunda Estrella de la Muerte. Con sus cubiertas relucientes, su superestructura expuesta y sus sombríos recovecos, es intimidatoria y amenazante. Mientras fuera ruge la definitiva batalla de Endor, Palpatine baja de su estrado para dar a Luke una lección sobre el poder del lado oscuro. Convencido de controlar los acontecimientos, el emperador no se da cuenta de que el acto final de Darth Vader no solo convertirá la derrota de la apurada Alianza Rebelde en victoria, sino que creará un equilibrio en la Fuerza.

TORRE DE MANDO DEL EJECUTOR

REPOSANDO SOBRE UN GRUESO PILAR sobre el tecnoescape dorsal del *Ejecutor*, la torre de mando, de 285 metros de ancho, es casi una nave por derecho propio. Alberga muchos componentes clave, entre ellos generadores de escudos, sistemas de comunicaciones y conjuntos de sensores, así como habitaciones para los oficiales, salas de reunión y cápsulas de escape para los altos mandos. El puente de mando está justo sobre la línea central de su parte delantera. De pie en el puente de esta gigantesca nave de guerra, su comandante tiene un poder casi inimaginable y personifica la gloria y la ira del Imperio.

Tripulantes frente a consolas bajo la pasarela del puente de mando del *Ejecutor* trabajan bajo el implacable escrutinio de Lord Vader.

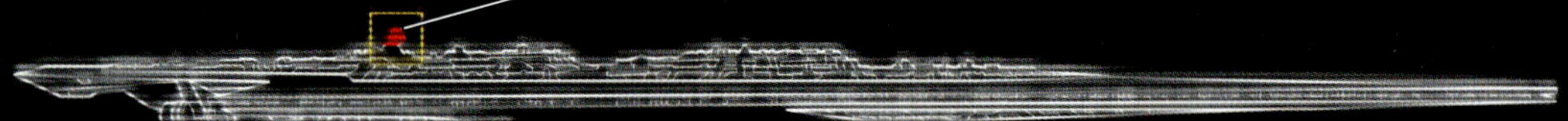

DEFECTO FATAL

Con su reluciente pasarela de mando y sus ventanillas de transpariacero de dos metros de altura, el puente del *Ejecutor* tiene una visión clara de los ataques y derribos. El blindaje de la nave (accionado por la energía de su enorme reactor) hace posibles los despliegues de arrogancia imperial. Sin embargo, la nave es vulnerable. En Endor, golpeada sin piedad por las naves principales de la Alianza Rebelde, sus escudos fallan. En ese momento los rebeldes pueden ametrallar la torre de mando, y con los sistemas de navegación estropeados y las armas defensivas casi sin coordinación, un Ala-A en picado destruye el puente.

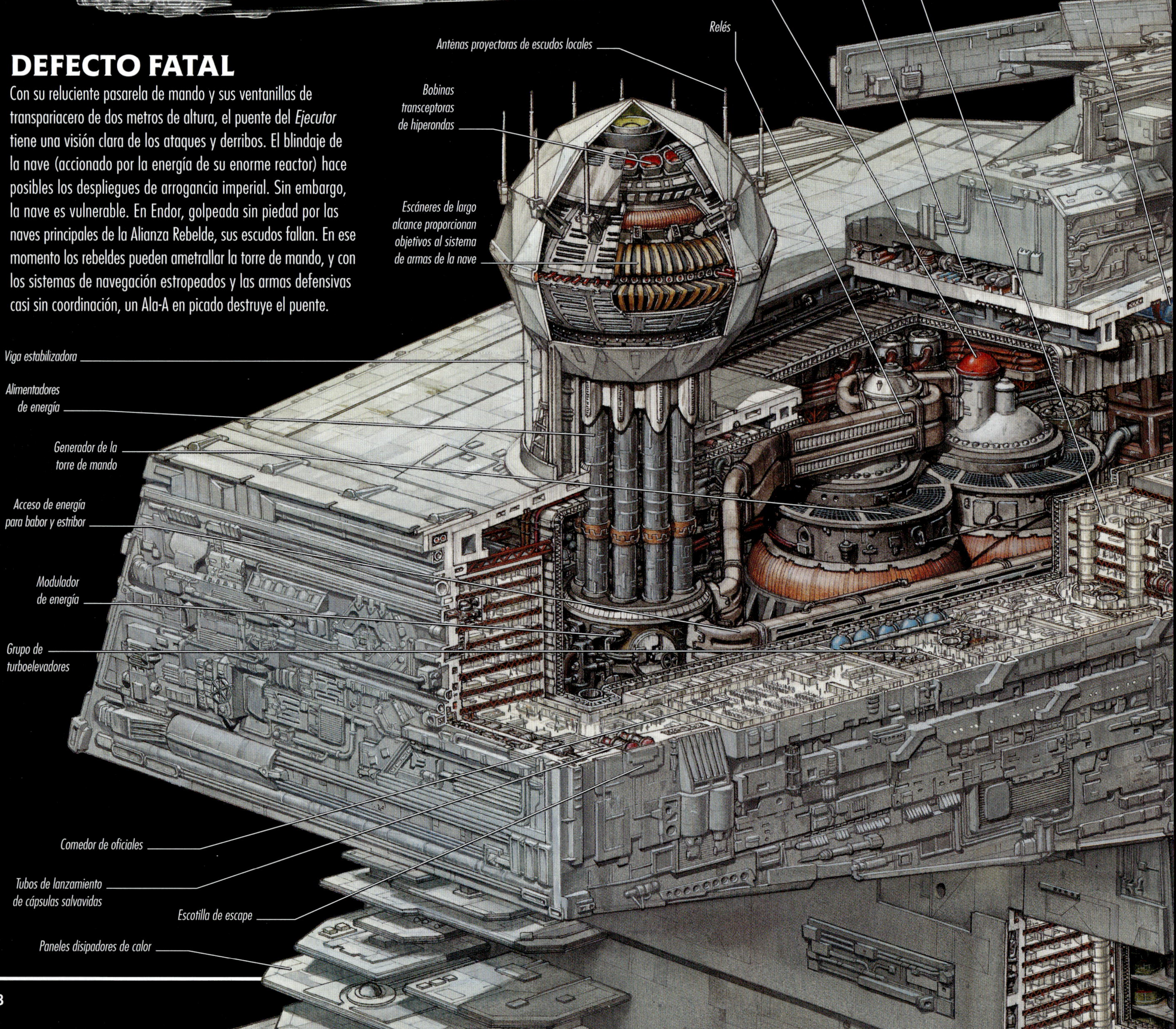

CÁMARA DE MEDITACIÓN

Darth Vader ha equipado el *Ejecutor* con una cápsula hiperbárica (o cámara de meditación) que usa durante sus viajes espaciales. Dentro del cuarto esférico se despoja de la aterradora y distintiva máscara, y deja que su rostro y su cabeza, llenos de cicatrices, sientan el aire fresco. Durante el mantenimiento y recarga de sus mecanismos de respiración artificial, Vader ejercita sus dañados pulmones ayudado por la mezcla de aire a alta presión de la cámara.

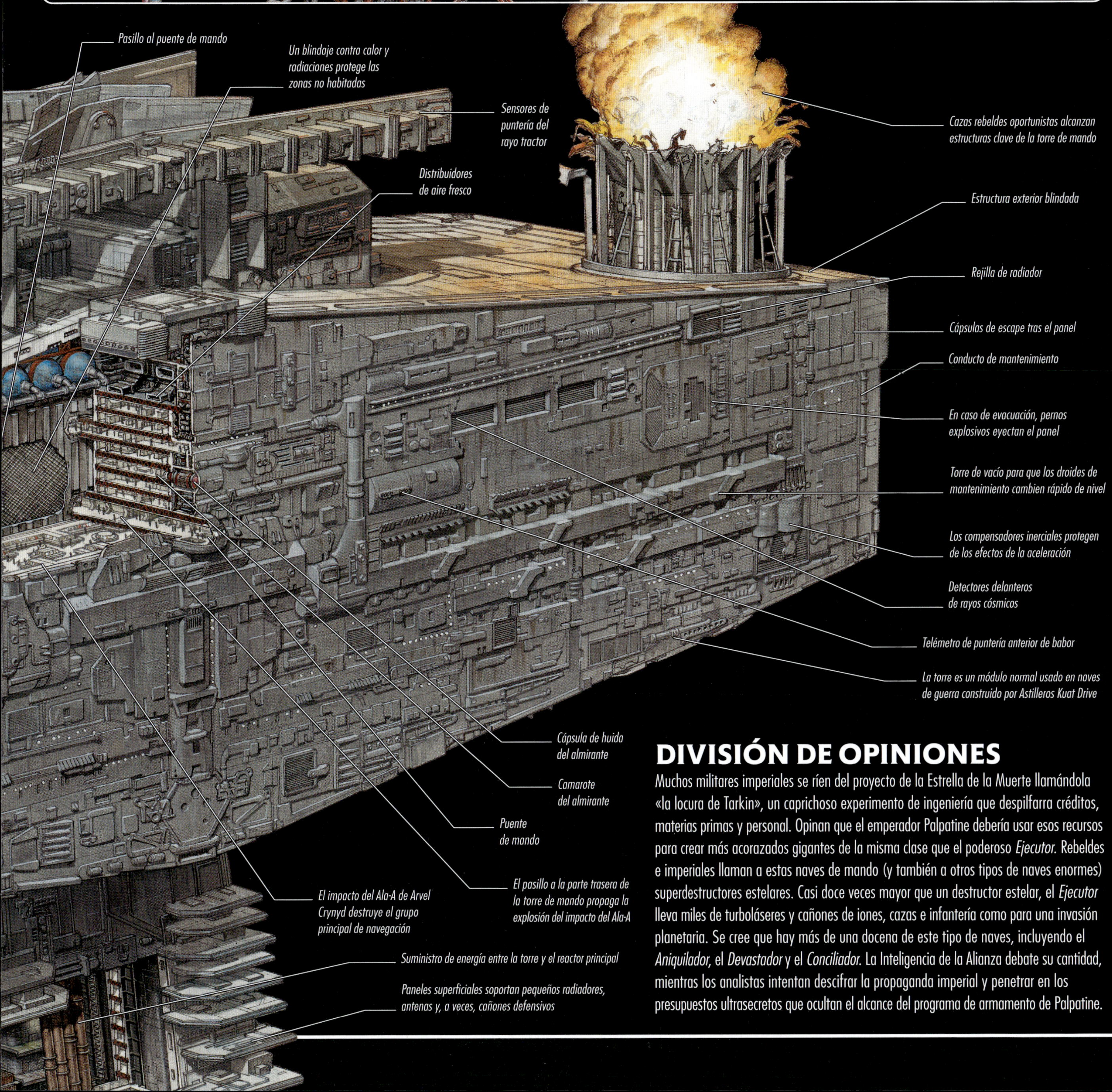

DIVISIÓN DE OPINIONES

Muchos militares imperiales se ríen del proyecto de la Estrella de la Muerte llamándola «la locura de Tarkin», un caprichoso experimento de ingeniería que despilfarra créditos, materias primas y personal. Opinan que el emperador Palpatine debería usar esos recursos para crear más acorazados gigantes de la misma clase que el poderoso *Ejecutor*. Rebeldes e imperiales llaman a estas naves de mando (y también a otros tipos de naves enormes) superdestructores estelares. Casi doce veces mayor que un destructor estelar, el *Ejecutor* lleva miles de turboláseres y cañones de iones, cazas e infantería como para una invasión planetaria. Se cree que hay más de una docena de este tipo de naves, incluyendo el *Aniquilador*, el *Devastador* y el *Conciliador*. La Inteligencia de la Alianza debate su cantidad, mientras los analistas intentan descifrar la propaganda imperial y penetrar en los presupuestos ultrasecretos que ocultan el alcance del programa de armamento de Palpatine.

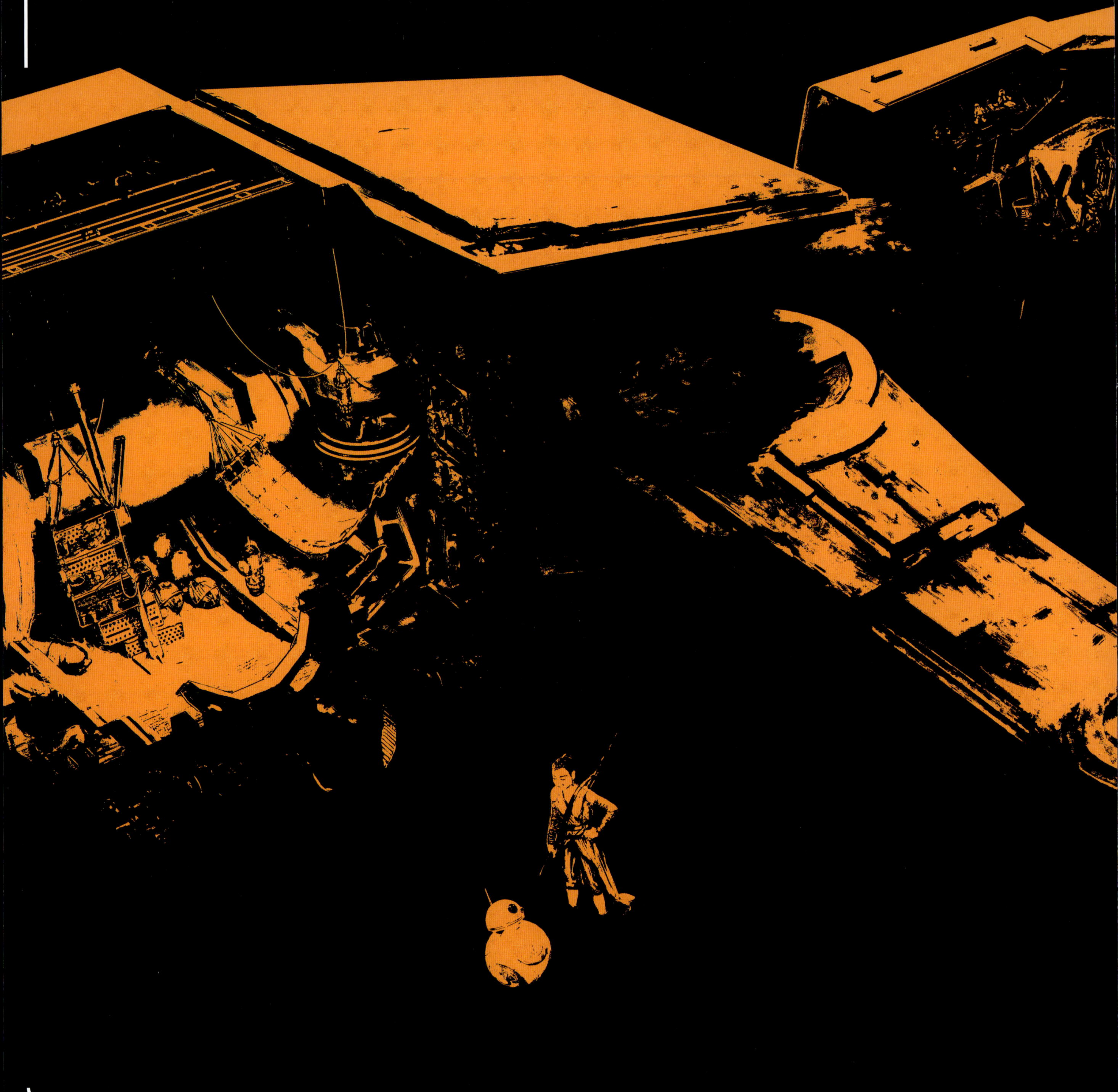

LA NUEVA REPÚBLICA

Tras la batalla de Endor, la Alianza para Restaurar la República se convierte en la Nueva República, que administra la galaxia. Los esfuerzos de recuperación y restauración se despliegan por las estrellas bajo este nuevo régimen, ayudando a mundos especialmente afectados por la tiranía del Imperio, como Kashyyyk, cuyos bosques y habitantes sufrieron enormemente bajo la ocupación. Los remanentes imperiales resisten en las Regiones Desconocidas y en los confines de la galaxia, causando disturbios en mundos como Nevarro. En lugares aún más remotos de la galaxia, toma forma un nuevo programa de soldados de asalto y se despliega el plan de contingencia del difunto emperador. El oculto mundo Sith de Exegol produce clones de Palpatine, como el enigmático líder supremo Snoke, que es usado para retorcer la mente del impresionable Ben Solo, el hijo sensible a la Fuerza de Han Solo y Leia Organa.

En Ossus, el templo Jedi de Luke Skywalker se desmorona y Ben cae en la oscuridad, convirtiéndose en Kylo Ren. Bajo el liderazgo de Snoke y con un ejército de soldados de asalto completamente nuevo, se forma la Primera Orden con la directiva expresa de extender el orden a la galaxia. Mientras la Nueva República confía en la diplomacia por miedo a desencadenar otra guerra, se forma una Resistencia con la esperanza de defender la galaxia contra esta amenaza. Al frente del movimiento se encuentra Leia Organa, ansiosa por encontrar a su hermano perdido, Luke Skywalker, salvar a Ben y derrotar juntos a este nuevo mal. Después de que la Primera Orden utilice su superarma, la Starkiller, para destruir todo el sistema Hosnian, donde reside el gobierno de la Nueva República, la Resistencia prepara sus cazas antes de que su base en D'Qar se convierta en el siguiente objetivo. Con la ayuda de un soldado de asalto desertor llamado Finn y de una chatarrera de Jakku llamada Rey, la Resistencia consigue destruir la base Starkiller y hacerse con parte de un mapa que conduce a la ubicación de Luke.

Esto lleva al descubrimiento de que, gracias a sus cuidadosos planes, el difunto emperador vive de nuevo. Moviendo los hilos una vez más, Palpatine revela su plan definitivo de utilizar su flota de la Orden Final para destruir todos y cada uno de los mundos que no le sean leales, y convierte a Kijimi en un ejemplo. Esta crueldad inspira a la galaxia a levantarse: Rey y el redimido Ben Solo se enfrentan a Palpatine, y los pilotos Poe Dameron y Finn lideran la carga contra la flota. Al final, la Resistencia y gentes de toda la galaxia vencen al mal demostrando a sus opresores que son más fuertes cuando permanecen unidos.

EL MANDALORIANO Y EL NIÑO

A principios de la Nueva República, un remanente imperial entra en conflicto con un cazarrecompensas llamado Din Djarin, que posee un activo que necesitan. El activo en cuestión es un niño especial llamado Grogu, del que Djarin se encariña. El remanente imperial ataca Ciudad Nevarro para recuperarlo, usando lanzallamas para intimidar e incinerar edificios. Djarin consigue salvar a Grogu.

NEVARRO

SITUADO EN EL BORDE EXTERIOR, Nevarro mantiene su importancia en la galaxia gracias a su proximidad a la Vía Hydiana, una popular ruta comercial. El planeta tiene campos de lava y océanos, y desde el espacio parece magullado y con cicatrices. Gran parte de la tierra firme es terreno volcánico, y los residentes aprovechan bien los lugares habitables, como la capital, Ciudad Nevarro. Durante la mayor parte de la historia ha pasado desapercibida, pero en los primeros años de la Nueva República se convierte en una ciudad en auge.

URBANIZACIÓN

Tras el primer ataque del remanente imperial a Nevarro, el grupo se reorganiza y establece una base en las afueras de la ciudad. Djarin y el alto magistrado local Greef Karga vuelven a enfrentarse a los imperiales y los expulsan del planeta (aunque siguen tras Grogu). Tras la expulsión del Imperio de Nevarro, la capital florece y se expande tanto como lo permite su peligrosa geografía.

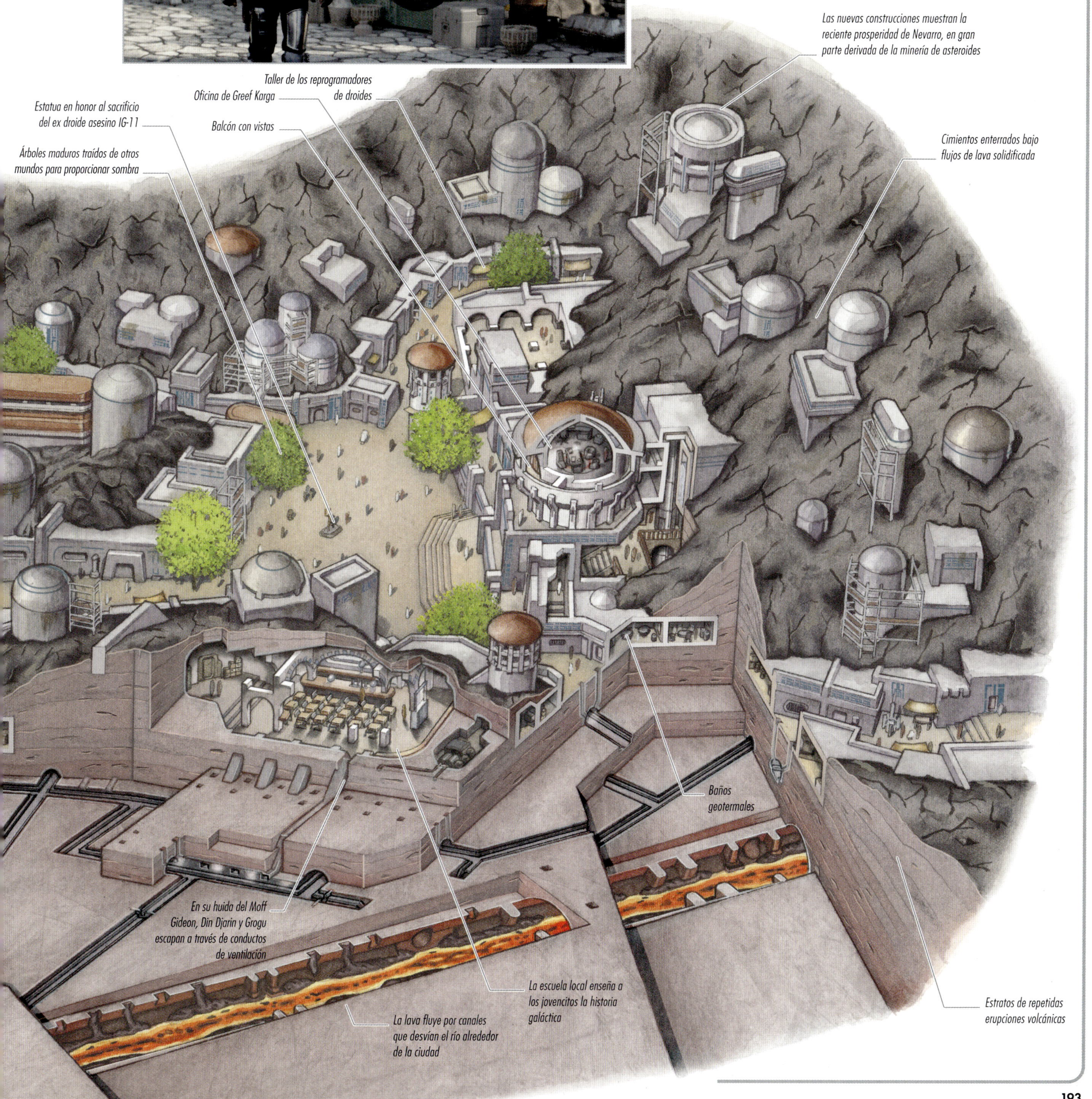

JAKKU

ESTE MUNDO DESOLADO y desértico en el borde del espacio habitado fue el último reducto del Imperio un año después de su derrota en Endor. Durante la batalla, las naves de guerra siniestradas utilizaron sus haces tractores para atrapar a sus enemigos y arrastrarlos contra la superficie. Una generación más tarde, estas ruinas forman el cementerio de naves, donde los chatarreros van en busca de tecnología. En Jakku también hay órdenes religiosas que buscan la soledad, teóricos de la conspiración que difunden historias sobre secretos imperiales y desesperados que quieren comenzar de nuevo o escapar de su pasado.

EL CEMENTERIO DE NAVES

El cementerio es un sitio inquietante, con naves destrozadas que asoman por la arena como centinelas silenciosos, rodeadas por los huesos blanqueados de sus tripulaciones muertas hace años. Aquí se encuentra desde el gran pecio del superdestructor estelar *Devastador*, que yace sobre su lomo, hasta los restos esparcidos de innumerables cazas. Los chatarreros de Jakku arriesgan la vida en los cascos vacíos, buscando componentes intactos entre metales afilados como navajas, toxinas derramadas, munición sin explotar y reactores fisurados.

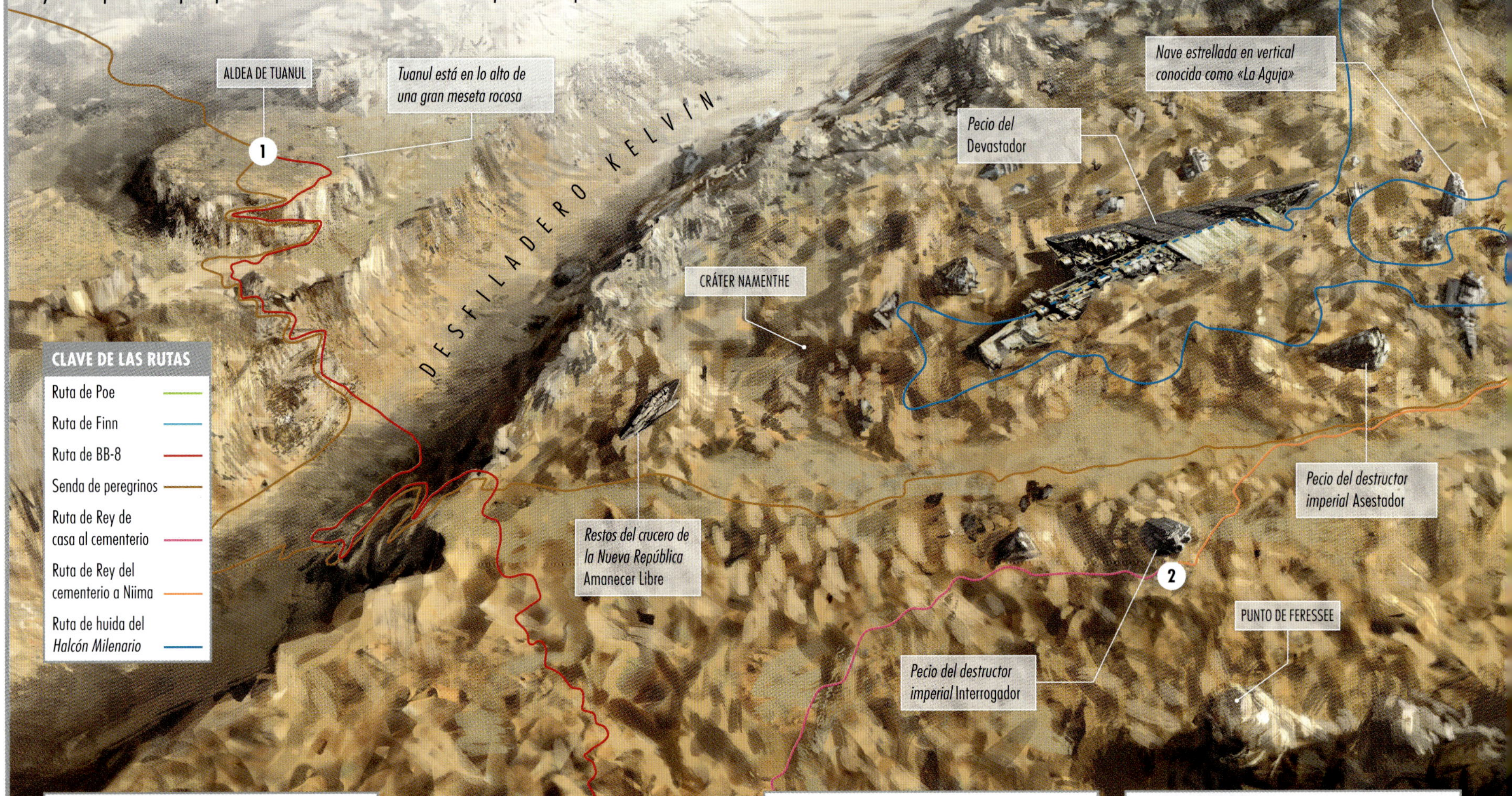

1 Soldados de la Primera Orden, que buscan pistas de Luke Skywalker, atacan la aldea de Tuanul, capturan al piloto de la Resistencia Poe Dameron y matan a los aldeanos.

3 Terminada su búsqueda del día, Rey vuelve del puesto remoto de Niima al caminante imperial en ruinas que ha convertido en su casa y se toma su cena.

4 BB-8, el droide de Poe Dameron, escapa de la matanza de Tuanul y llega hasta las dunas cercanas a la casa de Rey. Esta lo rescata de un hosco chatarrero teedo.

2 Entre los restos de un destructor estelar estrellado, la chatarrera Rey halla un valioso cojinete de condensador que añade a lo que ya tiene para vender en Niima.

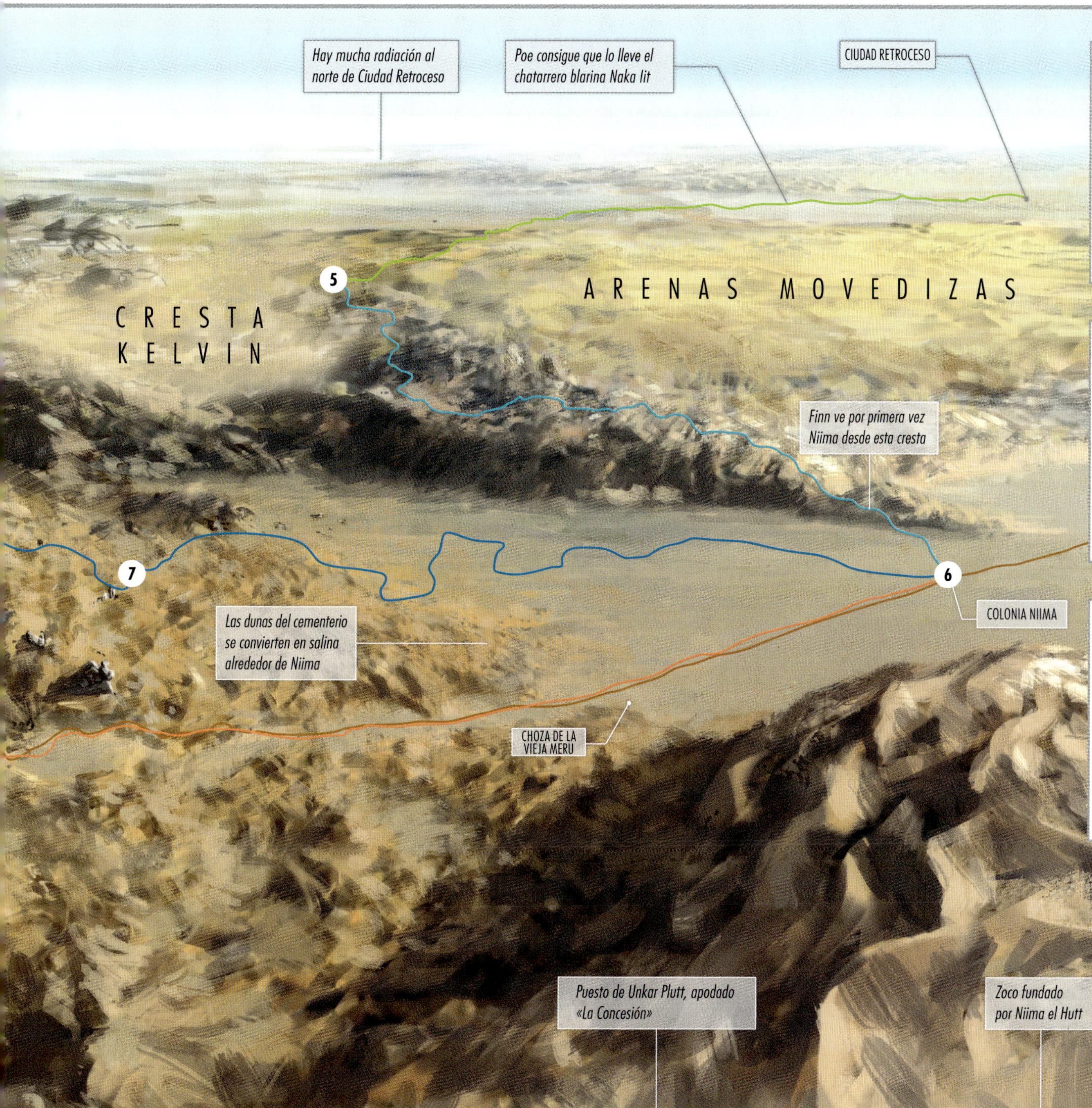

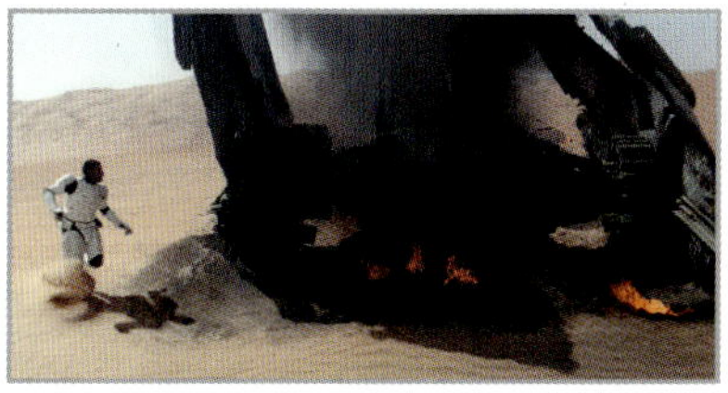

5 El caza TIE del desertor Finn, antes soldado de asalto, se estrella en las inestables arenas movedizas. Finn abandona la humeante ruina y se dirige al sudeste.

6 Finn y Rey se conocen en Colonia Niima. Poco después los persiguen soldados que quieren apoderarse de BB-8 y capturar a Finn.

7 Rey, Finn y BB-8 roban a Unkar Plutt un carguero averiado conocido como *Halcón Milenario*; aunque los persiguen cazas TIE de la Primera Orden, logran huir de Jakku.

COLONIA NIIMA

El mayor centro habitado de Jakku es Colonia Niima, así llamada en honor de un señor del crimen Hutt muerto hace tiempo. Consta de un mercado, un sencillo espaciopuerto (poco más que una alambrada y algunos surtidores de combustible) y el puesto de Unkar Plutt, el enorme jefe chatarrero crolute, que controla con mano férrea el mercado de tecnología rescatada del cementerio de naves y paga a los chatarreros sus hallazgos con raciones de comida.

LA CASA DE REY

REY HA CONVERTIDO un AT-AT imperial abatido en los Yermos de Goazon en su hogar. Le ha quitado todos sus componentes de valor y lo ha hecho su refugio. Rey vive en el compartimento para las tropas, que es a la vez cocina, dormitorio y taller. Para defenderse de los intrusos soldó las escotillas del caminante, y ella va y viene por el conducto auxiliar situado en el vientre del AT-AT. Sensores ocultos le avisan si tiene visitantes, pero la mayoría de los chatarreros de Jakku no se acercan porque temen las trampas que se dice que Rey ha instalado, y por su disposición a usar la pica que lleva como arma.

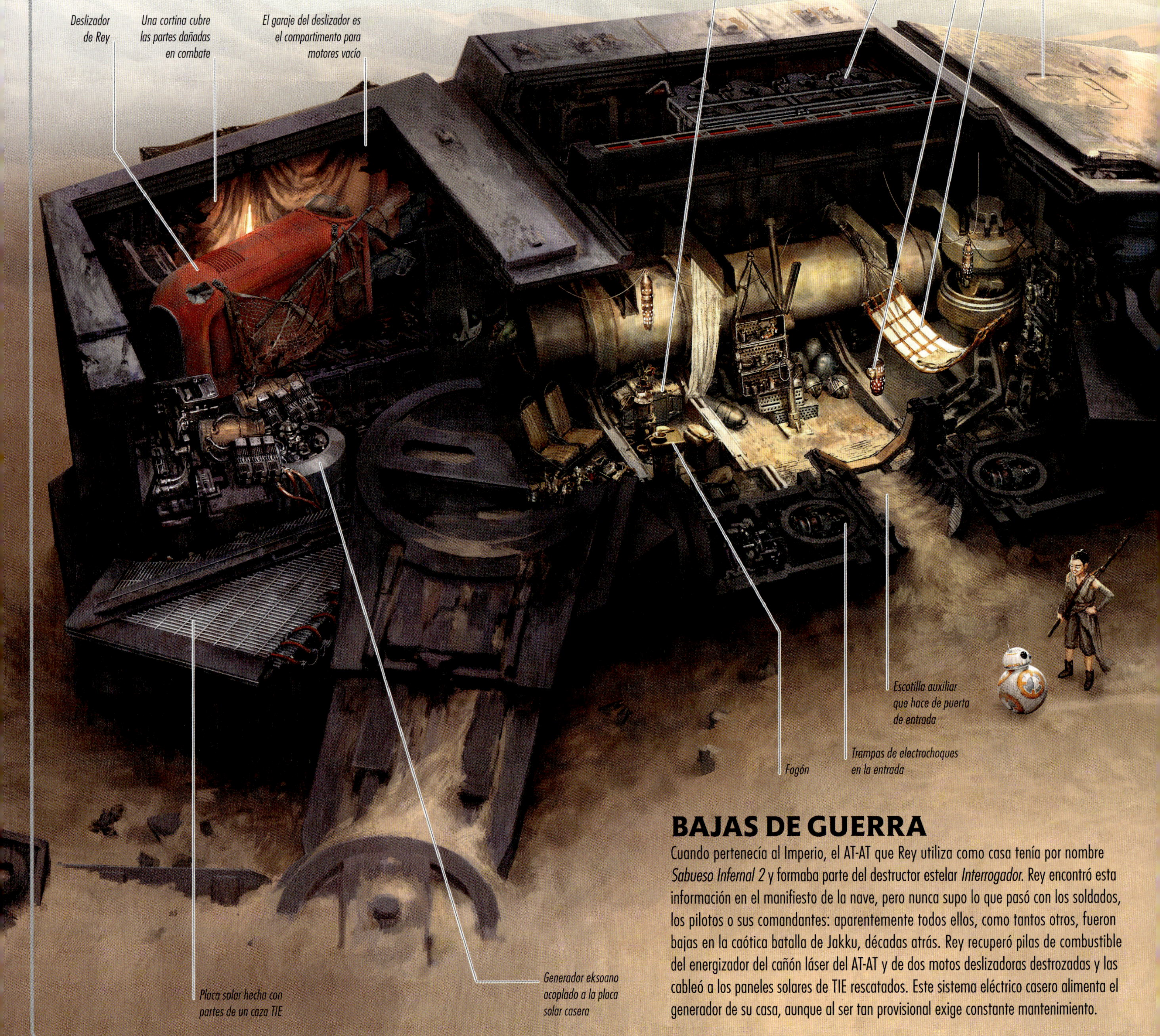

BAJAS DE GUERRA

Cuando pertenecía al Imperio, el AT-AT que Rey utiliza como casa tenía por nombre *Sabueso Infernal 2* y formaba parte del destructor estelar *Interrogador*. Rey encontró esta información en el manifiesto de la nave, pero nunca supo lo que pasó con los soldados, los pilotos o sus comandantes: aparentemente todos ellos, como tantos otros, fueron bajas en la caótica batalla de Jakku, décadas atrás. Rey recuperó pilas de combustible del energizador del cañón láser del AT-AT y de dos motos deslizadoras destrozadas y las cableó a los paneles solares de TIE rescatados. Este sistema eléctrico casero alimenta el generador de su casa, aunque al ser tan provisional exige constante mantenimiento.

TRABAJO DE CHATARRERO

Cuando está en casa, Rey pasa casi todo el tiempo en su banco de trabajo. Prefiere limpiar y acondicionar aquí la chatarra y no en las mesas de Unkar Plutt de Colonia Niima, porque el jefe chatarrero cobra por usar sus instalaciones. Trabajando en casa, Rey gana más raciones a cambio de su chatarra y minimiza el poder de Unkar sobre ella. En la zona de trabajo también hay un viejo ordenador de un Ala-Y, en el que Rey estudia esquemas de naves, hace vuelos simulados y practica idiomas extranjeros y de droides.

Rey se enfada cuando descubre un teedo capturando un droide astromecánico cerca de su casa. Los teedos de Jakku siempre han respetado su territorio y no han entrado en él. Rey sabe que si no protesta por esta intrusión, pronto tendrá problemas.

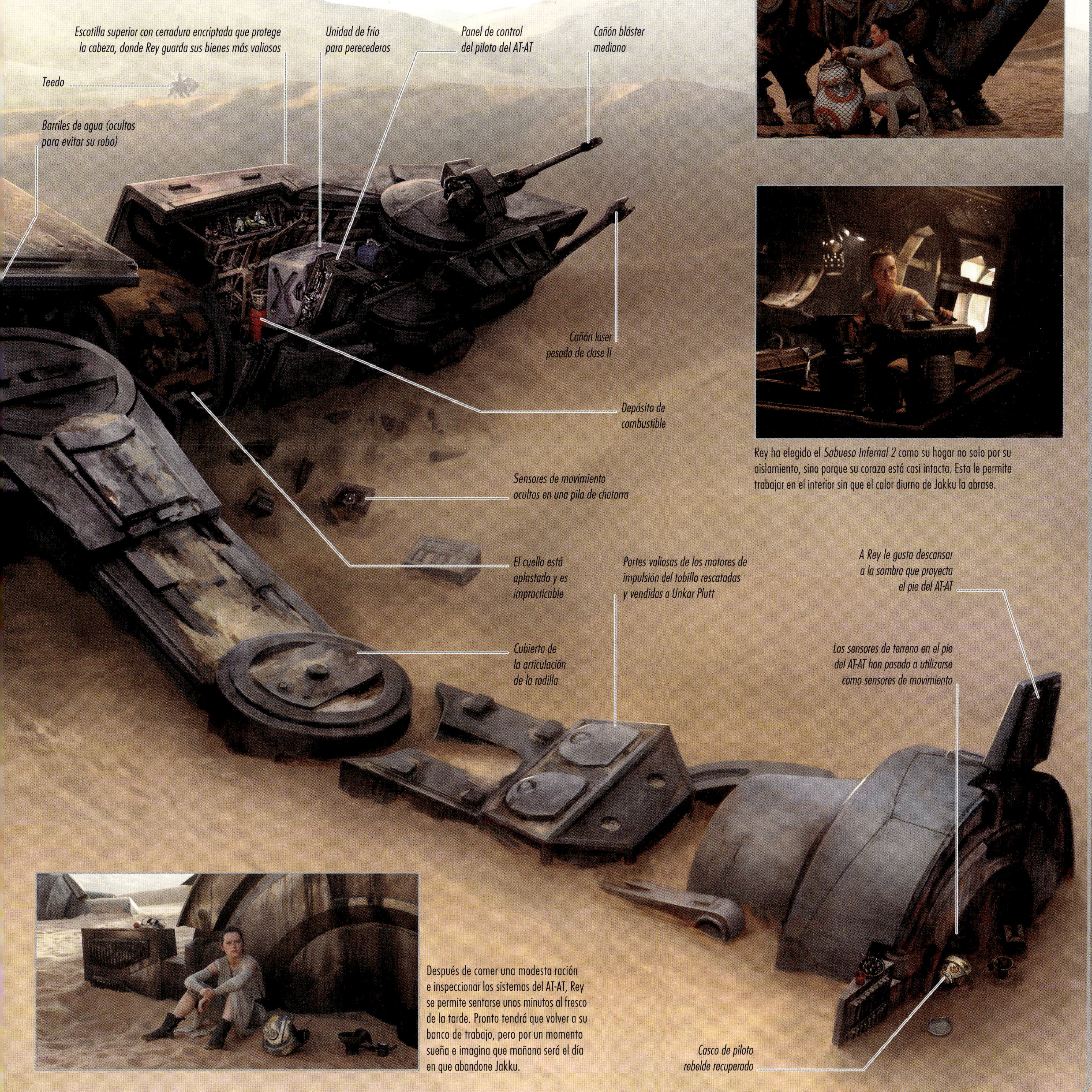

Rey ha elegido el *Sabueso Infernal 2* como su hogar no solo por su aislamiento, sino porque su coraza está casi intacta. Esto le permite trabajar en el interior sin que el calor diurno de Jakku la abrase.

Después de comer una modesta ración e inspeccionar los sistemas del AT-AT, Rey se permite sentarse unos minutos al fresco de la tarde. Pronto tendrá que volver a su banco de trabajo, pero por un momento sueña e imagina que mañana será el día en que abandone Jakku.

EL CASTILLO DE MAZ

EN LA GALAXIA NO ESCASEAN los antros extraños, pero la fortaleza de Maz Kanata podría ser el más extraño de todos. Durante siglos, la diminuta Kanata ha recibido visitantes en su casa del planeta Takodana, a quienes ofrece resguardo de sus perseguidores y un respiro en las disputas galácticas. Les brinda comida y bebida, alojamiento, asistencia médica, la reparación de sus droides y naves, préstamos y tasaciones, entretenimiento e información. En su castillo también se cierran tratos y todos se sientan a su mesa: piratas y contrabandistas, traficantes de información y diplomáticos en busca de acuerdos. Testigo y firmante de los tratos es ME-8D9, un viejo droide de protocolo que hace cumplir las reglas del palacio y se asegura de que Maz obtenga su parte de lo que se cueza entre sus paredes.

«NO MIRES»

El castillo de Maz abruma a los recién llegados. En el escenario se turnan los músicos, actores y poetas; risas y tacos llegan a los oídos desde las mesas de juego cuando ruedan los dados y se arrojan cartas de sabacc, y las cocinas elaboran manjares y bebidas que no indigesten a ninguna especie. Y esto es únicamente la parte pública del palacio: lejos de ojos inoportunos, capitanes piratas buscan tripulantes valientes y jóvenes; exploradores y cazafortunas intercambian rutas hiperespaciales secretas, y aquellos que buscan soluciones ilegales a problemas del inframundo no van escasos de ayudantes. Entre tanto, espías de todas las filiaciones reúnen información muy valiosa para sus amos.

LAS REGLAS

Los visitantes del castillo verán carteles con una simple advertencia en diferentes idiomas de la galaxia: PROHIBIDO PELEAR. Los que violen este mandamiento serán rechazados en su próxima visita, y Maz cuenta con una memoria excelente. Las otras reglas del castillo no están escritas, pero se informan a los nuevos visitantes: una noche de comida, bebida y alojamiento es gratis para todos sin que nadie pregunte nada. Después hay que pagar, y los que no lo hagan irán a poblar los calabozos de Maz. Maz ha visto alzarse y caer varios regímenes galácticos e insiste en mantener neutral a Takodana cuando los conflictos arrecian fuera de las paredes de su castillo.

NARRACIONES Y SECRETOS

Maz considera a todo visitante una fuente de narraciones y se deleita tanto escuchando a veteranos héroes de guerra como a jóvenes soñadores. Los almacenes y las bóvedas del castillo rebosan objetos que, a lo largo de los siglos, han atraído su interés: armas blandidas por héroes de antaño, poemas indescifrables de especies extintas, iconos de religiones perdidas y mapas de mundos muertos. Maz cuida los objetos que le comunican algo, segura de que algún día atraerán a otros buscadores.

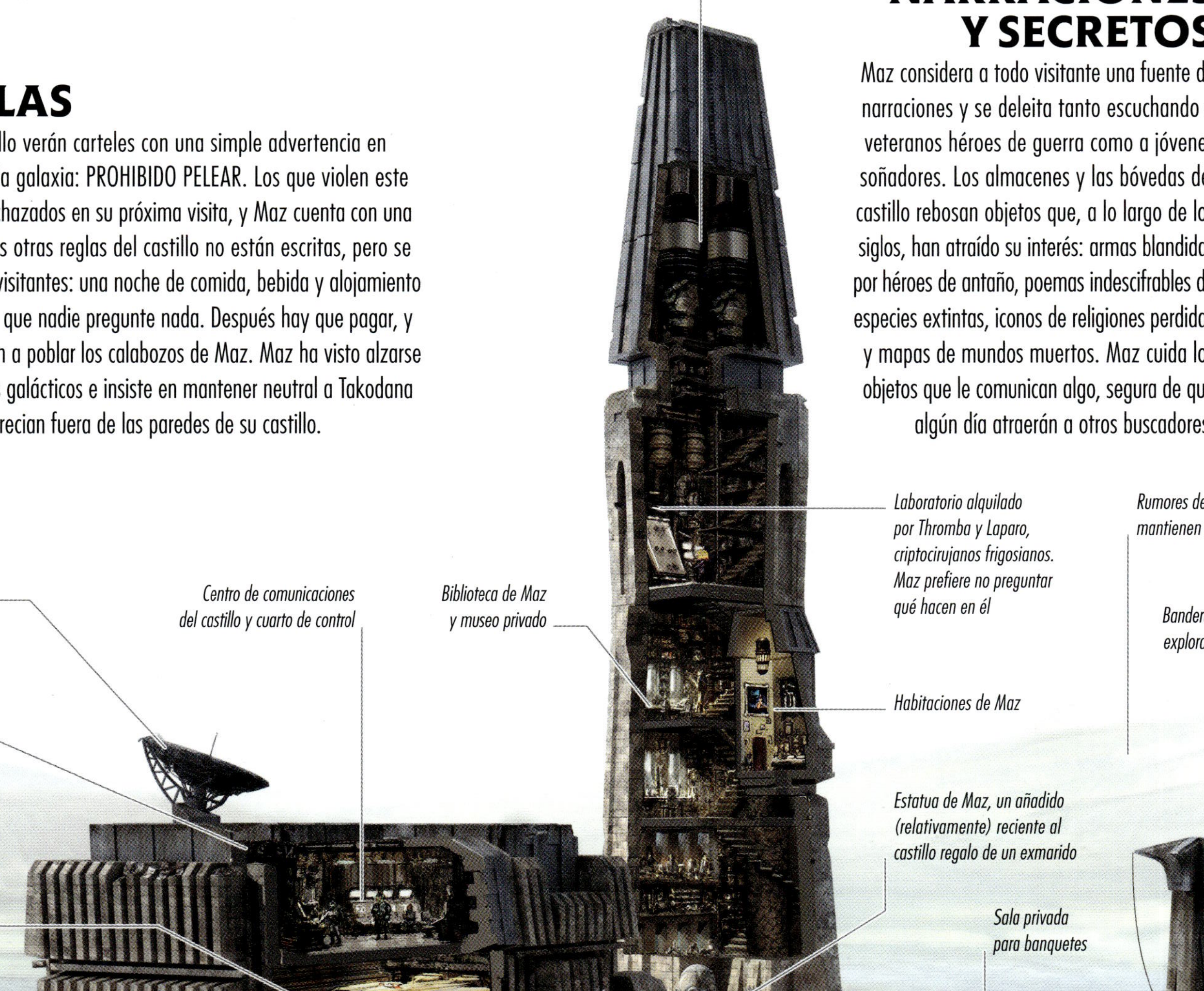

ATAQUE

El castillo de Maz se erigió en la zona donde tuvo lugar una antigua batalla entre Sith y Jedi. Durante siglos los poderes de la galaxia respetaron su neutralidad, y sus altas torres y salones de piedra no conocieron la guerra. En su empeño por aniquilar la Nueva República y destruir la Resistencia, la Primera Orden ignora aquella tradición y envía cazas TIE para reducir el lugar a cenizas. Ante sus aterrados huéspedes, Maz promete serenamente limpiar el desorden y seguir adelante.

LA BASE DE D´QAR

LOS PILOTOS REBELDES DESCUBRIERON D'Qar antes de la batalla de Yavin, pero este remoto planeta solo albergó a una avanzadilla de la Alianza durante la Guerra Civil Galáctica. En busca de una sede para su nuevo movimiento de Resistencia, Leia Organa recordó D'Qar y envió ingenieros para ampliar las instalaciones. Casi toda la base es subterránea y el espeso follaje del planeta la hace invisible desde el aire; además, los anuladores de sensores ocultan cualquier pista de su presencia. Recordando la casi extinción de la Alianza en Hoth, Leia insiste en contar con equipo portátil que pueda evacuarse antes de un ataque de la Primera Orden.

Leia y los demás veteranos bajo su mando aprecian el parecido de la nueva base con el célebre cuartel general de la Resistencia en Yavin 4.

UN MUNDO VIVO

En D'Qar no hay vida inteligente, pero sí animal y vegetal: en las selvas crecen árboles inmensos, enormes bandadas de aves oscurecen el cielo y la noche se llena de aullidos de muchas criaturas y del zumbido de insectos. La base ocupa un área pequeña para no ser detectada y para no trastornar la armonía de este fértil refugio. La selva es implacable, y las raíces de los árboles asoman por las grietas de los pasillos y las cámaras de la base. Para Leia esta intrusión vegetal es reconfortante: la naturaleza sigue su curso aunque la galaxia esté en conflicto.

REBELDES OTRA VEZ

Después de la batalla de Endor, la princesa Leia Organa fue saludada como heroína rebelde, pero quedó excluida de la Nueva República por la que había luchado. Sus advertencias sobre las intenciones de la Primera Orden y sus protestas ante el desarme de la flota se tildaron de paranoicas. Convencida de que la oscuridad volvía a amenazar a la galaxia, Leia reunió a viejos compañeros de la Alianza (apoyados por una nueva generación de líderes de la Nueva República) y creó la Resistencia.

LA PRIMERA ORDEN

DURANTE MUCHOS AÑOS la Primera Orden ha reunido en secreto un enorme ejército esperando el día en que pueda lanzar un devastador ataque por sorpresa y destruir a sus enemigos. Ese día ha llegado. Por todas las Regiones Desconocidas, las tropas de asalto se preparan y se reúnen flotas de naves de guerra. Como la Nueva República cree que la Primera Orden no es una amenaza, la Orden está lista para conquistar una galaxia que no sospecha nada.

LAS NUEVAS LEGIONES

Las tropas de asalto de la Primera Orden ya no las conforman los soldados mal entrenados de buena parte del ejército imperial. En permanente adiestramiento y adoctrinados desde que nacen, estos son militares en la cumbre de su eficiencia. Equipados con las mejores armas, se les ha enseñado a odiar a la Nueva República de un modo que roza el fanatismo. Está claro que la creación de nuevos soldados de asalto viola el Concordato Galáctico firmado entre la Nueva República y la Primera Orden, pero cuando la República se dé cuenta de esto ya será demasiado tarde.

DESTRUCTORES

La Primera Orden prioriza la construcción de astilleros nuevos en las Regiones Desconocidas, y en relativamente poco tiempo ya están produciendo enormes naves insignia. Aunque en términos de cantidad la flota no rivaliza con el antiguo Imperio, las naves están muy mejoradas. Las de clase Resurgente, como las han llamado, son mucho más grandes que un destructor estelar imperial, llevan más cazas estelares y soldados de asalto, tienen mejores defensas y usan armas avanzadas con cristales kyber de aumento. Son mejores, con mucho, que cualquier arma de la flota de la Nueva República.

TRANSPORTES DE TROPAS

Los estrategas de la Primera Orden creen que el uso por el Imperio de lanzaderas como transporte de tropas fue una especie de concesión y que su carencia de transportes de asalto *ad hoc* fue un grave error que provocó bajas innecesarias. Para remediar esto, la Primera Orden utiliza un transporte avanzado que lleva soldados a territorio hostil. El Vehículo de Ataque Atmosférico (AAL) tiene una coraza más fuerte que una lanzadera imperial y puede aterrizar y desplegar las tropas mucho más rápido.

LA BASE STARKILLER

El mayor logro de la Primera Orden es, sin duda, la base Starkiller. Esta inmensa instalación a escala planetaria es mitad centro de mando militar y mitad superarma. Su construcción llevó muchos años y exigió inmensos recursos, pero ahora ya está lista para desvelarla y aterrorizar con ella a toda la galaxia. Con un único disparo, la Starkiller puede destruir todo el gobierno y todo el mando militar de la Nueva República, dejando a la Primera Orden en condiciones de asumir su inevitable —y aplastante— victoria.

CAZAS TIE

Cuando cayó el Imperio ya se habían comenzado a fabricar versiones más avanzadas del caza TIE, como el interceptor TIE, pero la Primera Orden creía que el diseño original de la nave tenía muchas posibilidades de mejora. La tarea se confió a Sistemas de Flota Sienar-Jaemus, controlada por la Primera Orden y sucesora de la infame Sistemas de Flota Sienar. Componentes más eficaces y un mejor blindaje transformaron el TIE en TIE/fo, un caza más hábil y más versátil. Para complementarlo se encargó una variante más potente con una torreta con armas pesadas, dos puestos para pilotos y un sistema de hiperimpulso. Este caza, llamado TIE/sf, se reservó para el personal de élite de las Fuerzas Especiales.

LA BASE STARKILLER

EN LO PROFUNDO de las Regiones Desconocidas, lejos del escrutinio de los políticos de la Nueva República y de las sondas de la Resistencia, la Primera Orden convierte el planeta Ilum en una aterradora superarma. Starkiller usa el potencial ilimitado de la energía oscura del universo para enviar la destrucción a través de la galaxia a más velocidad que la luz. Con esta arma, la Primera Orden puede destruir sistemas estelares completos sin viajar hasta ellos ni prevenir a sus enemigos de la inminencia del ataque. Esto le da una ventaja estratégica para el control de la galaxia, que los arquitectos de la Estrella de la Muerte no se atrevieron a imaginar.

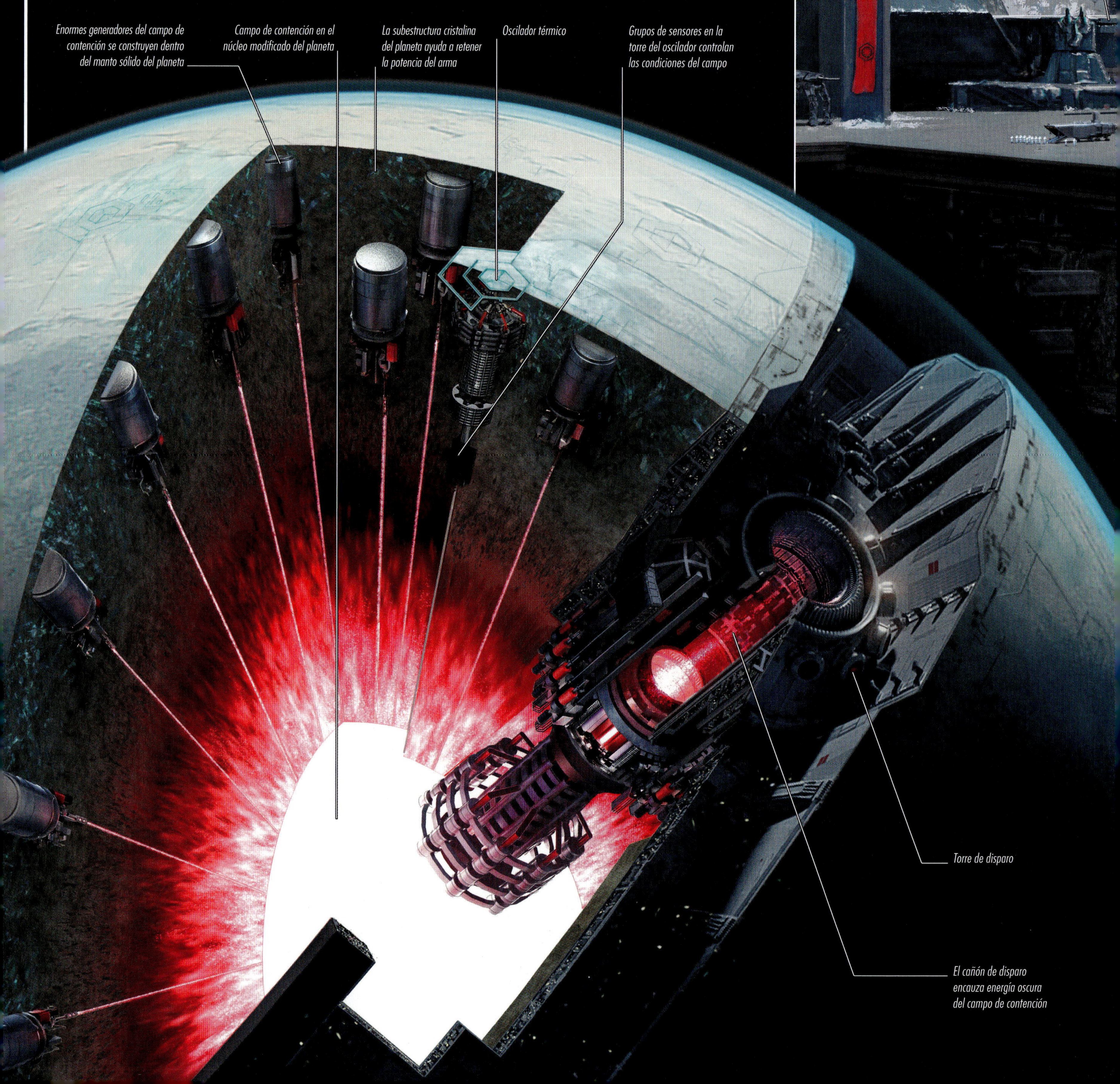

ORDEN FUNESTA

El líder supremo de la Primera Orden, Snoke, se enfurece cuando sabe que la Resistencia puede hacerse muy pronto con BB-8 y el mapa para llegar a Luke Skywalker. En su ansia por evitar el regreso de Luke, Snoke acepta la propuesta del general Hux de revelar Starkiller destruyendo Hosnian Prime, capital de la Nueva República. Hux predice que este ataque desmantelará la Nueva República y forzará a la Resistencia a responder, con lo que revelará su base oculta y procurará un nuevo objetivo para Starkiller.

En una reunión en el centro de mando de la base, el general Hux declara que se acerca el final de la República y que los sistemas estelares de la galaxia pronto se doblegarán ante la Primera Orden.

UNA MÁQUINA FEROZ

El arma Starkiller utiliza décadas de investigaciones secretas del Imperio sobre las posibilidades de la energía oscura. A un lado del planeta, un colector extrae energía oscura de una estrella huésped y la redirige al núcleo. Allí es atrapada por un campo de contención creado al combinar el campo magnético y la subestructura cristalina única del planeta con fuerzas artificiales reguladas por un oscilador térmico. Posteriormente, se abre una brecha en el campo y se encauza la energía oscura hacia un cañón al otro lado del planeta. Esta energía que sale toma la forma de un rayo sorprendentemente potente que penetra en el hiperespacio sin que su fuerza letal disminuya, aun después de atravesar media galaxia. Un planeta no es la mejor contención para una potencia tan aterradora; las operaciones más normales de Starkiller desestabilizan la corteza de su anfitrión y generan terremotos y alteraciones atmosféricas que causan terribles tormentas.

El proceso de recogida de energía oscura aterra a los testigos: enormes lenguas de fuego van hacia el núcleo del planeta y el humo y el vapor se alzan hacia el cielo desde el área que rodea el colector.

LA BASE STARKILLER (CONTINUACIÓN)

PLAN PELIGROSO

El ataque de la Resistencia a la base Starkiller aprovecha los puntos débiles en la construcción del arma. Primero, Han Solo se acerca a velocidad hiperluz en el *Halcón Milenario* y logra atravesar el escudo de energía del planeta. Solo sus fenomenales instintos de piloto (y bastante suerte corelliana) le permiten sobrevivir a esta hazaña. Luego Han, Chewie y Finn van hacia la sala de control de escudos y fuerzan a la capitana Phasma a bajarlos, de modo que los Alas-X de la Resistencia atacan el oscilador térmico del arma. Pero la caja blindada del oscilador resiste el bombardeo aéreo: solo después de que Chewie abre un agujero en el revestimiento con detonadores, el oscilador es vulnerable al ataque de Poe Dameron. Con el oscilador destruido, el campo de contención de la base cae y la energía oscura liberada sacude el planeta y se traga sus fragmentos.

LA CLAVE DEL ARMA

Una compleja red de generadores mantiene el campo de contención dentro del núcleo planetario de la base Starkiller, unido por conductos que forman una red de trincheras en la superficie. Mantener intacto este campo exigiría enormes cantidades de energía y generaría un calor residual que sobrecargaría el sistema. Por eso se opta por que el campo oscile y cada generador ejecuta un ciclo de encendido y apagado según se necesita. El oscilador térmico hexagonal es el corazón del sistema: controla las condiciones del campo de contención y regula la temperatura de los generadores para mantener la estabilidad. Cuando es destruido, el campo de contención se debilita y falla de forma catastrófica.

MUNDO ROBADO

La Base Starkiller fue una vez Ilum, un mundo remoto sagrado para la Orden Jedi al que se llegaba por rutas secretas. El Imperio explotó Ilum sin piedad por sus cristales kyber, que utilizó en los superláseres de las Estrellas de la Muerte. Antes de huir a las Regiones Desconocidas, los fundadores de la Primera Orden consiguieron los registros de investigación de los laboratorios imperiales secretos que habían probado estas armas experimentales. Una vez revelada su ubicación, Ilum se convirtió en el corazón de un nuevo imperio secreto, y la Primera Orden se dedicó a extraer cristales kyber para utilizarlos en su maquinaria de guerra antes de convertir el planeta en ruinas en una base de armamento móvil.

AHCH-TO

AHCH-TO, UN PRIMITIVO MUNDO OCEÁNICO en las profundidades de las Regiones Desconocidas de la galaxia, es el emplazamiento del primer Templo Jedi. La ubicación de Ahch-To se perdió hace eones y la mayoría de los eruditos lo consideraron un mito, pero Luke Skywalker está seguro de que es real y de que tiene la clave para entender cómo la renacida Orden Jedi podría servir mejor a la Fuerza. Luke halla Ahch-To con ayuda de Lor San Tekka, pero su sueño de una nueva Orden Jedi se hace añicos. El solitario planeta se convierte en su exilio, y Luke se aísla de las poderosas corrientes de la Fuerza que allí fluyen.

ANTIGUOS DEBERES

La isla-templo de Ahch-To está poblada por los aviares lanais, parientes lejanos de los omnipresentes porgs. Una orden femenina de lanais, las Cuidadoras, vive en una aldea en la ladera de una colina, manteniendo las estructuras Jedi y atendiendo a los escasos peregrinos del planeta, tareas eternas que se transmiten de matriarca a matriarca. Los varones lanais pasan la mayor parte de su vida en el mar, y regresan cada mes para celebrar el Festival del Retorno y dar a las Cuidadoras un respiro de sus obligaciones.

1 El lado luminoso de la Fuerza y el oscuro son poderosos en la isla-templo. El templo Jedi es una vergencia de energías positivas de la Fuerza y un punto focal para la meditación.

2 A la luz del templo se opone una vergencia del lado oscuro: una gruta de obsidiana, en la que un Jedi incauto puede vivir extrañas visiones y la atracción del lado oscuro.

3 La tensión entre estas dos poderosas vergencias atrajo a los primeros Jedi, que llevaron una vida sencilla, dedicada a la contemplación de los aspectos duales de la Fuerza.

SEMILLAS DE LOS JEDI

Poco queda del primer templo Jedi, salvo unos asientos para meditar desgastados por el tiempo, una fuente que representa al legendario Primer Jedi y una vertiginosa cornisa donde los Jedi conectaban con la Fuerza. No muy lejos, el tronco hueco de un antiguo árbol uneti contiene una cámara de lectura y textos sagrados Jedi reunidos por Luke. El maestro Jedi decide quemar la biblioteca para poner fin a un ciclo incesante de agitación galáctica, pero su resolución vacila y los libros se salvan.

LUJO GALÁCTICO

El Casino y Circuito de Canto se encuentra en la cima de una colina con vistas al resto de Canto Bight. Ofrece a los adinerados visitantes toda una gama de casinos, el más prestigioso de los cuales es Crescent Royale. Allí hay de todo, desde lanzamiento peligroso hasta zinbiddle, así como carreras de fathiers, un hotel de lujo, locales de música, balnearios y saunas, boutiques y sastres a medida, y 22 restaurantes listos para satisfacer el paladar de cualquier especie galáctica conocida.

1 Tras huir de la cárcel, Rose y Finn van a los establos del Casino, donde convencen a los pilluelos que cuidan de los animales para que les ayuden a organizar una distracción.

2 Los fathiers liberados salen disparados hacia la pista, con Rose y Finn aferrados a Vermilion, matriarca de la manada. Pero de pronto Vermilion gira a la derecha y cruza la pista.

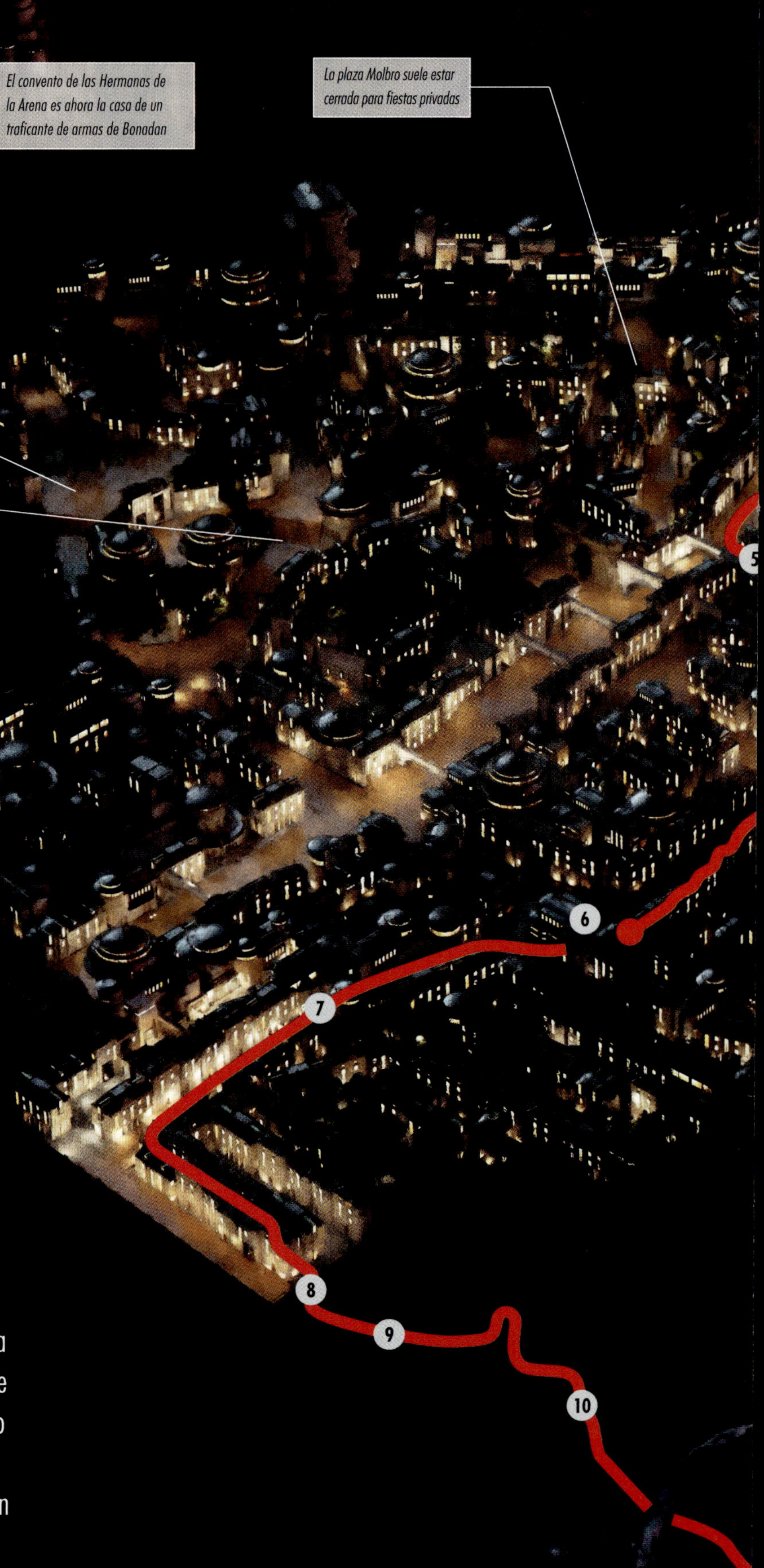

HUIDA CON FATHIERS

ROSE Y FINN VIAJAN a Canto Bight en busca del Maestro Descifrador con la esperanza de salvar a la Resistencia, y se ven inmersos en un mundo brillante en el que los megarricos de la galaxia dan rienda suelta a sus pasiones sin preocuparse por aquellos cuyas vidas se han visto trastocadas por la guerra. Detenidos por abandonar su lanzadera en la playa, Finn y Rose huyen de la cárcel y emprenden una audaz huida a lomos de fathiers obligados a correr para diversión de los jugadores. Es una noche que incluso el turista galáctico más hastiado nunca olvidará.

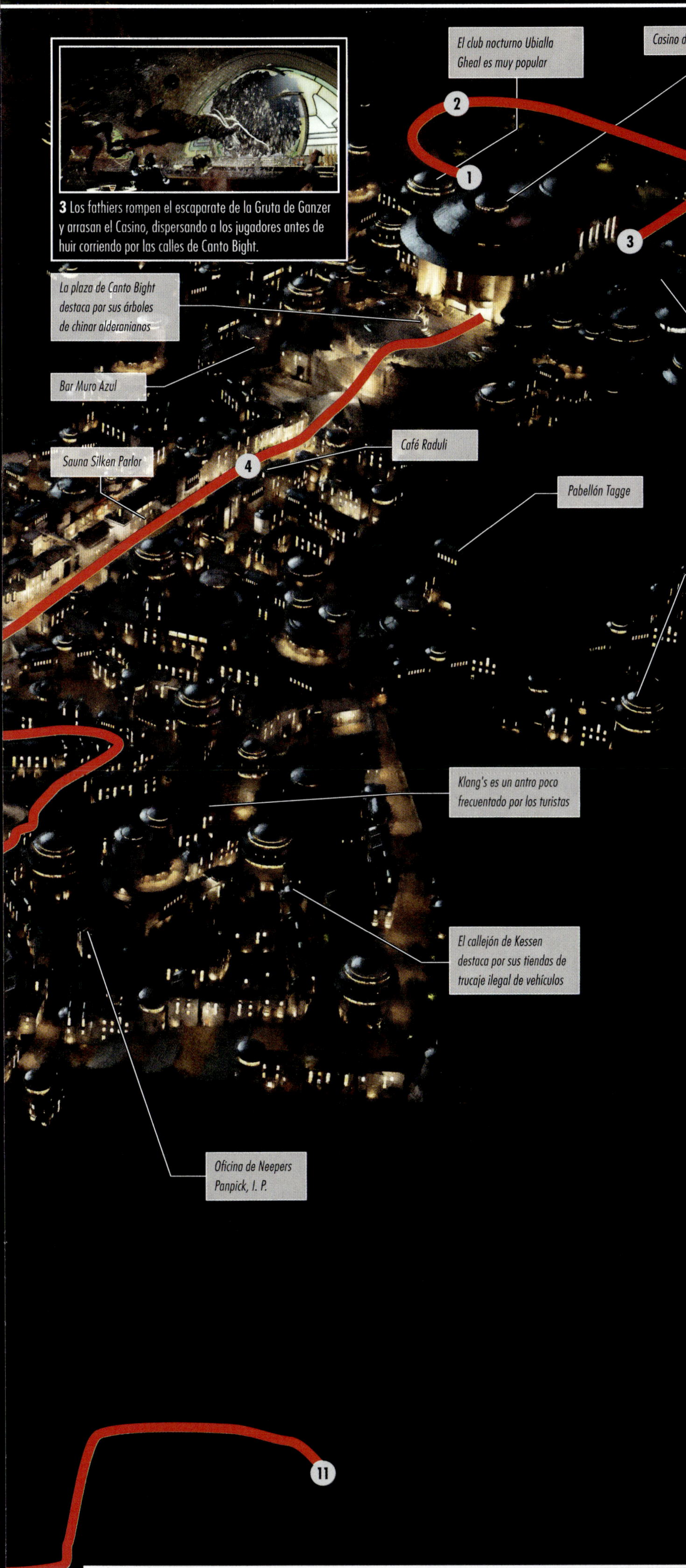

3 Los fathiers rompen el escaparate de la Gruta de Ganzer y arrasan el Casino, dispersando a los jugadores antes de huir corriendo por las calles de Canto Bight.

4 Vermilion sabe adónde ir, y Rose y Finn se agarran fuerte mientras la manada corre por la calle Cabranga, destrozando deslizadores y con la policía de Canto Bight a la zaga.

5 Para eludir a la policía, los fathiers se adentran en un laberinto de estrechos callejones. Rose y Finn solo pueden encogerse a medida que el espacio se reduce peligrosamente.

6 Un vertiginoso salto lleva a los fathiers a los tejados del barrio bajo, atraídos por el aroma de la hierba que perciben más allá del ruido y el hedor de la ciudad.

7 Los fathiers se cuelan por la claraboya del Balneario de Zord, sorprendiendo a clientes que pagan mucha moneda de Canto por masajes en gravedad cero y otros cuidados.

8 Los fathiers saltan la muralla y llegan a la playa. Dejando el tumulto de la ciudad a sus espaldas, esprintan por la arena a la luz de la luna.

9 Finn se alegra cuando los fathiers se acercan a la lanzadera en la que él y Rose llegaron a Cantonica, pero los disparos de la policía convierten la nave en una bola de fuego.

10 Vermilion y otros fathiers sobreviven a una carrera por el acantilado hasta los campos de hierba de la meseta. La manada se dispersa mientras la policía continúa su persecución.

11 «AHORA VALE LA PENA»

Rose y Finn se ven atrapados al borde de un acantilado, con los deslizadores de la policía buscándolos. Ante la perspectiva de otro arresto y encarcelamiento, Finn considera que valió la pena destrozar Canto Bight y herir la sensibilidad de su repugnante clientela. Pero Rose disfruta de una clase más tranquila de triunfo. Quita la montura a Vermilion y le dice a la matriarca que se vaya, esperando que ella y la manada hayan disfrutado de su breve respiro de los abusos del hipódromo.

CRAIT

BAIL ORGANA ESTABLECE en secreto un puesto de avanzada en el planeta salino Crait, en los primeros días de la Rebelión, solo para que su hija Leia lo encuentre. La Alianza Rebelde fortifica Crait como base tras la batalla de Yavin, pero lo abandona cuando un escuadrón imperial descubre su presencia. Años después, una recelosa Leia opta por no compartir la ubicación de Crait con la Nueva República, manteniéndola en secreto -como la de otras antiguas bases rebeldes- por si los vientos políticos soplan en una dirección incorrecta. Tras la retirada de la Resistencia de D'Qar, Crait se convierte en un refugio para sus luchadores por la libertad.

Los combatientes de la Resistencia se hunden cuando sus aliados no les ofrecen ayuda, pero cobran ánimos con la llegada de Luke Skywalker.

Dos líneas de trincheras excavadas en el suelo de rodocrosita conectan los emplazamientos de artillería Spiezoc v-120 y v-232.

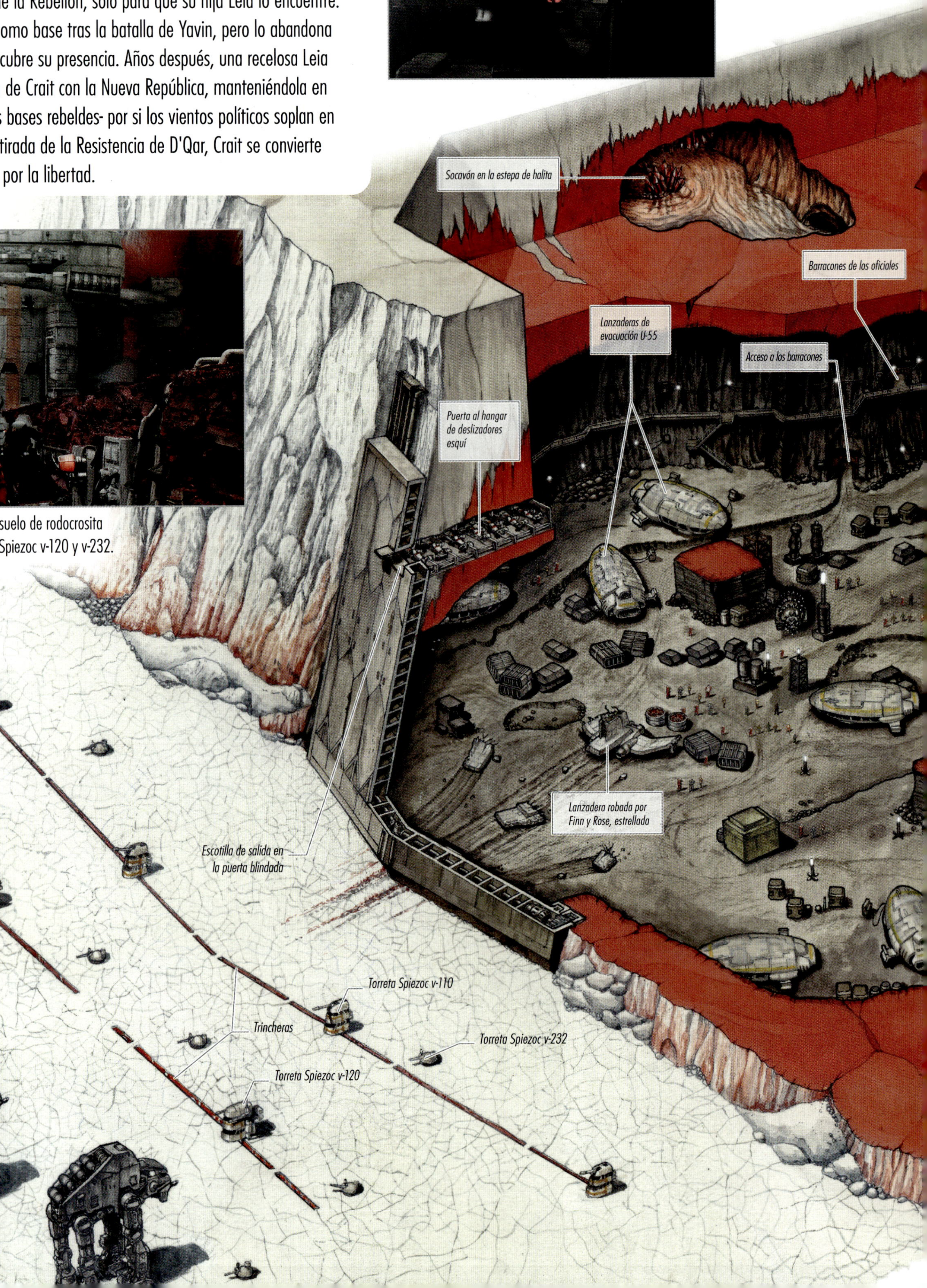

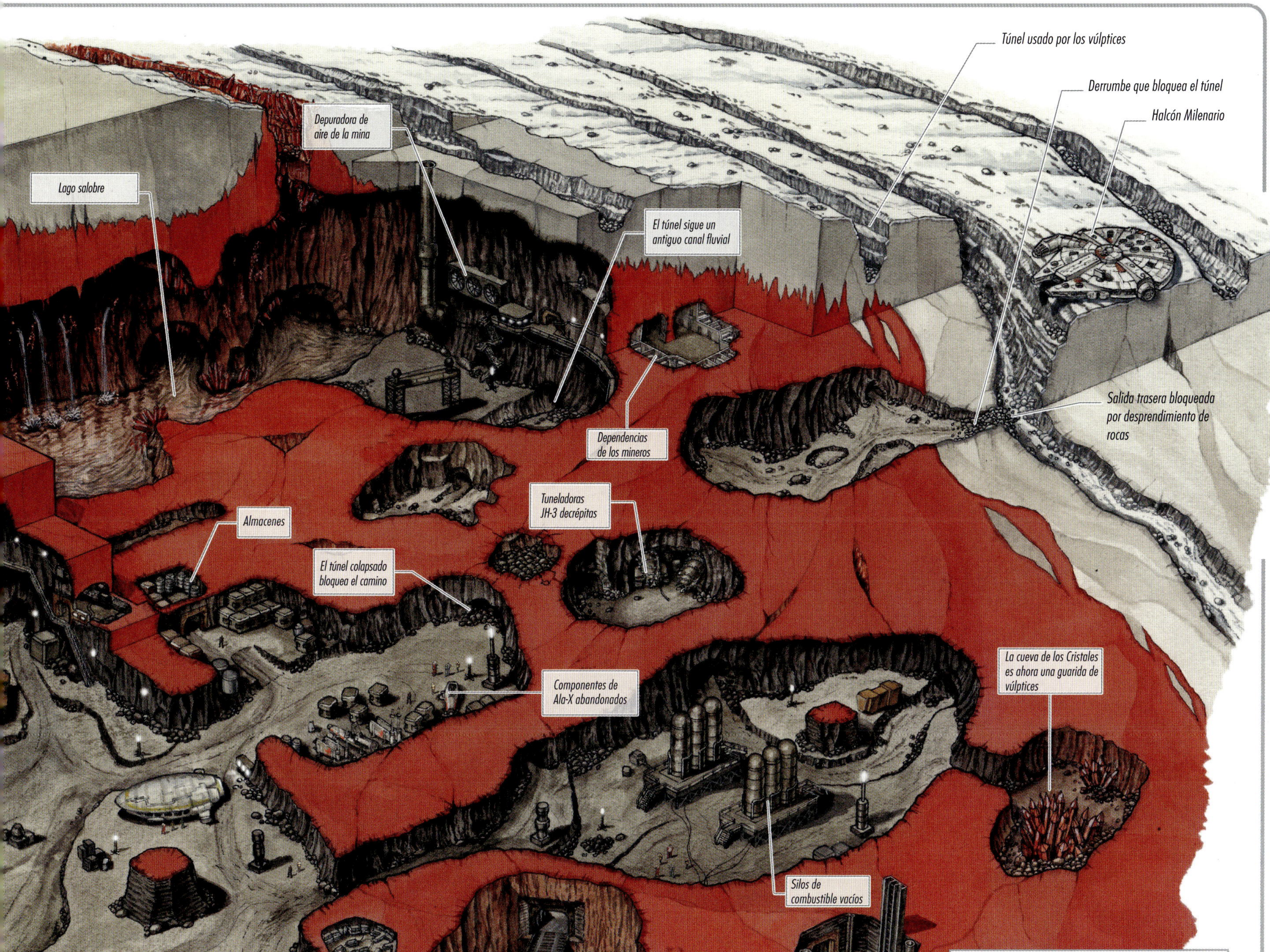

Los vúlptices convierten el puesto abandonado en una guarida, y crían a generaciones de cachorros entre equipo minero desechado y vituallas de la Alianza en descomposición.

EL PODER DE LA FUERZA

Luke gana tiempo para el puñado de supervivientes de la Resistencia, pero el refugio deviene una prisión cuando las salidas resultan estar bloqueadas por desprendimientos de rocas, intransitables para todos excepto los vúlptices, que pueden colarse por los huecos. Pero la Fuerza no ha abandonado a la Resistencia: mientras la proyección de la Fuerza de Luke atormenta a Kylo Ren y sus legiones de la Primera Orden en la entrada principal, Rey invoca a la Fuerza para levantar los escombros que bloquean la salida y permite a sus amigos huir en el *Halcón Milenario*.

BATALLA DE CRAIT

LAS DEFENSAS DE CRAIT incluyen un generador de escudos, puertas blindadas y baterías de artillería: una protección mínima contra la fuerza de asedio de la Primera Orden, con sus enormes AT-M6. La Resistencia activa los escudos de la antigua base rebelde, lo que obliga al ejército de la Primera Orden a desplegarse fuera del perímetro de protección y avanzar por tierra para enfrentarse al enemigo, como hizo el Imperio décadas atrás en Hoth. Pero Kylo Ren cuenta con algo en su arsenal de lo que carecía Darth Vader: un cañón «ariete» con tecnología superláser experimental, que transporta por las salinas con remolcadores AT-HH. La Resistencia lanza destartalados deslizadores esquí en un intento desesperado de destruir el cañón antes de que llegue a posición de tiro, mientras que la infantería y el personal atrapado en la lúgubre base mantiene la esperanza de que los aliados de Leia en el Borde Exterior respondan a su llamada de socorro en la hora más desesperada de la Resistencia.

EN LAS TRINCHERAS

Para frenar el avance de la Primera Orden, Poe Dameron envía tripulaciones a las antiguas baterías de artillería instaladas por la Alianza y ordena a las tropas terrestres que ocupen las trincheras para frustrar un eventual avance de los soldados de las nieves y ablandar la línea de caminantes enemigos. Pero la artillería resulta ineficaz contra los caminantes, y Ren mantiene a su infantería en reserva para el asalto final, desplegando en su lugar cazas TIE que ametrallan las trincheras y a los indefensos soldados que se hallan en ellas. Con la artillería destrozada por el fuego de cañones, los supervivientes de la Resistencia no tienen más remedio que replegarse y prepararse para una última batalla en los túneles de la base.

Las tropas de la Resistencia hallan los controles de las baterías Spiezoc cubiertos de rodocrosita e incrustados de sal, pero los robustos sistemas siguen funcionando pese a décadas de desuso.

ATAQUE AÉREO

La Resistencia repara apresuradamente trece deslizadores esquí y forma un improvisado escuadrón que cruza las Llanuras de Sal a toda velocidad: los monoesquíes cortan la corteza blanca a su paso, dejando llamativas estelas de tierra carmesí. Pero aunque los técnicos rebeldes hicieron maravillas equipando a las naves con cañones láser y blindaje adicional, los deslizadores esquí no son rivales para los caminantes ni para los TIE. Pese a la valentía de los pilotos de la Resistencia, caen uno tras otro bajo el fuego de la Primera Orden.

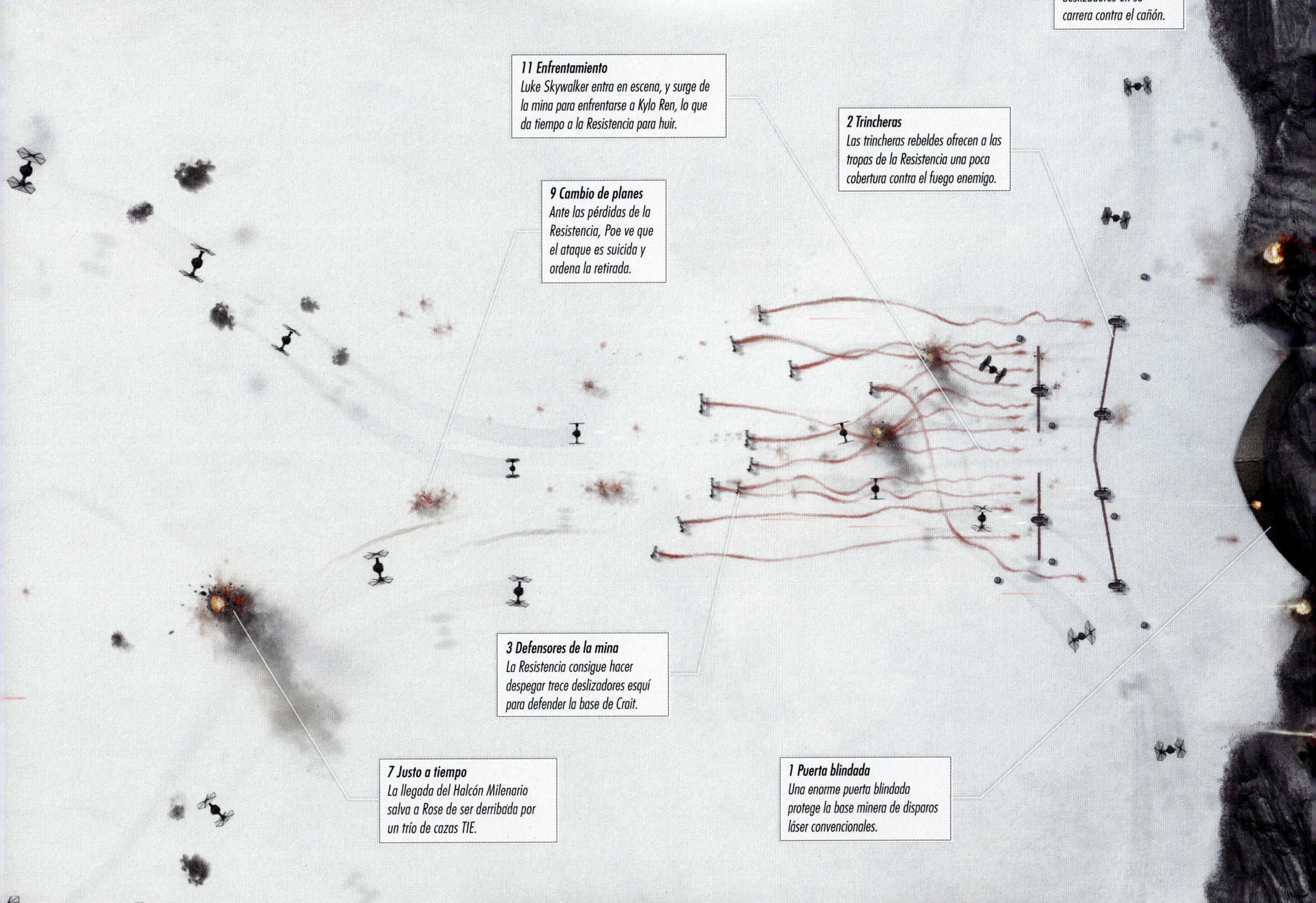

Los soldados de Leia se retiran, pero un insólito defensor sale de la base para enfrentarse a toda la Primera Orden... armado solo con una espada de luz. El uso de la Fuerza para proyectar su imagen a través de la galaxia desde Ahch-To debilita fatalmente a Luke Skywalker, pero gana un tiempo crucial para los supervivientes de la Resistencia.

CIUDADELA SITH

SITUADA EN EL PLANETA oculto Exegol, esta antigua Ciudadela de forma trapezoidal es el corazón del resurgente Imperio Sith de Palpatine, con una arena de gladiadores, una catedral espiritual, estatuas de Sith y numerosas tecnologías que mantienen la estructura. Tras el ascenso de la Primera Orden, el regreso del difunto emperador se retransmite a toda la galaxia desde las antenas de este edificio. Con este anuncio viene la revelación de la Orden Final de Palpatine, una colosal flota de destructores estelares construidos bajo la superficie del planeta, equipados con armas destructoras de planetas.

Las puntas en forma de rayo del Trono Sith las tallaron antiguos Señores del Sith con espadas de luz, simbolizando los siniestros poderes de quienes se sientan en él.

EXEGOL

El planeta Sith de Exegol se encuentra en las Regiones Desconocidas, oculto tras la Barrera Galáctica, un laberinto de peligrosos fenómenos espaciales. Solo se puede acceder a él a través de la Zona del Panal Rojo, mapeada hace eones, cuya ruta fue ocultada por los Sith. La turbulenta atmósfera del planeta está cargada de electricidad estática, lo que provoca frecuentes tormentas y rayos. Además de la Ciudadela Sith, en la superficie del planeta se halla el desierto de Hâsk, la meseta de Hon Zduul y la escarpa Sadow.

SALA DE LAS ESTATUAS

La sala principal bajo la Ciudadela alberga colosales estatuas de acólitos Sith, algunos de ellos con espadas de luz con la hoja apuntando hacia abajo. Esta postura, a veces atribuida a los Señores del Sith caídos, simboliza que su lucha contra la muerte ha terminado. Otras estatuas representan a Sith sosteniendo artefactos significativos en su vida, o con las manos juntas en señal de fe. Aunque los Sith no son muy amistosos entre sí, son muy respetuosos con sus muertos, especialmente con aquellos que abrieron grandes caminos para las generaciones futuras.

La erosión provocada por las partículas de polvo de la atmósfera de Exegol ha deteriorado la superficie de las estatuas de piedra, difuminando sus detalles.

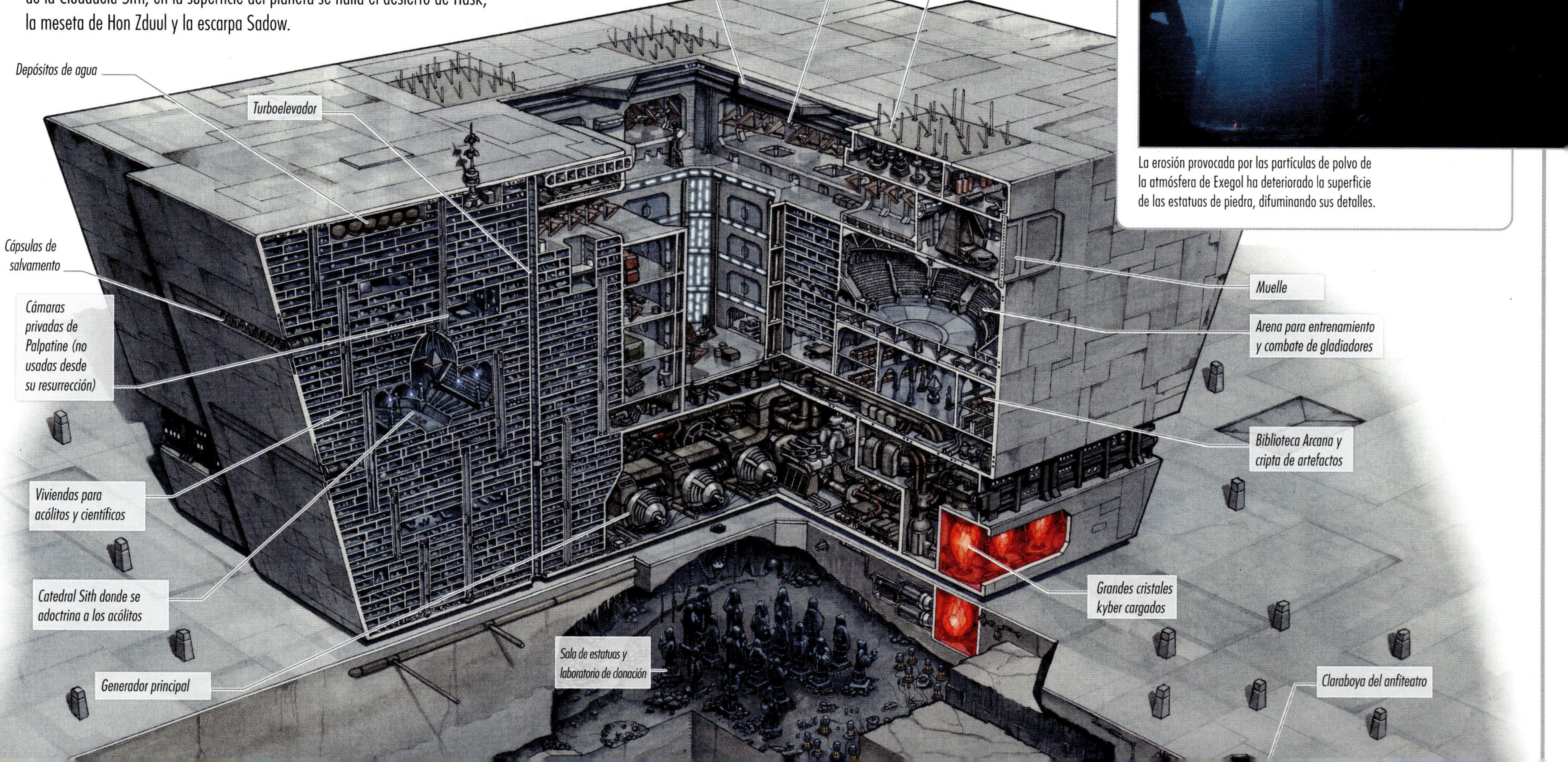

TERRENO HUECO

En la enorme fisura que hay bajo la Ciudadela Sith se reúne una enorme flota de destructores estelares de clase Xyston, la Orden Final de Palpatine. Construidos por los habitantes de Exegol, leales a los Sith, estos destructores despegan con una señal de navegación que se les transmite desde un repetidor central. Al menos una nave despega antes de la Orden Final, y destruye el planeta Kijimi con su superláser.

CLONACIÓN

Considerada una «ciencia oscura», la clonación es un proceso en el que se duplica a un sujeto mediante el cultivo de células que se convierten en fetos y luego en adultos. El ejército de la República es un ejemplo de clonación; las instalaciones de Kamino que lo crearon se destruyeron para ocultar sus malvados secretos. En Exegol, estos secretos son la base de perversas maquinaciones de Palpatine, como la obtención de clones y «creaciones genéticas» de sí mismo para servir como experimentos.

ESTACIÓN EN RUINAS

LOS RESTOS DE LA SEGUNDA ESTRELLA DE LA MUERTE descansan en la luna de Kef Bir, en el sistema Endor. Tras explotar sobre la cercana Luna Boscosa, las piezas de la estación de combate salieron despedidas en todas direcciones. Algunas siguen flotando en el espacio, y otras fueron atrapadas por el campo gravitatorio de Kef Bir y se precipitaron en sus embravecidos océanos. Allí, los restos de la estación quedaron a merced de las olas, deteriorándose durante décadas. Pese a la profundidad del océano, la silueta del disco de la matriz superláser surge de las aguas como una retorcida montaña de duracero.

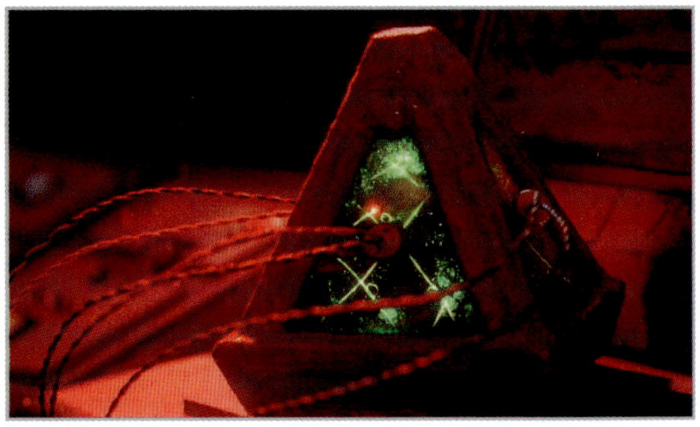

BUSCARRUTAS SITH

Oculto en la carcasa de la segunda Estrella de la Muerte se halla el buscarrutas Sith del emperador, un antiguo dispositivo de navegación que contiene la ruta al planeta oculto de Exegol. Cuando el emperador revela su resurrección y reta a sus enemigos a detenerle en Exegol, la Resistencia se lanza a una carrera para conseguir el buscarrutas. Kylo Ren los persigue hasta las ruinas de la estación y se enfrenta a Rey en la sala del trono del emperador.

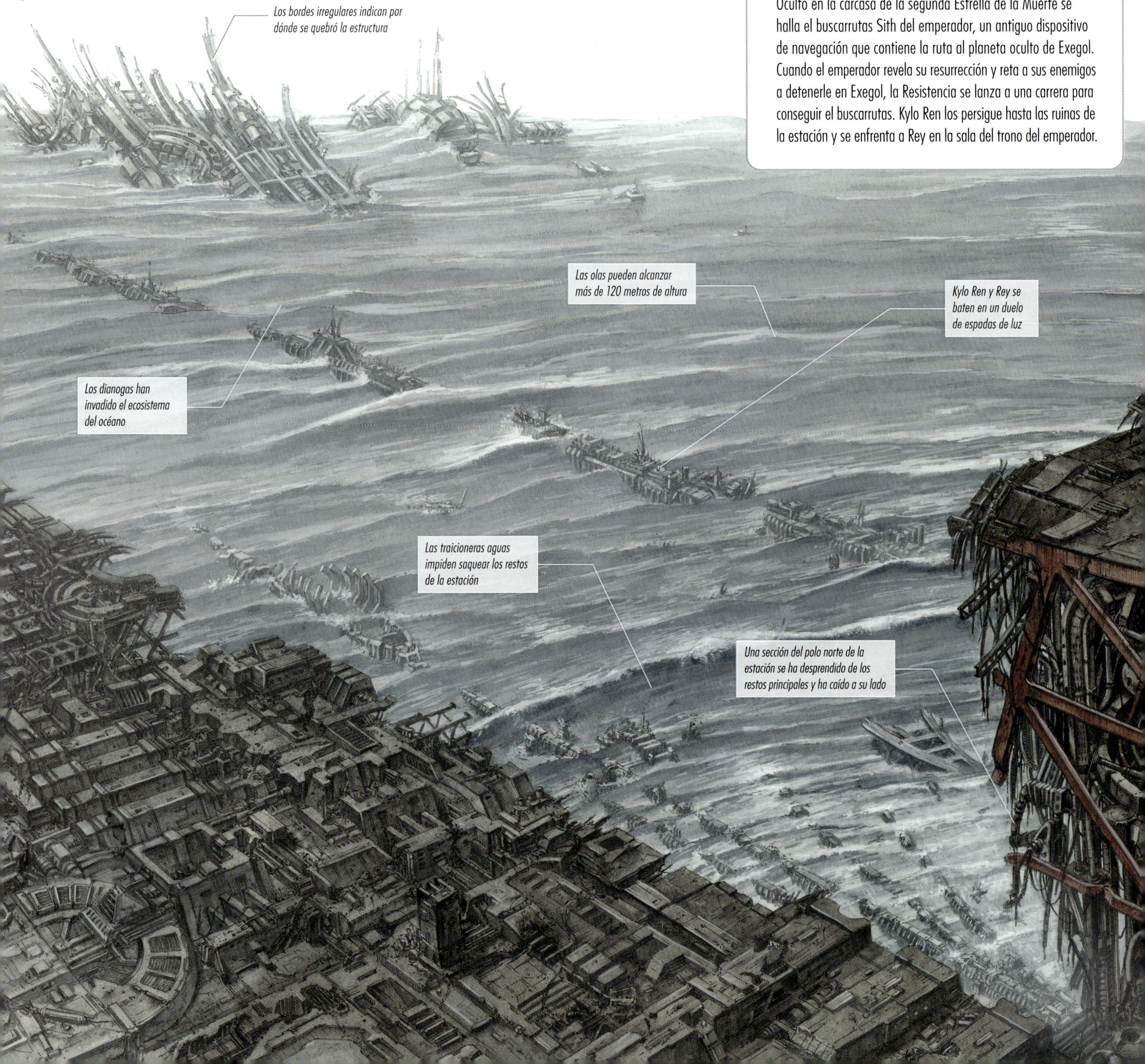

KEF BIR

Conocida como la «Luna Oceánica de Endor», Kef Bir también posee islas de pastizales. Como su vecina la Luna Boscosa, pocos en la galaxia conocían la existencia de Kef Bir hasta después de la Guerra Civil Galáctica. En años posteriores, la luna se convierte en un santuario para soldados de asalto desertores de la Primera Orden. Allí cohabitan con la flora y la fauna locales, así como con especies invasoras que llegaron con los restos de la Estrella de la Muerte. Sin signos de vida inteligente autóctona, estos colonos ponen nombre a los rasgos del terreno, como los Acantilados del Imperio Muerto, que dominan las ruinas de la Estrella de la Muerte.

EL DUELO

Conectados de un modo íntimo en la Fuerza, Rey y Kylo Ren forman una unión con objetivos opuestos. Mientras que Rey busca derrotar al mal en Exegol, Kylo quiere usurparlo. Cuando Kylo destruye el buscarrutas que Rey localiza entre las ruinas de la Estrella de la Muerte, libran un feroz duelo con espadas de luz. La lucha culmina con Rey hiriendo mortalmente a Kylo, para luego curarlo. Rey escapa dejando atrás a un Kylo en conflicto.

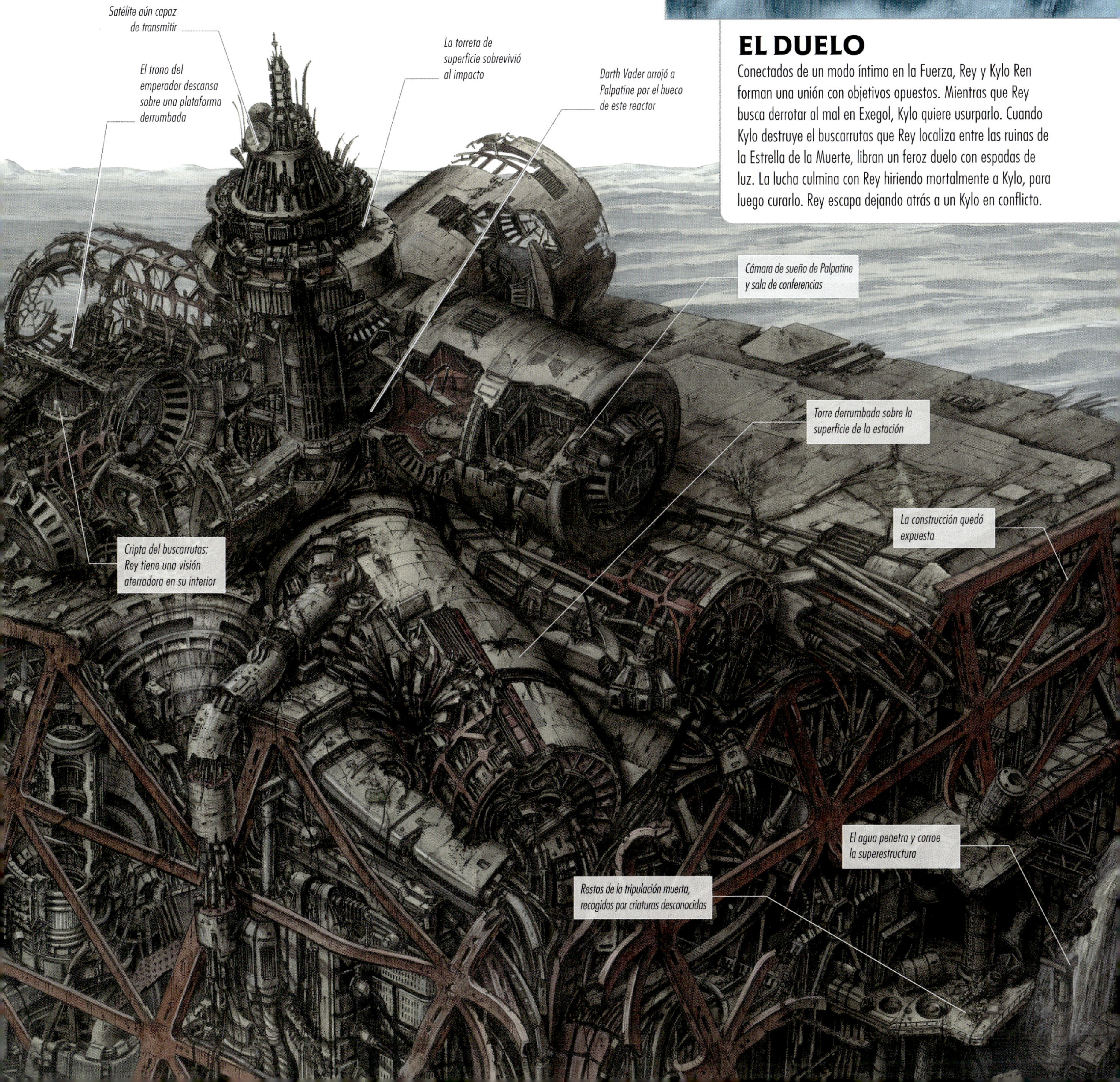

ÍNDICE

A

B

C

D

E

F

G

H

I

J

Edición Matt Jones y David Fentiman
Edición de arte de proyecto Chris Gould
Coordinación editorial Kathryn Hill
Diseño Toby Truphet y Samantha Richiardi
Producción editorial Siu Yin Chan
Control de producción Laura Andrews
Dirección editorial Emma Grange
Dirección de diseño Vicky Short
Dirección de publicaciones Paula Regan
Dirección artística Charlotte Coulais
Dirección Mark Searle

Lucasfilm
Edición Brett Rector
Dirección creativa Michael Siglain
Dirección artística Troy Alders
Equipo de guion Leland Chee, Pablo Hidalgo, Phil Pzostak y Kate Izquierdo
Equipo de recursos Chris Argyropoulos, Jackey Cabrera, Elinor De La Torre, Gabrielle Levenson, Michael Trobiani y Sarah Williams

DE LA EDICIÓN ESPAÑOLA
Servicios editoriales deleatur, s.l.
Traducción Joan Andreano Weyland y Gonzalo Salvador Vélez
Coordinación de proyecto Helena Peña Del Valle
Dirección editorial Elsa Vicente

MIXTO
Papel | Apoyando la silvicultura responsable
FSC™ C018179

Este libro se ha impreso con papel certificado por el Forest Stewardship Council™ como parte del compromiso de DK por un futuro sostenible. Para más información, visita **www.dk.com/uk/information/sustainability**.

Publicado originalmente en Gran Bretaña en 2025 por Dorling Kindersley Limited, 20 Vauxhall Bridge Road, London SW1V 2SA

Parte de Penguin Random House

002-339394-Oct/2025

Título original: *Star Wars: Complete Locations*

Copyright © 2024 Dorling Kindersley Limited

© Traducción en español 2025 Dorling Kindersley Limited

Copyright del diseño de página © 2025 Dorling Kindersley Limited

Todos los derechos reservados. Queda prohibida, salvo excepción prevista en la Ley, cualquier forma de reproducción, distribución, comunicación pública y transformación de esta obra sin contar con la autorización de los titulares de la propiedad intelectual.

© 2025 & TM LUCASFILM LTD.

Algunos contenidos de este libro se han publicado previamente en:
Inside the Worlds of Star Wars Episode I © 2000 & TM LUCASFILM LTD.
Inside the Worlds of Star Wars Attack of the Clones © 2003 & TM LUCASFILM LTD.
Inside the Worlds of Star Wars Trilogy © 2004 & TM LUCASFILM LTD.
Star Wars Battles that Changed the Galaxy © 2021 & TM LUCASFILM LTD.

ISBN 978-0-5939-6306-7

Impreso y encuadernado en China

www.dkespañol.com
www.starwars.com